クラリスに、カリオストロ城に秘められた「真の財宝」を示すルパン。『ルパン三世　カリオストロの城』より。p119-120参照。原作：モンキー・パンチ ©TMS（1979年）

クラリスを追うカリオストロ伯爵の手下どもを追うルパンと次元。『ルパン三世　カリオストロの城』より。p131-132参照。原作：モンキー・パンチ ©TMS（1979年）

王蟲の脱け殻の目の部分を持って踊るナウシカ。『風の谷のナウシカ』より。トップクラフト、1984年。p 154-155参照。（作品DVDより引用。©1984 Studio Ghibli・H）

王蟲の触角の草原で復活したナウシカ。『風の谷のナウシカ』より。トップクラフト、1984年。p160参照。（作品DVDより引用。©1984 Studio Ghibli・H）

ロボットの肩の上で戯れるキツネリスたち。『天空の城ラピュタ』より。p175-176参照。（作品DVDより引用。©1986 Studio Ghibli）

空高く飛び去っていくラピュタの城。『天空の城ラピュタ』より。p178-181参照。
（作品DVDより引用。©1986 Studio Ghibli）

雨の中でバスを待つサツキとメイとトトロ。『となりのトトロ』より。p197-198参照。
（作品DVDより引用。©1988 Studio Ghibli）

サッキとメイと中トトロと小トトロを連れて田園風景の上を空中散歩するトトロ。『となりのトトロ』より。p200-202参照。（作品DVDより引用。©1988 Studio Ghibli）

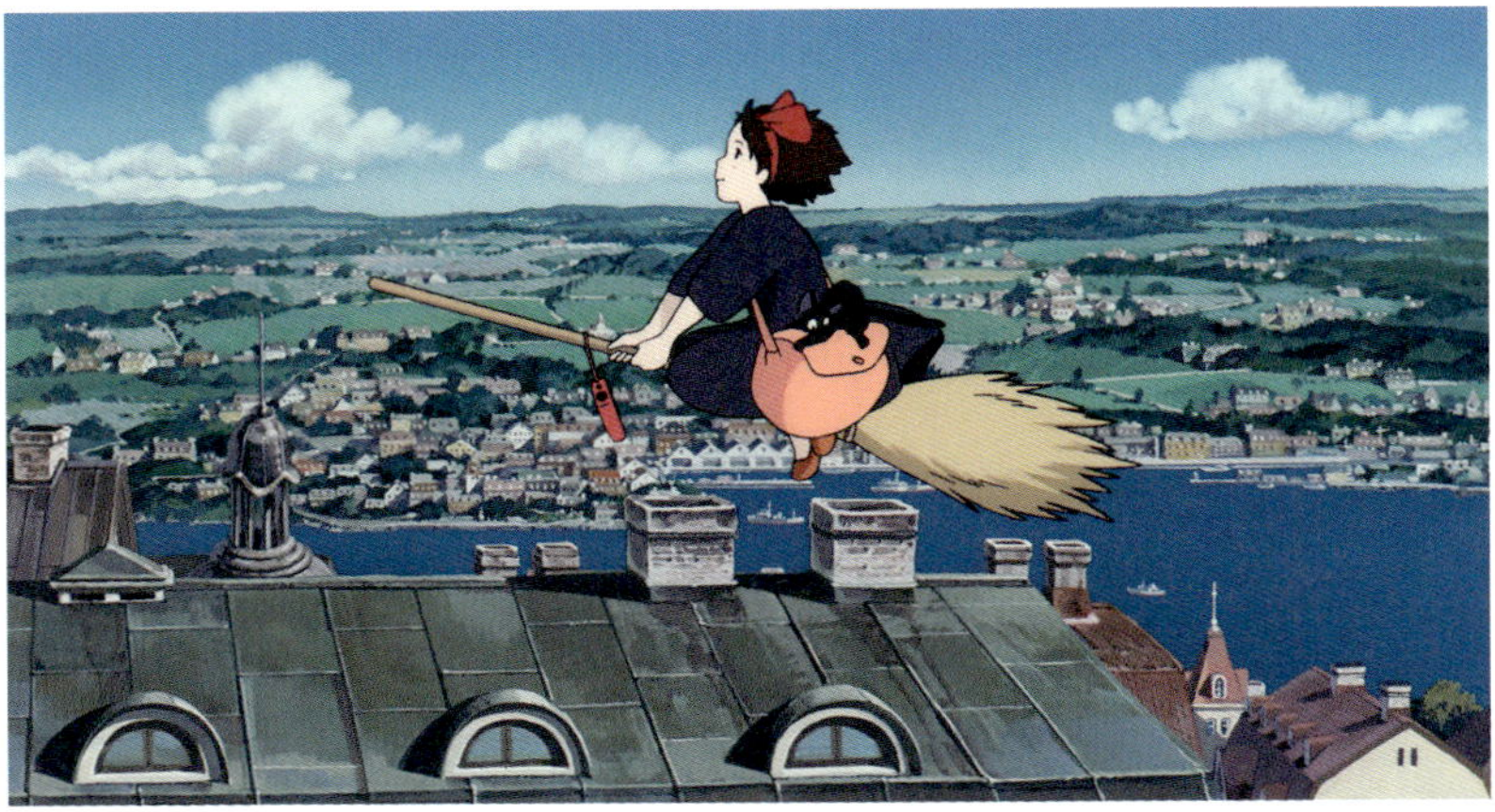

美しい大都市コリコの上空を飛ぶキキ。『魔女の宅急便』より。p210-222参照。（作品DVDより引用。©1989 角野栄子・Studio Ghibli・N）

死後の世界に向かって上昇していく飛行機の群れに取り残されるマルコ。『紅の豚』より。p249-253参照。（作品DVDより引用。©1992 Studio Ghibli・NN）

山犬の母親「モロの君」の前に立つ「もののけ姫」ことサン。『もののけ姫』より。p292, 300-301参照。（作品DVDより引用。©1997 Studio Ghibli・ND）

山中を歩くシシ神（ディダラボッチ）の姿を目で追うコダマたち。『もののけ姫』より。p297-305参照。（作品DVDより引用。©1997 Studio Ghibli・ND）

巨大化して湯屋の中で暴走するカオナシ。『千と千尋の神隠し』より。p320-327参照。
（作品DVDより引用。©2001 Studio Ghibli・NDDTM）

電車で銭婆の家に向かう千尋（千）とカオナシ。『千と千尋の神隠し』より。p327-330参照。（作品DVDより引用。©2001 Studio Ghibli・NDDTM）

銭婆の家でお茶とお菓子のもてなしを受ける千尋（千）とカオナシ。『千と千尋の神隠し』より。p329-330参照。（作品DVDより引用。）

山の尾根の上に姿を現したハウルの城。『ハウルの動く城』より。p341-343参照。
（作品DVDより引用。©2004 Studio Ghibli・NDDMT）

水没した世界をポンポン船で旅するポニョと宗介。『崖の上のポニョ』より。p367-369参照。（作品DVDより引用。©2008 Studio Ghibli・NDHDMT）

『崖の上のポニョ』の発想源となった海沿いの風景。Photo by Stephen Coit　p354-355参照。

二郎に「生きて」と告げる菜穂子。『風立ちぬ』より。p394-395参照。（作品DVDより引用。©2013 Studio Ghibli・NDHDMTK）

『もののけ姫』の舞台のモデルとなった屋久島の原生林。Photo by Stephen Coit
p25, 300参照。

SUSAN NAPIER

スーザン・ネイピア

仲 達志 訳

MIYAZAKIWORLD

A LIFE IN ART

ミヤザキワールド

宮崎駿の闇と光

早川書房

MIYAZAKIWORLD

A Life in Art

by

Susan Napier

Translated by

Tatsushi Naka

Originally published by

Yale University Press

First published 2019 in Japan by

Hayakawa Publishing, Inc.

This book is published in Japan by

arrangement with

Yale Representation Limited

through Tuttle-Mori Agency, Inc., Tokyo.

装幀／早川書房デザイン室

スティーヴに捧げる　雪を被った少女の天使像の思い出に

目次

＊訳注は〔　〕で示した。

日本の読者へ——ミヤザキワールドの闇と光

本書の執筆に費やした数年間に、私は多くの忘れられない体験をしてきました。その中には、屋久《やく》島《しま》で経験したような超越的な瞬間もいくつか含まれています。その時、爽やかな水の音を聞きながら澄み切った川を渡っていた私は、突然、『もののけ姫』のシシ神《がみ》の森の中に立っている自分を発見したのです。また、もっと学問的な意味で胸が高鳴る出来事に遭遇したことも一度ではありません。紀伊國屋書店で本棚の高いところにあった一冊の本を見つけたのもその一つです。それは、宮崎駿《みやざきはやお》と歌手の加藤登紀子《かとうときこ》とのとても興味深くて示唆に富む対談を収録した画集でした。加藤は『紅の豚』でジーナの声優を務めたわけですが、二人の会話は映画の内容を大きく踏み越え、話題は戦争犯罪や急進的な政治運動にまで広がっていきました。さらに、美的観点から新たな発見をした瞬間もありました。ある冬の日、パリの街中を歩いていた私は、壁に貼られた一枚のポスターに導かれて、とある刺激的な展覧会へと足を運んでいったのです。何とそれは、宮崎とフランスの漫画家メビウスの作品を比較対照するものでした。

しかし、本書のためのリサーチと執筆に取り組んできた期間中に、私の考え方に最も大きな変化をもたらしたのは、間違いなく私が教えているゼミで得た経験でした。私は在籍するタフツ大学で、過去一〇年間にわたって宮崎作品に関するゼミを指導してきました。その経験は、一九四一年に東京で生まれた日本のアニメ監督に、二一世紀に生きるアメリカの若者たちをどれだけ深く感動させる力があるかを痛感させてくれたのです。これらの若者たちにとって、宮崎の映画を観るというのは単なる娯楽をはるかに超える体験でした。ある学生は、こんな感想を残しています。

宮崎駿に関するコースは、ただのアニメーションの授業とは違っていました。哲学的にも学べることが多く、学期末までには、新たな観点から世界を見ることができるようになった気がします。宮崎からは多くの教訓を得ました。監督の映画は今後も折に触れ、繰り返し観続けたいと思っています。

宮崎に関するゼミは、学部全体で最も人気の高いコースの一つとなり、常にキャンセル待ちが出ていて、それでもすべての学生に受講してもらうのは不可能な状態です。ゼミに参加した学生たちは皆、聡明かつ勉強熱心で、新しい考え方を積極的に受け入れようとしています。私の見るところ、それは宮崎の作品に観る者の最良の部分を引き出す力があるからだと思います。ちなみに、学生たちに一番好きな宮崎の映画は何かと尋ねると、常にやや意表を突く結果になります。それというのも、特定の作品が圧倒的な一位になることは決してないからです。『千と千尋の神隠し』と『となりのトトロ』は誰からも愛される作品ですし、『風の谷のナウシカ』の観る者を引き込むストーリー展開、現実を超越した圧倒的な映像表現の熱烈なファンも少なくありません。また、『ハウルの動く城』の風変わりなラブストーリーが好きでたまらないという人たちもいます。かと思えば、女性やアメリカ国外から来た学生たちには、『魔女の宅急便』が特にお気に入りというケースが多いようですし、工学専攻の学生は『風立ちぬ』を好む傾向があります。

学生の多くは、子供の頃に初めて宮崎の映画を観た時の鮮烈な印象が、今でも記憶に残っていると言います。その中に『もののけ姫』の熱烈なファンだという一人の金髪の青年がいました。その青年は背の高いスポーツ選手で、アシタカを乗せて走る忠実なアカシシのヤックルを見て、子供の頃はあんな「愛馬」を持つことに憧れたそうです。おそらく、彼自身もアシタカのようになりたいと思っていたのではないでしょうか。その時、私は、アメリカの年若い少年が日本のアニメ映画に登場する「蝦夷《エミシ》」のヒーローと自分を重ね合わせていたという考えに、ワクワクしている自分に気付きました。

国や文化の境界を越えたキャラクターと世界観を創造して物語を紡いでいく手腕は、宮崎の最も優れた才能の一つでしょう。私は、この能力はいくつもの重要な要因から生じたと考えています。そのうちとりわけ明白なのが、宮崎がきわめて独創的で想像力豊かな芸術家（私自身は「作家《オトウール》」という呼び方をしています）であるという事実です。「作家《オトウール》」と呼べるような強烈な個性を持つ監督の映画には、一目見て彼（あるいは彼女）の作品だとわかる特徴があります。しかし、これは宮崎の作品が難解だとかとっつきにくいという意味ではありません。それに、監督はほかにもきわめて重要な資質を備えています。何かと言えば、他人の感情を——不安や執着心だけでなく情熱や喜びも——理解し、表現することを可能にする、豊かな想像力に裏付けられた共感能力です。このことは、現実にいそうな複雑なキャラクターを創造する能力があることを意味しています。これらのキャラクターは厄介な状況に直面した際、普通の人間と同じように、単純ではない方法でそれらに対処しようとします。観客もキャラクターたちと彼らが直面している問題に共感を覚えるか、少なくとも気持ちが理解できるので、そうしたやり方に不自然さを感じないわけです。

私が本書を書いた動機の一つは、宮崎がこうした豊かな想像力に裏打ちされた並外れた共感能力をどこで身につけたのか、探ってみたいからでした。執筆に備えて、作家や映画監督、画家を含むあらゆるタイプの芸術家について書かれた伝記をいろいろと読んでみました。どの本も、芸術家の人生については多くの情報を網羅していたのですが、私にとって意外な発見は、人生と作品のつながりを浮き彫りにしようとする伝記作家があまりにも少ないことでした。何と言っても、芸術家の伝記を読みたいと思うような読者は普通、彼らの作品の熱烈な愛好家だと思われるからです。私自身が本書で目指したのは、宮崎の伝記を書くというより、むしろ宮崎のきわめて興味深い人生と彼が生きてきた時代の文脈に照らして、その全作品を理解することでした。

人生と芸術のつながりを探る試みは、時に予想外の発見をもたらしました。例えば、私の一番お気に入りの映画の一つである『紅の豚』の場合がそうです。私自身、当初はこの作品を能天気な空中のドタバタ劇だとばかり思っていたのですが、実は中年男性のアイデンティティと青年期の理想の喪失に関する、きわめて深い洞察に満ちていることに気付かされたのです。しかも、一八七一年のパリ・コミューンの鎮魂歌として今も歌い継がれている歌が、それらすべてのライトモティーフとして用いられ、さらに日本の一九六〇年代という政治的激動の時代と結び付けられていることを知って目からウロコが落ちる思いでした！　また、別の時には、宮崎の人生に実際にあった出来事とのつながりを知って、映画の幾重にも折り重なった構造について、もっと深く考えるようになったこともありました。こうして、以前から知識としては知っていた宮崎の母親の結核のことや、それが駿少年の幼少期に影を落としていた事実を『となりのトトロ』の文脈において考察した結果、私もこの映画に特別な魅力をもたらしている哀愁漂う闇を見分けられるようになったのです。

宮崎の芸術は、闇と光の両面から生じたものです。闇の側に属するのは母親の病気だけでなく、戦時中に幼少期を過ごし、終戦直後に思春期を迎えるという極限状態での体験も含まれています。現在の日本と欧米諸国に住む若者や中年層にとってさえ、日本人が太平洋戦争の後でどれほど凄まじい荒廃に直面していたか、もはや想像することすら不可能です。また、大戦前後の時代には道徳的な選択をすることにも、大きな困難が伴いました。大災厄を引き起こすことさえ可能な人々の心の闇を宮崎が理解する能力は、そこから来ているのです。一連の映画と、類まれな傑作である漫画版『風の谷のナウシカ』の中で、宮崎は複雑で奥行きのあるキャラクターたちが、苦痛を伴うだけでなく、世界の終末さえ招きかねない道徳的な問題に敢然と立ち向かっていく姿を描き出しています。また、宮崎はハリウッドの映画監督がよくやるように平面的な悪役を登場させることはめったになく、闇と光が混在してせめぎ合う世界を映し出そうとします。私は、これこそが宮崎の世界的な人気を支える、もう一つの要素だと考えています。

一方、宮崎の光の面である、想像力に富んだ共感能力や喜びと美を描き出す手腕が育まれたもう一つの背景には、幅広い児童文学の読書体験があるというのが私の考えです。「児童文学」は不当な評価を受けることがままありますが、世界で最も内容豊かな物語や、最も奥深い文学作品はしばしばこのジャンルで生まれていると私は考えています。その範疇は実に幅広く、風刺に富み優しさに満ちた宮沢賢治《みやざわけんじ》の幻想的な童話から、フランシス・ホジソン・バーネット（バーネット夫人）の『秘密の花園』をはじめとする感動的な成長物語や、ロバート・ルイス・スティーヴンソンの『宝島』のようなスリルに満ち、道徳的なジレンマを含む冒険物語にまで及んでいるのです。

ある時、四国のとある文学館で、宮崎が選んだ五〇冊の児童文学作品を、直筆の推薦文付きで紹介している展覧会にたまたま遭遇したことがあります。私は今でも、その時の驚きと感動を忘れられません。展覧会は、宮崎のインスピレーションの源に関する手掛かりを与えてくれたという意味で、興味の尽きない催しでしたが、さらに私を感激させたのは、紹介されていた作品のきわめて多くが、私自身の子供時代の愛読書でもあったことでした。生まれた場所や育った環境が、これほど懸け離れているにもかかわらず、彼があらゆる文化から生まれた文学作品を愛せることを知って、私は監督との間に深い絆を感じるようになったのです。

欧米の児童文学作品が若き日の宮崎を夢中にさせ、感激させたように、今では宮崎の映画が欧米だけでなく、他のアジア諸国や中東の国々で、人々の生活に潤いと豊かさをもたらしています。世界中のアニメ作家が監督の作品から刺激と影響を受けているのです。ピクサー・アニメーション・スタジオの人々が宮崎アニメを崇拝しているのはよく知られた事実ですし、長編アニメ『ソング・オブ・ザ・シー 海のうた』といったヨーロッパ発の作品にも明らかにその影響が見られます。ジェームズ・キャメロンの3D実写映画『アバター』にも、宮崎作品から発想を得た部分があると指摘する批評家がいますし、メキシコ出身の卓越した映画監督ギレルモ・デル・トロも宮崎を公然と称賛しています。海外に日本文化を広めることに貢献した映画界の巨匠・黒澤明《くろさわあきら》以上に、宮崎は日本の伝統と文化の様々な側面を描き出すと同時に、世界中の誰もが共有できる価値観を表現する映画を作ってきたのです。

本書の執筆に費やした八年間を通じて、私はアメリカと海外の両方で、宮崎アニメについてよく知り、熱烈なファンであるという老若男女に、あまりにも頻繁に出会うことに驚かされると同時に感動してきました。映画評論家や学者の中にも熱心な信奉者がいます。米《ニューヨーク・タイムズ》紙が数年前に発表した「二一世紀の映画ベスト二五作品」で、『千と千尋の神隠し』は二位に選ばれています（同紙のある記者は、「なぜ一位ではないのか？」とコメントしていました）。

自慢話のように聞こえたらご容赦いただきたいのですが、本書は日本語以外にも、間もなくロシア語、アラビア語、中国語、韓国語に翻訳されることが決まっており、著者としては身に余る光栄なことだと思っています。「グローバル化」という言葉は様々な意味合いを含んでいますが、最良のケースでは、グローバルな展開が文化的交流を促し、私たちの生活に新たな視点や理解をもたらすことを可能にしてくれます。

私たちは今、複雑で時に抑圧的な方向に向かう時代に生きています。地球上のどこを見ても、人々は外部との間に壁を作ろうとしているように思えますが、宮崎の芸術にはそうした壁を打ち破る力があります。ナウシカの言葉を借りれば、宮崎の作品は「闇の中のまたたく光」にほかならないのです。私としては、本書が監督の芸術世界にいくらかでも「光」を当てる役に立つことを願ってやみません。その芸術性は、今後も何世代にもわたって私たちをくびきから解き放ち、刺激と勇気を与え続けてくれるはずだからです。

二〇一九年七月　米メーン州ロックポートにて

序章　ミヤザキワールドを探して

二〇一四年二月のどんよりと曇った日曜日のことである。私は小ぶりなスーツケースを引きずりながら、愛知県名古屋市郊外にある森の中で、なだらかに起伏する小道を歩いていた。目的は、二〇〇五年日本国際博覧会（愛知万博）のパビリオンのうち、今も残されている施設の一つを訪問することにあった。愛知万博は二一世紀最初の国際博覧会《EXPO》（人類と自然の共存と調和をテーマに、一二一カ国が参加した）で、六カ月間の総入場者数は二二〇〇万人を突破した。中でも、３Ｄシアターや冷凍マンモスを抑えて、最も人気を集めたアトラクションこそ、その日の私の最終目的地にほかならなかった。それは、一九八八年に公開された日本のアニメ映画『となりのトトロ』に登場する質素なつくりの住宅を再現したものである。その家には、母親が近くの療養所《サナトリウム》に入院している間、幼い姉妹が父親と共に暮らしていたことから、二人に敬意を表して「サツキとメイの家」と呼ばれている。少女たちは、森に囲まれた家の周囲で様々な自然の驚異に遭遇するのだが、きわめて多くの訪問者がここに引き寄せられている理由は、二人が自然と共存しているためというより、彼女たちが巡り合う大きくて毛深い不思議な生き物のおかげである。姉妹がトトロと名付けたこの不思議な生物には、独楽《こま》と傘の助けを借りて空を飛んだり、植物を驚くべき速度で成長させたり、迷子を見つけたりする能力がある。

トトロは、物静かで穏やかな存在でありながら、二人の生活に魔法をもたらすようになるのだ。

その魔法はその後も数十年にわたって、何千万人ものアニメ映画ファンを虜《とりこ》にしてきた。トトロとメイとサツキは、宮崎駿《みやざきはやお》が作り出したキャラクターで、一九七九年以降、監督してきた一一本の長編アニメ映画の一つに登場する。二〇一三年に、宮崎は七二歳で公式に引退を表明したが、二〇一七年には引退を撤回し、現在、早ければおそらく二〇二〇年中に公開される見込みの新作長編映画の制作に取り掛かっている。彼がキャリアを重ねる間に、従来は主に日本国内のファンに支えられていたアニメ映画は、真に国際的なジャンルへと進化し、特に宮崎自身の作品にその傾向が顕著だった。あまりにも多くの人々に感動を与えた結果、愛知万博の閉幕から一〇年以上たった今も、地元の県当局はいまだに万博跡地の公園で「サツキとメイの家」を一般公開しているほどである。入館には事前予約が必要で、私も三〇分の観覧ツアーの一つに参加したのだが、これらの時間帯を除き、施設内には不気味なほど人の気配が感じられない。公園内は概ね打ち捨てられた状態で、思い出したようににわか雨がぱらつく中をとぼとぼと歩きながら、私は現実と非現実が奇妙に交錯した状況をいやが上にも意識せざるを得なかった。スーツケースは宮崎に関する日本語の書籍や文献で一杯になっていたが、公園の入口には荷物の預け場所がないので、それは次第に重く感じられてきた。だが、家に入ると傘立てがあったので、ようやくその後ろに押し込めておくことができた。

私を「サツキとメイの家」を訪問したいという気にさせたのは、「ミヤザキワールド」と呼ぶ世界に対して抱いている愛情だった。日本だけでなく世界中で何百万人もの人たちが、同じ思いを共有している。宮崎が作り出すアニメの世界では、それぞれの作品によって異なる世界観にどっぷりと浸ることができる（そして、それ自体が大きな楽しみでもある）が、どの作品にも監督の独特な想像力の刻印が見られるのだ。私が所属するアメリカの大学の宮崎作品を扱うゼミでは、学生たちに宮崎は一人の「作家《オトウール》」であると教えている。ここで言う作家とは、きわめて強烈な個性と独創的なビジョンの持ち主で、どの作品にも作家固有の特徴が一貫して見られるため、彼（あるいは彼女）の全作品を独特な映画体験と成らしめているような映画監督を指す。これに対しては、私が教えている学生たちの中からでさえ、当初は懐疑的な声が聞かれたものだ。「アニメ映画の監督が本当に作家《オトウール》になれるものでしょうか？」と彼らは疑問を呈したのである。

†〔これは、映画も他の芸術作品と同様に、映画監督という個人の表現物であると見なす「作家主義」という映画批評理論に基づいている〕

それに対する答えは間違いなく「イエス」であり、本書の目標の一つは、その点を証明していくことにある。アニメ映画の監督は、実写映画の監督と比べてさえ、作品の美的な品質を管理しやすい立場にある。細部まで配慮が行き届いた宮崎の芸術性は、キャラクターたちの髪の毛がどのように風に吹かれているかといった点にまで及んでおり、それが彼の個性となっているのだ。監督として作品全体を見渡すビジョンがあるからこそ、宮崎が自ら描いた綿密で詳細なコンセプト・スケッチに基づいて、映画に登場した「サツキとメイの家」を完璧に再現することも可能だったのである。ツアーの参加者たちが家の内部をゆっくりと移動するにつれ、全員が心地よい既視感に襲われ、連帯感を共有しているように思われた。私たちの誰もが、「以前、ここに来たことがある」と感じていたのだ。考古学者である姉妹の父親の書斎は、日本の先史時代の縄文期に関する書籍や遺物であふれている。一九五〇年代に一般的だった様式の台所には、調理器具や食器など必要なものはすべてそろっている。一二歳のサツキは、そこで誇らしげに父親と妹の弁当を用意するのだ。昔風の風呂場には浴槽が二つあり、一つはお湯で体の汚れを落とすため、もう一つは湯船に浸かるためのものである。家族で一緒に入浴している時、姉妹は父親から貴重な教訓——暗闇に直面しても、忍耐と笑いを忘れてはならない

――を学ぶことになる。そこに見られるのはミヤザキワールドの感情的な核を成す勇気と受容と歓喜という三本の柱であり、その組み合わせからは、ほとんど神秘的なものさえ感じられる。宮崎自身の世界観は徐々に暗さを増していったが、その間もミヤザキワールドはいまだに希望が絶望に打ち勝つ領域であり続けている。

私が宮崎作品と最初に出会ったのは、映画『風の谷のナウシカ』（一九八四年公開）を観た時のことで、もはや四半世紀以上も昔の話である。当時の私が、文明崩壊後の地球を舞台とするこのＳＦファンタジーに感銘を受けたのは、一つには映像の超現実的な美しさや、テクノロジーや人間性や自然に対する驚くほど繊細な洞察を内包する世界観のためだった。だが、何にも増して私を魅了したのは、その若き女性主人公ナウシカが抱える複雑な道徳観と、大災厄後の地球に生きる者たち――人、動物、虫、そして植物――と関わる時に示す行動や態度だった。それは、きわめて思慮深く、繊細で思いやりのある人物であることを示していたが、同時に、そこには従来の型にはまったＳＦ映画には見られない（ついでに言うなら、他ジャンルの大半の映画でもそうだが）多面的な世界観を想起させるものがあったのである。

古代ギリシャの叙事詩『オデュッセイア』の中で、宮崎が最も好きな登場人物から名前を取ったナウシカは、宮崎自身の分身《オルター・エゴ》にほかならない。情熱的で、内に怒りを秘め、他人に対して手厳しく、感情に流されやすく、究極的には世界を自らの手で終わらせようとする存在でもある。それは、宮崎が劇場版公開前から描き始め、一二年の歳月を経て完成させた一〇〇〇ページにも及ぶ壮大な漫画版の驚くべき結末からも明らかだ。太平洋戦争が始まった年に生まれ、戦火で荒廃した日本で育った宮崎が、テクノロジーや環境破壊が引き起こす大惨事に敏感であることは驚くにはあたらない。宮崎には、世界を破滅に導く出来事はカタルシスや浄化をもたらすと想像するような一面がある。「僕は、海面が上昇して東京が水没し、日本テレビタワーが孤島のように浮かぶ姿を見てみたいのです」と、宮崎はあるアメリカ人記者に語ったことがある。「金と欲望にからむすべてが崩壊し、街は緑の野草に覆われるでしょう」[1]

文明の崩壊を示唆する終末論的なイメージは、日本のアニメに頻繁に登場するお家芸のようなものだが、ミヤザキワールドで終末期の人類を率いる役割は、しばしば女性に委ねられる。日本映画で女性が脇役か恋愛対象としてしか描かれない傾向が強かった時代にあって、宮崎はいつまでも記憶に残る一連の若き女性キャラクター――ラナ、ナウシカ、シータ、サン、千尋《ちひろ》、ポニョ――を生み出してきた。多くの場合、彼女たちは自然や超自然と関わりを持ち、ミヤザキワールドの大半に通底するアニミズム的な世界観を体現する存在として描かれている。また、彼女たちはすべて一〇代かそれより幼いヒロインばかりだが、宮崎は一貫して年齢層が高い女性キャラクター――ドーラ、エボシ、ジーナ、ソフィー、トキ――も生み出してきた世界で有数の映画監督の一人でもある。

子供たちもまた、彼の世界観の中で中心的な役割を果たしている。宮崎は「子供達を眼の前にして、どうして祝福せずにおられようか。（中略）世界は美しいと、その子が証明しているのに」（『折り返し点 1997〜2008』、岩波書店、二〇〇八年、四七六頁）[2]と語っており、ミヤザキワールドで幼年期は一種のユートピア的な場所として描かれている。そこは、何らかの方法でかつての無垢な自分を取り戻せた時に、私たちの中に広がる可能性について気づかせてくれる場所なのだ。宮崎には、子供の視点だけを通じて『となりのトトロ』のような完成された物語を創造する力があり、それは観る者に大きな発見をもたらす。意外なことに、アニメ映画（ディズニーやピクサーの作品も含めて）の中で、実際に子供を主人公にしたものはまれである。『トトロ』は私が見た二本目の宮崎作品であり、メイとサツキが元気でやんちゃなところや、自然と魔法のどちらの驚異にも素直に反応する様子にわざとらしさがなく、私も子供時代に戻ったような気がして、大いに楽しみ、感動したことを覚えている。

ノスタルジアを掻き立てる——幼年期だけでなく、国家と世界の両方の観点から失われた過去を懐かしむというテーマを通じても——という手法は、宮崎の全作品に共通している。最初の劇場映画監督作である『ルパン三世 カリオストロの城』（一九七九年公開）では、廃墟と化した古代ローマの都市が発見され、一番最近の長編映画『風立ちぬ』（二〇一三年公開）でも戦前の日本が細心の注意を払って詳細に再現されており、そこではテクノロジーそのものが懐古の対象となっている。宮崎監督は、ノスタルジアとは切り離せない追放、喪失、トラウマといった、より暗いテーマも追求している。映画のキャラクターたちは、故郷に帰ることを強く望んでいるにもかかわらず、誰もがその願いをかなえられるわけではない。それに、時には故郷そのものが脅威にさらされたり、根こそぎ破壊されたりすることさえあるのだ。

だが、ミヤザキワールドの全体像は、世界の終末、力強い女性主人公、現実にいそうな子供たち、それに失われゆく世界への挽歌やユートピア的なビジョンといった各要素の総和を超越している。宮崎はこれらすべてを複雑に絡み合った一つの壮大な物語に織り込むことで、豊かな感情を呼び覚ますことに成功しており、それは彼が並外れた空想世界の創造者であることの証でもある。宮崎は、一九世紀のルイス・キャロルやジュール・ヴェルヌから、二〇世紀のJ・R・R・トールキン、J・K・ローリング、ウォルト・ディズニーに至る偉大なファンタジー世界の創造者たちと同等の地位を与えられて然るべき存在だ。アニメ映画の常套手段とも言える変身や、夢の中に出てくるような超現実的な映像を駆使しながら、宮崎は時に希望にあふれ、時には胸が張り裂けるような物語で構成される想像上の帝国を築き上げていく。私たちは、作品世界に自由に足を踏み入れ、しばらく滞在することはできるが、いずれ別れを惜しみつつ、立ち去らねばならない。澄み切った青空を背景とする飛行シーンから、水中で垣間見る超現実的な海底王国、はるかな未来の有毒の森、それに神々が住む中世日本の森に至るまで、宮崎が創造するファンタジー世界はいずれもきめ細かく設計されている。それらは、彼の目にはますます抑圧的に映る現実世界に代わる選択肢を提供しているのだ。

宮崎は、登場人物たちにとって大切な私的体験を作品の中に取り込み、壮大なスケールの物語を創造することを得意としている。そこではアニメ監督であると同時に芸術家でもある才能がいかんなく発揮されている。例えば、『トトロ』は、子供たちの驚きと歓びを繊細に描写して無垢な幼年時代を再現しており、「忘れものを、届けにきました。」という公開時のキャッチコピーも映画の特徴をよく捉えている。『トトロ』で三秒間しか続かないワンシーンでは、ある春の日の午後に一匹のカタツムリが植物の茎の上をよじ登っていく様子が描かれる。それは「ピローショット」〔物語とは無関係の枕詞《ピロー》的なシーンで、小津《おづ》安二郎《やすじろう》の映画によく見られる〕と呼ばれる手法で、アニメ評論家ダニ・キャヴアラロによれば、こうした短い映像を挿入することで「［その瞬間に］思慮深い雰囲気をもたらす」のだという。[3]

壮大な物語という面でいうと、宮崎は『もののけ姫』（一九九七年公開）で歴史と人類と壊滅的な環境破壊というテーマに挑んで、大ヒットを飛ばした。この二時間以上に及ぶ大長編は、宮崎が手描きした大量の絵コンテを元に構成されたのである。この映画が契機となって、宮崎の全作品が欧米に紹介されるようになり、アニメ映画が単なる子供向けエンターテインメントの枠を超えた作品になり得ることを明白に示す結果となった。生態系が壊滅的崩壊に瀕する世界を描いた『もののけ姫』の暴力的な世界観は、二一世紀の今だからこそいっそう心に響くものとなっている。

宮崎監督の情熱は、強い反戦の姿勢にも及んでいる。二〇一三年に、私はスタジオジブリ（宮崎と高畑勲《たかはたいさお》監督が一九八五年に設立したアニメ制作スタジオ）の広報誌『熱風』の最新号を手に取る機会に恵まれた。同誌はこれまでも廃棄物による環境汚染や原子力被害（特に二〇一一年三月の東日本大震災の影響により、福島第一原子力発電所で炉心溶融《メルトダウン》が発生して以来）といった問題に取り組んできたが、同（二〇一三年七月）号では日本の政治を混乱に陥れている憲法改正を巡る論争（つまり、それによって攻撃的な軍隊を持てるようにすべきか）に焦点を当てていたのである。第二次世界大戦以降、平和主義を誇りにしてきた日本で、改憲論は全国で強い感情的な反応を引き起こしてきた。それは、感情の激しさから言えば、アメリカにおける銃規制問題の議論に匹敵すると言っていい。とはいえ、ハリウッドの大手映画会社が、銃規制問題に関して一二ページにわたる論説を公表することは、想像することすら難しい。『熱風』に掲載された論評の筆者には、宮崎と高畑だけでなく、ジブリの主要なプロデューサーである鈴木敏夫《すずきとしお》や絵本作家の中川李枝子《なかがわりえこ》を含む、僚友たちも名を連ねていた。その中でもとりわけ宮崎は、戦争犯罪と戦争責任という難しい問題を引き受け、戦争の「愚かさ」を糾弾することで右翼の国家主義者たちから怒りの矛先を向けられる結果となった。

宮崎が複雑で情熱的な人物であることは論を俟たない。彼とスタジオジブリに関する日本語の書籍や記事は、一部屋を埋め尽くすほど大量に出版されている。これらの文献のテーマは、彼がケルト的な元型（アーキタイプ）の愛好家である事実から、日本の批評家が言うところの宮崎の「マザコン」、それに国民的な映画監督としての宮崎の役割にまで及んでいる。一方、海外の批評家とファンも最新情報に通じるようになっており、宮崎作品の多様な側面に関する書籍や記事は増える一方だ。その中には、彼の映画に見られる宗教的要素の研究から、宮崎自身が「美女と野獣」的な物語を好んでいるという事実の分析、そして公の知識人としての彼の評価を巡る議論まで含まれている。中でも、著名なアニメ研究者ヘレン・マッカーシーが一九九九年に出版した宮崎に関する著作には、大いに刺激を受けたことを記しておきたい。

　だが、彼に関する大量の論評には、一つ抜け落ちているものがある。宮崎自身が辿ってきた人生については、大して語られていないのだ。宮崎の伝記は、私もこれまで一冊しか入手できておらず、著者は大泉実成《おおいずみみつなり》というポップカルチャーの専門家である。二〇〇二年に出版された大泉の著書（『宮崎駿の原点――母と子の物語』、潮出版社）は、宮崎の子供時代とキャリアの初期段階に集中的に焦点を当てているものの、彼の私生活にはほとんど重点を置いていない。日本社会には今も、主要な著名人のプライバシーをある程度まで守ろうとする側面があるのだ。それに加えて、宮崎が映画スターではなくアニメ映画監督であることも一つの要因だろう。実際に、彼の日常に関する本を書いても、次のような記述をうんざりするほど繰り返すだけに終わりかねない。「宮崎はスタジオに出勤すると、一所懸命に仕事に取り組んだ」

　確かにそれは正確な描写かもしれないが、宮崎の人生や仕事や彼が創造した世界は、そんな素っ気ない表現からは窺い知ることができないほどの豊かさに満ちている。多くの点で、宮崎の最高のスポークスマンは、作品や自分の言葉を通じて発信を続ける彼自身にほかならない。アニメ研究者の久美《くみ》薫《かおる》が書いているように、宮崎は「恐るべき才能と馬力をそなえた人物であり、私達凡なる観客は長きにわたってその作品群に圧倒されるしかなかった。評する言葉に窮してしまうのである。それで作者その人が語らざるをえなくなる」（『宮崎駿の時代 1941-2008』久美薫著、鳥影社、二〇〇八年、四二五頁）[4]。幸運なことに、宮崎は決して寡黙な方ではない。彼はエッセイとインタビューの両方を通じて、多岐にわたるテーマについて雄弁に語り続けている。現在、宮崎のインタビューとエッセイをまとめた本が二冊、英語で入手可能となっている。これらは『出発点 1979~1996』（徳間書店、一九九六年）と『折り返し点 1997~2008』の英訳書で、宮崎の考えを知るのに大いに役立った。一方、日本語の資料は枚挙に暇《いとま》がない。中でも特筆に値するのは、人気音楽情報誌の編集長を務めた渋谷陽《しぶやよう》一《いち》によるインタビューをまとめた『風の帰る場所――ナウシカから千尋までの軌跡』（二〇〇二年）と『続・風の帰る場所――映画監督・宮崎駿はいかに始まり、いかに幕を引いたのか』（二〇一三年、いずれもロッキング・オン刊行）の二冊である。渋谷が宮崎の築いたステータスに気後れした様子を見せない数少ないインタビュアーの一人であることも手伝って、どちらも監督の作品や政治的・芸術的な情熱に関して、きわめて興味深い洞察を与えてくれた。他にも、映像研究家の叶精二《かのうせいじ》が宮崎作品の歴史を徹底的に調査した『宮崎駿全書』（フィルムアート社、二〇〇六年）には、計り知れないほど貴重な資料的価値がある。また、宮崎と最も親しい同僚の中にも回想録を出版している人たちがいる。とりわけ注目に値するのは、敏腕プロデューサーの鈴木敏夫による数冊の著書と、ベテランアニメーターの大塚康生《おおつかやすお》の回想録で、職場における宮崎の日常について現場の人間しか知りようがない一面を明らかにしてくれた。最近では、アニメ研究家の岡田斗司夫《おかだとしお》や杉田俊介《すぎたしゅんすけ》といった世代的に下の批評家たちが、宮崎作品について述べている客観的で冷静な論評も参考になった。

そして、もちろん映画そのものを忘れてはならない。それらはいずれも宮崎の想像力が築き上げた帝国の一部であり、多大な努力の賜物である。本書において、私は主として彼の一一本の映画と漫画の代表作を通じてミヤザキワールドを探求している。彼の作品は通常ファンタジーかSFのジャンルに分類されているが、他方で、そこからは監督が周囲の「現実世界」に対して敏感にアンテナを張り巡らせていることが窺える。宮崎は政治的・社会的な出来事に単純に反応しているというより、個人として、あるいは映画監督としてそれらの状況とどう関わろうとしているかを、作品の中で表現しているのだ。

細部へのこだわり、大量の仕事量を前提とした制作スケジュール、さらに並外れた成功からも明らかなように、宮崎はまさにワーカホリックの見本のような人物だ。また、きわめて優秀なアニメ制作スタッフを抱えており、その多くは数十年間にわたって労苦をいとわずに彼を支えてきた。だが、宮崎は彼らに模範を示し、大いに刺激を与えている反面、その存在自体が大きなプレッシャーとなることがある。「引退」を発表した直後でさえ、三鷹の森ジブリ美術館（スタジオ近くに息子の吾朗《ごろう》と協力して建設した宝石箱のように魅力的な施設）用に、自ら新作短編アニメの制作に取り掛かったほどなのだ。

たまの自由時間には、監督もささやかな楽しみを見つけているようだが、そうした体験もすべて何らかの形でミヤザキワールドの発展に貢献してきた。彼は旅行の愛好家で、特に日本国内やヨーロッパへ同僚と連れ立って、ロケハンや社員旅行に行くことが多い。九州本島最南端の近くにある島で、エデンの園を思わせる屋久島も二度訪れており、そこで得た着想から『風の谷のナウシカ』と『もののけ姫』という二つの主要な作品が生まれている。ヨーロッパ旅行の記憶も『ナウシカ』に登場する風車から、『カリオストロ』の城、『魔女の宅急便』（一九八九年公開）の舞台となった魅力的な大都市コリコ、それに『風立ちぬ』に登場する夜のドイツの街並みまで、至る所に反映されている。皮肉なことに、あれほど飛行機を描くことを愛する人物にしては、宮崎は空の旅をやや苦手としているようだ。

仕事も旅行もしていない時には、宮崎は東京郊外にある慎ましやかな所沢の街にいるか、信州・長野県にあるお気に入りの山荘で過ごしているか、どちらかである。彼は山荘で来客をもてなすこともあり、その中には子供たちも含まれる。彼らはここに来ると大自然に囲まれた環境に大喜びする。工業化が進んだ日本では、自然はますます貴重な存在となりつつあるのだ。著名なアニメ監督たちが訪れることもあり、来客の中には映画『ＧＨＯＳＴ　ＩＮ　ＴＨＥ　ＳＨＥＬＬ／攻殻機動隊』とその続編などによってファンから崇拝されている押井守《おしいまもる》や、宮崎の下で『ナウシカ』の制作に関わり、その後、荒涼とした黙示録的なアニメ作品『新世紀エヴァンゲリオン』（一九九五年から九六年にかけて放送されたテレビアニメ版とそれ以降に公開された劇場版シリーズがある）で国際的な知名度を高めた庵野《あんの》秀明《ひであき》などがいる。

宮崎は一流の映画監督にしては、映画鑑賞に大した時間を割いていないが、過去のある時期にはロシアとヨーロッパのアニメ映画だけでなく、イタリア・ネオレアリズモの代表的な映画『自転車泥棒』や、旧ソ連の映画監督アンドレイ・タルコフスキーの衝撃作『ストーカー』といった西洋の芸術映画を称賛していた。彼はまた『七人の侍』で知られる偉大な日本の映画監督、黒澤明《くろさわあきら》を高く評価しており、宮崎自身が『もののけ姫』を手掛けた際には、この不朽の名作が試金石となったほどだ。SFとファンタジーはもちろん、ヨーロッパ文学（特にイギリス文学）の熱心な読者でもあるが、日本文学に目覚めるのは比較的遅かった。引退撤回前の最後の作品となった『風立ちぬ』は、堀辰雄《ほりたつお》の同名の作品から着想を得ており、それは一九三六年から雑誌連載が始まった切ない恋愛小説である。最近の一〇年間では、次第に夏目《なつめ》漱石《そうせき》への傾倒を強めている。漱石は、二〇世紀の日本が生んだ最も偉大な小説家で、近代化が生み出す不安やストレスに直面した個人の苦悩を描き出す作品で知られている。

宮崎はよく自分には「教養」がないと謙遜しているが、それは、スタジオジブリの共同設立者で日本の最高学府・東京大学の仏文科を卒業した高畑のことが念頭にあるからかもしれない。しかし、実際には、宮崎自身も洗練された趣味の持ち主で、文化的・政治的な関心は広範囲に及んでいる。私は宮崎と三回直接会っており、初めて直《じか》に話したのは一九九二年のことだった。当時、私は日本のアニメ全般に関する本のためのリサーチでスタジオジブリを訪問中で、そこへたまたま宮崎監督が通りかかったのである。それから一五年ほど後、私が宮崎と彼の作品だけにテーマを絞った本を書く気になったのは、この時の出会いがきっかけだった。

その最初の訪問の際に、私はスタジオ内が明るくて広々としていることや、女性スタッフの数の多さ、それに見ることを許された原画の素晴らしさに感銘を受けた。中でも最も強い印象を残したのが、きわめて個性的で明らかに卓越した才能の持ち主であるスタジオの中心人物だった。宮崎は身なりが粋で礼儀正しく、ビクトリア朝時代の古風な学者か発明家のような雰囲気を漂わせていたが、堅苦しさとはまるで無縁の活気と熱意に溢れていた。彼の話は、興味深い事実と生き生きとした詳細に彩られており、目まぐるしい言葉の渦に私を巻き込んでいった。田園風景に囲まれた所沢市は、『トトロ』の舞台にもなっているが、その冬、あいにく有毒物質による環境汚染問題でニュースを賑わせていた。一九七〇年代、私は東京の日本語学校に通うために所沢に住んでいたことがあり、美しい田んぼの景色や比較的平和で穏やかな環境を満喫していた。宮崎と私は環境の悲惨な現状を嘆き合うことで少しだけ意気投合し、彼は私のためにトトロの絵を描くと、その下に独特なサインをしてくれた。シンプルなのに生き生きとしたタッチのスケッチには、宮崎監督のもう一つの特徴である若々しさが溢れ出ていた。

だからと言って、私のゼミの学生がある時主張していたように、宮崎は決してサンタクロースのような存在ではない（それ自体は愛すべき発言だと思ったが）。人に愛されるおおらかな人物というだけでは、世界で最も偉大なアニメ監督となり、大手アニメスタジオのトップを務め、立て続けにヒットを飛ばす大御所の地位にまでのぼり詰めることはできないからだ。プロデューサーである鈴木は、ジブリのことをある種の「ユートピア」であると考えており、言うまでもなくミヤザキワールドにも多くのユートピア的なビジョンが内包されている[5]。その一方で、業界内部からはそれに異論を唱える声も上がっている。アニメ研究家の上野《うえの》俊哉《としや》と押井守監督の間で行なわれた驚くほど率直な対談でも、それは鮮明に表れている。押井は少なくとも『ナウシカ』制作当時にはすでに宮崎の同僚だったが、左派に同情的な彼の姿勢に反論するようになった。押井は、対談でジブリ内の雰囲気を「スターリニズム」と揶揄している。[6]一方、上野はそれ以上に興味深い発言を行なっている。宮崎の元同僚で彼を師と仰ぐ庵野秀明がヒット作『エヴァンゲリオン』シリーズに登場させた「特務機関ＮＥＲＶ（ネルフ）」はジブリのパロディーだという説を唱えているのだ。ネルフはディストピア的な架空組織で、きわめて優秀だが近寄りがたい雰囲気を持つ、碇《いかり》ゲンドウという人物に率いられている。[7]押井と上野が話を面白くするために、やや誇張に走っていたことは間違いないだろう。[8]それでも、当時のジブリにかなり張り詰めた空気が流れていたことや、宮崎が今も周囲に緊張を強いる複雑な個性の持ち主であることは否定できない。宮崎自身も、名作『千と千尋の神隠し』に登場する湯屋（銭湯）が常に混乱状態にあるのは、スタジオジブリをモデルにしたためで、湯屋の主人である魔女の湯婆婆（ゆばーば）は、彼自身と鈴木を混合させたキャラクターだと説明しているほどである。

ミヤザキワールドの持つ複雑な側面は、相互に矛盾している場合もあるが、どんな時も観る者を魅了せずにはおかない。私が愛知県の人影もまばらな万博記念公園にわざわざ足を運ぶ気になったのも、その大きな魅力の虜になったからである。傘立ての後ろからスーツケースを回収すると、私はアメリカへの長い帰国の旅に就く。日本ではミヤザキワールドを構成する多くの要素について新たな発見があったので、帰国次第、すぐにそれらを意味のある論考にまとめなくてはならない。私は誰もいない「メイとサツキの家」を憂鬱な思いで後にする。それは唯一無二の想像力の結晶であり、その想像力もまた憂鬱な側面を抱えている。宮崎は周囲の世界で起きている変化に鋭敏に反応してきた人物で、本書で明らかになるように、彼の人生と生きた時代はまさに激動の連続だった。

本書の執筆に費やした八年間に、私は宮崎が自分自身や取り巻く世界の様々な側面を作品の多くに投影していると確信するに至った。きわめて特異な天才であることに変わりはないが、宮崎とその芸術は、生まれ育った時代と場所が融合した賜物であるとも言える。二〇世紀と二一世紀の日本で、宮崎は時に大きな精神的苦悩を抱えながら、途方もない文化的体験を経てきたのである。《ニューヨーカー》誌に宮崎を紹介する記事を書いたジャーナリストのマーガレット・タルボットは、「カワイイ」を特徴とする日本の大衆文化が優れたアニメ文化の発展に果たした貢献を考えると、「日本人が世界で最も偉大なアニメ監督になるというのは、ほとんど必然的だった」という見方を示している[9]。私の考えは少し異なり、むしろ視覚的、文学的、精神的に豊かな文化と欧米人にはたぶん意外に思えるコスモポリタンな感覚が、日本が経てきた複雑な歴史と結合した結果、世界でも類を見ない優れたアニメ監督が誕生する素地が生まれたという説を取りたい。本書の目的は、宮崎駿がそうしたアニメ監督に成長した経緯と理由を検証し、その過程で彼の創造した世界と彼を創造した世界の謎を明らかにしていくことにある。

第1章　壊れた世界

国破れて山河在り

――中国唐代の詩人・杜甫《とほ》（七一二年 - 七七〇年）

一九四一年一月五日に宮崎駿が生を受けた世界は、まさに破滅に直面しようとしていた。彼にとって引退表明前の最後の作品となった『風立ちぬ』は、第二次世界大戦前後の時代を舞台としている。本作において、監督は日本の軍用機が次々に撃墜されていく中で、主人公がひと言「破裂だな……」とつぶやく悪夢のような光景を描き出す。最終的には第二次世界大戦へと拡大していく軍事作戦の当初から、日本には崩壊の影が忍び寄っていた。結局、一九四五年末までに数百万人もの国民が犠牲となり、国土は荒廃することになる。もちろん、破滅に瀕した国は決して日本だけではなかった。アジア大陸や東南アジアへの帝国主義的な拡張政策や、最終的には真珠湾攻撃とそれに続く太平洋戦争によって、日本は自国の崩壊を招いたに過ぎないと多くの人たちは主張するだろう。歴史家たちは、日本を帝国主義的野心に走らせた複雑な背景について延々と議論を続けているが、結論はどうあれ、この国が第二次世界大戦末期までに灰燼《かいじん》に帰したという事実は変わらない。

一九四四年に開始され、際限なく繰り返された日本本土空襲は、通常兵器によって全土を炎に包み、その後に続いたのが広島と長崎に対する原爆投下だった。戦争終結までには、国内のほぼすべての主要都市が焼夷弾爆撃によって見る影もなく破壊されていた（古都京都だけが唯一の例外だった）。歴史家のジョン・ダワーは著書『容赦なき戦争――太平洋戦争における人種差別』の中で、一九四四年から四五年にかけて米軍が行なった無慈悲な空襲について、あるアメリカ軍将校が述べた言葉を紹介している。それによれば、この将校は、日本の都市爆撃を「史上最も冷酷、野蛮な非戦闘員殺戮の一つ」と表現したという（平凡社ライブラリー、二〇〇一年、猿谷要監修、斎藤元一訳、九三頁）[1]。空襲は、それを体験したすべての人たちの記憶に痛々しい傷跡を残した。終戦時にはまだ四歳に過ぎなかった宮崎も「空襲は覚えていますし、自分の街がもえるのも見ています」と語っている（『熱風』二〇一三年七月号、スタジオジブリ、四頁）[2]。

それでも、監督が生まれた年の日本は、うまく時運に乗っているように見えた。伝統的な制度や習慣を切り捨て、学校制度からステーキディナーに至るまで欧米のものと入れ替えることで、日本は近代化に成功した初めての非西洋国家となったのである。一九三〇年代後半までには、日本は世界中から尊敬と恐怖の念さえ抱かれている帝国を築き上げていた。こうしてついに、この国は、歴史学者ウィリアム・ロジャー・ルイスの言う「帝国を支配する白人専用のクラブ」[3]への仲間入りを果たしたように思えた。そして、一九四一年一二月には、ハワイの真珠湾でアメリカに対して劇的な軍事的勝利を収める。その際に、壊滅的な攻撃によってアメリカを震撼させた爆撃機の護衛を務めたのが、いわゆる「零戦《ゼロせん》（零式艦上戦闘機）」として知られる驚異的な性能の戦闘機だった。

真珠湾攻撃やそれを率いた戦闘機と宮崎の生家は特別な関係にあった。監督自身があっさり認めているように、彼の父親と伯父は零戦の部品（風防）を組み立てる工場を所有していたのだ。戦時中を通じて、家族は大きな家に住み、当時、希少な資源となっていた貴重なガソリンを、自家用車のために入手することさえ可能だった。燃料と交通手段を確保できたおかげで、後に宮崎家の人々は最も破壊的な空襲から逃れる術を得たのである。

宮崎は自分の家族が戦時中も裕福な暮らしをしていた事実に明らかに罪悪感を覚えているが、その一方で、一家の生活を支えた飛行機とそれを生み出した時代に対する態度にはアンビバレントなところがある。テクノロジーの進歩に光と闇の両義性があることは、ミヤザキワールドにとって主要なテーマとなっている。監督は、日本が国として飛躍的進歩を遂げ、西欧と肩を並べた証として、零戦の最先端のテクノロジーを高く評価している。また、宮崎が一九二〇年代と三〇年代を、日本と自分の家族にとってきわめて重要な時期と考えていることも明らかだ。それは技術革新と政治的混乱の時代であると同時に、軍国主義の台頭と自然災害の時代でもあった。『風立ちぬ』には、宮崎の父親と祖父が実際に巻き込まれた一九二三年の関東大震災の描写があり、パニック状態に陥った群衆の姿や建物が激しく揺れるシーンが描かれている。

やがて国全体が荒廃するにもかかわらず、戦前には国民の意気は高揚し、社会の流動性も高かった。近代化が進むにつれて、人々はかつての封建社会とは異なるアイデンティティを模索するようになっていたのだ。モボ・モガ（モダン・ボーイとモダン・ガールの略語）と呼ばれる先端的な若い男女たちは、一九世紀の保守的な伝統から大きく逸脱しながら、新たな大人への道を切り拓こうとしていた。宮崎は自分の父親を「デカデンスな昭和のモダン・ボーイ」と揶揄し、無責任な快楽主義者だったと示唆している（『半藤一利と宮崎駿の腰ぬけ愛国談義』、文春ジブリ文庫、二〇一三年、五二頁）[4]。だが、他方では、『風立ちぬ』では医師になるという固い決意を抱く加代《かよ》という主人公の妹を同情的に描いてもいて、そこには明らかに現代的《モダン》な考え方が反映されている。

終戦とともに、日本国民は諸都市の物理的破壊や類を見ない人命の損失だけでなく、有史以来、外国勢力に占領されたことのない自国が、初めて連合国軍の占領下に置かれるという現実に直面せねばならなかった。戦前における近代化と西欧化の試みは、すでに日本に心理的な傷跡を残しており、夏目漱石はそれを国民的な「神経衰弱」と呼んで憂慮した。[5] だが、敗戦は心理面だけでなく、痛々しいまでに物理的な傷跡を残したのである。敗戦の現実は、破壊された建物や人けのない通りを覆う瓦礫の山という形で、嫌でも目に入ってきた。大柄なアメリカ人の兵隊たちは腹を空かした子供たちにガムを与えたが、もしかするとその子らの両親は永遠に戻ってこないかもしれないのだ。

宮崎とスタジオジブリの同僚たちは、第二次世界大戦が残したトラウマの影響を強く認識しており、国民の若い世代にそのことを伝えようと決意していた。ジブリの広報誌『熱風』の二〇一三年七月号の特集は、保守政権による憲法九条（戦争を「永久に」放棄することを謳った条項）改正の試みに反対する「マニフェスト」として企画された。抽象的な反戦論よりもはるかに読者の心を打ったのは、宮崎とスタジオジブリの同僚たちが語った第二次世界大戦中の幼少期の思い出だった。宮崎の長年の盟友である高畑勲も自分の戦争体験を語っており、その回想は短いからこそ記憶に残るものとなっている。

> ９歳のときに人生最大の事件に遭いました。空襲です。
> 住んでいた岡山市は６月29日の未明、Ｂ29による空襲で、市街地の大半が失われました。私は七人兄弟の末っ子で、父母と子供五人で暮らしていたのですが、私はすぐ上の六年生の姉と二人、家族とはぐれ、街の中心に向かって逃げたため、自分たちの真上に文字通り火の雨が降ってくるところから、家々が燃えはじめ、遂にまわりがすべて燃えさかり、どこへ逃げたらよいやら進退

窮まるまでを体験しました。焼夷弾に混じって爆発する中型爆弾の破片にやられて姉が失神したり、二人とも死んでも少しもおかしくなかったと思います。市街地の中央を流れている旭川にやっと出て、黒い雨に打たれながら朝まで震えていました。（中略）まだ親兄弟と再会する前に、自分の家の焼け跡まで行ってみました。自分たちが通ってきたところはすべて焼け野原となっていました。すごい数の死体を見て、震えが止まりませんでした。恐くて入らなかった防空壕で多くの人が蒸し焼きになっていました。自分の家の前の溝川にも水に浸かったまま窒息死をしている人が何人もいました。

高畑は最後に「あんな恐ろしい体験は二度としたくありません」とだけ語り、回想を結んでいる（『熱風』二〇一三年七月号、スタジオジブリ、一二頁）[6]。

絵本作家・中川李枝子にも、これに劣らず胸が締め付けられるような戦争の記憶がある。『熱風』に掲載した回想で、彼女は同級生に貸した『アンデルセン童話集』が担任の教師に没収されて「心底ぞっとした」経験を語っている。また、父親の書斎に外国の本があるため「スパイの嫌疑をかけられたらどうしよう」と悩み、「眠れない程悶々としていた」という。結局、李枝子は姉と共に札幌にいる祖父母の家に疎開することになる。だが、この遠隔地においてさえ、人との別れや悲しみが日常を支配していた。「師範学校や中学校で教えていた祖父の許に、教え子戦死の知らせが次々に入る。肩を落とし、うなだれ、目をしばたいて眼鏡を拭く祖父の姿に私の胸は潰れた」（『熱風』、一七 - 一九頁）[7]

日本が野望と軍国主義的な熱狂に駆られて始めた戦争は、そのまま国民に跳ね返ってきた。日本人全体が状況にふさわしい行動を模索してもがき続けた。哀悼の念が絶望とせめぎ合い、この泥沼へ彼らを引きずり込んだ軍部指導者たちだけでなく、自分たちの無力さを実感させるアメリカ進駐軍への怒りがそこに入り混じっていた。宮崎は、日本軍の降伏を伝える天皇の玉音放送を聞いて父親がすすり泣く様子を記憶している。

宮崎の芸術に、第二次世界大戦の灰燼の中から生まれた部分があることは間違いない。天才を生み出すためには、家族、幼児期、教育、文化といった多くの要素がうまく組み合わさる必要があるのだ。おそらくトラウマ――癒えることのない精神的外傷――もまた、その一つのはずである。ファンタジー児童小説『ナルニア国ものがたり』〔邦訳は岩波書店など〕の著者Ｃ・Ｓ・ルイスは、弱冠九歳で母親を癌で亡くすという不幸を乗り越え、のちに、死者が復活する輝かしいナルニアの世界を創造した。Ｊ・Ｒ・Ｒ・トールキンも第一次世界大戦の西部戦線で凄惨な塹壕戦を体験し、親しい仲間を失っており、それが『指輪物語』〔邦訳・評論社〕に登場する死者に取りつかれた「影の国」モルドールや、黙示録さながらの最終決戦を予感させる世界観を生み出す一因となったことは疑いない。『ハリー・ポッター』シリーズ〔邦訳・静山社〕の生みの親Ｊ・Ｋ・ローリングの場合も、父親との関係が良好でなかったことが、同シリーズに親が不在の家庭や問題を抱えた父親がしばしば登場することと関係しているものと思われる。芸術家にとってのトラウマが、苦痛に立ち向かい、それを克服するために必要な作品を生む触媒の役割を果たすとしたら、物語の中に別世界を創造することは、そのプロセスをさらに前進させることになる。

宮崎は、自分自身の体験に結びつけて、「ファンタジーの力」が生まれる過程を説明している。「『現実を直視しろ、直視しろ』ってやたらに言うけども、現実を直視したら自信をなくしてしまう人間が、とりあえずそこで自分が主人公になれる空間を持つっていうことがファンタジーの力だと思うんです。それはなにもアニメーションとかマンガじゃなくても、もっと前の神話や昔話であっても、とにかく、なんとかやってけるもんだ、うまくいくんだよって話を、人間たちはもってきたんだと思うんですよね」(『ユリイカ』二〇〇一年八月臨時増刊号「総特集=宮崎駿『千と千尋の神隠し』の世界」、青土社、一二八-一二九頁[8])

ここで断っておく必要があるのは、宮崎自身は、自分の芸術をトラウマ克服の手段とは考えていないと主張していることだ。彼の伝記を書いた大泉実成によれば、監督はそういう見方を明快に否定しているという。「ぼくは傷を受けたということをテーマにして映画やマンガをつくっているとは思わないです」。むしろ、トラウマとはもっと普遍的なもののはずだと宮崎は主張する。「そんなのみんなあるんですよ。それを大事に抱え込んでいるか、別なかたちで昇華していくかということだと思うんです」(『宮崎駿の原点』、一七四頁[9])

宮崎は、トラウマに執着するよりも忍耐力を養った方がはるかに役に立つとも主張している。「その傷は癒《いや》されるかといったら、それは耐えられるだけであって、癒されることはないですから」。心の傷は「人間の存在の根本にかかわることですから」と彼は言う。そのうえで、あっさりこう付け加える。「耐えられればいいんですよ」(『宮崎駿の原点』、一七四頁[10])

忍耐力や持続力や受容力がミヤザキワールドにおける主要なテーマとなっていることは疑いの余地がない。それは、早くは漫画版『ナウシカ』から、最近で言えば『風立ちぬ』の終盤の台詞にあるように、「生きねば」「生きろ」あるいは「生きて」という訴えが何度も繰り返し強調されていることからも見て取れる。宮崎が再三にわたって主張しているのは、精神的苦悩ではなく、逆境から立ち直る力の重要性である。それにもかかわらず、トラウマが彼の人生と作品世界の両方において一定の役割を演じていることは疑いようがない。自分のことになると、灯台下暗しになってしまうというのはありがちな話である。

　夏目漱石は、幼年期に不幸な日々を耐え忍び、前述したように神経衰弱に苦しんできた人物だが、宮崎にとっては何度も読み返す価値のある作家の一人である。監督はまた、芥川龍之介《あくたがわりゅうのすけ》にも傾倒していることを明らかにしている。芥川は若くして優れた短篇小説を残した作家だが、家族の問題に悩まされ、母親の統合失調症が自分に遺伝していることを常に危惧していた。結局、様々な要因が重なって一九二七年にはついに自らの命を絶つ。どちらの作家にも、異様な魅力を放つ幻想的で超現実的な内容の作品がある。これ以外にも、宮崎が憧れている文学者の一人に鴨長明《かものちょうめい》（一一五五年頃－一二一六年）がいる。戦乱の時代に生き、大地震を体験した長明は、切れ味鋭い随筆『方丈記』の作者として知られるが、中世の宮廷社会を捨てて、最終的にはまったくの別世界で生きることを選び、自然の中で芸術と仏教の道を求める生活に安らぎを見出した。

　宮崎の男性キャラクターの多くは、何らかの呪いを背負っているが、それは心中の葛藤が表出したものだ。『もののけ姫』に登場するアシタカの腕は呪いに蝕まれ、『紅の豚』（一九九二年）のマルコは豚の顔をしており、『千と千尋の神隠し』（二〇〇一年）のハクは湯婆婆の魔法で手足のように使われ、『ハウルの動く城』（二〇〇四年）のハウルは心臓を奪われている。これらは一目瞭然な例ばかりだが、一見能天気に振る舞っている『ルパン三世　カリオストロの城』（一九七九年）のルパンや、『崖の上のポニョ』（二〇〇八年）の五歳にしては驚くほど大人びた宗介《そうすけ》の態度からも、子供向け映画の主人公としては珍しいほどの重々しさが感じられることがある。こうしたキャラクター設定は、芸術的な観点からすれば、より複雑で説得力のある人物造形をするために必要なことかもしれないが、それは同時に単純な家族向けエンターテインメントの枠を超えた世界観を作品に導入することを意味している。

ミヤザキワールドにおける呪いの対象は、人間に限定されているわけではない。環境問題に関する寓話的なメッセージを組み込み、大ヒット作となった『もののけ姫』に登場する食えない僧体の男、ジコ坊《ぼう》は「この世はタタリそのもの」だと宣言する。映画の中の衝撃的な光景が、その言葉の正しさを裏付ける。森の神は銃で倒され、森そのものも崩壊し、空は闇に包まれる。『千と千尋』で描かれる自然に対する呪いは、さらにいっそう具体的だ。謎に満ちたハクというキャラクターは実は人間ではなく、正体は川の神で、「呪われている」のは川そのものである。この映画に登場するもう一つの川は、あまりにも汚染が進行しているため、川の神は「オクサレ様」と呼ばれている。その名前には精神的な汚染と環境汚染の両方の意味が込められている。

監督による「略奪される自然」の描写は、多くの場合、戦後日本のなりふり構わぬ工業化による環境破壊の具体例に基づいている。ハクの汚染された川は、おそらく宮崎の自宅近くで、彼を含む地域住民が汚染除去に取り組んだ川にヒントを得たものだろう。だが、見渡す限り広がる荒廃した景色のイメージは、一九七〇年代に監督したテレビシリーズ『未来少年コナン』にすでに登場しており、その後も最新作に至るまで映画で描かれ続けている。それは破壊のイメージがかなり早い段階から宮崎に植え付けられていたことを示唆している。この点において、宮崎のビジョンは中国唐代の偉大な詩人・杜甫のそれを超えている。杜甫は「国破れて山河在り」という表現を用いて、あくまで人間の視点から世界の悲哀を描写している。一方、宮崎は『千と千尋』に登場する川について、こう語っている。「日本の河の神様たちは、本当にああいう姿で、悲しく、切なく生きているんだと思っています。この日本の島で苦しんでいるのは、人間だけじゃないんですよ」（『千と千尋の神隠し』映画パンフレット）[11]

環境的・文化的災害に関する宮崎のビジョンは、国民的意識の中から生まれたものだ。西欧の研究者たちはしばしば、ミヤザキワールドのいわゆる「神道」的な美意識に言及する。それは世界を「神《カミ》」（必ずしも死んだ人間の魂だけに限定されない）の領域と見なす日本土着の宗教である。実際に、神は岩石や滝や山や樹木の中にも宿るとされており、『となりのトトロ』でもトトロはクスノキの下に棲む存在として描かれている。このアニミズム的な文化意識は、人間が他の種だけでなく、自然の力との間にさえ深い絆を有していることを、何世紀にもわたって明示的に強調してきたのだ。

日本人は自然との強力な精神的絆を称えると同時に、自然が有する圧倒的な力を非常に強く意識してきた。日本は歴史を通じて、圧倒的な頻度で火山噴火、地震、津波の被害に遭ってきたために、この国特有の「災害の想像力」が生まれるに至ったと私は考えている。[12] ゾロアスター教、ユダヤ教、キリスト教などの宗教文化は、時代を超えて終末論的なビジョンを受け入れてきたが、日本における災害の想像力は、根本的に悲観的で、時に悲劇的とさえ言える世界観と結びつき、長年にわたって日本の芸術や大衆文化の一部と化してきた。宮崎とほぼ同時代を生きてきたノーベル文学賞受賞者の大江《おおえ》健三郎《けんざぶろう》は、早くは一九七〇年代に書いた小説ですでに世界の終末と洪水による浄化というビジョンに到達していた。大衆文化の最前線においては、『日本沈没』というタイトルそのままの壊滅的な災害に日本全土が襲われるという小説が、八〇年代に国民的なベストセラーとなった。この作品はその後二度映画化され、いずれも大ヒットを記録している。一方、日本のアニメでは、大量の黙示録的イメージを観客に浴びせかけるという手法が今なお浸透している。この傾向は、一九七〇年代の古典的名作『宇宙戦艦ヤマト』シリーズに始まり、大友克洋《おおともかつひろ》の黙示録的な傑作『ＡＫＩＲＡ』（一九八八年映画公開）を経て、より最近の『魔法少女まどか☆マギカ』のようなダークファンタジーシリーズに至るまで変わっていない。

だが、そんな中でも、宮崎の作品世界は、日本のどの表現者《アーティスト》と比べても、災害の中に逆説的な美しさを見出して描き出すことで、日本文化に特有のこのビジョンにきわめて説得力のある具体性と表現を与えることに成功している。ミヤザキワールドからは、戦闘や廃墟や広範囲に及ぶ破壊とその余波――細部に至るまで描写された大災厄後の世界――を背景に、世界の混沌と破壊的な大変動を克服するキャラクターの活躍を描いた映画が、次々に生み出されている。最終的に日本と海外の両方の観客が彼の作品から受け取るのは、どんな逆境からも立ち直れるという希望に満ちたイメージにほかならない。

宮崎が描く大災厄後の世界は、第二次世界大戦における日本の体験に基づいている部分があるが、その強烈さと美しさは古くから受け継がれてきた無常観の考えとも関係している。すぐに頭に浮かぶ例としては、『崖の上のポニョ』に登場する異様なまでに穏やかで浄化作用をもたらす津波があるが、『ハウルの動く城』ですべてを呑み込もうとする戦火の炎にも不気味な視覚的魅力がある。この美意識を具体的に表現したのが、詩的想像力を喚起する一一世紀の文学的概念「もののあはれ」で、大雑把に言えば「物事の悲しさ」を意味する言葉である。そこには「美」それ自体の本質ははかなさにあるという考えが内包されている。

満開の最中に風で散る運命にある桜の花は、「もののあはれ」の心を最も美しく表現している。反対に、それを最も不吉な形で具象化したのが、英雄として美化された神風特攻隊のパイロットたちだった。彼らは、第二次世界大戦末期に、母国を破滅から救うために無益な自爆作戦に参加した若者たちである。宮崎自身、百も承知しているように、これらの若者が操縦した飛行機は、かつての零戦編隊の最後の生き残りだった。連合軍の技術が進歩したために無用の長物となった零戦は、もはや滅びた世界を象徴する時代遅れの「空飛ぶ棺桶」に過ぎなくなっていたのである。

だが、宮崎の「災害の想像力」は社会的・文化的レベル以外の面でも発揮されている。彼の最良の作品には登場人物が私的なレベルで「世界の終わり《アポカリプス》」に直面するものがあり、ある日本の批評家は、そこで描かれるのは「子どもが、その危機的状況を克服しようとして想像力を最大限に膨らませる世界」であると指摘している（ポップ・カルチャー・クリティーク1『宮崎駿の着地点をさぐる』、「健やかなる妄想」清水美行、一九九七年、青弓社、九九頁）[13]。宮崎自身も幼少期に、結核を患った母親が寝たきりになった時に、私的な世界の終わり《アポカリプス》を体験している。現在では、抗生物質の発達により、先進国での患者数は劇的に減っているが、戦前における結核は大量の犠牲者を出す死病であり、多くの患者には血を吐き、痩せ衰えて衰弱死する運命が待っていた。

二〇世紀とそれ以前の作家たちには、結核をロマンチックに美化する傾向があった。ドイツの小説家トーマス・マンは、スイスのサナトリウム（結核患者のための療養所）を舞台にした『魔の山』の作者として知られている。日本でも小説家の堀辰雄に、ある青年と結核に冒された恋人の悲恋物語を描いた『風立ちぬ』という作品がある。どちらの小説も、宮崎が引退宣言前に監督した最後の作品の発想源となり、その結果、映画には菜穂子《なほこ》（この名前は堀が書いた別の小説の主人公に因んでいる）という結核を患うヒロインが登場する。彼女は日本アルプスにある療養所で持病の治癒を目指すのだが、結局、努力は報われずに終わる。

『風立ちぬ』は、おそらく宮崎の作品中、最もロマンチックな映画である。だが、結核という病気の実態はロマンチックからは程遠い。宮崎の母親は、退院することを許されたものの、その後の八年間を自宅でほぼ寝たきりで過ごし、外界との接点を保つためには四人の息子たちに頼るしかなかった。彼女は最終的には回復したものの、宮崎の幼年期と青年期の大半を通じて病床で過ごす結果となった。少年時代の宮崎は、母親の病状と折り合いをつける必要があっただけでなく、彼を含めた家族全員が、母親が病死する恐怖と常に背中合わせの生活を強いられていた。実のところ、宮崎は後になるまで知らなかったのだが、彼の父親の最初の妻も結婚から一年もたたないうちに結核で早世していたのである。

祖国が焦土と化し、母親が病死する可能性に直面するという体験は、特に幼少期の場合、どちらも大きなトラウマになってもおかしくない。だが、幼年期とは多層的な体験の積み重ねであり、宮崎は陰鬱なだけの少年時代を過ごしたというわけではなかった。多くの芸術家が鬱や不安に悩まされるのとは異なり、彼の個性を際立たせているのは逆境から立ち直る力と忍耐力である。公の場では、宮崎は気が強くて強引な印象を与えるが、作品に登場する男性キャラクターが時に憂いを帯びたり、自信なさげにさえ見えたりするのは、もしかすると宮崎が自分の中の複雑な感情を彼らに投影しているためかもしれない。

東京で生まれ育った宮崎は、いわゆる典型的な「江戸っ子」気質の持ち主だ。直情的で自己主張が強く、たぶん少し商人的な面もある。宮崎は幼少時から激しやすい気性で知られ、大学時代にはすでに強固な意見を持ち、めったに自分の主張を曲げなかった。批評家は宮崎の芸術的才能を高く評価しており、その認識は正しいが、彼には鋭敏な経済感覚もあるようで、映画と制作会社の予算的な制約を強く意識していた。大学では児童文学研究会に加入したが、政治経済学部に所属していたことも忘れてはならない。

宮崎の鋭敏な経済感覚は、父方の祖父から受け継がれたものかもしれない。八歳で丁稚《でっち》奉公に出た祖父は、その後出世して、一九二三年の関東大震災の頃までには工員二五人を抱える工場を建てて一家の財を成した。宮崎は明らかに祖父の行動力に一目置いており、「賢い人」だったと称賛している。例えば、こんな逸話を語っている。宮崎の祖父は関東大震災で火の手が上がるのを見て、「これはだめだッ。すぐ飯を炊けッ」と言ったという。そして誰もが腹いっぱい食べると、今度は「全員、足袋裸足で逃げろッ」と命じた。こうして祖父の機転で、家族と工員を含めて誰一人命を落とさずに済んだというのである（『腰ぬけ愛国談義』、一一三頁[14]）。また、彼は震災後の混乱を利用して家族を経済的に支えた。逃げる際にも家財を持ち出すようなことはせず、あるだけの現金を懐にねじ込んだ。その金を使って材木を買い占め、震災復興による大量の需要を見込んで大儲けしたのである。

祖父の財産は、戦時中も家族に安全な避難場所を提供した。一九四四年から四六年という日本史上最も衝撃的な時代を、宮崎は宇都宮近郊に祖父が所有する美しい別荘で過ごした。この体験には後に監督の作品に織り込まれた光と影を予感させる面がある。家族がこの場所に引っ越したのは、激化する空襲から疎開するためでもあったが、同時に宮崎家の工場が提携していた中島飛行機の製作所近くに移り住むという目的もあった。軍需産業との取引のおかげで、家族の工場は大きくなった。宮崎の伯父が社長で、父親は工場長を務めていた。正確な数は不明だが――宮崎は、父親の自慢話は信用できないと主張している――家族に伝わるところでは、終戦時までに工場では少なくとも一五〇〇人の工員を雇っていたという。宮崎は「つくればつくるほど金になる」ので、「戦時中がいちばん経済的に潤っていた」と回想している（『腰ぬけ愛国談義』、五三‐五四頁[15]）。

宮崎は、両親や長兄の新《あらた》と末弟の至朗《しろう》と共に、別荘の母屋ではなく離れに住んでいたが、子供たちは広大な敷地内の美しい自然の中で自由気ままに遊ぶことができた。新は当時のことを次のように回想している。「この別荘は敷地が二千坪とか三千坪（一・五から二・五エーカー）とかで、池が二面に川も滝もあり、もちろん山もありで、子供にとっては天国でした。カブトムシもサイカチも家に飛び込んでくるような状態で、蟬《せみ》などは木の根元の辺りに孵化《ふか》したばかりのが毎朝いましたし、ご飯粒で池の鯉《こい》を釣り、隣の池に移したり、ともかく学校へは行かなくてもいいし、朝から晩まで毎日毎日遊んでいました」（『宮崎駿の原点』、三五頁[16]）

実際に、日本の私邸の敷地内に一エーカー半以上もの自然空間が広がっているというのは、とてつもなく広大に感じられたはずだし、戦火が次第に近づいていたにもかかわらず、兄弟にとっては自分たちだけの王国を手に入れたような気分だっただろう。それを思えば、イギリス児童文学で宮崎の最もお気に入りの作品の一つが、アン・フィリパ・ピアスの古典的ファンタジー小説『トムは真夜中の庭で』〔邦訳・岩波書店〕であるのも頷ける。同作は、過去の時代に隠された庭園を発見する少年の物語だからだ。そしてまた、この「天国」のような祖父の別荘が、宮崎作品の一部でファンに最も愛されているユートピア的な光景の原型になったことは容易に想像がつく。中でも一番わかりやすい例が『トトロ』に登場する静かで穏やかな田園風景だが、後の作品に登場する複数の「秘密の」庭園にも、おそらく宮崎の幼年期の痕跡が見つかるはずだ。

そのどれも伝統的な日本庭園からは程遠いが、『風立ちぬ』に限って言えば、監督は伝統的な庭園を一度だけでなく、二度も登場させ、それらを実に愛おしげに描写している。一つ目は、主人公の二郎《じろう》の生家にある庭で、もう一つは二郎の上司で良き指導者の黒川《くろかわ》の自宅にある優雅な日本庭園である。おとぎ話のような結婚式の夜を、二郎青年と婚約者の菜穂子は、庭園に面した離れで過ごすことになる。宮崎の最後の作品になると考えられていたこの映画は、戦前の日本において最も破壊的な時期を描いているだけでなく、伝統的な日本の美と宮崎自身の人生の一面を見事に捉えていると言っていいだろう。

菜穂子の病状悪化という形で、悲劇と喪失の影が黒川家の庭園に忍び入りつつあったように、宇都宮の宮崎家にも悲劇と混乱が訪れようとしていた――しかも、はるかに激烈な形で。終戦目前の一九四五年七月、宇都宮は市内の半分が壊滅するほどの凄まじい焼夷弾爆撃を受け、四万九〇〇〇人もの人々が家を失った。幸運にも、宮崎の家族は大した怪我もなく逃れることができたが、当夜の出来事は、彼の記憶に生涯刻み込まれることになる。

興味深いことに、宮崎を最も動揺させたのは焼夷弾爆撃ではなかった。むしろ、家族で宇都宮を脱出する際に起きたある事件こそが、監督にとって一つの「原点」となったというのが、宮崎の伝記を書いた大泉の考えだ。

> 僕のいた宇都宮が一九四五年の七月に、僕が四歳半の時ですけども、空襲を受けました。（中略）夜中のはずなんですけど外が夕焼けのように真っ赤、いやピンクに染まっているんですね。部屋の中までもうピンク色に染まっていました。（中略）［その時に］叔父貴が会社のトラックで家に来ていたんです。ダットサンの、これは本当に小さいトラックで今の軽自動車よりずっと小さくて、荷台なんかでも本当に小さいんです。（中略）叔父貴が火の中をその車を取りに戻ったんです。路地を通って火の中を戻ったら横まで燃えていたんだけど（中略）上から布団を被《かぶ》って、とにかく火が燃えてる所を突っ切んなければいけませんから、それで走り出したんです。
> そしたらガードの所に他にも何人か避難していまして、僕はその辺の記憶はもう定かじゃないんですけども、確かに「乗せてください」っていう女の人の声を聞いたんです。その時に自分が見たのか、何かで親が話をしてる時にそれを見たように思ったのかわかりませんけども、とにかく女の子を一人抱いてるおばさん、顔見知りの近所の人が「乗せてください」って駆け寄って来たんです。でも、そのまま車は走ってしまったんです。そして「乗せてください」って言う声がだんだん遠ざかって行った、っていうのは段々僕の頭の中でドラマのように組み立てられて行くんですが（『宮崎駿の原点』二一四‐二一六頁）[17]。

宮崎は、後にこの時の出来事について回想しながら、一連の複雑な感情を吐露している。その中には、自分の家族が比較的豊かな暮らしをしていたことへの罪悪感や、両親が助けを求めてきた女性と子供を救おうとしなかったことへの憤りなどが含まれている。宮崎の脳裏には、家族が軍需産業との関わりから利益を得ていたという認識が根強く残っており、彼の強い罪悪感や義憤につながっていることは明らかだ。これについて、こんな風に語っている。「自分が戦争中に、全体が物質的に苦しんでいる時に軍需産業で儲《もう》けてる親の元でぬくぬくと育った、しかも人が死んでる最中に滅多になかったガソリンのトラックで親子で逃げちゃった、乗せてくれって言う人も見捨ててしまった、っていう事は、四歳の子供にとっても強烈な記憶になって残ったんです」（『宮崎駿の原点』、二七頁）[18]

宮崎はこの時に別のやり方がなかったのかどうかについて、絶え間なく自問し続ける。「その時に『乗せてくれ』って言ってあげられる子供が出てきたら（中略）例えば自分が親で、子供がそう言ったら僕はそうしただろうと思うんです。そういう事ができない理屈はいくらでもあったんです。（中略）でもやっぱりその時に自分がそれを言えたらどんなによかっただろうと思うわけです。或《ある》いは兄貴が言ってくれたらどんなに良かっただろうと思うわけです」（『宮崎駿の原点』、二七‐二八頁）[19]

当時の状況に関する兄・新の記憶は少し違っている。トラックはとても小さく、とてももう一人乗せるような余裕はなかったと、彼は証言しているのだ。さらに驚くべきことに、新の回想によれば、その夜、救いを求めてきたのは女性でなく、近所に住む男性だったというのである。新によれば、男性の家には確かに子供がいたという。もし宮崎の兄の記憶が正しければ、宮崎自身は自分の家族が誰かを助けられたは ず の状況だけでなく、赤ん坊を抱えた母親の存在まで頭の中で作り上げていたことになる。大泉によれば、これはミヤザキワールドにおいて「母性」が果たす役割を予感させるものだという。[20]

母親やその代役を務める人物は、宮崎作品の多くで重要な役割を与えられているが、空襲に関する回想で特に示唆に富んでいるのが、当時四歳だった自分が引き受けるべき責任について語っている部分である。彼はまず車を止めるように自分が両親に懇願すべきだったと主張し、さらに自分と兄が責任を感じて声を上げてさえいれば、別の結末も可能だったのではないかと示唆している。「四歳の子供が親に『車を止めてくれ』って言うのは現実感がないかもしれない。でも、そういう事を言ってくれる子供が出たら、『あ、こういう時にはこういう事いっていいんだ』っていうふうに思えたらね、その方がいいんじゃないかなって思うんです」（『宮崎駿の原点』三三頁）[21]

宮崎の幼少期の記憶からは、考えを素直に行動に移す「良心の声」――「そういう事を言ってくれる子供が出たら」――としての子供の姿が浮上してくる。ミヤザキワールドには、監督の理想像と重なる子供たちが繰り返し登場する。これらのキャラクターは、幼さにもかかわらず驚くほど大人びた責任の引き受け方をしている。例えば、母親がいない家庭で家族の世話を焼く『トトロ』のサツキがそうだし、『天空の城ラピュタ』（一九八六年公開）に登場するパズーとシータという二人の少年少女は、世界を破滅から救うために力を合わせる。また、『ポニョ』の主人公の宗介は、孤独な母親を慰めるだけでなく、巨大津波に呑み込まれた後の世界に対処しようとするのである。

ミヤザキワールドでは、小さな子供たちが活動的で責任感の強い人物として描かれている。これらの子供たちは重責を担い、他のキャラクターだけでなく、世界中の観客に対する先導役を果たしているのだ。宮崎のユートピア的衝動を支える基本的前提の一つに、幼年期は無垢と自由と絆を特徴とする時期であるという考え方がある。宮崎がこれまでに書いた最も有名な表現の一つに「曇りなき眼《まなこ》で見定める」というものがある。これは、宮崎作品の中で最も大人向けの映画の一つである『もののけ姫』に登場する台詞で、経験がもたらす偏見や先入観の堆積で濁った大人の視点ではなく、それよりはるかに澄んだ瞳を持つ子供の視点で物事を判断することを示唆している。

監督は幼少期の空襲体験を想像の中で再構成し、責任を負うべき子供と子供を救おうとする母親がいたという物語を作り上げた。彼は、大量破壊が行なわれている世界への抵抗として、子供を抱えた母親を助けるために、幼少期の自分か別の子供が、大人たちに「やめろ」と言っている姿を想像しようとする。宮崎は、宇都宮で体験したあの恐ろしい夜の混乱や喪失感を決して軽んじているわけではない。それでも彼は、責任感や絆や勇気といった要素のおかげで、思いやりのある行動が取られたという実際とは異なる物語を紡ごうとする。三つの要素が不確かか間違った記憶に基づいている事実は、それらがより楽観的な世界観を創造したいという彼の願望において、中心的役割を担っていることをかえって明確に示している。

一九四五年の日本は「焦土」と化していたが、国民は決して希望を失ってはいなかった。監督の作品で自然や無生物が主役並みに扱われている場合でさえ、そこには必ず人間との関わりが描かれている。宮崎作品では、とりわけ子供たちが変化と安心感をもたらす主体として行動し、トラウマを経験したり克服したりしつつも、状況を改善することで悲惨な出来事を乗り越えようと努力する。

ミヤザキワールドにおける最も黙示録的なシーンにおいてさえ、希望は完全に失われたわけではない。破壊された世界や非現実的な世界を舞台とする彼のアニメ作品は、単なる現実逃避の手段とは異なり、希望や行動を促す触媒を提供しようとする。そういう意味では、宮崎は、文学理論研究者のデイヴィッド・L・エングとデイヴィッド・カザンジアンが「哀悼の政治」と呼ぶものに従事していると見ることも可能だろう。それは受動的でも諦念に基づくものでもなく、積極的な行動であり、「失われた何か」よりも、むしろ「残された何か」に意識を集中させる。結果として、喪失は単なる追悼以上の何かをしたいという意欲を起こさせる。喪失は芸術活動を刺激するのだ[22]。こうして宮崎は、高畑、鈴木敏夫、それにスタジオジブリの献身的なスタッフとともに、喪失に直面した時には行動を、大切な誰かが不在の時には周囲との絆を、そして破壊に直面した時には再起を促すような映画を作り続けることになる。

第2章　アニメ作家のつくり方

君がいままで自分のうちに描いてきた世界、貯《たくわ》えてきたたくさんの風景や表現されたがっている思想、情感が、君の中から湧《わ》き出てくるのだ。

——宮崎駿（『出発点』、五六頁）

宮崎は一体どうやって、アニメーションの素晴らしさに目覚めたのだろうか？　そして、この芸術ジャンルにもたらした高度な専門的スキルは別として、何がアニメを天職とすることを決めさせたのだろう？　並外れた作画能力と桁外れの忍耐力は、芸術家としての宮崎を語る上で欠かせない資質である。だが、宮崎はそれらに加えて、偉大なアニメーターというだけでなく、偉大な監督になることを可能にした深い精神性を備えているのだ。彼の作品ではありとあらゆる心理的・美的テーマが繰り返し取り上げられ、それらは光と闇の両面を内包したものとなっている。ミヤザキワールドを構成する要素の多くは、監督の幼年期と青年期から生じたものである。第二次世界大戦の後に成長期を迎えた宮崎少年は、軍用機の絵を描くことに熱中し、その情熱は後に彼の映画に数多く登場する度肝を抜く飛行シーンという形で報われる。両親とのきわめて複雑な関係は、初期の作品に登場する若者や子供の主人公の描写にも反映されている。最終的には、日本における思想的・経済的変化も宮崎の政治意識の成長に貢献し、その結果、日本の資本主義の隆盛や工業化と、それに付随して起きた環境・政治・心理面での弊害に作品内で言及するようになった。

二一世紀に入ってから、多くの若者がアニメ制作に関わりたいと考えるようになっている。私と同世代の大人たちには、この職業はいまだにやや珍しく思えるのだが、私が教えている学生たちの多くは熱心にアニメーションを勉強し、それをキャリアにすることを目指している。今やアニメーションはメディア文化の不可欠な一部を成し、カートゥーンのシリーズだけでなく、テレビＣＭや実写版映画にも取り入れられ、インターネット全般にまで広がっているのだ。しかし、一九五〇年代から六〇年代前半にかけての日本では、アニメーターとしてキャリアを築くという概念は、事実上存在していなかった。できるのはせいぜい漫画家を目指すことくらいだったが、若き日の宮崎も漫画家を目標とするようになった。もっとも家族や高校の同級生がそれを聞いても応援してくれるとは到底思えなかった。当時の漫画は、子供が読むものと思われていたからだ。まともな中流家庭の男子は、ホワイトカラーのキャリアを選んで「サラリーマン」になることを期待されていた。そうやって、祖国の経済的成功のために献身的に働く新入社員の一群に加わるのである。

だが宮崎は、彼らと運命を共にする気は毛頭なかった。「僕は、高度経済成長の直前ぐらいに高校時代を過ごしました。その時に、マンガ読んでる奴は、高校に僕しかいなかったんですね。そこで、僕はマンガを描くんだって言ってると、あいつはバカだってことになってくる。そのバカだって言われる自分は、周りを、マンガの可能性を知らないバカだって思って生きるわけですから、アリバイができて楽だったんですけど（笑）」（『出発点』、二二九 - 二三〇頁）[1]

宮崎はかなり早い段階でその可能性に気づき、自分も漫画家になることを決心した。彼の幼年期と青年期の大半は、専門的なスキルを磨くことはもとより、心理・道徳面での成長という意味でも、キャリアの準備に費やされたようなものだった。宮崎は絵を描くことへの情熱と周囲の世界に対する視覚的な感受性だけでなく、強い責任感と他人と共同作業をする能力（当初、相手は自分の兄弟に限られていたが）を持ち合わせていた。同時に、想像の世界に逃避する必要性を感じていたのである。

この必要性はおそらく、当時もまだ療養中だった母親の病気が原因で家族に降りかかった危機と、その結果生じた孤独感から生まれたものだろう。大人になってからの宮崎は、子供時代を「みっともなく情けなかった」と総括して、暗い面ばかり強調しており、年を重ねるにつれて「過去を振り返らない事にした」と語っている（『出発点』、二三九頁、一八八頁）[2]。それでも、宮崎を芸術家やアニメ監督として成功に導いたスキルや能力が、彼の幼年期と青年期に培われたことは間違いない事実である。

彼に優れた芸術的才能があることは、幼少の頃から明らかだった。日本には古くから伝わる芸術的創造性の伝統がある。宮崎のパートナーの高畑が著書で明らかにしているように、日本の伝統的な絵巻物の影響は現代のアニメにも見ることができるのだ[3]。日本の学校で低学年から実施されている美術教育が、欧米のそれより優れていることは広く認められている。そのおかげで、子供たちはヨーロッパやアメリカに比べて、はるかに若い年齢で洗練されたスキルを身につける。

宮崎の天賦の才能は、この学校教育と文化によってさらに磨きをかけられた。兄の新は、自宅の二階から見た庭の絵を駿と一緒に描いて、小学校の展覧会に提出した時のことを次のように回想している。新は駿より二歳年上で絵も得意だったにもかかわらず、弟の作画能力がすでに自分には「真似できないレベル」に達していることに気づいたという。「ともかく、物を正確に描き出すことがうま（かったのです）」と長兄は説明する。「どう見ても、駿のほうが上手に描けていました」。ところが、彼はたまたま二人の教師が駿の絵を見て「うますぎるな」と笑っている場面に行き合わせたという。つまり、弟は大人の手を借りたに違いないと思われたわけである。結局、入賞したのは新の絵の方だった（『宮崎駿の原点』、五七 - 五八頁）[4]。

宮崎が対象を細部まで正確に描き出す優れた能力を持っていたことは、キャリアに大きな影響を与えることになる。欧米と日本の両方で制作される多くのアニメ映画と異なり、スタジオジブリの映画は深みがあって感情に訴える背景の描写で知られている。特にミヤザキワールドは、カナダの児童文学作家エレノア・カメロンが「場所の特殊性」と呼ぶもの――独特な質感と特異性の双方を備え、より大きな全体の中に位置づけられた物語感覚――によって特徴づけられている[5]。これが『トトロ』における牧歌的な風景から『紅の豚』におけるアドリア海の海岸線に至るまで、あらゆるものに誇張された現実感をもたらしているのだ。

宮崎が絵描きとして最初に夢中になり、その後も情熱を燃やし続けたのが機械であり、その対象は幼い頃に目にした赤い消防車に始まり、戦後に彼を魅了した航空機にまで続いている。新は、兄弟が幼い頃、破壊された家族の工場の敷地内で飛行機の破片を見つけたことが、後に駿が飛行機の描写に熱中するようになったことと関係があるかもしれないと語っている。戦後、兄弟はそれらの破片を集めると友人たちに見せびらかして、羨ましがらせたのだという[6]。また、宮崎には複数の発明で特許を取得していた祖父がいるので、もしかすると彼から機械への情熱を受け継いでいたのかもしれない。

宮崎の父親は、戦後もスプーンなどの家庭用品を作って、工場を続けようとしたが、宮崎家はもはや以前のように裕福ではなくなった。それでも、同朋の多くよりは良い暮らしをしていたのである。多くの日本人は途方に暮れ、食事さえ満足にできない状態だった。宮崎は、進駐軍のアメリカ兵たちがよくお菓子を配っていたことを記憶している。アメリカ人にとっては、空腹を訴える子供たちになにがしかの食べ物を与えることは、敗戦国の人々との関係を改善するための一手段だった。だが、宮崎を含む多くの日本人は、それを自尊心を踏みにじる行為と見なした。「戦後、アメリカ人がいっぱい来て、それを取り囲んでみんなが見物している。でも僕はアメリカ人からチューインガムやチョコレートをもらうような恥ずかしいことはできない、そう思うような子どもでした」（『熱風』、四頁）[7]。アメリカに対するこうした複雑な感情は、『紅の豚』にも反映されている。この作品では、アメリカ人パイロットのカーチスは自信過剰なお調子者という設定だが、「アメリカに行っとった孫だ」と紹介されたフィオという少女は仕事熱心な働き者として描かれている。

宮崎の世代の人々にとっては、進駐軍、つまり連合国軍総司令部（ＧＨＱ）が押し付けた思想や制度を免れるのは不可能だった。若者たちは、アメリカの教育制度に基づく新たな学校制度を通じて、それを最も直接的に体験することになる。戦前の教育は国のために自分を犠牲することを何よりも重視した。作家の大江健三郎には、八歳の時に教師から「天皇陛下のために腹を切る覚悟はあるか？」と尋ねられた記憶があるという。それに対する正しい答えは「はい」しかなかった[8]。

ＧＨＱによる教育改革では、民主主義と民主的活動が重視され、討論会の開催や自由な意見の交換が奨励された。同時に、日本の近代史は、悪辣でまさに邪悪としか言いようのない行動の連続だったという歴史観が広められた。これらは宮崎の文化的アイデンティティに顕著な影響をもたらした。彼は、子供の頃は「本当に日本が嫌い」だったと語っている（『熱風』、四頁）[9]。

その一方で、宮崎は一九三〇年代から四〇年代にかけての軍国主義や帝国主義による洗脳を連想させる発言も行なっており、「さらにもっと早く生まれていれば、志願して、戦場で慌ててすぐに死んでしまうような人間です」と語っている（『熱風』、五頁）[10]。戦後の日本は、焦土の中から再建の道を模索している最中で、情熱を内に秘めた少年が進むべき道を探しあぐねていたというのは十分考えられることである。家庭内に問題を抱え、いまだに貧窮に喘ぐ窮屈な社会で成長期を迎えた宮崎は、激しい戦争の渦中に呑み込まれてしまうことを切望していたのかもしれない。

アニメ界にとって幸運なことに、宮崎が生まれたタイミングのおかげで、結局、その情熱は戦場ではなく、むしろ芸術面に向けられることになった。宮崎はもはや存在しないか、自分の想像の中にしか存在しないテクノロジーへの愛着を深めていった。彼は空を飛ぶ船を描くことを好む理由を次のように説明したことがある。「ぼく自身は、現実にいつも縛りつけられているところから解放されたいという気持ちのほうが強いんです」（『折り返し点』、一九八頁）[11]

その一方で、飛行機は自立と力の象徴でもあった。「戦争映画にワクワクし、絵を描きちらして成長した」と彼は幼少時を回想している。「自意識ばかり強くてケンカに弱く、絵が上手だったので、クラスの中でようやく一人前だった自分は、力への願望を、飛行機の鋭くとがった機首や、軍艦の巨砲にたくしていたのである。そして、炎上し、沈没しつつある艦上で、最期まで砲を撃ちつづける男たちや、輪陣形〔原文ママ〕の吐《は》き出す閃光弾《せんこうだん》の雨の中へ突入していく男たちの勇ましさに、胸をおどらせていた。その人たちが、本当は生きたいと願っていて、しかも、犬死にを強要されたのだと思い至ったのは、ずっと後になってのことである」（『出発点』、徳間書店、七五 - 七六頁）[12]

宮崎は戦争の悲惨さについて積極的に語る一方で、迫力ある戦闘シーンを描くことに取りつかれていた。この矛盾が最も如実に表れているのが『風立ちぬ』で、この作品は戦争を非難している反面、軍事兵器の巧妙な設計に執拗なまでにこだわり、その武器としての性能を丹精込めて描写している。

宮崎は低学年の時期から、学校ではよく孤独と無力感に苛まれていた。五年生に進むまでに、転校も三回繰り返していた。家族は祖父の美しい別荘を去った後、東京に戻って杉並区永福《えいふく》にある家に住むようになった。大泉によれば、永福にあった家は『トトロ』に登場する家のモデルになったという。

だが、『トトロ』の家が田舎にあるのと異なり、杉並区は紛れもなく東京の一部であり、緑地と良い学校がある快適な郊外だった。宮崎兄弟が通ったのは「とてもいい中学校（中略）で、勉強もさせられたけど、固苦しい雰囲気《ふんいき》はまるでな（かった）」（『宮崎駿の原点』、七二頁）[13]。

それでも、転校するたびに宮崎の不安は増していくばかりで、永福に引っ越した時には次のように感じていたという。「何がここで行われているのか全然わからない。霧がかかっているんですよ。教科書見てもわからない。それはもうほんとうに存在の、大げさにいいますと、根底を揺るがすような不安なんですよ。これがわかんなかったら、自分はどうなるんだろうという……」（『宮崎駿の原点』、六八頁）[14]

宮崎は、兄の新の存在が、大きな変化の荒波から守ってくれたと語っている。体が大きく、スポーツ万能で喧嘩も強い新は生まれながらのリーダーだったが、兄に比べて駿は本を読んだり、絵を描いたりしてばかりいる目立たない子供だった。弟の記憶では、「駿兄貴は、どちらかといえば内向的、ひ弱な感じ、スポーツはニガ手で、好きなのは本を読むこと、絵をかくこと」だったという。また、新によれば「こづかいは、俺《おれ》は全部食い物で、駿は全部本に使っていた」そうである（『宮崎駿の原点』、五九 - 六〇頁）[15]。

「少年少女世界文学全集というのがあったんです。（中略）マンガより、ぼくはそっちを読んでました」と監督自身も語っている。その中には、『巌窟王』、『三銃士』、『ゼンダ城の虜』（後に映画初監督作の『カリオストロの城』に影響を与えた）などが含まれていた（『宮崎駿の原点』、六一頁）[16]。『ガリヴァー旅行記』は本だけでなく、アメリカのアニメ作家であるマックスとデイヴのフライシャー兄弟の作った映画版も相当印象に残ったようである。宮崎は、同兄弟が設立したフライシャー・スタジオをウォルト・ディズニー・スタジオと比肩する存在と見なしていた。これらの作品で語られる血沸き肉躍る物語は、宮崎少年を大いに刺激し、やがてミヤザキワールドを特徴づけるテンポの速い冒険活劇の着想源となる。

少年時代の宮崎は、ほかにも、もっと身近で起きる小さなドラマを描いた、子供が主人公の物語が好きでよく読んでいた。多くの場合、それらの本の主人公は少女で、例えば『秘密の花園』や、後に彼と高畑がテレビアニメ化してヒットした『ハイジ』もそうだった。こうした小説の世界にどっぷり浸かった時期を過ごしたことも、好感の持てる血の通った子供のキャラクターを次々に作り出す驚異的な能力を、宮崎が身に着けた要因となったのである。

ほかにも、日本で主要な娯楽媒体に急成長しつつあった漫画からも、視覚的な刺激や空想的な冒険物語に触れる機会がもたらされた。当時の子供たちの大半がそうであったように、宮崎も手塚治虫《てづかおさむ》の漫画に夢中になった。手塚は日本の大衆文化に大きな影響を与えた漫画家で、アニメ作家でもあった。彼を超える存在は宮崎しかおらず、その宮崎もまず、若い頃にこの巨匠から受けた圧倒的な影響から脱却する必要があった。宮崎はその後も文学を愛好し続けたが、高校時代には漫画を読んだり描いたりすることに完全に没頭するようになっていた。

彼が読書や美術や空想的な冒険物語にのめり込む傾向は、家庭生活からの逃避欲求が高まることでいっそう拍車をかけられた。結核を患った母親の入院とその後の寝たきり生活は、宮崎兄弟から普通の少年時代を奪ったに等しかった。母親が動けないため、息子たち――最終的には四人にまで増えていた――は何でも自分でやり繰りしなくてはならなかったからだ。宮崎は料理や洗濯までする必要に迫られた子供時代の自分は、「いい子」を演じなくてはならなかったと、かなり恨めしそうな口調で語っている（『出発点』、八二頁）[17]。

読書と絵を描くことは彼の創造性に表現手段を提供し、次第に空き家のように思え始めた自宅に帰る恐怖を和らげる役に立った。お手伝いさんも次々に辞めていき、ある程度長続きした者も宮崎に同情する素振りはまったく見せず、彼女たちとは「敵同士」だったと言っている（『宮崎駿の原点』、七九頁）[18]。監督は後のインタビューで、幼少時代に「面白かった思い出はない」「生まれて申し訳なかったという思いが強かった」などと口にしているという。「大学に入ってから、それまでの人生は屈辱の塊だと思って、一生懸命忘れるように努力した結果、ほとんど忘れてしまった」（「名作鑑賞『となりのトトロ』」、甲南女子大学研究紀要　文学・文化編　42　二〇〇五年　一三九頁）[19]

宮崎と失われた幼年期との深いつながりは、ストーリーテラーとしての彼にとって最大の武器であり、ミヤザキワールドで生き生きと描かれる子供の世界は、それを土台として築かれている。初期の作品は目を見張るようなファンタジー世界の構築と、きわめてリアルな若いキャラクターの造形に成功している。だが、現実逃避のファンタジーと宮崎の苦痛に満ちた幼年期を最も巧みに結合させ、優しさと思いやりに満ちた作品世界を展開させたのは、監督作品第四作で、今もファンの強い支持を得ている『となりのトトロ』だった。

『トトロ』に関しては後の章で詳しく論じるが、とりあえずここでは、宮崎はこの映画の主人公姉妹に自分を投影しているという批評家・細江光《ほそえひかる》の示唆に富む指摘を紹介しておこう（「名作鑑賞『となりのトトロ』」、九〇 - 九一頁）[20]。宮崎の兄・新との関係は、妹のメイがサツキに甘える態度やメイの姉に対する純粋な思いに反映されている。最初に森の精霊トトロと遭遇するのはメイの方で、トトロは姉妹に安らぎを与え、二人の力になる。社交的で行動的なサツキは、ある意味で新に相当する存在と言えるかもしれないが、彼女は「いい子」の象徴でもある。それは宮崎が、一〇歳の時に病気の母親に代わって家事を引き受けた時の自分を形容した言葉だ。宮崎は『トトロ』について語ったあるインタビューで、明確に自分とサツキを比較している。「十歳は台所できますよ。ぼく、やったもの。

掃除もやったしね、風呂も焚《た》いたし、料理も作りましたよ」。宮崎によれば、サツキは「よい子すぎる。無理があるんだ」という（『出発点』五〇三、五〇六頁）[21]。

家族向け映画で名を成した監督にしては、宮崎は子供と大人の関係について、驚くほど激しい恨み（むしろ激怒に近い感情とさえ言えるケースもある）のこもった発言をしている。ある時、彼は「子どもに向かって『おまえら、親に食い殺されるな』というような作品を世に送り出したいと考えたのです」（『出発点』、八二頁）[22]と語ったことさえある。この発言が示唆している両親に対する怒りと敵意については、さらなる考察が必要だ。

この鬱積した恨みの根源は、少なくとも部分的には父親との関係にあると思われる。宮崎は父親に対する尊敬の念をまるで示そうとせず、紛れもない敵意をむき出しにしたことも一度や二度ではなかった。宮崎の作品に登場する父親の多くが、『トトロ』の優しくて茶目っ気のある父親から『ポニョ』の勤勉な貨物船船長・耕一《こういち》に至るまで、きわめて良識のある人々として描かれていることを思えば、これは一見意外に思える。しかし、これらの父親のうち、明白な形で伝統的な男性像に合致する人物は一人もいないのである。例えば、耕一の場合、妻のリサにまったく頭が上がらない様子が描かれている。宮崎が生まれた戦前の家父長制社会では、父親が家長として絶対的権威を振るっていたことを考えると、一連の作品に共通する父親の権威の不在はとりわけ興味深い。日本の伝統では、世間で恐れられているものは四つあり、それらは「地震、雷、火事、親父」とされていたほどなのだ。

宮崎の父、勝次《かつじ》は一九一四年（大正三年）に、まだ「下町」の風情が残っていた東京の両国で生まれ育った。両国は、今や人気の観光スポットと化した浅草から近い。赤い大提灯のかかった浅草寺の雷門《かみなりもん》前には、常に観光客が群れをなしている。だが勝次がまだ若い頃の浅草は、主に歓楽街として知られ、そこで提供される娯楽の種類も、西洋式の劇場やオペラといった洗練された内容のものから、芸者などを相手にした「茶屋」での放埒な遊びに至るまで千差万別であった。宮崎によれば、父親は若い頃から「浅草に入り浸って遊びほうけていた人」で、息子たちにも常々「浅草はよかった」という話ばかりしていたという（『腰ぬけ愛国談義』、五二頁）[23]。

勝次が生まれた当時、両国に面する隅田川は東京を縦断する大動脈で、水がきれいな川だった。宮崎も『風立ちぬ』で、この川をノスタルジックに描写している。実際に、『風立ちぬ』の制作に取り掛かっていた頃、宮崎は父親への関心を深めていた（必ずしも、より深い理解に到達したとは言えなくても）ように思える。『熱風』に掲載した記事と歴史家の半藤一利《はんどうかずとし》との対談の両方で、偉大な映画監督・小津安二郎のある作品についてかなり詳しく言及している。それは『青春の夢いまいづこ』（一九三二年公開）という映画で、ある青年の大学時代と、若くして父親の会社を継いで社長になってからの物語を描いている。宮崎は、同作を見た時、主人公があまりにも父親とそっくりだったので呆然としたと語っている。彼にとって、この主人公は「デカダンスな昭和のモダン・ボーイ」にほかならなかった。

小津の映画の主人公は堀野《ほりの》というハンサムな青年で、宮崎によれば「アナーキー」で「享楽的」で「権威は大嫌い」な人物だ。これらはすべて彼が父親を描写する際に用いる言葉ばかりである（『腰ぬけ愛国談義』、五二頁）[24]。堀野はまた、ちょっとした不正行為に加担する傾向がある。最初は有名校の早稲田大学（宮崎の父親の母校でもある）で友人らが試験でカンニングするのを手伝い、後に彼自身の会社への入社試験でも悪友たちが合格するように手配する。だが映画の結末までに堀野は心を入れ替える。好きだった娘のことを諦めて友人の一人に譲る度量を示し、人間関係の機微を理解しているという成長の証らしきものを見せるのである。

一方、少なくとも宮崎の目からすれば、勝次は同様の進歩を遂げることはなかったようだ。監督は、父親には自慢話が好きで責任感がないといった「いい加減」なところがあったと公言してはばからない。宮崎自身の証言によれば、その中には企業倫理的に問題のある行動も含まれていたという。彼は、父親が不良品と知りながら軍用機の部品を軍部に売りつけていたことを非難している。一九九五年に行なわれたあるインタビューで、宮崎は、高校の頃にはすでに父親からこんな風に言われていたという。「おれがおまえのころは、芸者買いまでやったぞ」。また、同じインタビューで宮崎は、父親の葬儀の際には「集まったみんなで『立派なことは一回も言わない人だったねえ』」と言い合ったと露骨な表現で語っている（『出発点』、二五〇頁[25]）。

戦前の日本の家父長的な社会は、男性が（金持ちの場合は特に）婚姻外で性的関係を持つことを暗に奨励しており、一九二〇年代から三〇年代前半にかけての活気にあふれた時代には、何をしても許されそうな雰囲気があった。一方で、一つ留意しておく必要があるのは、宮崎の父親は史上類を見ない残虐な戦争を生き抜いただけでなく、その間に家庭と工場の両方を切り盛りし、戦後も重病を抱えた妻の面倒を見ながら生計を立てていたことである。

宮崎の弟の至朗は次のように回想している。「私の子供時代の記憶にある父親は、母親をとても大切にしていたし、仕事から帰宅すると、いつも彼女と会社の話をしていた。（中略）もちろん日曜日ともなれば、父親も先頭に立って料理をした」（『宮崎駿の原点』、八〇頁[26]）。宮崎によれば、父親は軍隊にいた時、妻と小さな子供がいるので戦地に送られるわけにはいかないと上官に申し出て、内地に残ることを許されたのだという。宮崎は父親が軍隊に貢献しなかったことについて軽蔑的な感情を抱いているようだが、おかげで自分が生まれたことも確かなので、「その点に関しては、感謝していますす」と皮肉っぽい口調で語っている（『出発点』、二五〇頁[27]）。

宮崎はまた、父親が不良品を作ったり、賄賂を使ってそれらの部品を売り込んだりしてまで「軍需産業の一翼を担ったこと」については、彼の現実主義的な考えに一定の理解を示しているように見える。「戦争なんて、バカがやることだ。でも、どうせやるなら金儲けしちゃえ」というわけだ。勝次のこうした態度は、宮崎自身の戦争に対する複雑でアンビバレントな姿勢とも共通する面がある。この点に関して、こんな感想をもらしている。「でも、どうも僕は似ていますね。おやじのアナーキーな気分や、矛盾を抱えて平気なところなんか、受け継いでいる」(『出発点』、二五〇頁)[28]

後者の傾向に関しては、戦争をテーマとする宮崎の映画や漫画にとりわけ顕著に表れている。また、『カリオストロの城』のルパンや『紅の豚』のマルコといった「プレイボーイ」風のキャラクターには、父親の面影が見て取れる。一方で、この二人が内に抱える微かな闇は、監督自身の内面と重なる部分があるのかもしれない。

宮崎の作品では、『紅の豚』と『風立ちぬ』という重要な例外を除いて、大人のセクシュアリティが描かれる場面はほとんど登場しない。こうした制約は、宮崎が当初、子供のいる家族向けの映画を作っていたことを考えれば、当然のことかもしれない。だが、それは同時に、監督が作品の中で性的要素を重視しなくなったのは、父親の行動が影響しているのではないかという疑問を生じさせる。父親が複数の女性との「武勇伝」を自慢していたという事実は、宮崎の心中に間違いなく複雑な感情を引き起こしたはずである。それを考えれば、監督が造形したキャラクターにあれほど少女や子供が多く、彼らの「純粋さ」や「無垢」を強調しているのも驚くにはあたらない。

のみならず、父親の行動は、結果的に母親と息子の間に深い絆を生じさせた可能性も否定できない。新は、母親が病床にあった時期に「学校での出来事など母に報告しましたが、一番よく母と話し込んでいたのは駿でしたでしょう」と語っている。宮崎伝を書いた大泉は、彼には「たしかに内向的な面はあったろうが、小中学校を通して、実に多くの『文化』と出会」ったはずだと書いている。それ以外にも、大泉は「病床で宮崎から日々の出来事について話を聞いていた母・美子は、少し屈折しながらも精神的にぐんぐん世界を広げていったこの次男に対して、どんな話をしていたのだろう」という疑問を投げかけている（『宮崎駿の原点』、七八頁）[29]。

宮崎はある時、理想とは反対の女性を描写して「母のように子宮にのみこんで自分の力を奪う」と表現したことがある。それを考えると、「おまえら、親に食い殺されるな」と子供たちに警告したのは、もしかすると母親との強すぎる絆と何らかの関係があるのかもしれない（『出発点』、一五八頁）[30]。母の美子は病弱にもかかわらず、強靭な個性と芯の強さを持つ女性だったというのは、衆目の一致するところである。結局、抗生物質のおかげで結核は治癒し、彼女は七二歳まで生きることができた。最終的に宮崎の記憶に強い刻印を残したのは、母親の弱さではなく、むしろ意志の強さだった。彼女は自分の子供だけでなく、人類全体に対しても手厳しい見方を示した。「人間はしかたのないものだ」が美子の口癖で、宮崎もそれをよく口にしたが、彼自身はそうした「ニヒリズム」にはくみしないとも主張している。

二人の関係には、日本人の言う「スキンシップ」が欠けていた。「ぼく自身と母親との関係では、あんなサツキみたいに親しいものじゃないですからね。もっと自意識過剰で、それはお袋のほうだってそうで病院にお見舞いに行ったからって、抱きつくわけにもいかない」（『出発点』、五〇五頁）[31]。こうした親密さを表に出す行動の欠如は、美子が日本の伝統的な文化の中で育ったことと関係しているかもしれない。一九一〇年（明治四三年）に、四方を山に囲まれた山梨県で生まれた彼女は、二〇世紀前半に多くの若者がしたように、美しい故郷を離れ、成功を夢見て上京した。美子は服飾関係の学校で学びながら、知人の喫茶店を手伝い、そこで宮崎の父親と知り合うことになる。

宮崎は、政治的主張で母親と真っ向から対立するようになり、二人はしばしば激しい議論の応酬を繰り広げた。宮崎は若い頃からすでに左寄りに傾き、母親は保守思想の信奉者だった。彼女の愛読誌は『文藝春秋』で、政治家や評論家などによる論文や記事を多数掲載する同誌は当時、男性エリート層を読者に想定していたはずである。

新は母の性格について、「『気が強く』『おせっかい』で『他人に親切』で『派手』で『気前よく』『しつけは厳し』」かったと述べている（『宮崎駿の原点』、三八頁）[32]。「派手」だったというのは、美子が靴好きで何足も持っていたことなどを指しているのだろう。映画評論家や宮崎の家族は一様に、『天空の城ラピュタ』に登場する豪胆な（だけでなく、「気が強く」「おせっかい」で「派手」でもある）空中海賊の女首領ドーラは、美子がモデルに違いないと指摘している。ドーラは、髭面で図体ばかり大きく役立たずの息子たちを鼓舞するリーダーとして、リアルで愛情のこもった描かれ方をしている。だが、赤毛で大柄な彼女の外観は、実際の美子とは似ても似つかない。私が入手できた唯一の写真を見る限り、美子は小柄で華奢な女性だったようである。

今では、誰もがお決まりのように宮崎作品に登場する多くの強い女性キャラクターに言及するようになったが、その種の分析の対象となるのは「少女」であることが多い。これらの少女を造形するヒントとなったのは、美子の女性的な側面ではないかと思われるが、ほかにも、宮崎が最も愛着を感じているアニメ映画『白蛇伝』の主人公・白娘《パイニャン》を発想源としている部分もある。ナウシカ、キキ、それに『ラピュタ』のシータといったヒロインたちの勇気や知的好奇心や前向きな姿勢は、間違いなく宮崎の母親という記憶に残る存在に多くを負っている。

だが、宮崎作品には、少女ヒロインの存在以上に独特で魅力的な側面がある。それは年長の強い女性キャラクターが何人も登場することだ。私は宮崎監督と三回直接会っているが、中でも最も気に入っているやり取りがあったのは最初の出会いの時だった。『もののけ姫』を見て、映画評も何本か読んでいた私が、この映画に登場する年長の女性キャラクター、エボシ御前《ごぜん》はかなり否定的に描かれていますねと言うと、宮崎は心底驚いた様子で「でも、エボシは僕が一番好きなキャラクターなんですよ！」と主張したのだ。きわめて若いか（メイやポニョ）きわめて老いているか（『ハウル』のソフィーや『ポニョ』に登場するデイケアセンターの女性たち）にかかわらず、宮崎の女性キャラクターは誰もがほぼ例外なく際立った個性の持ち主で、情熱的で探究心にあふれている。そして、見逃してはならないのが、これらの女性キャラクターたちが、漫画や実写映画においてさえ、めったに見られないほど立体的に描かれていることだ。

宮崎と母親の強い絆は、こうした並外れた女性たちの存在や、二人をめぐる数々の個人的な逸話によって裏付けられている。母親と息子のどちらも、周囲を取り巻く世界に深い関心を抱いていた。新は、二人は性格的に似た者同士で、どちらも議論になったら決して後に引かなかったと回想している。たとえ具体的な議論でしばしば衝突したにせよ、宮崎が生涯にわたり政治や国際情勢に関心を持ち続けているのは、母親の政治への関心が大きく影響したと考えて、まず間違いないだろう。

二人の間では「松川《まつかわ》事件」（戦後に、何者かによって日本国有鉄道［国鉄］の列車が脱線転覆させられ、乗務員三人が死亡した事件で、政治的謀略説がある）をめぐって大激論が起きたことがある。これは宮崎の政治的見解が洗練されてきた事実と、母親との関係の激しさを際立たせている。大泉の宮崎伝はこの激論の描写から始まる。議論自体のそもそもの発端は、日本がＧＨＱの占領下で浮き沈みを経験している状態から脱却するにつれ、この国の社会に登場した新たな思想的傾向にあった。

戦後間もない激動の時代にあって、ＧＨＱは、日本を意外なほど左寄りの方向に導こうとしているように思えた。だが、一連の改革政策は、冷戦の始まりと朝鮮戦争の勃発によって突如として終焉を迎えた。急進的な政策の実施よりも国内の安定化を重視したＧＨＱは、占領政策を「逆コース」に転換させたのである。そのため、わずか数年前には戦犯の烙印を押された旧指導者たちを復帰させるという手段にまで訴えた。労働組合の交渉権は大幅に削られ、初期の占領政策が大規模に縮小された事実は、感受性の強い年齢だった日本の多くの若者たちにとって、民主主義と西洋文明の理想がもたらした輝かしい希望に対する裏切りのように思えたのである。

　左翼系の日本市民の多くから見て、いわゆる松川事件は、政府が労働組合に対して仕掛けた実質的な秘密戦争にほかならない一連の「事件」の一つだった。宮崎と母親の衝突の火種となったこの出来事について、捜査当局は政府の反労組政策への報復をもくろんだ国鉄労組構成員による犯行とのシナリオを描き、日本共産党の関与も示唆された。宮崎は、一九四九年に脱線事故が起きた当時は、明確な認識を得るにはまだ幼すぎたが、事件は世間の注目を集めた。その後の裁判で容疑者全員が無罪となったものの、真犯人はいまだに特定されておらず、現在も未解決事件となっている。宮崎は被告となった労組構成員は政府に罪を負わされただけだと考え、彼らの無罪を主張した。一方、美子は政府の正当性を信じて疑わなかった。母子の間で議論が白熱すると、ほかの家族は別の部屋に逃げ出し、結局、宮崎が泣きながら議論していたのを彼らは覚えているという。

　この大激論が重要である理由は何通りか考えられる。まず、それは母子の強い絆の証であり、宮崎は母親を心から尊敬していたからこそ、あえて衝突したのだろう。熱のこもった議論で母親を説き伏せようとしたことは、二人がお互いの考えをどれだけ深く受け止めていたかだけでなく、宮崎が母の意見にどれだけ深い懸念を抱いていたかを示している。

　一方で、そこからは、宮崎の政治的信条が概してより強固になりつつあることが見て取れる。激論が起きた時、彼は二二歳で学習院大学の政治経済学部を卒業したばかりだった。学習院は多くの皇族が学んできたことで知られており、物議を醸す存在であった右翼小説家の三島由紀夫《みしまゆきお》も学習院高等科を卒業している。それは、左翼への強い共感を生み出す場所とはお世辞にも言えなかったが、宮崎が大学に進学する頃までには、日本の大半の大学において、マルクス主義的なアプローチは経済学の授業の重要な一部と化していたのである。

マルクス主義は、とりわけ戦後の日本で人々を魅了した。最初は戦争、次にGHQの「逆コース」に幻滅した知識人層は、従来とは異なる代替イデオロギーを模索し、戦前に軍国主義と帝国主義に異論を唱えた数少ない左翼活動家たちを社会復帰させようと試みた。また、マルクス主義は一九世紀にヨーロッパで生まれ、冷戦時代にはソ連の覇権下で東欧諸国が大規模な社会主義の実験を展開したという点で、ヨーロッパとも強いつながりがある。当時の日本人の多くにとって、ヨーロッパはきわめて魅力的な場所であり、宮崎は早くも『カリオストロの城』において、そうした観点から異国情緒あふれるヨーロッパの魅惑的な世界を描き出している。

宮崎の左翼的傾向は、ミヤザキワールドの基盤となっている政治的スタンスの重要な一部であり、初期の監督作『未来少年コナン』でもすでに農業コミューンのような独自のユートピア像が提示されている。また、『天空の城ラピュタ』では英ウェールズ地方の飢えた坑夫たちを登場させ、『紅の豚』の世を拗ねた主人公には「ファシストになるより豚の方がマシさ」と言わせている。その一方で、宮崎は高校と大学時代に、アニメーション作家としてのキャリアに直接貢献するような活動も行なっていた。中でも特筆すべきなのが、絵を描くことに深く傾倒していったことである。

中学校で、宮崎は佐藤文雄《さとうふみお》という美術教師と出会い、油絵を学び始める。宮崎にとり、佐藤はやがて美術教師以上の存在となり、多岐にわたる話題について語り合える恩師となる。佐藤は、宮崎少年が求めていたと思われる情緒的なサポートを常に与えたわけではなかったが、おそらく監督の人生に最初に登場した「兄貴分」の一人と見て間違いないだろう。実際に兄である新をはじめ、これらの男たちは、宮崎に私生活と仕事の両方において刺激と指導を与え、時には兄が弟にするように、彼を苛立たせたり、不満を感じさせたりした。佐藤は宮崎の結婚式で仲人を務めており、この象徴的な役割を任されたことは、佐藤が新婚夫婦にとって影響力のある人物だったことを示唆している。宮崎にとって最も重要な「兄貴分」は、ジブリで監督を務める同僚で、理知的で強固な政治的信念を持つ高畑勲だった。また、実際の年齢は宮崎より下だが、精力的で活気にあふれた鈴木敏夫も、後に宮崎の人生と仕事においてきわめて重要な役割を演じることになる。

佐藤という何でも話を聞いてくれる相手がいたことは、宮崎が思春期の試練を乗り越える助けになったが、にもかかわらず高校生活は困難に満ちたものだった。中でも彼を苦しめたのが、日本の大学受験生なら誰もが経験する「受験地獄」だった。一流大学を目指す者は過酷な受験勉強を強いられ、今日でも世間的に恥ずかしくない中流の生活を確保するには避けて通れない道と考えられている。

しかし、宮崎はすでに当時から、そうした生活を送る気は毛頭なかったようである。彼は、高校生活の大半を漫画、特に「劇画」と呼ばれるタイプの漫画を描いて過ごしたと語っている。劇画はリアルさを追求し、子供向けの漫画よりも陰鬱なテーマを取り上げ、社会問題に正面から取り組んだ作品も多かった。そのため、政治運動が活発だった一九六〇年代に人気を博し、宮崎が高校高学年から大学一、二年生だった頃までには、すでに気軽に楽しめる娯楽に過ぎなかった主流派の漫画に対抗するジャンルとして台頭しつつあった。宮崎は劇画との出会いについて「受験の暗ヤミの時期にちょうど劇画雑誌が出ていた」のだと語っている。「そういった劇画雑誌には（中略）ハッピーエンドがひとつもないわけです。なるべく皮肉に終わろうとするんですね。それが、暗ヤミの受験生にとって一種の爽快感になっていたんです」（『出発点』、八〇 - 八一頁）[33]

だが、結局、彼は暴力や「恨みツラミ」ばかり描いている劇画に疑問を感じるようになる。「もっとすなおにいいものはいい、きれいなものはきれい、美しいものは美しい、と表現してもいいのではないかと思ったのです」（『出発点』、八一頁）[34]。その一方で、『未来少年コナン』では暴力的な階級闘争が明白な形で描かれているし、『もののけ姫』でもそれは荒々しい戦闘や極端な社会階層の格差を通じて暗示されている。

宮崎はその後も、社会問題に関して鋭敏な観察力を持つ左翼主義者であり続けているが、安易な冷笑主義や安っぽいニヒリズムに対しては頑強に抵抗した。大学で参加した児童文学研究会では、もっと有意義な体験をすることもできた。こうした勉強会やサークルは今も日本の大学生活で重要な役割を果たしており、文化やポップカルチャーにおける特定のジャンルを中心に活動を展開しているケースが多い。その中には音楽、漫画、ＳＦ小説などが含まれる。宮崎の学生時代には、大学は漫画やＳＦのサークルを認めていなかったため、彼は児童文学に再び目を向け始め、特に幼年期に親しんだイギリスの小説に関心を寄せるようになった。

彼は日本の名作童話『銀河鉄道の夜』や中国の古典『西遊記』について称賛を込めて語っているが、当時はヨーロッパ、特にイギリスの小説を読むことが多かった。この頃の英児童文学作品は明るくて希望にあふれていた。例えば、主人公が自分たちだけで湖畔でキャンプをしたり（最初の愛読書の一つ『ツバメ号とアマゾン号』）、深夜に不思議な庭園を探検したり（『トムは真夜中の庭で』）するような話もあったが、いずれも最終的には暗闇よりも光が優勢になる世界に、主人公が積極的に関与していく物語である［邦訳はどちらも岩波少年文庫］。宮崎の作品世界にはしばしばイギリス文学の影響が見られる。例を挙げれば、原画や脚本を担当した『パンダコパンダ』（一九七二年公開）には『クマのプーさん』の面影があるし、二〇〇四年公開の監督作『ハウルの動く城』はイギリスの作家ダイアナ・ウィン・ジョーンズによるヤングアダルト向けファンタジーを原作としている。

それでも、宮崎が一〇代に受けた最大の文化的影響は、日本と中国のハイブリッド的な作品によってもたらされることになる。それは一七歳の時に観た『白蛇伝』（一九五八年公開）というアニメ映画だった。宮崎がこの日本初のカラー長編アニメ映画と出会った時の状況は、ほとんど伝説と化している。「場末の三番館で、高校三年の受験期のただ中にいたぼくは、この映画［を見た］」と彼は当時を振り返っている。そして、その時の感想をまるで恋の始まりであるかのように回想しているのだ。「心をゆさぶられて、振り出した雪の道をよろめきながら家へ帰った。彼女たちのひたむきさに較《くら》べ、自分のぶざまな有様が情けなくて、ひと晩炬燵《こたつ》にうずくまって涙を流した」（『出発点』、一〇〇頁[35]）

同作は、人間の若者と恋に落ちる白蛇に関する中国の古い怪談を題材にしており、やや型にはまってはいるが、魅力的なラブストーリーに仕上がっている。強い法力を持つ妖僧が悪役を演じ、ディズニー映画から抜け出してきたような愛くるしい動物キャラクターも二匹登場する。だが、宮崎を圧倒したのはこれらの動物たちでも、アニメーションの素晴らしさでもなく、映画の愛らしいヒロインだった。とりわけ彼を感動させたのは、彼女の「ひたむきさ」だったという（『出発点』、一〇〇頁[36]）。宮崎が造形したキャラクターたちの多くには、『未来少年コナン』の自己犠牲的なラナから、『紅の豚』の「ひたむきな」少女フィオに至るまで、このヒロインと完全に重なる部分がある。

宮崎は『白蛇伝』から受けた影響を認めながらも、今ではこの映画に対してアンビバレントな感情を抱いているようだ。「三文メロドラマ」だと批判する一方で、その「ひたむきで純粋な世界に憧れている自分に気づかされてしまった」ことを認めているからだ（『出発点』、一〇一頁[37]）。それでも当時、同作は高校時代に入れ込んだ「恨みツラミの劇画」の世界から彼を引き離し、「ひたむきで純粋な」世界観へと導いただけでなく、アニメという媒体の素晴らしさを認識するきっかけを与えてくれたのである。この後、彼のアニメに対する評価は、一九六三年にソ連のアニメ映画『雪の女王』を観ることで、さらに確固としたものになる。

宮崎が『白蛇伝』に対して見せた激しい反応は、当時の彼が感情的な分岐点に差し掛かっていたことを窺わせる。受験地獄にどっぷり浸かり、家庭内の問題に打ちのめされていた時期に、『白蛇伝』は現実とは違う別の世界を体験させてくれたのだ。その漫画的表現の純粋さと無垢と美しさは、やがて彼をアニメ作家の道へと導いていくことになる。

第3章　絵を動かす歓び

僕の本当の学校は東映動画だ。

——宮崎駿（『フィルムメーカーズ6　宮崎駿』「彼は風を切って走っていないと気が済まないんです。」、キネマ旬報社、一九九九年、四六頁）

一九六三年、二二歳の宮崎はアニメーターとして職を得たが、いまだにアニメーションについて心を定めることができず、自分の本当の才能は漫画を描くことにあると考えていた。就職先の東映動画は、宮崎がアニメに関心を持つきっかけとなった『白蛇伝』を制作した会社である。彼は東映動画で絵を動かす歓びを知り、生命のない創造物に命を吹き込むことで、静止したままの漫画の絵よりも雄弁に観客に語りかける方法を学んだ。

このアニメーターとしての成長期とそれに続く一〇年の間、宮崎は自らが動画の化身となったかのように、休むことなく動き続けた。何年も後に、当時の東映動画で宮崎の先輩アニメーターだった小《こ》田部羊一《たべよういち》と奥山玲子《おくやまれいこ》の夫妻は、彼が同社で過ごした八年間に駆け足で出世街道を走っていく様子をあるインタビュー記事で回想しており、その内容は「彼は風を切って走っていないと気が済まないんです。」というタイトルによく表れている（『フィルムメーカーズ６　宮崎駿』、四四 - 五五頁）[1]。宮崎は東映動画を去った後でさえ活発に動き続け、次々にスタジオを移っていっただけでなく、ヨーロッパやアメリカへのロケハン旅行では視覚的な新境地を開くきっかけを得た。

東映動画（現・東映アニメーション）は、スタジオジブリや手塚治虫が関係した虫プロダクション（虫プロ）と並んで、日本で最も大きな影響力を持つアニメ制作会社の一つである。『白蛇伝』の公開後も、同社は五〇年にわたって日本国内だけでなく世界に向けて『銀河鉄道９９９』『ドラゴンボールＺ』『美少女戦士セーラームーン』といったヒット作を生み出し続けた。一九九〇年代の『セーラームーン』は、等身大のヒロインの心理を描いて大ヒットしたが、この作品に宮崎が生み出した強いヒロインたちの影響を見るのは、うがち過ぎだろうか。もっとも、『セーラームーン』の放映が始まる頃には、宮崎はとっくに東映動画を後にしていたのだが。

同社で過ごした八年間は、彼の成長に大きな影響を及ぼした。アニメーション技術に瞬く間に精通するようになっただけでなく（それは社内でちょっとした伝説と化した）、左翼的な政治傾向は東映動画上層部と対立する過程でさらに強固なものとなった。おそらく東映動画にいる間に起きた最も重要な出来事は、彼の「兄貴分」となる二人の人物との出会いだろう。一人目はグレーのハンチング帽がトレードマークの偉大なアニメーター、大塚康生《おおつかやすお》である。楽天的な気性の芸術家で、飛行機のプラモデルの愛好家でもあった。大塚は後に、『未来少年コナン』と『ルパン三世　カリオストロの城』の制作過程で、宮崎にとって欠かすことのできない先輩アニメーターとなる。二人目は明確なビジョンと幅広い知識を併せ持つアニメ監督の高畑勲で、後に宮崎と組んでスタジオジブリを創設することになる。

当時、東映動画のスタジオは東京都練馬区にある木造の建物に入っていた（鉄筋コンクリートは高価すぎたため）。同区内には他の主要なアニメ制作スタジオも拠点を構えており、中でも最も重要な存在が虫プロだった。東映動画は一九五六年に実業家の大川博《おおかわひろし》によって設立され、主に時代劇用に使われていた東映東京撮影所内にスタジオが建てられた。『白蛇伝』公開から数十年の間に、日本のアニメはワクワクするような新たな方向性を見出し、ディズニーや他の欧米スタジオに刺激を受けつつも、次第に独自路線を歩んでいくようになる。

　現存するアニメ作品からは、戦前にはすでに高度な専門的スキルと想像力によって、時に奇妙で超現実的とさえ言える娯楽ファンタジーが生み出されていたことが見て取れる。戦時中に、政府はこれらの技量を活かして、二本の印象的なプロパガンダ映画を制作した。国策アニメ映画『桃太郎の海《うみ》鷲《わし》』とその姉妹編『桃太郎 海の神兵《しんぺい》』である。後者は、上映時間が七四分にも及ぶ日本初の長編アニメ映画だった。どちらの作品にもかわいらしい昔話のキャラクターが登場し、前者では真珠湾攻撃、後者では南方戦線における奇襲作戦をモデルとした襲撃シーンが描かれている。かわいいキャラクターと殺傷兵器というきわめて不似合いな要素を同居させた両作品は、宮崎監督の印象にはまったく残らなかったようである。私の知る限り、彼がインタビューでこれらの映画に言及した形跡はない。それでも、宮崎と高畑のどちらの作品にも、闇と美の融合という類似したテーマが見て取れる。それが顕著に表れたのが、爆弾が蛍のようにふわふわと滑空しながら牧歌的な風景を横切っていく、場違いなまでに抒情的なシーンを描いたエピソードである。

　若き日の宮崎が関わった東映作品には、驚くほど深くて豊かな情緒的表現が見られる。大塚康生は、日本のアニメは当時からすでに、アメリカのアニメスタジオで主流の「ギャグマンガ」とは一線を画し、むしろ「ストーリー主義で、キャラクターはストーリーを説明するための道具として機能」していたと考えている。大塚はまた、日本の観客はもっと「雰囲気」を重視するとも語っている。この日本語の表現には感情的に強く共鳴するという意味がある。それ以外にも、彼は日本の観客はアメリカほど「即物的」ではなく、台詞が合っていなかったり、変な動きをしたりしても、想像の中で主人公の気持ちを汲んで許してくれるところがあるのだと主張している（『作画汗まみれ』改訂最新版、大塚康生、文春ジブリ文庫、二〇一三年、一五二‐一五三頁、一四四頁）[2]。

これは、東映のアニメ映画で宮崎の関与が最も顕著な二作品――『ガリバーの宇宙旅行』（一九六五年公開）と『太陽の王子 ホルスの大冒険』（一九六八年公開）――には、間違いなく当てはまる。東映動画は「楽しく、明るいエンターテインメント」を世界中の子供たちに届けたいと公言していたにもかかわらず、二作品は驚くほど陰鬱で複雑なテーマを含んでいた。一方で、「東洋のディズニー」を目指すと明言していた東映動画が、その言葉通りにかわいいキャラクターや愛くるしい動物たちを映画に登場させたことは、時にこれらの作品に奇妙なまでにちぐはぐな印象を与えたのである。例えば、『ガリバー』のある場面では、地球からの旅行者たちがロボットのような宇宙人たちに地球のことを説明しようとする。彼らは四季の移り変わりや自然の美しさを明るい旋律とイメージに乗せて歌ってみせるのだが、途中でこうしたイメージは突然不気味に変化する。主人公が「怖い爆弾でかわいそう」と歌うそばから、サンゴの海を泳ぐ魚の群れは一瞬で骨だけの姿になり果てる。言うまでもなく、こうしたシーンがディズニー映画に登場することはあり得ない。

アニメ自体の完成度は高く、予算やリソースやスタッフが制限されていたことを考えれば、よくここまで仕上げたと感心する出来になっている。大塚も自身の回想録の中で、東映動画は『白蛇伝』の時期からすでに、ディズニーよりはるかに少ない数のアニメーターと資金で、同社に見劣りしない作品を作り出す能力があったと誇らしげに語っている。

実際のアニメ制作技術は、国が違っても大して変わりはなかった。日本やアメリカでは並外れて時間のかかる作業で、アニメーターの大半は薄給でしばしば過重労働を強いられていた。もっとも、彼らは就業中に遊ぶ時間を確保するコツを覚え、例えば、動物の形状や動きを観察するために動物園に行って何時間もスタジオに戻らないこともあった。現在のアニメーターの目からすれば、一九五〇年代後半から六〇年代にかけての東映動画の現場は、もし現代のエンジニアがライト兄弟の作業場に足を踏み入れたら感じるような、時代遅れで風変わりな印象を与えるかもしれない。まだコンピューターが普及していなかった時代には、アニメはセルと呼ばれる透明シートに手描きされていた。「原画マン」が原画を描き、「動画マン」が原画と原画の間に入れる絵（中割り）を何枚も描いていく。そして最後に色指定が行なわれ、色を塗る仕上げ作業が行なわれる。こうした作業工程の維持には優れた作画スキルだけでなく、可能な限り速いスピードで作画する能力が要求される。

　大塚は「宮崎さんはもともと信じられないほどの早さでイメージ・スケッチを量産する人です」と語っている。彼が東映動画に就職する際にも、この才能が役立ったことは疑いない。大塚は、自分がスタジオに入る際にも「人物を動かしてみる」テストが重視されたと当時を回想している（『作画汗まみれ』、一二四頁、三〇頁）[3]。

　東映動画が最初に宮崎にあてがったのは、アニメ制作で最も大変で根気のいる動画マンの作業だった。それは同時に、アニメーションの基本を知るには最適の仕事で、常に細部に至るまで注意を払うことの重要性や、何枚もの動画を重ねることで動きを表現する方法を学ぶことができた。新人時代の宮崎は勤勉で仕事熱心だったが、彼の存在を際立たせた理由はそれだけではなかった。一番の新入りだったにもかかわらず、一年もたたないうちに自らの伝説を築き始めることになる。

　宮崎伝説の最初の一歩となったのは、東映動画初のスペースオペラ『ガリバーの宇宙旅行』への貢献だった。それは当時、始まったばかりのＳＦアニメブームに乗る形で制作された映画で、ストーリーはジョナサン・スウィフトの『ガリヴァー旅行記』をかなり大胆に焼き直したものとなっている。イギリス人冒険家のガリバーは、東映動画版では「青い希望の星」に旅をする老科学者という設定に変更された。映画自体は良質の娯楽作品で、ディズニー映画並みのスムーズな動きと鮮やかな映像を兼ね備えていた。特に印象的なのが、パリを思わせるヨーロッパの都市から異星上の悪夢のような超科学都市《テクノポリス》に至る様々な背景の描写である。

その一方で、ストーリー自体は、ほとんど超現実的で意表を突くイメージの連続やテーマの暗さも相まって、典型的なディズニー映画に比べてはるかに見る者の不安を煽り、難解なものとなっている。ロボットたちに地球のことを説明した歌は、途中から自然がはかなく朽ち果てていく恐ろしい世界観を提示するし、加えて別のシーンでは、耳障りで不吉な音楽が洗練された手法でテクノロジーの脅威を想起させる。

だが、東映動画の社員たちがこの映画に関して最も鮮明に記憶しているのは、若手アニメーターの宮崎の提案で、ラストシーンにまったく予想外の展開が加えられたことだった。今にして思えば、この時に彼が行なった変更は、やがてミヤザキワールドに発展する監督の人生と世界観の重要な側面を予感させるものだった。

『ガリバーの宇宙旅行』の当初の設定では、あるロボット集団がもっと凶悪な別のロボット集団と戦っている惑星に、探検家たちが着陸することになっていた。凶悪なロボット集団は「青い希望の星」を乗っ取り、「悪魔の星」に変えてしまったのだ。映画に登場する一連の幻想的な歌（と踊り）の一つで、「良い」ロボットたちは故郷の支配者となったロボット種族を創造した自分たちの傲慢さと愚かさを悔いてみせる。その歌の中には機械文明の美しさとディストピア的なリズムとイメージが入り混じり、過剰な自信やテクノロジーの危険に対する説得力のある警告となっている。

映画の当初のエンディングは、変更後ほど面白いものではなく、ガリバーが仲間たちと一緒に「悪い」ロボットたちの企みを阻み、「良い」ロボットの王女を救出するというものだった。このシーンでは、馬の頭の形をした大きなチェスの駒（ナイト）の中に隠れた王女が、邪悪なロボットたちにさらわれるという幻想的な演出が施されている。シーン自体はそのまま残されるのだが、宮崎が原画や演出の担当者たちに提案したのは、単純でいて結末を根本から変えてしまうような変更だった。主人公がチェスの駒の中から王女を救うラストシーンで、ロボットの王女がパカっと割れて、中から人間の少女が姿を現すのである。

大塚は当時の驚きを鮮明に記憶している。「たった1カットの変更ですが、作品の内容全体にかかわる重大な変更です」。大塚は、この変更には宮崎の根本的な世界観が反映されていると語り、次のように付け加える。「このころから宮崎さんは、作品全体のテーマ、人間の描き方に強い主張をもってマンガ映画作りの中枢に迫っていたのです」（『作画汗まみれ』、一五七頁）[4]

当時、宮崎の同僚だった小田部と奥山もこの時の出来事をはっきりと覚えている。二人の話からは、新人がここまでしゃしゃり出るのがいかに異例なことだったかが伝わってくる。「有名な話ですよね」とインタビューで聞かれた奥山はこう答えた。「絵コンテの一部を描き換えて、彼は一動画員ですけどね、演出にも作画監督にも自分の上にいる動画の人たちにも、とにかく自分の意見を通して、絵コンテの一部を描き換えたことによって作品の意味が全く変わったんだよね」。小田部も次のように語っている。「ミヤさんが描き換えたそのシーンには、ある種のショックを感じましたね。（中略）落差がすごかった。無機的な物からホントの人間が出てきて、一瞬風が吹いて髪の毛がなびいたんだよね。それが実に新鮮で、おおって思って、それが実は宮崎駿がやったんだっていうのを知ってね」（『フィルムメーカーズ6　宮崎駿』、四五頁）[5]

少女の出現。『ガリバーの宇宙旅行』より。1965年公開 ©東映

この逸話はミヤザキワールドの中心理念の一つを先取りしている。それは、人間はより大きな文化的マトリックスの一部であり、その中にはロボットだけでなく、多くの「他者」が含まれているという宮崎監督の考えだ。風が王女の髪をなびかせるといった単純な変更を加えるだけで、真に記憶に残るシーンの創造が可能になる。宮崎はあらゆる作品において、風と髪の毛を視覚的な小道具として使うことで登場人物の心理をわかりやすく表現し、それによって人間をより大きな文化や自然という文脈の中で描いてきたのである。

また、宮崎が周囲を驚かせたこの逸話は、少年時代から青年期にかけて「内向的」だった宮崎が、精神的にどれだけ成長したかを物語っている。かつて炬燵の中で一晩中泣き明かした一七歳の若者は、もはやどこにもいなかった。時には昔のように不安や心細さに襲われることもあったに違いないが、この若手アニメーターが他のアニメーターたちに見せた表情は自信にあふれ、やや傲慢なところさえあった。

　同僚たちは、こうした態度を必ずしも快く思っていなかった。大塚は当時の宮崎の勢いを「重戦車のようにつき進んで行く」と表現しており、同時に「激しく鋭い彼の主張は古参アニメーターや同僚には少なからず当惑と衝撃を与えていた」とも語っている。「中には［このぽっと出の新人に］露骨に反感をみせた先輩たち」もいた（『作画汗まみれ』、一五七‐一五八頁）[6]。実際に、一九六五年当時の日本の縦社会において、新入社員が組織内であえて目立とうとすることはめったになかったし、こうした行動は大きな驚きをもって迎えられたのである。

　宮崎の中のどんな変化が、彼にここまでの自信をつけさせたのだろう？　単に大人になって社会に出たからということで説明がつく部分もあるかもしれない。東映動画に入社する頃までには、彼はすでに家を出て独り立ちしていた。スタジオがある練馬区で四畳半のアパートを借りて住んでいたのだ。四畳半というのは、アメリカの標準からすればきわめて狭い部屋だが、家族を離れて一国一城の主となった宮崎が、若者として独自のアイデンティティを築き始めたことは想像に難くない。

　同時に、宮崎は自分のことで、ある重要な認識に到達しつつあった可能性が高い。それは並外れて才能豊かな芸術家であるという事実だ。同僚たちは衝撃を受けたり、苛立たされたりしたかもしれないが、すでに彼の天賦の才能を認め始めていた。また、東映動画における長時間の激務も、作画だけでなくストーリーテラーとしての様々な才能を彼から引き出すことに役立った。

　だからと言って、彼は無条件で仕事——というより、もっと具体的に言えば、東映動画における労働環境——を愛したわけではなかった。アニメーターたちと同社の経営陣との対立は、まさに一触即発状態にあったのである。宮崎自身もその渦中に巻き込まれていた。彼はまたしても新参者らしからぬ行動に出て、労組の書記長に就任した。そして、一九六〇年代に経営陣と社員の間の緊張が着実に高まっていくにつれ、組合活動のまとめ役として重要な役割を演じたのである。

激動の六〇年代を通じて、国内の政治的対立は悪化する一方で、労使間の緊張関係も当時の風潮に強く影響されていた。日本国内の政治情勢は、世界の大半の国々と同様、怒りの声に満ちあふれ、国家権力に対する若者たちの抵抗運動や六〇年代に起きた社会的・文化的変動によって混乱に陥った。こうした社会不安には刺激的で楽しい面もあった。宮崎の女性の同僚の一人は、当時はミニスカートが大流行し、若者たちの間に連帯感があったと懐かしげに回想している（『アニメーションの色職人』、柴口育子、保田道世、徳間書店、一九九七年、六二 - 六三頁[7]）。

その一方で、一九六〇年代にはきわめて深刻な側面もあった。六〇年代の末には、政府と企業に対する学生や労働者層の不満が燃え上がり、暴力や騒乱を引き起こしただけでなく、大規模なスト、広範囲にわたる大学閉鎖、そして連合赤軍をはじめとするテロ集団の発生を招いたのである。だが六〇年代前半においては、いわゆる「安保改定問題」（日本政府が米軍の国内駐留を認める方針の続行を決めた日米安全保障条約の改定をめぐって、反対運動が展開された）に国内の不満が集中した。一九六〇年には数百万人に及ぶ学生や労働者たちが安保闘争に参加し、警察や機動隊と衝突したのである。

宮崎自身の回想によれば、彼は安保反対闘争が最も活発だった時期には基本的に「傍観者」だったという。また、東映動画に入社する頃までには、初期の安保闘争も沈静化していたため、宮崎は二、三の小さなデモにしか参加しなかった。宮崎は、街頭のデモよりもむしろ東映動画社内において新たな自己を確立していった。彼はアニメーターとして、あるいは強い政治意識を持ち、社会的関心が高い若い市民として成長を遂げつつあったのである。宮崎が「僕の本当の学校は東映動画だ」と言った時、念頭にあったのは、少なくとも部分的には労組での活動のことだった（『フィルムメーカーズ6　宮崎駿』、四六頁[8]）。

労組と経営陣の間の政治的・思想的な闘争は、宮崎監督が今なお貫いている強烈な反権力の姿勢に重要な基盤を提供した。同時に、献身的で熱意にあふれた人々の集団の一員として活動したことが、その後の仕事のやり方に大きな影響を及ぼした可能性もある。小田部と奥山も、宮崎のようなタイプの人間はともすると一匹狼になりがちだが、組合活動は彼にチームプレーを学習する機会を与えたのではないかと推測している。[9] アニメ映画をチームで作品として完成させながら、組合内部で様々なタイプの人間と行動を共にした経験は、若い宮崎に他人の才能を活用することの重要性を学ばせ、後に自分のスタジオを設立する際にも大いに役立ったのである。

最終的には、賃金をめぐる争いと経営陣に対する不信感の高まりは、アニメーターたちの連帯感を強化し、彼らに新たな活力をもたらす結果となった。労組に関わった若い男女は、自分たちの手で民主的な労働現場を作り出すことができると考えていた。それは、才能のある人々が良質のアニメ作品を作るために協力し合う、上下関係のない職場である。

この新たな使命感が生み出したのが、高畑の初映画監督作である『太陽の王子 ホルスの大冒険』だった。その事実だけでも、同作は日本のアニメ史において特筆に値するが、『ホルス』が記憶に残る作品となった理由はほかにもある。同作は、誰もが平等な立場のフラットなチーム編成で作られた日本で最初の映画だったかもしれないのだ。高畑と組合の他のリーダーたちは、社内にはびこっているように見えた独断的で根拠のない区別や上下関係を打破し、すべての社員に均等な機会を与えたいと考えた。そのため、従来は仕事別に違う階に分かれていた監督や美術スタッフや仕上げスタッフを同じ階の一カ所に集めたチーム編成を行なったのである。宮崎にとって長年の制作協力者の一人で、彼に「戦友」と呼ばれるほど重要な同僚となる保田《やすだ》道世《みちよ》は、最後にセルに色を塗る仕上げ部に所属しており、これは彼女にとっても解放感を覚える経験だった。「[それまでは]ものをつくる〝工場〟

岩の巨人モーグの肩から太陽の剣を引き抜くホルス。『太陽の王子 ホルスの大冒険』より。1968年公開 ©東映

というイメージだったんだけど、この配置によって、ものをつくる〝集団〟になった気がしました」と彼女は当時を回想している。保田によれば『ホルス』のチームに入ると、「一緒にやっていこう」という言葉が暗黙のスローガンのようになっていたという（『アニメーションの色職人』、五六－五七頁[10]）。

こうした変更は間違いなくチームの士気を鼓舞したはずだが、完成した映画は結果的に美点と欠点が混在した作品となった。ジブリファンから永久追放される覚悟であえて言うなら、私から見て『ホルス』は、高畑の作品群の中では出来にむらのある映画の一つだと思う。アニメーション自体の絵の完成度にばらつきがあることも問題の一部である。映画は恐ろしいほど予算をオーバーしたにもかかわらず、驚くほど凡庸な映像が随所に見られるのだ。

当時としては革新的なストーリーも、高畑と宮崎がその後手掛ける作品に比べれば、ぎこちなさが目立つ。舞台は遠い昔で、何となくヨーロッパ風の雰囲気がある村で一人の少年が成長するまでを描いていく。元気で勇敢な主人公の名前はホルスといい、ある日、親切心から岩の巨人モーグの肩に刺さった「トゲ」を抜いてやる。ところが、「トゲ」を抜いた瞬間に、それが「太陽の剣」と呼ばれる聖剣であることに気づく。やがてホルスは、彼が父親と人里離れて暮らす原因となり、今も何の罪もない村を破壊しようと企むグルンワルドという雪と氷の悪魔と対決することになる。だが、たとえ聖剣があっても、あらゆる知恵を働かせなくてはこの怪物には太刀打ちできない。少なくとも厳密な意味では「子供向け映画」であるため、この作品は最後にハッピーエンディングを迎える。ホルスはグルンワルドを倒すことに成功し、グルンワルドの妹で謎めいた美少女のヒルダの手を取り、村を勝利へと導くのである。

『ホルス』には、冒険活劇にありがちなありふれた展開だけでなく、間違いなく斬新で興味深い要素が盛り込まれている。主に宮崎によって描かれた背景は美しい表現力に満ちあふれ、ひなびた村の雰囲気を細部まで伝えることに成功している。高畑自身はアニメーターではなかったが、ホルスが銀色オオカミに襲われる場面や、怪物のような大カマスと戦う名場面を含めて、迫力満点のアクションシーンを生み出した。これらの場面では、人物の派手な動きが顔や髪の毛のシンプルな表現を補っている。グルンワルド自身はありきたりの悪役に過ぎないが、映画の冒頭で登場する岩の巨人にはもっと興味をそそられる面がある。大地から立ち上がる姿からは、より広範で古い自然界とのつながりが伝わってくるが、そのキャラクターには映画で描かれている以上の深みが感じられる。この点を考えれば、このキャラクターデザインを担当したのが宮崎であったことは驚くには当たらない。さらに言えば、日本の批評家たちは、『もののけ姫』に登場する原初的な神のような存在で、森を支配する「シシ神」には岩の巨人の面影があると指摘しており、これもある意味で不思議ではない。[11]

葛藤を抱えたグルンワルドの妹ヒルダは、超自然的な力を持ち、芯が強いが孤独な側面が印象的なキャラクターである。制作チームは、ヒルダの心の葛藤を表現するために、彼女と行動を共にする動物の脇役を登場させた。邪悪な心を持つフクロウと心優しいリスの二匹である。ファンタジーの力を借りてヒルダの心理をリアルに描く演出は、当時としては驚くほど高度なレベルに達していた。ヒルダの複雑な性格は、彼女を興味深く魅力的なキャラクターにしている。

彼女の最も印象に残る特徴は、歌で人の心を魅了する能力で、それをヒルダに与えることにしたのは高畑のアイデアだった。音楽は他のシーンでも重要な役割を演じており、これに関しても高畑は異例の演出を行なっている。ソ連支配下の東側陣営の国々では誰もがお互いに親切で集団による努力を重視していると考えていた高畑は、村人たちが陶酔したように東ヨーロッパの民謡を歌いながら、働いたり遊んだりしているシーンを映画の中に盛り込んだのである。

奥山は、宮崎が「ステテコ姿で（中略）ロシアの歌」を歌いながら絵を描いていたことを記憶している。当時の彼は「登山帽の汚れたようなやつをかぶって、腰にすごい汚ない手ぬぐいを挟んで」いたという（『フィルムメーカーズ6　宮崎駿』、四八頁、四四頁）[12]。この若手アニメーターは明らかにチーム内の雰囲気になじみ始めていた。『ホルス』に関するインタビューで、宮崎は後にこう語っている。「僕が『ホルス』で学んだことってのは、もう数え切れないほどある。ほとんど映画のイロハはあれで覚えたようなものです」。彼は特に「東映動画の5級動画員［つまり］一番下の動画員」だった自分に重要な役割を与えてくれた大塚に感謝の意を表している（ロマンアルバム・エクセレント60『太陽の王子　ホルスの大冒険』、徳間書店、一九八四年、一八九頁）[13]。

チームのベテラン社員たちは、すぐにこの下っ端の動画マンに一目置くようになる。大塚は、高畑と宮崎の間で交わされていた活気のあるやり取りをよく覚えており、アメリカのアニメのギャグ発想法からヒントを得た「雪だるま式アイデア発想法」についてこう説明している。「一つの着想をころがしてゆくうちに、だんだん大きくなってゆく（中略）宮崎さんの小さなスケッチ、たとえば村のようすなどを高畑さんが見て『こんな村なら、どんな家で…では家の中はどうなっていて、川と村の関係位置はどうなっているのか？』（中略）など、さまざまな疑問を呼び出し、二人で討論してはその演出上の要求にこたえて、宮崎さんが机に向かうという繰り返しが行なわれてゆく過程で、これらのスケッチが描かれたのです」。大塚は別のインタビューでは野球の比喩を用いて、高畑を「ピッチャー」、宮崎を「キャッチャー」に例えたことがある。彼は「高畑さんは宮崎さんという才能をぎりぎりまで引き出した」と語っている（『太陽の王子　ホルスの大冒険』、一八二‐一八三頁、『宮崎駿の原点』、一二二頁）[14]。

「最後まで高畑さんの悩みの聞き手となり、アドバイス」したのは宮崎だったと大塚は証言している。ところが、宮崎自身は、『ホルス』における高畑との協力関係については意外なほど曖昧な発言に終始しており、「高畑さんの演出はわりとオーソドックスで正当な時間と空間を連続させていく」と語っているに過ぎない。一方、それから二、三年後のインタビューでは、高畑と『ホルス』に関する宮崎の発言はもう少し遠慮のないものになっており、高畑の仕事の遅さに苛立ちを示している。この点は、ジブリ設立後に次第に軋轢《あつれき》を生んでいくことになる。宮崎は、「人間の内面をより深く描く力を、アニメーションは持っていると（中略）実証した」高畑の功績を高く評価する一方で、今や彼にとって最大の盟友である人物を「大ナマケモノの子孫」と呼んではばからない。結局、高畑のスローペースぶりは、二人の関係に楔を打ち込むことになる。宮崎は『ホルス』について回想しながら（話を面白くするためかどうかは定かではないが）、高畑の仕事ぶりは彼を「監督にすることが、どれほどのリスクと恐怖を伴うかをもまた、彼は立証」したと主張している（『作画汗まみれ』、一七二頁、『太陽の王子　ホルスの大冒険』一八九頁、『出発点』、二四一頁）[15]。

むしろ、宮崎は東映動画経営陣の高畑に対する怒りの激しさを、控え目に表現しているとさえ言えるかもしれない。大半の映画が一年未満で完成していた時代に、予算を大幅にオーバーしただけでなく、三年たってもまだ制作中だった『ホルス』は、結局、同社における高畑の最後の作品となった。アニメが子供向けのものと思われていた時代に、同作は子供と大人の間の中間層を対象としていたこともあって、ついにどちらにもヒットせず、大塚によれば「それまでの長編漫画の最低を記録」してしまったという（『作画汗まみれ』、一七一頁）。

　東映動画の社員たちは、会社側が『ホルス』に否定的だったのは、同作と労組との密接な関係に理由があると感じていた。確かに、その考えには一理あった。保田は、『ホルス』の制作チームは「理想に燃え」ており、「この映画に内蔵されているテーマは労働組合の理念に相通じるものだった」と当時を回想している（『アニメーションの色職人』、六一頁）[16]。

　それでも、一九八四年に出版されたある『ホルス』の礼賛本の編纂者たちでさえ、制作のスケジュールの遅れと予算オーバーは、当時の東映動画の他の作品と比べて「ケタ違い」だったことを認めている。これは作品の品質を落とさないためにスタッフが「苦悩」した結果だったことを認める一方で、編纂者たちは「会社側の直面した困難もたいへんなものだった」とも指摘している。同書には、会社側が『ホルス』制作スタッフに提示した手書きの通達のコピーが掲載されており、そこには一企業であるアニメ制作スタジオにとって悪夢としか思えないような内容が含まれていた。通達は予算の超過やスケジュールの遅れを含めて多くの問題を列挙した挙句、次のような悲痛なメッセージで結ばれている。「作品にたずさわるものは、この重大な使命を背負っていることを充分に認識され、即時、現状を改めて能率向上に邁進されんことを切望いたします」（『太陽の王子　ホルスの大冒険』、一四二－一四三頁）[17]。

幸いにも、高畑はその後、宮崎とのパートナーシップを通じて芸術的にも興行的にも汚名返上を果たすことになる。だが、それまでには多少の時間を必要とした。高畑と宮崎は一九七一年に東映動画を退社したが、成功を収めるまでには数年かかったのである。アニメ制作会社のAプロダクションに移籍した二人は、そこで圧倒的人気を誇る児童書『長くつ下のピッピ』のアニメ化に意欲を燃やしていた。『ピッピ』の舞台はスウェーデンであり、Aプロダクションは著者のアストリッド・リンドグレーンに映画化の許諾を得るために、同国にチームを派遣した。スウェーデンへの旅は、宮崎にとって初めての海外旅行だった。宮崎や高畑と一緒に東映動画を退社していた小田部は、宮崎が「緊張して、空港で右手と右足一緒に出して歩いていた」様子を笑いながら回想している（『フィルムメーカーズ6　宮崎駿』、四九頁）[18]。

だが、結局、この任務は失敗に終わる。リンドグレーンは映画化の提案をきっぱりと拒絶したのだ。小田部は、「日本人には作らせないってことでしたから」とその理由について語っている（『フィルムメーカーズ6　宮崎駿』、四九頁）[19]。あるいは、彼女はただ単に、海のものとも山のものとも知れないアニメーター集団に、自分の大切なヒロインを差し出すことを躊躇しただけだったのかもしれない。この時の拒絶は、とりわけ数十枚ものスケッチを描いて準備していた宮崎にとって相当苦い経験となったはずである。何年もたってから、ジブリはこれらのスケッチを『幻の「長くつ下のピッピ」』（岩波書店、二〇一四年）というノスタルジックなタイトルの本に掲載して出版することになる。同書には、それ以外にも細部まで魅力的に描かれた一〇〇枚ほどの絵が掲載されており、宮崎がこの企画に注ぎ込んだ努力の大きさを示している。

だが、こうした準備や出張の旅はまるで無駄に終わったわけではない。美しい都市景観や自然は言うまでもなく、陽光あふれるヨーロッパを舞台とする『ピッピ』で描かれる幼年期の世界も、宮崎と高畑が後に手掛ける他の作品に取り込まれることになるからだ。中でも最もよく知られた例が、一九八九年公開の『魔女の宅急便』の舞台となるコリコの街だろう。コリコは、宮崎らのチームがリンドグレーンに会いに行く途中で立ち寄ったヴィスビューとストックホルムというスウェーデンの二都市を部分的にモデルにしている。こうして、宮崎の中にはヨーロッパへの愛情が育まれ、その後、ヨーロッパ的な舞台装置やキャラクターは、ミヤザキワールドにおいて重要な役割を演じることになるのだ。

しかし、『ピッピ』の影響は映像面だけにとどまらなかった。リンドグレーンの著書で描かれる赤毛で自己主張の強いピッピは、とても記憶に残るキャラクターだ。社会における女性の役割が変化し始めていた時代において、冒険心と自立心が強い彼女は、これまでにない新たなヒロイン像を提示したのである。苦難に勇敢に立ち向かう冒険心あふれる少女たちは、宮崎作品のトレードマークの一つとなっている。ピッピがそれらのキャラクターにヒントを与えたことは、火を見るよりも明らかだ。初期の作品では少なくともナウシカにそうした特徴が見られるし、引退撤回前の最後から二番目の作品に登場するポニョの場合も同様だ。ちなみに、二人はどちらも赤毛である。

実際に、スウェーデン旅行の後で勇敢な赤毛のヒロインが誕生するまでには、たったの一年しかかからなかった。それが高畑と宮崎にとって最初のメジャーヒット作の一つとなった『パンダコパンダ』（一九七二年）とその続編『パンダコパンダ　雨ふりサーカスの巻』（一九七三年）の小さな主人公「ミミ子」である。『パンダコパンダ』の監督を務めたのは高畑だったが、宮崎も制作過程で重要な役割を演じ、続編ではさらに存在感を高めて監督の仕事の大半を引き受けるようになった。

当時、中国が上野動物園に二頭の愛くるしいジャイアントパンダを贈った結果、日本全国でパンダブームが巻き起こっており、二作の映画は明らかにそれに便乗する形で企画された。どちらの作品も当然のようにヒットしたが、観客を驚かせたのは、映画の各所に実にユニークな仕掛けが盛り込まれていたことだった。ストーリー自体は『長くつ下のピッピ』に『クマのプーさん』の要素を若干織り交ぜ、アメリカの実写映画『ホーム・アローン』シリーズを先取りしたような内容になっていた。

物語は、ミミ子が同居している祖母が彼女を一人家に残して長崎に出掛けるところから始まる。まだ六歳の小さなミミ子は、祖母のいない一人暮らしに不安を覚えて当然だが、見掛けは平然としている。目の前に赤ん坊のパンダ（パン）が現れ、すぐ後に大きな図体をした父親のパンダ（パパンダ）が登場した時も、動揺した気配すら見せない。実はこのパンダ親子は近くの動物園から逃げ出してきたところで、ミミ子は二頭に隠れ場所を提供する。こうして彼らは家族になるのだが、パパンダはミミ子とパンの両方の「父親」の役割を引き受け、ミミ子はパンの母親代わりになるので、実際の関係はやや複雑である。

三人（一人と二頭）は、すぐに街の人々や警察を巻き込んで様々な冒険を繰り広げることになる。続編では、近所で巡業中の「雨ふりサーカス」から逃げ出してきた別の野生動物との出会いもある。それは可愛らしい子トラだった。ミミ子は、どちらの作品でも勇敢で冒険心に富んだキャラクターとして活躍し、二頭のパンダを捕まえて連れ戻そうとする警官や動物園の園長らに立ち向かう。当然ながら、大人たちは戸惑うばかりだ。彼女は続編ではさらに、サーカス団の動物たちの救出に乗り出そうとする。

元気いっぱいの少女と大きくて抱き締めたくなるほど愛嬌のある生き物という組み合わせは、宮崎の後の傑作『となりのトトロ』を先取りしている。実際に、ミミ子がパパンダのお腹の上に飛び乗るシーンは、明らかにメイがふわふわの毛に覆われたトトロの胸に飛び乗る（映画の後半では姉のサツキもそうする）有名なシーンのオリジナルだろう。一方で、『トトロ』は『パンダコパンダ』連作とは次元の違う作品である点は、強調しておく必要がある。後者はどちらも単純で楽しい作品だが、『トトロ』の重層的で微妙な演出が生み出す品質の高さはほとんど感じられない。ふわふわの毛をしたトトロは人間の言葉はひと言も話さないが、実在するどんな生き物にも似ておらず、饒舌なパパンダよりもはるかに印象的で興味をそそる存在である。しかも、単調なキャラクターのパパンダには不可能なやり方で、観客の想像力を刺激してくれる。単調さという点ではミミ子も基本的に同様で、何があろうとひたむきで陽気なところは、普通の小さな子供の行動としてはかなり不自然だ。

それでも『パンダコパンダ』連作は、ユーモラスなストーリー展開だけでなく、宮崎の他の映画との関連性という点からも楽しめる作品となっている。中でも最も興味深いのは、『パンダコパンダ 雨ふりサーカスの巻』の大雨で洪水が起きるエピソードだ。ミミ子とパンダ親子は危険を顧みずに、洪水の中から子トラを救い出そうとする。水中に没した世界で自立した子供が誰かを救おうとする話は、宮崎の後の作品で大災厄後の世界を舞台にした冒険アニメシリーズ『未来少年コナン』にも登場するし、『ポニョ』でも主要なモチーフとして描かれている。

『パンダコパンダ』連作は、どう見ても日本を舞台にした映画だったが、一九七〇年代に宮崎が関わった作品の多くはヨーロッパを中心に展開される。宮崎、小田部、高畑の三人は再度転職してズイヨー映像というアニメ制作会社に移ると、そこで『ハイジ』のアニメ化に着手した。原作は、スイスの山間部に住む少女の成長を描いたきわめて人気の高い児童文学作品である。

明らかに日本国内を舞台にした『パンダコパンダ』連作と、ヨーロッパで物語が展開する『アルプスの少女ハイジ』（一九七四年放送）は、ミヤザキワールドを構成する基本的な要素の表と裏と見ることができる。スイスの作家ヨハンナ・シュピリによる原作は感動的で素晴らしい小説であり、テレビアニメ版もそれに劣らぬ作品となっている。背景の山間部の描写は息を呑むほど美しく、アニメシリーズの制作に取り掛かる前に、宮崎と高畑がスイスで行なったロケハンの成果が存分に見て取れる。血の通った登場人物も魅力的で、総じてアニメとしての品質はきわめて高い。全五二話に及ぶストーリーも原作にほぼ忠実で、時にハイジに辛い思いをさせる友人たちや家族との複雑な関係を掘り下げており、心理的な機微の描写もかなり真に迫っている。

その美しい映像と魅力的なストーリー展開からして、同シリーズが日本で大ヒットしたことは驚くにあたらない。四〇年後のあるテレビの特別番組では、『ハイジ』は日本の女性視聴者に「最も人気の高いアニメ」であると発表されたほどだった。[20] そればかりか、同作は国際的にもヒットし、世界三五カ国で多くのファンを獲得したのである。ただし意外なことに、ついに英語に翻訳されることはなかったため、結局アメリカでは放映されずに終わった。

宮崎と高畑が次に取り組んだのが『赤毛のアン』のアニメ化企画で、原作は孤児の主人公の少女時代を繊細なタッチで描いた成長物語である。舞台はカナダのプリンスエドワード島に設定されており、その木々の豊かな美しい土地には『ハイジ』の緑に囲まれた景観を想起させるものがある。『ハイジ』と同様に、『赤毛のアン』(一九七九年放送)もまた、両監督の優れた才能に支えられて大ヒットし、特に日本の女性層に多くのファンを獲得した。その結果、今日に至るまで、プリンスエドワード島には主人公を懐かしむ女性たちが日本から大挙して押し寄せ、同地の観光収入の大半を支えている。

『ハイジ』の場合と同様に、『赤毛のアン』も批評家からはほとんど注目されずに終わった。その理由はおそらく、両作品が原作を忠実に再現していることと、高畑と宮崎がそれぞれ具体的にどこからどこまでを担当したか区別しにくいことにあるのだろう。実際には、宮崎は第一五話の後でシリーズの制作から離れているのだが、『赤毛のアン』は今でも両監督が意志の強い若きヒロインを好んで登場させた典型的な作品の一つと見なされている。

同時期における宮崎の作品に、『未来少年コナン』（一九七八年放送）がある。彼が久しぶりに少年を主人公に選んだ同作はまた、宮崎にとって初の単独監督作でもあり、残念ながらアメリカでは放映されなかったが、多くの理由から重要な作品である。同作は宮崎が監督した唯一のテレビアニメシリーズで、二六話を通してミヤザキワールドがいかにして形成されたかを垣間見られる、かけがえのない機会を提供しているからだ。

この時点までに宮崎が辿ってきたキャリアをざっと見渡すと、そこには大きく分けて二つの流れが見て取れる。大まかに言って『ガリバー』と『ホルス』には、ミヤザキワールドの「ダークサイド」の要素を認めることができる。この点は特に『ホルス』に顕著に表れているが、『ガリバー』で描かれたテクノロジーをめぐるディストピア的な世界観は、後の多くの宮崎作品で、さらに複雑な形で展開されることになる。監督を務めた高畑に多くを負っているとはいえ、『ホルス』に込められた力強い政治的なメッセージや暴力的で時に無慈悲な側面を見せる宇宙の描写は、宮崎自身のイデオロギーに深く根差したものである。そこでは独裁者的な存在が同胞らを支配し、破滅させようと企む。堕落した指導者たちに対しては、必ず抵抗勢力が立ち上がる。さらに、自然そのものも常に優しい顔を見せるとは限らない。洪水や地震が人々の生活を脅かすのを見て、観客は人類が外部の巨大な力に対していかに無力であるかを思い知らされる。大災厄後の世界に残された廃墟や人類文明の遺物は、登場人物たちの人生に大きな影を投げかける。

もっとも、高畑と宮崎の作品では決まって、人間性の最良の部分が必ず最後に息を吹き返す。そのやり方は大抵が陽気で、手に負えないほど騒々しい印象を与えることさえある。例えば『ホルス』では、村人たちが一緒に釣りをしたり、作物の植え付けをしたり、祝い事をしたりするユートピア的なシーンを通じて、集団的努力の重要性が強調される。他の明るい要素には、多くの作品で主人公を務める強い女性キャラクターたちが含まれる。多くの場合、彼女たちは自然と何らかのつながりを持っており、自然界の美しさと力に対する称賛は、これまで取り上げてきた全作品に通底している。『パンダ』連作と『ホルス』では水が大きな役割を演じており、『コナン』『カリオストロ』『ポニョ』といった後の宮崎作品で水が果たす重大な役割を先取りしている。『ホルス』と『パンダ』連作では、人間のように意識を持つ動物が主要なキャラクターとして活躍し、『ハイジ』『赤毛のアン』『パンダ』連作では、家族か少なくとも疑似家族の存在を中心に物語が展開する。

『コナン』では、闇と光が統合される。全二六話から成るこのテレビアニメでは、多数の要素が複雑に絡み合い、文明の破局がもたらす絶望の瞬間が、歓喜とユーモアのビジョンと融合する。そこからは後に宮崎が監督する多くの傑作アニメにとっての一つの雛形が生み出されることになるのだ。娯楽性がきわめて高く、時には人の心をつかんで離さないような場面さえあるこの作品は、その後多くの宮崎映画を生み出す母胎となり、今やミヤザキワールドが発展した経緯に関心を持つ者なら、誰もが一度は研究すべき一次資料となっている。

『赤毛のアン』と『ハイジ』と同様に、『コナン』も児童文学作品を原作としている。アメリカの作家アレグザンダー・ケイによるヤングアダルト向けＳＦ小説『残された人びと』〔邦訳・岩崎書店など〕である。だが、『アン』や『ハイジ』と違って、『コナン』は原作を大幅に逸脱している。『残された人びと』は、文明崩壊後の世界観に基づいて書かれたＳＦ小説で、冷戦体制の対立構造が露骨に反映されている。そこに描かれているのは、戦争とそれが引き起こした地震と巨大な津波によって人類文明が徹底的に破壊された世界であり、地球の大半が海中に没した後には、わずかな数の島が残されているのみである。地球上にはもはや、ニューオーダー（新秩序）とハイハーバーという二つの主要な文明しか存在していない。ニューオーダーとその主要都市インダストリアは、尊大な名前が示唆しているように、硬直した官僚社会、軍国主義、それに工場労働の重視といった旧ソ連を彷彿とさせる特徴を備えている。一方、ハイハーバーは、一部の腹黒い住人を除けば、自然と社会の結束を何より重視する場所として描かれている。

小説の主人公コナンはどちらの場所にも属さないが、冒頭でインダストリアに連れ去られ、基本的に奴隷として働かされる。その後、彼は鳥と意思の疎通ができるラナという少女とその祖父と協力し、ニューオーダーを脱出してハイハーバーにたどり着く。そこではすでに予測されていた巨大地震による津波がまさに起ころうとしていたが、コナンと彼の仲間は間一髪で住民らの救出に成功する。小説はここで尻つぼみになってしまうのだが、生き残った人類がようやく対立を解消し、協力して未来を築くことになりそうだという期待感を持たせて幕を閉じる。

宮崎は『残された人びと』を換骨奪胎し、基本設定――大破局後の地球、主要キャラクターたちの多様性、相容れない二つの文明――だけ利用して、まったくオリジナルな世界観を作り上げた。変更の多くは、中篇に近い短めの小説から二六話のエピソードを紡ぎ出す必要性から生じたものだが、同時に若いアニメ監督が物語に自らの刻印を残そうとしていたことは疑いない。そのため、宮崎は原作のストーリーに、かなり思い切った形で自分の思想や芸術性をふんだんに盛り込んでいる。『コナン』の制作で宮崎に協力した大塚は、そのやり方を「オリジナルを破壊、再生する」と簡潔に要約している（『作画汗まみれ』、二四六頁）[21]。こうした傾向は、宮崎の後の作品における芸術的な方向性を特徴づけることになる。

若きアニメ監督が別の作家による原作をここまで大胆に変更したことは、彼が自信を深めている証であると同時に、このアニメシリーズを成功させたいという強い信念の表れでもあった。宮崎は「全話のオリジナル・スケッチ（ストーリーボード）・設定・キャラクター、高畑さんの応援分をのぞく、全絵コンテ・レイアウト・原画チェックを一人でやってのけるという、前代未聞の作業量をこなし」、六カ月で全二六話を完成させてしまった。監督の並外れた集中力を見て、仕事熱心な他のスタッフでさえ度肝を抜かれていた。大塚は、猛烈な勢いで仕事をするこの時期の宮崎に感服して、まるで「超人ハルク」のような変身ぶりだったと回想している。また、このベテランアニメーターによれば、彼の言う「宮崎世界」が初めて形を成したのは『コナン』からであり、宮崎は「映画の主人公たちを、生きている人間のように自分に引きつけて考え抜」いたという（『作画汗まみれ』、二二五頁、二四二頁）[22]。

確かに『コナン』のキャラクターたちは画面から飛び出してきそうなほどの躍動感にあふれており、中でも突出していたのが主人公の「未来少年」自身だった。高畑は宮崎の「あふれんばかりのエネルギー」を褒めたたえている。その描写は多くの批評家が指摘しているように、常に体を動かし続けているコナンにも当てはまる。孤児の少年であるコナンは、基本的に自然の力そのもののような存在だ。彼は走り、泳ぎ、宙返りをし、登り、狩り、戦う。また人を救うこともあり、その相手は大抵、ラナである。ラナの登場は物語が動くきっかけとなり、自らを犠牲にする行為や多くの勇敢な行動へとコナンを駆り立てる。高畑は宮崎作品について語ったインタビューで、宮崎の映画に登場する男性主人公たちに「エスコート・ヒーロー」という印象的な呼称を与えている（『映画「風の谷のナウシカ」ガイドブック（復刻版）』、徳間書店、二〇一〇年、一八二頁、一八八頁）[23]。実際には、コナンは宮崎の後の作品の男性ヒーローの大半と比べて、かなりワイルドで男っぽい性格なのだが、ラナに対する全身全霊の献身は、このアニメシリーズの顕著な特徴の一つとなっている。

コナンの過剰とも思える男らしさとは対照的に、ラナは一貫して女性原理を体現する存在である。

しとやかでありながら意志が強く、勇敢であると同時に愛情深く、テレパシーがあり、特に鳥と意思疎通をすることが得意な彼女は、後の宮崎作品に登場する少女ヒロインたちに共通する真の祖先と見ることも可能だろう。また、コナンがラナと築いた深い絆には、監督自身が母親との関係で満たされなかった願望を充足したいという心理が、ある程度反映されていると考えることもできる。多彩な能力の持ち主であるコナンは、愛情深くて母性本能が強い女性を何度も繰り返し危機から救出して、「エスコート・ヒーロー」の役割を見事に果たしていく。それによって、宮崎が病に苦しむ母親のためにできなかったことを、ファンタジーの世界で代わりに果たしているのだ。

　ラナとコナンの絆は、このテレビアニメの主要なテーマの一つだが、ほかにも印象的な要素がいくつか含まれており、そこには同作に特有のものだけでなく、後の宮崎作品を先取りしているものまであった。前半の中でも最も興味深いのは、コナンの友人のジムシーや、最初はコナンの天敵だった無能なダイス船長といったコミカルなキャラクターの存在である。のんびり屋でマイペースな性格の大塚は、二人のモデルは自分ではないかと推測しているが、コミカルな友人やドジな脇役のキャラクターは後の宮崎作品にはまったく登場しない。その理由はおそらく、テレビアニメと違って映画では多くの場合、時間的制約のせいで、対になる主要キャラクターを一組以上登場させる余裕がなかったためだろう。[24]『コナン』に登場する別のキャラクターの中には、もっと使い回しが利くタイプもいた。中でもインダストリアの指導者で悪役のレプカと、一時は彼の忠実な部下だったモンスリーは特筆に値する。救い難い悪人のレプカは、地表の大半が海中に没した世界で冷酷に追跡行を続け、大人の権威に挑戦するコナンにとって格好の引き立て役となる。宮崎は概して、薄っぺらな悪人よりも、むしろ複雑で陰影に富んだ登場人物を生み出すことで知られているが、邪悪なカリオストロ伯爵や『ラピュタ』の権力に飢えたムスカは、明らかにレプカ直系の悪役キャラクターと言えるだろう。

それに比べればモンスリーはもっと魅力的なキャラクターで、小説では女医として登場するが、宮崎によってはるかに重要で興味深い役割を与えられている。彼女を造形したのは原作者のケイだが、旧ソ連共産党の忠実な戦士のような人物が次第に他人の気持ちを推し量れるようになり、人の心を引き付ける複雑なキャラクターに変身していくように脚色したのは宮崎の功績である。

大塚は、宮崎が「自分が作りたい映画がはっきり見えてきたという感じで、もともと内在していた血わき肉おどるアクションや、非日常的世界の、起伏の多いドラマを扱ってみたい」と考えていたようだと語っている（『作画汗まみれ』、二二四頁）[25]。もっとも、宮崎は完全な「非日常」を目指していたわけではない。『コナン』を最も宮崎作品らしくしている印象的な要素に、時折物語に差す暗い影や、謎に包まれた全体主義国家インダストリアとユートピア的な農村共同社会ハイハーバーの描写に反映されている高度な政治意識がある。アニメ版では、どちらも原作の小説よりはるかに詳細に描かれている。これは高畑に触発された部分もあるかもしれないが、インダストリアに英雄的なレジスタンス運動の活動家グループがいるという原作にはない設定、それにハイハーバーの住民たちが協力しながら農業に従事する姿のどちらにも、宮崎のマルクス主義的傾向が滲み出ている。

オープニングは、破局と祝福の微妙なバランスの上に成り立っている。作品の冒頭でタイトルが表示されると、美しい海と青空の光景が画面上に広がる。波を分けて進む船の上や緑におおわれた丘の上で子供たちが戯れる姿を背景に、明るい歌声が「生まれ変わった地球が目覚めの朝を迎える」と人類の再生を祝福する。

ところが、そこで一転、音楽は不吉な調子を帯び、風景も暗く陰り始める。目の前には煌々と灯りを灯す夜の大都会が広がっている。「核兵器をはるかに超える超磁力兵器」が世界の半分を消滅させ、人類は滅亡の危機に瀕していることがナレーションで告げられる。画面上では、超高層ビルが火災と地震によって倒壊していく。

こうして『未来少年コナン』は、すべてを失った人類が自ら招いた大災厄から逃れようとする場面から始まる。力のこもった導入部が終わると、同様にアクションシーン満載の第一話が始まり、ここでも哀愁と歓喜が入り混じった展開が待っている。このエピソードで観客は初めてコナンとその祖父に出会う。彼らは地球脱出に失敗し、小さな島に不時着した宇宙船の最後の生存者で、島を「のこされ島」と呼んでいる。だが、宮崎作品によく見られるように、彼らには逆境を物ともしない適応力があり、特にコナンは驚異的な力の持ち主で、冒頭のシーンでは巨大サメを狩って捕獲してしまう。コナンが水中で長く息を止められるように訓練していることは視聴者の目にも明らかで、海中に没した現代文明の廃墟の間を縫うようにスイスイと泳ぐ様子が映し出される。宮崎は、サメを逃れた少年が水中に没したトイレ（便器がそのまま残っている）に身を隠す一瞬のカットまで盛り込んで、人類の日常生活が崩壊した様子を描き出している。

ケイの原作にない宮崎のオリジナルエピソードの中には、インダストリアの地下住民たちが――当然のようにコナンの協力を得て――反乱を起こすという、明らかにマルクス主義に触発されたものがある。だが、宮崎が創作した最も感動的な冒険談は、それ以前のエピソードで描かれる。コナンとラナはモンスリーと彼女の手下たちを逃れて、最初は何もない砂漠としか思えなかった場所にたどり着く。ところが、そこは大昔に打ち捨てられた戦車の大部隊の墓場だった。車体がすっかり砂漠に埋もれ、砲塔だけが砂の上に飛び出しているものも少なくない。人類文明が破滅に瀕するオープニングシーンを除き、シリーズ全体を通して戦争に明確に言及しているのはこの部分だけである。戦車の墓場という本質的に過去の鎮魂に捧げられたシーンは、いかにもミヤザキワールドらしい世界観を表しており、若き日に「もっと生きたかったはずなのに戦死した若者たち」に思いを馳せた宮崎ならではの演出と言えるだろう。

ラナとコナンは後に、砂漠にいるのは自分たちだけではないことに気づく。おどけたキャラクターのダイス船長がモンスリーから罰を受け、縛られたまま砂漠に放置されていたのである。二人の子供たちは彼を解放するが、突然現れたラナの祖父とフライングマシーンで一緒に逃亡しようとした時、機体はダイスを乗せていくには小さすぎることがわかる。「この船に乗せるゆとりはない」とラナの祖父は突き放すように言うが、にもかかわらず彼らはダイスを助けることにする。鉄板をロープでフライングマシーンに結びつけてそりのように牽引し、その上にしがみついた彼を救出するのである。

大泉によれば、このエピソードは間違いなく宮崎にとってトラウマとなった、一九四五年の体験に基づいているという。宮崎の記憶によれば、当時、家族は空襲から逃れる際に「乗せるゆとりがない」ことを理由に隣人とその子供を置き去りにしたのだ。「自分ができなかったことを、宮崎は主人公たちに託したのだろう」と大泉は結論づけている（『宮崎駿の原点』、一二八頁）[26]。

最終的にコナンとラナの冒険は人類を再生に導くことになる。シリーズ最後のエピソードでは、盛大に打ち上げられる花火と結婚式、それに「のこされ島」への帰還を目指す艦船がすべての帆を広げて航行するシーンが描かれる。船が島に近づくにつれ、乗客たちは地震と津波によって島が持ち上がり、大陸の一部として復活していたことを知る。だが最も高い山頂にはいまだにコナンの両親らを乗せて墜落した宇宙船の姿があり、今や蔦に覆われていた。「帰ってきた！」とコナンはラナに告げる。だが宮崎にとって、それは長い旅路のほんの始まりに過ぎなかったのである。

第4章　上昇と下降　『ルパン三世　カリオストロの城』

あの世代というのは西洋かぶれなんです。
――鈴木敏夫（『ユリイカ　特集＝宮崎駿とスタジオジブリ』、二〇〇四年一二月号、「『動く城』の一言で、アニメは始まる」、五一頁）

ジャケットとネクタイの男性が白い衣装に身を包んだ若い女性を腕に抱き、石造りのアーチ道を通り抜けていく。二人は神殿や彫像や噴水が立ち並ぶ穏やかな光景を前にして、しばらく言葉もなく立ち尽くす。女性は男性の手を借りて、倒れた石の間の隙間を跳び越える。これはリゾート婚の一種だろうか？　それともヨーロッパを旅行中の観光客がちょっと服装に凝り過ぎただけの話だろうか？

正解はどちらでもない。男性はインターポール（ＩＣＰＯ）の手配を受け、世界中の金持ちから恨みを買っている悪名高い「怪盗紳士」ルパン三世である。一方、まだ一〇代に見える少女はカリオストロ公国の公女で、修道院から戻ってきたばかりだった。二人が見とれていた光景こそ、実はクラリスが知らずに相続していた「遺産」であり、湖の中に沈められていた古代ローマの遺跡だった。一連の驚くべき出来事によって水が排出され、隠されていた都市が突然姿を現したのである。

だが、これはもはやクラリスだけの遺産ではなかった。ルパンが指摘しているように、彼ほどの怪盗でさえ、この「財宝」をポケットに入れて持ち去るわけにはいかない。遺跡は全人類にとってかけがえのない「宝物」であり、暴力的で腐敗した世界を美と優雅さと文明へと導いてくれるはずであった。

宮崎にとって映画監督デビュー作となった『ルパン三世 カリオストロの城』は、彼特有の世界観に彩られたきわめて魅力的な作品となっている。『カリオストロ』は泥棒を主人公にした映画であるにもかかわらず、肝心の「怪盗」は結局、手ぶらのまま舞台を去ることになる。しかし、そこに至るまでの過程で、観客は悪漢のヒーローが繰り広げる大胆な冒険に心を躍らせ、絵のように美しい建築物に目を見張ることになる。目がくらむような高さの城壁、秘密の通路、不気味な地下牢、雲を突くような時計塔を備えた壮麗な城もそうした建物の一つで、それは宮崎の「城マニア」が顔を出した最初の例と言えるかもしれない。

その後の宮崎作品の特徴をより顕著に表しているのが、『カリオストロ』のエンディングである。大半は軽いノリで展開されるジェイムズ・ボンド風のアクション映画なのだが、結末近くに突然姿を現す古代ローマの遺跡によってまったく異なる世界観が広がり、忘れられない印象を残す。そこで展開されるのは後にミヤザキワールドのトレードマークとなるビジョンで、人類が自然や歴史と関わり合う中で、この世を超越した美しさだけでなく、一瞬の喪失感をもたらすシーンが創造される。比較文学者のスヴェトラーナ・ボイムは、「廃墟愛好症」というエッセイで次のように指摘する。「廃墟とは文字通り、何かが崩壊した痕跡だが、実際には過去から残された物や過去をしのばせる何かという意味合いが強い。……廃墟は私たちに過去について考えさせ、あの時と違う何かが起きていたらとか、もしかすると違った未来もあり得たかもしれないなどと想像させる——それは時間の不可逆性から自由になれるかもしれないというユートピア的な幻想を私たちにもたらすのだ」。宮崎は幼少期に戦争によって廃墟になった施設を発見した時のことを、不気味なまでにボイムの文章を想起させる表現で回想している。「その戦前の人間達が文化的な生活を目指した残存物である、モダンな螺旋形の滑り台や水鳥を飼っていた檻が、草むらの中で赤錆びて傾《かし》いでいたり、穴だらけになって朽ちているというのが、僕が子供の頃に日常的に目にしていた風景です」（『折り返し点』、四六一頁）[1]。三八歳で映画初監督作を撮った比較的遅咲きの宮崎にとって、時間と運命の非情さを体現するカリオストロの城の時計塔は、内省的な自分の過去を顧みる、格好のきっかけとなったのかもしれない。

ある意味で、この映画は宮崎が監督した中では、最も現実逃避的な作品と言っていいだろう。純粋なファンタジーではないが、別の現実世界に逃れたいという私たちの願望を巧みに刺激しているからだ。そこでは、物理学の法則だけでなく、文化的な時間と個人的な時間の双方を超越することが可能になる。宮崎はまず「舞台となる小国の湖と城の鳥瞰図を描くところから始めた」（『出発点』、九八頁）[2]。映画の舞台の具体的なイメージが固まると、そこから観客を引き込まずにはおかない世界観が形成される。同作はこれまでより高い年齢層に狙いを定め、男性の観客にもアピールする内容となっている。表面的な派手さの下に隠れてはいるが、『カリオストロ』は「男らしさ」や「中年であること」をめぐる問題を追求しており、その結果、行動派の主人公も最後にはほろ苦い印象を残すことになる。ルパンが追い求める「男性としてのアイデンティティ」は、名誉と快楽、欲望と自尊心、正義感と寛容さが組み合わさった捉えどころのない概念である。映画の結末で、ルパンがクラリスに二人が発見した「宝物」は誰のものでもなく、「人類の宝」だと告げた時、彼はもう一つの「宝物」も放棄する気になっていた。それはクラリスの心である。

『カリオストロ』は、ヨーロッパ生まれの「怪盗紳士」の子孫が主人公の人気漫画とアニメシリーズの『ルパン三世』に基づいているが、原作とは似ても似つかない作品になっている。原作のルパンはプレイボーイの冒険家で、イアン・フレミングが創作した有名なスパイ、ジェイムズ・ボンドにヒントを得たキャラクターである。原作者のモンキー・パンチ（本名・加藤一彦《かとうかずひこ》）は、自分の読者層の大半を占める日本の男性は、青年漫画にボンドのように洗練された雰囲気を漂わせた主人公と性的な刺激を求めていることをよく理解していた。漫画の『ルパン三世』シリーズは今でも高い人気を誇り、それを基にした実写版映画やテレビゲームまで作られている。

漫画の『ルパン』は、二〇世紀前半に活躍したフランスの小説家モーリス・ルブランの推理小説に基づいている。だが、モンキー・パンチは、派手なアクションや暴力シーン、さらに性描写を積極的に盛り込んだ大人向けの漫画シリーズを生み出すために、現代のアクション映画（特にボンド映画）の要素を取り込んだ。モンキー・パンチ版のルパンは変装の名人で抜け目ない策士だが、露骨に性差別的な言動が多いので、今日の常識からすると映画館で大ブーイングが起きても不思議ではない。彼を動かすのは主に金、女、そして追跡のスリルに対する強い欲望である。

一方、宮崎はまったく別の考えを持っていた。確立したファン層を持つ人気シリーズを原作とすることに物怖じせず、モンキー・パンチの設定を大幅に変更したのである。宮崎の長年の協力者である大塚康生は、『カリオストロ』は宮崎を一人前の監督にしたという意味で、彼の「スプリング・ボード」になったと考えている。その一方で、中には杉田俊介のように、本作と主人公の「物足りなさ」を指摘して曖昧な評価を下す批評家もいる。しかし、私は杉田が指摘するそうした「物足りなさ」や「奇妙な物悲しさ」を漂わせた作風こそ、まさしく宮崎の世界観が円熟味を増していた証ではないかと考えている（『作画汗まみれ』、二四八頁、『宮崎駿論——神々と子どもたちの物語』、杉田俊介、NHKブックス、二〇一四年、三七頁）[3]。『カリオストロ』を皮切りに、宮崎は贅《ぜい》を凝らした映像スタイルと特有のアクション描写を確立していき、そこには中年に差し掛かった監督自身の人生や世界観が驚くほど深い表現で反映されている。

宮崎を監督に起用することを決めたのは大塚だった。彼によれば、『カリオストロ』の作業を開始して苦しんでいたある日、

宮崎さんから電話がありました。

「大塚さん、『ルパン』をやるんだって、演出やるの？」

「誰もいなけりゃ、やらざるをえない状況なんだ。（中略）」

「ぼくがやろうか……」

私は、やった！　と天にも昇る思いでした。宮崎さんがやればこの作品は絶対におもしろくなる。


映画公開からしばらく後のインタビューで、宮崎は当時の自分には監督になりたいという強い願望はなかったかのような発言を行ない、演出をするようになった経緯を「年齢的にも今度は自分が負わなければいけない順番が来ちゃったって気がついたのが、ルパンですね」と説明している（『作画汗まみれ』、二四二頁、『「風の谷のナウシカ」ガイドブック』、一三〇頁）[4]。

ところが、『コナン』の時と同様に、宮崎はすぐに自分に権威を集中させてしまった。映画の後半部分にいかにもルパンらしいエピソードを追加するために別の脚本家が一人採用されたにもかかわらず、宮崎は美術、絵コンテ、作画、キャラクターのすべてを自らコントロールすることで、制作過程を支配したのである。作業は驚くべきペースで進んでいった。「おそらくその質の高さ／制作期間比

では『カリオストロ』は日本の長編アニメーション史上最短の制作期間記録をマークしているのではないでしょうか」と大塚は主張している。スタッフは四カ月間にわたって昼夜の別なく仕事に励んだ。ジブリの歴史に詳しい叶精二によれば、いよいよ大詰めに入ると、彼らは三六〇〇個ものカップ麺を糧に、不眠不休の作業を続けたという（『作画汗まみれ』、二四五頁、『宮崎駿全書』、一二三頁）[5]。

そうして誕生したのは、途方もないアクションシーン満載の、きわめて娯楽性の高い映画だった。ピクサー・アニメーション・スタジオのジョン・ラセターは、公開から三五年たってもそのパワフルな映像を思い出し、宮崎がいわゆる「引退宣言」を行なった際には、感動的な賛辞を贈っている。一九八八年に、宮崎と大塚がウォルト・ディズニー・スタジオを訪問した時に『カリオストロ』のワンシーンを見せられたラセターは、迫力あるアクションに「完全に度肝を抜かれた」と当時を回想したのである。大塚によれば、『カリオストロ』はディズニー本社で研究の対象になっていたという（『作画汗まみれ』、二八五頁）[6]。

その一方で、『コナン』と同様に、この映画は進化を続けるミヤザキワールドの世界観に沿って、純粋なエンターテインメントにはない深みに到達しようとしていた。『コナン』ほどにはイデオロギー色が強く表れていない反面、国際政治だけでなく、『コナン』ではもう少し淡泊に扱われていたロマンスや複雑な恋愛感情の問題を（あくまでさりげない形で）深く掘り下げようとしているのだ。ルパン三世の道徳的な誠実さは、原作者を驚かせても不思議ではなかったが、それは物語をほろ苦いフィナーレへと導くことになる。そこに反映されているのは、宮崎の破壊と再生に対する徹底的なこだわりである。

大塚もこの頃までには、この若き監督が彼自身の目的や興味や美意識に合わせて素材を自由に改変する傾向があることを十分に認識していた。だが、その大塚でさえ、宮崎が「ルパン三世ファンクラブ」の会報に寄稿した「ルパン・ファンへ」という小文を読んでいれば、胸騒ぎを抑えられなくなったかもしれない。宮崎はその中で、映画のルパンは漫画の派手好きなプレイボーイとはまるで違うキャラクターになることを宣言していたからだ。新鋭監督によれば「その行動原理は『金・宝石・女』といった表層的なものでな」いという。それどころか、ルパンの「心の底には、人間を窒息させる社会のカラクリへの怒りがうずまいている。（中略）心の虚妄を埋めようと、ルパンは行動にかりたてられます。自分の存在を意味す［あ］るものにしてくれる闘い。その闘いに自分を導いてくれる人との出会いを、ルパンは渇望している」と宮崎は書いている（『宮崎駿全書』、一一頁）[7]。

思慮深くて複雑な性格に作り替えられたルパンは、おそらく宮崎が自分の幼年期の葛藤を「リセット」しようとする新たな試みの一つだったのだろう。本作には、「遊び人」だった父親の性格を作り替えたいという願望が表れていると見ることができる。それが事実なら、映画では明白な悪役であり、邪悪な父親像とも言えるカリオストロ伯爵の描写は、興味深い心理的葛藤を暗示している。何しろルパンは極悪人の伯爵と執拗に争い、最後は城の時計塔の針に挟まれて死ぬまで追い込んでいくのだ。これがエディプスコンプレックスの作用だったかどうかはともかく、映画版ルパンの複雑な性格は、彼を原作の漫画版よりもはるかに興味深いキャラクターにしている。これによってルパンは、『紅の豚』のマルコから『ハウルの動く城』のハウルに至るまで、複雑で一筋縄ではいかない多くの男性キャラクターたちの原型とも言える地位を占めることになったのである。

宮崎は映画そのものにも多層的な道徳的ビジョンを加えている。杉田の指摘によれば、宮崎は特に一九七〇年代に大人になった世代を念頭に置いてルパンのキャラクターを創造したという[8]。この世代は年長者たちから、無気力かつ無関心な物質主義者で、何らかのイデオロギーに傾倒したり、犠牲的精神を発揮したりすることはないと見なされていた。宮崎は六〇年代の社会運動の信奉者だったため、彼らには特に大きな失望を抱いていたのだ。宮崎自身が書いたエッセイによれば、モンキー・パンチの漫画を下敷きにしたテレビアニメでは、ルパンは「しらけの世代」の子で「おじいちゃんの財宝をゴチャマンと受けつぎ、大邸宅に住み、もはや物や金でアクセクせず、倦怠（中略）をまぎらわすために、ときたま泥棒をやってみせる男として基本設定され」ていたという（『ユリイカ臨時増刊号　総特集＝宮崎駿の世界』「少女の心の盗みかた　公女クラリス乙女心盗難事件ノート」、住倉良樹、一九九七年八月号、青土社、九七頁）。

一方、宮崎版のルパンは一見するとだらしないが魅力にあふれた人物で、漫画版よりは年上でおそらく世間にもまれて知恵もついている。だが、このルパンはかなり貧乏たらしい。相棒の次元《じげん》と怪しげな酒場でミートボール入りスパゲッティの最後のひと口を奪い合い、愛車も漫画版のようなスポーティーなベンツではなく、フィアット（モデルは大塚の自家用車）である。評論家の住倉良樹《すみくらよしき》は、二人は貴族からは程遠く、むしろ「財産の私的所有を否定するプロレタリアートみたいな泥棒だ」と指摘する。当然、そうした「私的所有」の対象には、金、若い女、古代ローマの遺跡も含まれる（『ユリイカ臨時増刊号　総特集＝宮崎駿の世界』「少女の心の盗みかた　公女クラリス乙女心盗難事件ノート」、一〇〇頁）[9]。

宮崎は明らかに「人間を窒息させる」社会に対する、ルパンの義憤を共有している。また、ルパンの富や虚飾に対する軽蔑も、宮崎自身が幼少時の恵まれた境遇に居心地の悪さを感じていることを反映しているのかもしれない。映画の中では、ルパンのストイックな生き方とは対照的に、伯爵の贅を尽くした邸宅が如実に示している退廃的な生活が殊更に強調されている。

ヨーロッパを舞台とする豪華絢爛な設定は、『ハイジ』を含む他の作品のために行なったロケハンで、宮崎がヨーロッパの風景に深い愛着を感じるようになったことを明確に示している。アニメ研究者のヘレン・マッカーシーは「『カリオストロ』の舞台は、日本人がヨーロッパのことを考える時に空想するおとぎ話のような世界だ」と書いている。一方、叶は『カリオストロ』に頻繁に登場する上下構造を生かした昇り降りのシーンは、宮崎監督がしばらく前に訪れたイタリアの山岳都市の風景が発想源になったと指摘している。それらは「外敵を退けるために中世に築かれた城壁内に築かれた街で、上下の空間が複雑に錯綜し、街全体が小国家のような共同体を成している」という（『宮崎駿全書』、一五 - 一六頁）[10]。

多くの日本人にとって、昔ながらのヨーロッパは美と伝統を受け継ぐ一種のユートピアにほかならず、これまで以上に一心不乱に近代化を目指す日本とは、明らかな対照を成していた。宮崎も同様に感じていた面があるが、一方でヨーロッパに向ける視線には複雑な思いが込められていた。以前にスイスを訪れた時、宮崎は「東洋の短足の日本人」が自分の方に向かって歩いてくるのを見たという。だが、よく見るとそれはまぎれもなく、街角のガラスに映る自身の姿だった（『宮崎駿の原点』、一二五頁）[11]。文化的アイデンティティをめぐるこうした不安感は、宮崎と同世代の日本人の多くに共通するものだが、彼自身は芸術家としてルパンという複雑な（そして足の長い）キャラクターに自らを投影することで、不安感を超越することができた。すでに三八歳になっていた彼は、自分が決してルパンになれないことを知っていたが、それでも華があって自信満々の別人格になることに憧れていた。宮崎が「ルパン三世ファンクラブ」に寄稿した文章で、ルパンは「自分の存在を意味す［あ］るものにしてくれる闘い」を求めていると主張した時、監督はまさに自分自身のことも語っていたに等しかった。『カリオストロ』に頻繁に登場する上昇と下降のシーンの繰り返しは、宮崎が心に抱える深い不安感が映像に表出したものと言えるだろう。当時の宮崎はまさに中年に差し掛かっていた。

二一世紀の標準からすれば、三八歳はまだ若く思えるかもしれないが、この映画について語ったインタビューなどで、宮崎監督は自分や同僚たちのことを一貫して「汚れきった中年のおじさん」と形容している（『出発点』、四七一頁）[12]。『カリオストロ』の頃までには、宮崎は仕事や会社を次々に移り変わりながら、アニメーターとして一六年間も猛烈に働き続けてきた。その間に、結婚して新居に引っ越し、二人の男の子までもうけている。

宮崎は自分の結婚生活や家族については、あまり多くを語っていない。結婚したのは二四歳の時で（当時から見ても早婚だった）、相手は東映動画で同じアニメーターを務めていた大田《おおた》朱美《あけみ》だった。宮崎によれば、当初は朱美も仕事を続ける予定だったのだという。彼女は夫より少し年上だったため、その分収入も多かったのだ。朱美は自立した考え方の持ち主で、アニメーターとしても間違いなく優秀だった。夫妻の同僚の一人が描いたあるユーモラスな漫画には、宮崎の仕事のやり方に関する貴重な情報が含まれている。そこには宮崎監督が朱美に漫画やイラストの出来栄えを聞いて、時に描き直す様子が描写されている。

二人の息子たちが生まれたことで、夫妻の予定には狂いが生じた。結婚生活について語った数少ないインタビューの一つで、宮崎は息子たちが保育園に通っている間は、彼も朱美も共働きを続けていたのだと語っている。ところがある日、一緒に歩いていた息子の一人がまぶたを開けていることすら辛そうなことに気づき、子供たちが十分に睡眠を取れていないことを思い知る。

こうなった以上、誰かが家にいて子供たちの世話をする必要があることは明らかだったが、この時点ですでに宮崎の独創性と才能は、アニメ作家としての輝かしい将来を予感させていた。それに加えて、日本社会のきわめて家父長的な家族・雇用制度は、妻が仕事に就いて夫が家にいることに対して否定的だった。アニメ業界で働く労働者の多くは女性だったが、彼女たちが業界内に留まりたければ、通常は結婚して家庭を築きたいという考えをきっぱり捨て去る覚悟が必要だった。スタジオジブリできわめて重要な仕事を任されていた女性社員の一人、舘野《たての》仁美《ひとみ》は、同社で過ごした長い年月について振り返った著書で、書き出しを「私は宮崎駿と鈴木敏夫のせいで結婚できませんでした」とすることについて鈴木とやりあった経緯を冗談めかして書いている（『エンピツ戦記――誰も知らなかったスタジオジブリ』、舘野仁美、中央公論新社、二〇一五年、一八頁）[13]。

宮崎は、自分が家族を大切にする理想の父親からは程遠いことを認めている。彼は共働きをするという約束を守れなかったことについて「女房には申し訳なかった、と今もそう思っています」と語っているが、そのすぐ後で「が、それ［朱美が家にいてくれるようになって］以来、僕は仕事に専念できるようになりました」とも付け加えている（『出発点』、二四四頁）[14]。

宮崎が妻に作品の出来栄えを聞いている場面を描いた例の漫画には、監督が自分の弁当を指さして「これね、魔法の弁当箱なんだ」と言っているシーンも描かれている。なぜなら、「夜、カラッポの出しておくと朝いっぱいになってる」からだというのだ。それは伝統的な日本の主婦に求められている日常的な家事の一つに過ぎない。だが、朱美は従来イメージされるような妻の役割を超えて、子供たちの父親代わりを務めるようになった。宮崎によれば、「女房は家庭の雑事を済ませ、ときには男親のように、子供にたこ揚げやこま回しなどを教えました。休日には母子《おやこ》三人で奥武蔵《おくむさし》などへハイキングに行ったりもしていました」（『風の谷のナウシカ』ガイドブック』、五頁、『出発点』、二四四頁）[15]。

宮崎の妻は、公の場で結婚生活について語ったことは一度もないが、息子たち（特に長男の吾朗）の発言からは、父親にあまり相手にしてもらえなかったことを不満に思っていた様子が窺える。一九六〇年代と七〇年代における日本の労働環境はきわめて過酷だったが、その標準から見てさえ、宮崎は異常なほどの長時間労働を自らに課していた。次男の敬介《けいすけ》は、当時を次のように回想している。

「とにかく僕等が学校行く時はまだ寝てて、夜はこっちが先に寝ちゃう。日曜も会社行ってたから、日曜の晩御飯だけ一緒という」（『宮崎駿の原点』、一七七頁)[16]。宮崎監督にとっての最大の関心事が家庭ではなく仕事にあることは、誰が見ても明らかだった。

ルパンも同様に自分の仕事を楽しんでいる。『カリオストロ』における最初の登場シーンでは、相棒の次元と一緒に壁の外に垂らしたロープを巧みに滑り降りていく。たった今、モナコのモンテカルロ国営カジノに強盗に入ったばかりで、大量の札束が入った袋を運び出しているところなのだ。この短いシーンから伝わってくるのは、彼らの生業の内容だけでなく、これから何度も展開されるであろう上昇と下降のイメージである。次のシーンでは、二人は車からあふれんばかりの大量の札束の中に嬉々として体を埋もれさせたまま、小さなフィアットに乗って幹線道路を突き進んでいく。

ここまでの展開を見る限り、本作は何の変哲もない強盗の冒険譚のように思える。

ところが、突然、ルパンの目が大きく見開かれる。大金を手にしたと思ったのも束の間、札束はすべて偽札であることに気づいたのだ。強盗に失敗したことに業を煮やしながらも、二人はなぜか面白がっている様子で、大量の偽札を窓の外に撒き散らしていく。フィアットの後ろで札束が渦を巻き、ここは一杯食わされた泥棒たちを笑うシーンかと思いきや、二人にはちょっとしたお祝い気分や解放感さえ漂っている。一つ明らかなのは、この映画で幸福のカギを握るのは金ではないということである。

宮崎は、その後の展開でもよくある泥棒映画に登場するようなシーンに、もっと内省的な印象を与えるイメージを織り交ぜていく。カリオストロ公国に入ってから間もなく、フィアットのタイヤがパンクするのだが、二人は誰が修理するかをじゃんけんで決め、次元が貧乏くじを引かされる。宮崎はここで一種の間を作ることで、観客に例の「ピローショット」を提供する。ルパンは車の屋根に上ると、相棒の苦労にはまるで無頓着な様子で、周囲の美しい田園風景を静かに眺めている。

だが、次の瞬間、この静寂な空間は、この映画で最も迫力に満ちたアクションシーンの一つにかき乱される。白いドレスとベールの少女が運転する車がフィアットの横を猛スピードで通過し、そのすぐ後を怪しげな男たちが乗った別の車が猛追していく。ルパンは即座に少女を救うことにする。相棒の性格を知る次元は「だろうな」とつぶやく。

少女の名前はクラリスといい、はるかに年上で遠い従兄にあたる悪漢のカリオストロ伯爵に結婚を強要されそうになったために逃走中だった。伯爵はクラリスを愛しているわけではなく（もっとも、ルパンが「ロリコン伯爵」と呼んで揶揄するシーンが後に登場するが）、狙いは彼女が持つカリオストロ家伝来の指輪を自分のものにすることにあった。それは隠された財宝の鍵となる二つの指輪の一つで、伯爵自身も片方を所有していたが、財宝を得るには二つを合わせる必要があったのだ。そこで、小さなカリオストロ公国を見下ろすように立つ、不気味なゴシック建築の城の塔にクラリスを幽閉していたのである。この国の美しい山々や観光客に喜ばれそうな魅力的な景観の裏には、暗い秘密が隠されていた。カリオストロの城の地下には、前述のシーンでルパンと次元が無造作に投げ捨てた偽札の印刷工場があったのだ。

実はルパンは以前にも一度、この偽札工場に侵入するためにカリオストロ公国に潜入し、失敗したことがあった。だからここに来たのは二度目ということになるが、今回の目的は金ではない。その代わりに、彼はクラリスを邪悪な伯爵の魔手から救うという任務を自らに課した。ルパンの冒険は、伯爵が手に入れたがっている指輪をめぐって展開し、大聖堂での結婚式を妨害したり、ロマンスに発展しそうで発展しないシーンを何度か演じたり、後になるほど迫力を増していく一連の大胆な救出作戦を敢行したりする。

冒頭の追跡シーンは、陽光にきらめく海を背景に、ぞっとするほど幅が狭い断崖道路の上り坂で展開される。悪漢らを追うルパンたちの前に突然、巨大なバスが出現するが、二人は苦もなく回避すると、車体を横向きにして崖の側面を走り続け、森の中に突っ込んでいく。相手の先回りをした二人は再び崖から道路に降り、次元は特別仕様の銃弾で悪漢どもの車を始末する。ルパンは少女が運転する自動車に飛び乗るが、車は崖から落ちてしまい、はるか下の海面に激突する。だが、ルパンは間一髪でワイヤーを木の幹に巻き付けて転落を避ける。またしても上下の構図を生かしたアクションシーンで、彼はクラリスと自分を海辺に安全に降ろしていく。ばらばらになった自動車の残骸の上を波が洗っている。

冒頭の追跡劇は結局、クラリスが再度、拉致されるところで終わるが、依然として宮崎作品の中で最も強烈な印象を残すシーンの一つであることに変わりはない。そのあまりの迫力に、ラセターが宮崎への賛辞で言及せずにはいられなかったことは、前述した通りである。実際に、『カリオストロ』のオープニングシーンはテンポが速く、時には笑い出したくなるほど予想外の展開に満ちている。例えば、断崖からぶら下がっている状態で、ルパンがパニック状態のクラリスを落ち着かせようとしている場面もその一つだ。全体的に見て、このシーンは宮崎のアニメ監督としての最大の強みの一つ——眩暈がするような上下の動きを特徴とする、きわめて印象的なアクションシーンを創造する能力——を実証していると言えるだろう。彼は、その後の作品でも、主に空中で展開されるアクションを通じて、この才能を存分に発揮している。次の監督作である『ナウシカ』で描かれる、雲を縫うようにして展開される激しい空中戦もそうだし、『風立ちぬ』で飛行機が空高く舞い上がるシーンもそこに含めていいだろう。

『カリオストロ』のアクションシーンは、力強い動きの描写はもちろん、道徳的・形而上学的に広範な意味合いが隠されている点や、驚くほどの情緒的訴求力があるという意味でも、印象的である。例えば、伯爵の領土近くにある廃墟を隠れ家にしていたルパンと次元が、ローマ時代の水道を通って城に潜入する際の水中アクションもその一つだ。その過程で彼らは巨大な水門に飛び込んでいき、その結果、水道システムの巨大な歯車に巻き込まれてしまう。水中の歯車から逃れようと奮闘するルパンの姿は、宮崎が気に入っている映画のワンシーンを連想させる。それはチャールズ・チャップリンの『モダン・タイムス』で、一人の労働者が文字通り産業社会の「歯車」に巻き込まれることに抵抗する場面である。これと同様に、『カリオストロ』の歯車のシーンも、人類を束縛しがちなテクノロジーの一側面に対する批評を含んでいる。

それに続くエピソードでは、ルパンが塔の部屋に監禁されているクラリスを初めて訪れる。ここでもテクノロジーが障害となる。散々苦労して反対側の塔を上り詰めた彼は、ようやく天辺にたどり着き、そこからワイヤーを結わえたロケットをクラリスのいる小塔に飛ばし、空中のワイヤーを伝わって彼女を救出しに行こうとする。ところが、このテクノロジーを駆使した離れ業が行なわれるのを観客が固唾を呑んで見守る中で、ルパンのライターは一向に点火せず、ロケットは彼の手を離れて恐ろしく急勾配な屋根の上をカタカタと音を立てながら落ちていく。ルパンはあわてて屋根を下ってその後を追おうとするが、勢いがつき過ぎて止まれなくなる。それに続く躍動感あふれるシーンでは、ルパン自身がロケットになったかのように、物理学の法則を無視した軌道を描いて夜空を駆け抜けていく。屋根から屋根へと軽々と跳躍しながらクラリスの塔にたどり着くと、彼はワイヤーを塔の先端に投げ上げて自分を引っ張り上げる。

このシーンでは、ルパンの長所が存分に生かされている。運動神経が抜群で機転が利き、普通の男なら失墜してしまうような幾多の障害にも簡単に屈しない。ルパンが重力を超越するかのような活躍で目指す場所に到達する映像は、まさに彼のプラス思考と驚くほどの意志の強さを表現している。さらに、結末のアクションシーンは、理屈抜きのスリルを提供するだけでなく、偽りのない感情的共鳴を呼び起こす。ルパンは、城内にある壮麗なゴシック建築の大聖堂で今まさに開始されようとしていた結婚式から、辛うじてクラリスを救出する。そして、伯爵と忍者のような手下どもに追われながら、彼女と共に水道を通って全速で時計塔の方向に向かう。ところが、時計塔の中では機械が動き始め、逃亡者たちを上下に上げ下げし始める。またしても『モダン・タイムス』を思わせるシーンで、二人は容赦なく押し迫る時計の巨大な歯車に押しつぶされそうになる。これこそ、宮崎が「ルパン三世ファンクラブ」に寄せた小文の中で、ルパンが闘っている相手だと主張した「社会のカラクリ」の象徴にほかならない。

また、絶え間なく上下に回転している歯車は、これよりはるかに伝統的なモチーフで、中世ヨーロッパの画家たちが好んで描いた「運命の輪」を彷彿とさせる。絵画に描かれる「運命の輪」は、貴族や農民や聖職者や職人を上に乗せて絶えず回転し続け、人間なら誰しも避けて通れない人生の浮き沈みを象徴しているのだ。この輪は、人間が成功できるかどうかを決定づけるのは、究極的には時間と運命だけであることを示唆している。おそらく、キャリアの重大な分岐点に差し掛かっていた宮崎も、それを切実に感じていたのだろう。

宮崎は、巨大な時計を『カリオストロ』のもう一つの重要な機械的象徴とすることにより、時間の恐るべき力を強調してみせた。映画のクライマックスシーンは、時計塔を舞台に展開される。伯爵は、時計の巨大な文字盤の針上にクラリスを追い詰め、そこから振り落とそうとする。ルパンは自分も針の上に立つと、彼女の命と引き換えなら、ゴート文字の彫られたペアの指輪を渡してもいいと伯爵に取引を持ちかける。ルパンは、数世紀にわたって隠されてきた指輪の秘密を解明し、それらが文字通り、カリオストロ城の財宝の謎を解く鍵であることを突き止めていたのだ。伯爵は最後まで邪悪さを発揮し、ルパンを騙して指輪を自分のものにする。ルパンを守ろうとしたクラリスは、伯爵と争って時計塔から突き落とされてしまう。またしても印象的な上から下への下降シーンで、ルパンは塔から身を投げると彼女を抱きかかえ、そのまま二人で下の湖に真っ逆さまに転落していく。

一方、上では伯爵が時計塔に彫られた山羊の像の両目に二つの指輪を挿入すると、時計の針が動き出し……金属の針が伯爵を挟んで文字盤の手前で押しつぶす。足元では大地が音を立てて揺れ始め、恐怖の表情で見上げる伯爵の手下たちの目の前で、時計塔は完全に崩壊して瓦礫と化していく。その間に水門が開いて、湖から巨大な水の壁が押し寄せる。

翌朝、ルパンとクラリスはこれまで湖の下に隠されてきた都市の廃墟を発見するのだが、この時点では水と機械の力で破滅に追い込まれた伯爵の運命に焦点が当てられる。超現実的な破壊と美を描き出すこのシーンでは、アニメ媒体に精通した宮崎の能力がいかんなく発揮されており、特に大災厄を描写する手腕は傑出している。

だが、宮崎の独特な創造性が特に見事に発揮されているのは、アクションシーンの合間かその直後に挿入されるエピソードにおいてである。「ピローショット」の存在に関しては、次元がタイヤの修理をしている間にルパンが牧歌的な景観を満喫するシーンですでに言及した通りだ。同様のシーンは、崖から落ちたクラリスの車が海に激突した後にも挿入されている。宮崎は、破壊された車から飛び散った残骸の上を波が絶えず静かに洗っていく様子を映し出す。そのイメージは、映画のクライマックスで水門から放たれた巨大な波が、激しい勢いで湖を覆っていく様子を先取りしているようにも見える。

監督は、映画の冒頭のアクションシーンにもう一つ穏やかな描写を付け加えている。ルパンは落下した際に頭を打って気絶し、気づいた時にはすでにクラリスはいなくなっていた。ルパンが打った額を冷やすために彼女が置いた濡れた手袋だけが後に残されている。ルパンが周囲を見回すと、生い茂った木々の向こうに消え去った白いドレスのクラリスが、悪漢たちに拉致される瞬間を垣間見ることができた。

一瞬目に触れるクラリスの姿は、宮崎が時計を使って表現したのと同じ万物のはかなさを示唆している。ほろ苦い記憶となって心に虚しさを残す「消え去る女」の比喩は、日本文学では昔から重要な要素であり、宮崎自身にも何かを感じさせるところがあったようである。初期に行なわれたインタビューの一つで、宮崎は次のような思い出について語っている。「コンプレックスだらけの男の子が、目の前を白い帽子をかぶった長いスカートの女の子が自転車でサーッと過ぎていくのを、呆然《ぼうぜん》と見送ったというような感じの経験ないですか？（中略）おれには手が届かないなあという、何とも言えぬ憧れと悔しさをもってね」（『出発点』、四四一‐四四二頁）[17]。彼は『カリオストロ』で、この少年時代のひりひりするような体験を現在に移し替え、グローバル化してみせた。それだけでなく、多様なゴシック美術の要素を細部に取り入れ、二〇世紀ヨーロッパという舞台装置を用いて、アクション満載の物語に仕立て上げたのである。

「消え去る女」を演じるのは少女か若い女性のキャラクターで、宮崎作品だけでなく、アニメ全般のトレードマークとして、その後も息の長い人気を保っている。宮崎も『カリオストロ』を監督するまでに他に何人かの少女キャラクターを創造している。中でも最も注目に値するのは、『パンダコパンダ』の小さくて勇敢なミミ子と『未来少年コナン』の超能力を持つラナの二人である。

だが、クラリスは、彼女たちよりもさらに輪をかけて完璧な（そんなことが可能なら）少女キャラクターである。年齢は一六歳でそろそろ性的目覚めを迎える頃だが、白いウェディングドレスやそれ以外のシーンで着用している女学生の制服風の服装は、純潔と無垢の象徴にほかならない。ラナやミミ子、それに宮崎作品に登場する他の少女ヒロインほど自己主張は強くないが、脱出を試みてアクションシーンの口火を切れるほどの行動力は持ち合わせている。彼女はまた、映画の結末でルパンに一緒に連れて行って欲しいと求めるだけの情熱を胸に秘めてもいる。多くの日本の若者の心を虜にしたとされる有名な台詞で、クラリスは明らかに彼女にぞっこんの様子のルパンを見上げて、こう囁くのだ。「私も連れてって。泥棒はまだ出来ないけど、きっと覚えます」

宮崎は『紅の豚』でも、とても若い女性とかなり年上で世をすねたところのある主人公を登場させて、同じパターンを繰り返している。だが、『カリオストロ』で展開されるロマンスには、それよりはるかに純粋で伝統的な構造が見られる。それは、勇敢な年上の冒険家がおとぎ話に出てくるような塔から貴族の少女を救出する物語で、宮崎監督の映画の中でも、最も単純明快な形でこの構図に沿って演出されたのがこの作品なのである。

クラリスの若さと美しさ、それに年上の男性と比べて無力である点を挙げて、日本の批評家や観客は彼女を「ロリコン」という日本特有の性的比喩と結びつけて論じることがある。これは「ロリータ・コンプレックス」を略したきわめて物議を醸す表現で、ロシア生まれのアメリカ人小説家ウラジーミル・ナボコフの作品『ロリータ』に登場する一二歳の少女の名前に由来する〔邦訳・新潮文庫など〕。小説自体は、この少女と彼女に性的な執着を抱くはるかに年上の男性の関係を描いている。クラリスはロリータより四歳年長だが、クラリスに結婚を強要しようとしている伯爵ははるかに年上なので、ルパンに「ロリコン伯爵」と揶揄されてしまう。だが、言うまでもなくクラリスに恋愛感情を抱いている年上の男性はほかにもいる。性的欲望の描写にはあくまで慎重だった宮崎は、ルパンにもクラリスを恋愛対象と見なさないことを率直に宣言させている。

クラリスから一緒に行きたいと言われてショックを受けたルパンは、どんな物質的な障害に遭遇した際にも見せなかった苦悩を表情に浮かべる。少女を強くかき抱きたいという衝動を感じていることは明らかなのに、そうせずにぽんぽんと背中を叩くかのような仕草で軽く彼女の体を包み込むと、結局、体を離してしまう。クラリスが顔を上げて唇を差し出しても、慎み深く額にキスをして返すだけだが、その瞳には紛れもない渇望が浮かんでいる。ルパンは映画の中では一貫して、クラリスに自分のことを「おじさま」と呼ばせているが、彼女に対する感情が「姪っこ」に対するものでないことは火を見るよりも明らかだ。

クラリスはファンの間で人気の高いキャラクターであるため、『カリオストロ』に関する議論では常に強い関心の的となる。映画公開後に設けられたファンとの質疑応答の場では、宮崎自身がクラリスのことをどう考え、少女キャラクター全般についてどんな感想を抱いているかに質問が集中した。こうしたやり取りからは、宮崎がここまで強くファンの心を捉えるキャラクターを創造するに至った複雑な経緯を説明しようと四苦八苦している様子が窺える。彼にとってクラリスとラナは「理想のタイプ」かという質問に対して、宮崎はアニメに少女キャラクターを登場させるのは「女の子を出したほうが華やかになるから、ただそれだけなんです」と答えている（『「風の谷のナウシカ」ガイドブック』、一五五頁）[18]。彼は東映動画にいた頃に、どんな長編映画にも小動物を登場させろという指示を会社から受けており、これもそれに似た戦略だと説明している。

宮崎の映画と人生の両方において複数の女性が重要な役割を果たした事実を考えると、この回答で彼が真実を語っていないのは明白であるように思える。一方、一九八二年の講演後に行なわれた別の質疑応答のコーナーでは、監督ははるかに率直に本音を語っている。クラリスとラナのような「清らかで純粋な」女性は現実に存在すると思うかという質問に答えて、宮崎は、「ぼくが現実の女の子に絶望し、アニメーションの中の美少女に夢を追い求めているということでは決してありません」と主張している（『「風の谷のナウシカ」ガイドブック』、一四四頁）[19]。

監督はこの時の講演で、「現実に存在する女性」の一例として、宮崎や高畑や大塚と共に『ハイジ』の制作に参加したある若い女性について言及している。彼女は、色彩設計に従って色が塗られてきたセルのチェックをする「仕上げ検査」という仕事を担当しており、当時は一週間に六〇〇〇枚から七〇〇〇枚のセルを一人でチェックしていた。仕上げのために徹夜で作業した彼女は、朝方になってようやく長椅子に横になると毛布を被って眠りにつく。朝になって部屋に入ってきた男たちは、睡眠の邪魔をしないようにあわてて出て行こうとする。ところが、彼女はすぐに「ガバッと起き上がりました。［そして］ニッコリ笑って、お茶などいれてくれるんです。彼女もお茶を飲み、ほんのしばらくの間、ぼくたちと話したあと『ちょっとゴメンナサイ』といって、もう机に向かいました」（『「風の谷のナウシカ」ガイドブック』、「ある仕上げ検査の女性」一三五頁）[20]。

宮崎は、当時の彼女の仕事量が明らかに労働基準法違反であったことを認めつつも、こう主張する。「グチのひとつもいいたくなるはずなのに、全然そんなことはしない。明るい、快活なんですね。竹を割ったようなサッパリした気風の女性なんです」（「ある仕上げ検査の女性」一三七頁）[21]。結局、彼女は当然のように体を壊し、入院することになってしまったが、それでも明るさを失わなかったという。

宮崎が彼女の話を紹介したのは、「良質の」アニメを作る作業がどれだけ多くの労力を要するかをわかりやすく説明するためだったように思える。だが、その一方で、宮崎にとってこの並外れた能力を持つ若い女性が、クラリスやより自己主張の強いラナと比べてさえ、実在する「理想の女性」に近い存在であったことはまず疑いのないところだ。ある意味では、彼女は宮崎の分身——人生でどんな浮き沈みを経験しようが不屈の努力を続けるワーカホリックな人間――とさえ言えるかもしれない。その一方で、彼女には明らかに女性的な側面――自己犠牲的で優しく、他人への思いやりがあり、母親的とさえ言える――が濃厚に感じられる。

ミヤザキワールドには、この若い女性をファンタジーの世界で再現したようなキャラクターが何パターンか登場する。『魔女の宅急便』のキキ、『千と千尋の神隠し』の千尋、それに『ハウルの動く城』のソフィーはいずれも、この初期の理想像の分身といっていい存在である。だが、宮崎がこの理想を最初に体現させただけでなく、いまだに最も印象に残るキャラクターであり続けているのが、次の長編映画監督作『風の谷のナウシカ』の非凡な主人公ナウシカであった。

『カリオストロ』の公開後に、宮崎はクラリスとルパンを再会させることを遊び半分に検討したこともあった。だが、最終的には、映画の切ないエンディングを損なわないでおくことにしたのである。ルパンがクラリスをかき抱こうとする気持ちを必死に抑えたシーンの直後に、古くからの天敵である銭形《ぜにがた》警部が、赤色灯を点滅させたインターポールのパトカーの一群を引き連れて到着する。ルパンはまた、ある時は敵、ある時は味方、そしてかつては恋人でもあったセクシーな美女、不二子《ふじこ》がオートバイで脇を猛スピードで通り過ぎていくところを目にし、一瞬の遭遇の後にその姿を見送る。映画は追跡シーンの興奮と歓びに満ちた雰囲気のうちに終幕を迎える。だが、エンディングテーマのひどく切ない旋律は、人生ははかなく、思慕の念は簡単に消えそうにないことを示唆している。

第5章　『風の谷のナウシカ』と「女性原理」

断言しておこう。昆虫の大半は今後も長い年月を生き延びるはずだが、私たち人類はこの「虫の惑星」において、短期間だけ存在を許されているにすぎないのだ。

——昆虫学者スコット・ショー

『風の谷のナウシカ』（一九八四年公開）は、宮崎監督が過去に直面した中で、最大の難問を突き付けた。もともと漫画家を志望していた彼は、一九八二年に自分の芸術的なルーツに戻ると、数年前に創刊された月刊アニメ雑誌『アニメージュ』に新しい漫画の連載を開始したのである。宮崎は当時、すぐに雑誌が潰れて責任から解放されることを半ば期待していたと後のインタビューで語っている。それでも、漫画版『ナウシカ』が純粋に好きで取り組んだ仕事であったことは誰の目にも明らかだ。全七巻に及ぶ漫画版は一九九二年にようやく完結を見、それから何年か後に、あるインタビュアーは、この作品を監督の「ライフワーク」と呼んだ（『風の帰る場所』、一三二頁）[1]。宮崎自身はそれを笑って否定しているが、当時の彼の作業量はほとんど人間の限界を超えていた。日中は映画の制作に取り組み、漫画の執筆は深夜から午前四時にかけて行なうということをしばしば繰り返していたからだ。

宮崎はキャリアを通じて漫画の執筆を断続的に続けており（映画『風立ちぬ』の原作となった漫画もそこに含まれる）、それらはいずれもミヤザキワールドの重要な構成要素となっている。だが、漫画版『ナウシカ』が、この分野における宮崎の最も重要な作品であることは論を俟たない。

後にジブリの主要なプロデューサーになる鈴木敏夫を含む『アニメージュ』の編集者たちが、この漫画の映画化構想を本格化させ、制作準備が始まった時、宮崎はまだ二巻までしか描き終えていなかった。だが『ナウシカ』は明らかに月並みな漫画とは違っていた。複雑で濃密な作品であるだけでなく、その長さから言っても、叶精二が言うように紛れもなく「壮大な叙事詩の風格」を有している（『宮崎駿全書』、四七頁）[2]。三〇世紀を舞台とする物語は、多くの文明にまたがって繰り広げられ、人間と人間でないものを巻き込み、歴史と政治の問題に正面から取り組みつつ、様々なユートピアと大災厄のあり方を描き出していく。まさに叙事詩的規模のキャラクター陣は、タイトルとなったヒロインからキツネリスのテトに至るまで、多種多様で独創的な舞台設定を背景に描写されている。その中には、風の谷の牧歌的なユートピア、廃墟と化した都市国家ペジテ、腐海《ふかい》の植物群が結晶化してできた地下の巨大空間、そしてアクションシーンの多くが展開されるはるか雲の上の世界が含まれる。

複雑に入り組んだプロットと叙事詩的な構造を持ち、まだ完成から程遠いこの漫画から、宮崎は必要な要素だけを抽出して、二時間の家族向け娯楽映画に仕立て上げる必要があった。言うまでもなく、物語が宙ぶらりんの部分に関しても、何とか体裁を整えなくてはならない。漫画のヒロインで複雑で重層的なキャラクターであるナウシカの個性を表現するには、ぴったりの声優を見つけ（監督の眼鏡にかなったのは『カリオストロ』でクラリスの声を演じた島本須美《しまもとすみ》だった）、視覚的にも彼女にふさわしい独特の色彩で、その存在を際立たせる必要があった。さらに大きな難題を突き付けたのがエンディングで、そこで暗示されている様々な意味合いは、映画の完成後も後々まで宮崎を悩ませることになる。爽快感のあるクライマックスシーンでは、ヒロインが救世主であることが明確な形で示され、映画に明るいエンディングをもたらした。だが、こうした結末にした結果、生じた様々な未解決の問題に、漫画版で取り組まなければならなくなったのである。宮崎は後のインタビューで、映画作りを日本の伝統的な「風呂敷」に例えている。これは食べ物からおもちゃや本に至るまで、何でもきれいに包んで持ち運べる正方形に近い布のことで、映画も広げた風呂敷と同じで閉じてみせなければ（物語に収拾をつけなくては）ならないと宮崎は主張しているのだ（『出発点』、五二三頁[3]）。

だが、『ナウシカ』を風呂敷に収めるのは至難の業だった。宮崎はトップクラフトというアニメ制作会社を制作拠点に選んでいたが、「そこのスタッフだけでは頼りない」と考えていたと後日語っている（『風の帰る場所』、二三五頁[4]）。結局、以前に共同作業をした信頼できるスタッフを外から引き込むことになり、もっと重要なのは、高畑を説得してプロデューサーを引き受けてもらったことだった。高畑が積極的に関与するようになり、宮崎は彼が「横にいてくれるだけで、ホッとし」たと語っている（『出発点』、四七五頁[5]）。彼らは映画の音楽担当者として、新たに作曲家の久石譲《ひさいしじょう》を起用した。久石はその後、宮崎の長年にわたるパートナーとなることを運命づけられていた。宮崎自身は、音楽に疎いと主張しているが、自分の世界観を表現するのに適したメロディーを見つける過程で久石と緊密に連携するようになり、二人は強固で揺るぎない協力関係を築き上げたのである。久石が作る曲は――交響曲のように壮大かと思えば、むしろ実験的なミニマリズム音楽のように聞こえることさえある――やがて宮崎の全作品と高畑の遺作となった『かぐや姫の物語』（二〇一三年公開）の成功にとって、必要不可欠な要素となるのである。

また、雲、メーヴェ（グライダーに似た乗り物）、それに戦闘機のガンシップの動きをアニメで表現するために新しい技術が導入された。ある記憶に残る回想シーンでは、新しいフィルター処理の技術を使って、夢の中のような不思議な映像を作り出している。こうした優れた表現力を駆使して一つの世界を創造するには、多岐にわたる作業が必要となる。勝川克志《かつかわかつし》は「ナウシカ奮戦記　宮崎駿の1日　どなってごめんね」と題された漫画の中で、そんな制作現場の雰囲気を冗談めかしながらも、かなり克明に描写している。

ドタバタコント風の漫画には、仕事に取りつかれた完璧主義者の監督が時間を惜しむあまり、社内のトイレが空くのを待たずに公園のトイレまで走って行く様子まで暴露されている。食後には部屋の真ん中で突然、昼寝をしだすが、目覚ましなしでも三〇分するとピタリと起きる。『ナウシカ』のテーマ音楽に民族音楽を提案して高畑に微妙な反応をされたり、気に入った音楽テープを何度も繰り返しかけ続けて同僚の仕事の邪魔をしたりすることもしばしば。雑誌のインタビューを受けても一度話し始めると他のことが目に入らなくなり、相手を啞然とさせてしまうことさえある。漫画の副題が示唆しているように、短気な監督は部下を怒鳴りつけることもあるが、すぐに「あんないい方するんじゃなかった…」と反省する。また、漫画の中の宮崎は親切で気前のいい面も見せており、スタッフに乾物屋で買ってきた根昆布などを勧めたりする（その一方で、食いしん坊の彼は、黙って部下のコロッケや菓子を食べたのではないかと疑いの目を向けられる）。

中でも、この漫画で最も興味深い事実を明らかにしているのが、宮崎の末弟の至朗が「インタビュー」を受けるシーンだ。当時、至朗は、『ナウシカ』の宣伝キャンペーンに関わった大手広告代理店の博報堂に勤務していた。新と同様、至朗も少なくとも勝川の漫画の中では、宮崎自身による幼少期の性格描写を裏付ける発言を行なっている。「兄はスポーツもまったくダメで内向的なコでした」と彼は証言している。母親の病状について語った際には、「寂しい思いをしたんでしょうね」と兄の気持ちを推し量り、「悪くいえばマザ・コン」と口走るが、すぐに後悔したかのようにこれは書かないでくれと念を押す（『風の谷のナウシカ』　ガイドブック』、八頁、一二‐一三頁）[6]。マザコンは、和製英語の「マザーコンプレックス」の略語で、一九八〇年代までに日本社会に定着した俗語である。それは、戦後の中流家庭によく見られる、母親と息子の間の強い絆を意味する。父親が長時間労働をするだけでなく、家庭よりも主に同僚との付き合いを優先することを期待されている文化では、母親が一緒に時間を過ごせる男性は息子に限られる傾向が強かった。

だが、宮崎の母親は病床にあったため、子育てに勤しむ母親という典型的なパターンには当てはまらなかった。家事を手伝ったり、食事の用意をしたり、母親を慰めるために話を聞かせたりといった役割を担うのはまだ幼い宮崎の役割となり、少なくとも世話をされるのと同程度には、世話をする側に回っていた。

監督自身は、漫画版のナウシカの胸が大きい理由（それはまさにマザコンを想起させる）は、彼女が母親の役割を担っているからであることを、ユーモラスな表現で認めている。あれは「あそこにいる城オジやお婆さんたちが死んでいくときにね、抱きとめてあげるためのね、そういう胸なんじゃないかと思ってるんです。だから、でかくなくちゃいけないいんですよ」（『出発点』、四七六頁）[7]。その一方で、ナウシカは最後まで誰とも恋愛関係にならない。彼女は同じ人間の仲間だけでなく、動物、虫、それに三〇世紀の地球に大量にはびこる奇妙な植物さえ含めて、すべての存在をその腕の中に包み込もうとする。ナウシカの豊かで繊細な愛情は、広大で多面的な世界の住人であることへの感謝の表現でもある。その姿勢は、宮崎自身の世界観とも一致しているように思える。

こうした特徴は、映画の冒頭近くに登場する静かなワンシーンによく表れている。荒野に立つナウシカは、たった一人で巨大な蟲《むし》と対峙する。彼女は銃に手を伸ばそうとはせず、むしろ蟲にじっと目を注ぎ、蟲も彼女のことを見つめ返している。この瞬間に、両者は無言のまま意思の疎通を行なっているのだ。それから蟲はようやく背を向け、少女も目の前の任務に注意を戻す。それは文明崩壊後の世界を救うことであり、そこでは彼女と蟲のどちらも欠くことのできない存在なのである。

ナウシカが対峙していた生き物は王蟲《おうむ》と呼ばれているが、この名前は英語の「虫《worm》」を日本語風に発音した「ウォーム」（フランク・ハーバートの人気SF大河小説『デューン／砂の惑星』〔邦訳・早川書房〕に登場する砂虫［サンドワーム］のおかげで身近な単語になった）と、仏教の聖音「オーム」の双方を基に創造された名前である。宮崎の豊穣な想像力は奇妙で記憶に残る多くの生き物を生み出し、その最初の一つが神秘的で威厳のある王蟲という存在だった。王蟲は映画と漫画のどちらにおいても重要な位置づけを与えられている。それでも、映画の中核となるキャラクターはあくまでナウシカであり、彼女はおそらく今日に至るまで、宮崎が最も愛するヒロインではないかと思われる。ナウシカはまた、宮崎の母親だけでなく、彼自身の性格や個性を反映しているという意味で、監督の内面世界においても中心的な存在であり、現実的であると同時に理想化された女性でもある。こうした特徴は漫画版の方により顕著に現れているが、怒涛の展開を見せる映画の世界観においても、このヒロインは中枢的な役割を担っている。

宮崎にとって残念なことに、『カリオストロ』はヒット作とはならず、映画の宣伝キャンペーンに参加した彼も観客との間に距離を感じていたようだ。当時の宮崎は、執拗なまでに自分のことを「中年」と形容し続けていた。一方で、映画『ナウシカ』は即座に、多くの若い観客層の感情と美的感覚に強烈なインパクトをもたらした。その結果、サブカルチャーアナリストの井上静《いのうえしずか》によれば、増え続ける一方のアニメファンから「神格化と言われるほどの尊敬と崇拝を受ける」ようになったのである（『アニメジェネレーション――ヤマトからガンダムへのアニメ文化論』、井上静、社会批評社、二〇〇四年、二一七頁）[8]。『ナウシカ』の興行的成功も手伝って、その後、宮崎と高畑はスタジオジブリを設立し、宮崎はいよいよ日本で最も有名かつ愛されるアニメ監督への道を歩み始める。

美しい映像世界と強烈な存在感を放つキャラクター、それに明るいエンディングも功を奏して、『ナウシカ』は公開当初から批評家たちには概ね高い評価を得た。一方で一部に批判的な声もあり、例えば、ある評者は、個人的嗜好として虫が大嫌いなので見るに堪えなかったという感想を述べている。虫（それもきわめて大きな虫）が物語において重要な役割を演じていることを考えると、これは不幸としか言いようがない。だが、全般的に言えば、観客と批評家のどちらも、現実とはまったく異なる世界を創造し、そこに込められた強いメッセージを物語の中で雄弁に語って見せた『ナウシカ』の並外れた完成度の高さに高い評価を下したのである。ある批評家は「反核、反自然破壊の鮮明な主題で、大人をも魅了した」と分析している（『宮崎駿全書』、七〇頁[9]）。

『ナウシカ』が公開される頃までには、アニメは映画とテレビの双方で強力なファン層を獲得し、日本のメディア界で勢力図の一角を占めるようになっていた。特に人気が集中したのがＳＦアニメで、例えば、この分野の草分け的作品となった『宇宙戦艦ヤマト』シリーズは、ロマンチックな要素を加えることでスペースオペラのジャンルを再構築した。言うなればハリウッドにおける『スター・ウォーズ』と『スタートレック』と同様の地位を、日本国内で確立したのである。社会現象と化した『機動戦士ガンダム』シリーズもまた、新たな時代を担う若者たちを描いて、多くの若い視聴者を魅了した。この作品は、巨大なロボット兵器「モビルスーツ」に搭乗する若者たちが戦争に立ち向かう姿と、彼らが直面する青春時代の葛藤や苦悩を同時に描き出し、キャラクターの微妙な感情の機微まで驚くほどリアルに表現したことが大きな共感を呼んだ。

『ヤマト』と『ガンダム』の両シリーズには女性のキャラクターも登場するが、当時のＳＦアニメやアクションアニメとしては御多分に漏れず、主人公はすべて若い男性だった。一方で、『キューティーハニー』や『キャッツ♡アイ』といった他の漫画やアニメでは、活動的な女性キャラクターが主人公として活躍するようになっていたため、当時の日本の批評家たちは、日本の大衆文化における「女性原理」の隆盛について論じるようになった。

公開から三五年後の今、当時の『ナウシカ』がどれほど画期的な映画であったかは忘れられがちである。『カリオストロ』を監督した際、宮崎は個人的な好みに従ってキャラクターや状況を設定したが、魅力的なヨーロッパを舞台に、スリルに満ちた冒険が展開するという原作小説と漫画の基本的な前提には従った。一方、『ナウシカ』においては、ミヤザキワールドの最も際立った要素がすでに部分的に形を成しつつある。彼は、まだ模索中のアニミズム的な世界観に基づき、過激で破壊的なところさえある視点で未来の地球を描き出すことにより、現実とはまったく異なる新たな世界を構築したのである。

地球に再生と贖罪をもたらそうとするナウシカは、古代ギリシャの詩人ホメーロスの叙事詩『オデュッセイア』で、難破したオデュッセウスを海岸で救った若い王女から名前を取っている。宮崎は子供の頃にバーナード・エヴスリンが書いたギリシャ神話の本(『ギリシア神話小事典』、小林稔訳、社会思想社、一九七九年など)を翻訳で読み、ナウシカというキャラクターを知った。ホメーロスとエヴスリンのどちらが語る物語にも悲しい結末が待っている。ナウシカはオデュッセウスと恋に落ちるのだが、彼は妻と再会するためにその元を去ってしまう。失恋した王女は女吟遊詩人になり、残りの人生を故郷の島で歌を歌って過ごすのである。

幼少期の宮崎はこの哀愁に満ちた物語に深く心を打たれ、ナウシカに自分の境遇を重ねると同時に、彼女に母性を感じて強い憧れを抱いたようである。ある小文で、宮崎はオデュッセウスのことを「不吉な血まみれの男」と呼び、ナウシカは彼に「光かがやくなにかを見出した」のだと書いているが、そこには宮崎の心情がよく表れている（『出発点』、四三二頁）[10]。一人で旅をすることになる彼女の運命には、前章で言及した「消え去る女」のイメージと重なる部分がある。一方で、ホメーロスのナウシカが背負う宿命は、彼女が本質的に孤独な人間であることを感じさせる。宮崎にも、読書や絵を描くことに夢中になっていた内向的な少年時代があり、長じては監督として責任の大きさと煩わしさを実感することがますます増えていた。そんな彼が、ナウシカのそうした個性に共感を覚えたとしても不思議ではない。

しかしながら、映画のナウシカには、ギリシャの英雄を救うよりもはるかに困難な任務が待ち受けている。それは、戦争で引き裂かれ、あらゆる生物が存在を脅かされている荒廃した世界を蘇生させることだ。『ナウシカ』は、「火の七日間」と呼ばれる最終戦争で人類文明が崩壊した後の世界を舞台としており、そこでは限られた地域に生き残った人類が、地球全体を覆いつつある腐海と呼ばれる有毒の森の脅威に直面している。肺を焼き、四肢を石のように固くする瘴気《しょうき》によって、腐海が徐々に人類を根絶やしにしようとしている間にも、男たちは略奪行為をやめず、さらなる破壊の種を蒔いている。

物語は、腐海と接している最後の辺境国家の一つ、ペジテが発見した不気味な人型兵器「巨神兵《きょしんへい》」を中心に展開される。ペジテは、巨神兵を使って腐海とそこに生息する恐ろしい巨大生物・王蟲を殺戮する計画を立てていた。ところが、軍事国家のトルメキア帝国という別勢力が巨神兵を奪取するためにペジテに侵攻し、市民の大半を虐殺したため、ペジテの残党は王蟲をわざと暴走させて、街もろとも敵軍を壊滅させてしまう。焦土と化した街の様子は、大戦時の空襲による無差別攻撃がもたらした恐るべき破壊を彷彿とさせる。

悲劇的な事故により、巨神兵を運ぶ輸送機は辺境の小国「風の谷」に墜落する。そこは風車が立ち並び、緑豊かで美しい牧歌的なユートピアだ。巨神兵の問題に対処し、人類の最終的な破滅を防ぐという試練は、風の谷の族長の娘ナウシカに降りかかる。彼女はメーヴェという飛行装置を自由に乗りこなし、鮮やかな青空を切り裂くようにして、瘴気に覆われた地球の上空を滑空する。ナウシカは友人たちの助力を得て敵に立ち向かい、彼らを取り巻く恐るべき自然界と向き合いながら、世界の終末が繰り返されない方法を模索する。

ナウシカの力強く、カリスマ的で、純粋な愛情にあふれたリーダーシップは、王蟲と意思の疎通ができるテレパシー能力と相まって、人類と地球を間一髪で破滅から救う最後の犠牲的行為へと彼女を駆り立てる。代償は自身の命だ。だが、映画の輝かしい最終場面では、ある登場人物が言うように、王蟲は「心を開いて」ナウシカを死から蘇らせる。こうして、宮崎作品としては異例なほど曖昧さのない明るいエンディングを迎えるのである。

映画と漫画版のどちらにも個性豊かな人物が数多く登場するが、ナウシカに次いで最も忘れ難い「キャラクター」と言えば、腐海そのものだろう。それは宮崎監督が生み出した中でも最も優れた映像表現の一つであり、多様性に富み、圧倒的な繁殖力を持つ虫や植物が次第に重要な役割を担うようになる一個の独立した世界である。漫画版の腐海は白黒で描かれているため、暗くて人を寄せ付けない場所の印象が強いが、映画の中では青と紫を中心にたまに赤を取り入れた彩色によって、腐海の森は奇妙な美しさを持つ他者性の象徴と化している。

人ではない生き物たちの領域である腐海は、複雑怪奇な生態系とそこに棲む多くの昆虫型巨大生物（人類による汚染という負の遺産の相続人）を通じて、地球の隅々にまで力を及ぼしている。王蟲がそこを生息地としていることは驚くにあたらない。彼らが持つ巨体とパワー（肉体面と精神面の双方においてい）だけでなく、その複雑な精神性は、これらの生物が終末後の地球の正統な後継者かもしれないことを示唆しており、昆虫学者スコット・ショーの「人類はこの『虫の惑星』において、短期間だけ存在を許されているにすぎない」という主張を具現化したようなイメージがある。[11]

多層的な生態系に生きる虫と植物を創造し、アニメ化することに成功した宮崎は、特に環境への負の影響に敏感な芸術家で、人と人ではない生物たちの関係を表現する能力に秀でた「エコロジスト」の監督として称賛を浴びるようになった。『ナウシカ』制作のきっかけとなった出来事には、一九五〇年代から六〇年代にかけて日本が直面した一連の環境危機があった。当時は、人間と環境の双方が化学物質による汚染の脅威にさらされており、この物語が生まれる契機となったのである。

日本の産業界は長年にわたり、政府の要求を満たし続ける限り、思うがままに行動することを許されてきた。政府が求めたのは、いかなる代償を払っても企業が経済成長を実現させ、雇用を確保することだった。結果として、国内の大気や河川や近海の汚染は悪化の一途を辿り、人間と動物の健康を害し、障害を発生させるようになった。市民は抗議の声を上げ始め、環境保護運動が全国各地に広がった。多くの場合、そうした運動を率いたのは、子供たちの健康と安全を案じる母親や祖母を中心とする女性たちだった。[12] 宮崎が生み出した『ナウシカ』のヒロインにも、環境保護運動に立ち上がった現実の女性闘士たちの姿が反映されている。

熊本県の水俣湾周辺は、産業廃棄物の垂れ流しで有毒化学物質に汚染され、他に類を見ないほど悲惨な環境危機が発生した。公害の原点ともいわれる「水俣病」である。当初は湾で獲れた汚染魚を食べた猫が発狂し、痙攣を起こして死んだことから「猫踊り病」と呼ばれていたが、被害はすぐに人間にも広がった。これまでに一五〇〇人以上が死亡し、家畜と野生動物のどちらも汚染の犠牲になった。この恐るべき病は人間（特に子供）に重い障害を引き起こし、水俣湾は「水銀で汚染されて死の海になった」と宮崎は語っている。「つまり人間にとって死の海になって、漁をやめてしまった」

人間ではない自然界の生物たちが、人間による環境破壊を自ら癒やして回復するという宮崎のビジョンは、水俣湾に戻ってきた魚の話を読んだことがきっかけで生まれたという。彼は、当時の自分の心の動きをこんな風に表現している。「数年たったら、水俣湾には日本のほかの海では見られないほどの魚の群れがやってき［た］。（中略）これは僕にとっては、背筋が寒くなるような感動だったんです」（『宮崎駿全書』、五一 - 五二頁[13]）

一九六〇年代以降、環境破壊による災害は世界中でますます頻発するようになり、世界各地の映画や文学作品でテーマとして取り上げられるようになった。宮崎自身も他の小説からの影響を認めている。その中には『デューン／砂の惑星』が含まれるが、ほかにも大きな影響を与えたSF小説に、イギリス人作家ブライアン・W・オールディスの『地球の長い午後』〔邦訳・早川書房〕がある。これは、巨大な植物や昆虫がはびこる世界で、細々と暮らしている人類が生き残るための試練にさらされるという物語である。環境の変化をテーマにしたオールディスの作品は、日本で人と自然の間に深い絆が存在する事実を宮崎に認識させる役に立ったかもしれない。長年にわたり、宮崎は自分が生まれた国に対して疎外感を覚えてきた。とりわけ戦時中の母国の行動に嫌悪感を抱いた彼は「本当に日本が嫌いになりました」と語っている（『熱風』、四頁[14]）。

宮崎が新たな方向性を見出したきっかけの一つに、民族植物学者の中尾佐助《なかおさすけ》の著作『栽培植物と農耕の起源』（岩波新書、一九六六年）との出会いがある。日本はアジアにおける広範な「照葉樹林文化圏」の一部であるとする中尾の世界観に、宮崎は心底衝撃を受け、当時の感動をこう表現している。「ぼくは自分の目が遥かな高みに引き上げられるのを感じた。風が吹きぬけていく」（『ユリイカ臨時増刊号　総特集＝宮崎駿の世界』「森の神殺しとその呪い」、小松和彦、四九頁[15]）。宮崎は『もののけ姫』の中で中尾理論をより具体的な形で映像化し、『となりのトトロ』ではさらに繊細な手法で表現している。だが、『ナウシカ』で描かれる力関係やアニミズム的な要素は、宮崎がこの時点で、すでにより東アジア的でエコロジー的な世界観へと、大きく転換しつつあったことを示唆している。

その一方で、宮崎は「エコロジストの象徴」に祭り上げられることを拒否し、次のように語っている。

「僕も高畑（勲）さんも、なんかエコロジストだと錯覚してる人がいて、そういうテーマさえあれば、メッセージさえあれば、映画は出来ると思ったりする。とんでもない間違いですよね。それは太い丸太がひからびて立っているようなものです。やっぱり生き物として、しっかり根を張って幹がしっかり立っていて、枝がついていて、初めてデコレーションをいろいろ工夫してつけられるんですよ」（『出発点』、一三七頁）[16]

映画『風の谷のナウシカ』はまさに、そうした「生き物」の一つにほかならず、作中で展開されている世界観は、ヒロインと自然界の間の親密な絆から有機的に生み出されたものである。この点は映画の冒頭ですぐに明白となる。オープニングシーンには、中世ヨーロッパ風のタペストリーが登場し、そこには人類文明が大災厄によって崩壊して以降の一〇〇〇年以上にわたる歴史が綴られている。ナレーションなしの謎めいたオープニングは、これから始まるのがいかに深刻で奇妙な映画であり、過去のどんなアニメ映画とも違う作品であるかを、直ちに予感させるものとなっている。

タペストリーの終わりには、救世主だと思われる翼を持つ女神のような人物が登場し、下から懇願するように彼女を見上げる人々に救済を約束する。もっと後のシーンでは、中性的な印象を与える若い男性の姿をした別の救世主が現れる。彼こそはやがて人類を救うために出現するとある老婆が予言した人物だった。画面は変わって、観客の目の前にナウシカが初めて登場する。彼女は、砂漠が広がる風景の上をメーヴェに乗って飛んでいる。青い服に身を包み、呼吸マスクで顔が隠れているため、最初、男性か女性か見分けがつかない。だが、画面がアップになると、女性であることは明白となる。

ナウシカは着陸すると木々が密集した腐海の森に足を踏み入れていく。マスクを被り、ライフルを肩にかけた長身の人物は、どこから見ても恐れを知らぬ異世界の探検者である。

現在の地球と異なる荒廃した世界に人間の探検家が足を踏み入れていくというのは、SF小説では使い古された題材の一つだ。私は以前の著書で、宮崎は女性キャラクターを導入することで、このテーマを活性化しようとしたと主張したことがある。[17] 現代の大衆文化においては、強い女性キャラクターはますます珍しい存在ではなくなりつつあるが、一九八四年の段階でそれがどれほど異例な試みだったかについては、あらためて強調しておく必要がある。特に新鮮だったのが、ナウシカが従来から女性の属性とされてきた思いやりと母性本能だけでなく、状況に積極的に関与するために冷徹で強い決意を示している点だ。以前の宮崎作品で救世主的な役割を担ったコナンは、全身から男性的エネルギーを発散させているような少年で、よりシンプルな設定の終末後の世界では誰もがリーダーとして認めるような存在である。一方、それとは対照的に、ナウシカは傑出した能力、知力、好奇心、そして心から人生を慈しむ姿勢によって、イデオロギー的・道徳的な難問に淡々と立ち向かっていく。

宮崎は冒頭のシーンで、印象的で無駄のない演出により、ナウシカが持つこうした特徴を明らかにする。彼女は腐海に入るとすぐに試験管を取り出し、父親の城の地下に設けた実験室で分析するために胞子を採取し始める。さらに、王蟲が通過した跡を見つけ、それを辿った先に脱皮した王蟲の巨大な抜け殻を見つける。それは、風の谷の人々にとって、貴重な道具の材料になるはずだった。抜け殻を発見した直後のナウシカの行動は、実に単純かつ実践的である。王蟲の目を覆う部分を谷に持ち帰るために、ナイフと火薬を武器としてではなく、抜け殻を切るための道具として利用するのだ。

ナウシカの科学的な好奇心と周囲の自然環境に適応する能力は、『ハンガー・ゲーム』のカットニス・エヴァディーンのような現代のヒロインにも通じるところがある。カットニスもまた、知的好奇心と実践的な能力を武器に、リーダーへと成長していくからだ。だがナウシカの場合、着想の源は一〇〇〇年以上前の物語にまで遡る。それは紀元一〇〇〇年前後の日本で生まれた短篇物語集の中の一篇「虫愛《め》づる姫君」で、驚くほど自由奔放で主体性が強い貴族の娘に関する物語である。幼少期の宮崎は、この話に夢中になった。ナウシカも地面を這う虫たちを愛し、実際に彼らに共感さえ覚えているという点では、この風変わりな姫君と共通する面がある。さらに、どちらの物語の主人公もきわめて高い知性の持ち主だ。姫君は、宮崎の母親ならきっと賛同したであろう仏教の教えを忠実に守っている。それは「興味深い考え方をする者とは、真実を求め、物事の本質について知ろうとする人間のことだ」というものである。[18]ナウシカもまた、地下の実験室で「物事の本質」を追究する過程で、有毒な瘴気に覆われた世界を腐海が浄化する役割を担っているという、直観に反する結論に到達する。

王蟲の目の殻があまりにも軽いことに、ナウシカは少女らしい可憐な驚きの声を上げ、頭の上にそれを持ち上げてダンスをするかのようにくるっと回ってみせる。このシーンが異彩を放っているのは、宮崎の演出により、そうしている間にも胞子がまるで雪のように彼女の上に降り続けているからだ。次のシーンでは、積もった胞子の「雪だまり」の中で横になったナウシカが物思いにふけっている。それは、宮崎が私たちに思案する余裕を与えてくれる「ピローショット」にほかならない。

自然と一体化した崇高なシーンを通じて、ナウシカは類のない救世主的存在であることが示される。そうした演出が、この映画をかつてない独創的な芸術作品にしているのだ。異様なまでに美しいと同時に異質でもある自然に囲まれながら、ナウシカは明らかに寛ぎ、喜びさえ感じている。胞子を吹きつける風は、敵であると同時に味方でもある。有毒な胞子はマスクを被っていない人間を誰でも殺してしまえるが、ナウシカが帰る際には、同じ風がメーヴェに乗った彼女を風の谷まで運んでくれるからだ。風は谷を瘴気から守ってくれるし、映画の結末近くで風が突然吹かなくなり、その後また吹くようになったのは、新たな復活を示唆している。この場合、蘇ったのは自然そのものにほかならない。

ナウシカが、人類を救うことに全力で取り組んでいることを示すエピソードには事欠かない。例えば、瘴気に満ちた腐海を飛行中に、危険を覚悟で自らのマスクを外し、風の谷から飛んできた老人たちを励まそうとする。その直前にもナウシカは、大きな勇気を示してペジテの飛行士アスベルの前に立ちはだかっている。トルメキアに人質に取られていた彼の妹は、風の谷で墜落死していた。アスベルは怒りに我を忘れ、残忍なトルメキア帝国の軍人たちだけでなく、平和的な風の谷の人々も乗った飛行機を撃墜しようとする。アスベルが猛攻撃を仕掛けようとするまさにその瞬間に、飛行機の上に立ち、まるで磔になったキリストのような姿で両腕を広げてみせるナウシカの姿が彼の意識の中に飛び込んでくる。それは、飛行士に殺意に満ちた急襲を思い留まらせるための窮余の策だった。

ナウシカは、風の谷の男たちと共に腐海の底に不時着した際にも、持ち前の思いやりと勇気で危機に立ち向かう。人間たちは遅まきながら、飛行機が不時着した水面は王蟲の巣の真上であったことに気づく。その時、まるでホラー映画から飛び出した水棲の怪物のように、巨大な王蟲の大群が彼らに向かって一斉に浮上してくる。

もっとありきたりなＳＦ映画なら、不時着シーンの直後に人類と虫のバトルシーンが展開されるのだろうが、本作では恐怖に縮こまった人間たちが固唾を呑んで虫の襲撃を待ち受ける。静謐でほとんど叙情的とも言える次のシーンでは、優しい音楽と穏やかな青色の背景に包まれて、巨大な生き物たちがゆっくりと水中を浮かび上がってくる。侵入してきた人間たちを調べようというのだ。彼らの巨大な目は、空と水の両方の色を反射しているかのような深い青色をしている。ナウシカは王蟲たちが怒っているのではなく、「調べている」だけであることを理解している。だが、トルメキア軍の司令官クシャナは恐慌をきたす。彼女はナウシカに許されて、風の谷のガンシップに同乗していたのだ。

クシャナがまさに銃を抜き、王蟲に向けて発砲しようかという寸前、ナウシカは断固としてクシャナを押しとどめ、水上に浮かぶ飛行機の機首の上でバランスを保ちながら、蟲たちの領域を侵犯したことを謝罪する。軽快な音楽をバックに王蟲たちはナウシカを取り囲み、金色の触角を伸ばしてその体を巨大な黄金色の繭《まゆ》のようなものの中に包み込んでいく。ナウシカは突然、幼少期に自分が金色の草原に立っていた記憶を思い出す。背後には堂々とした大木がそびえ立ち、木の葉が陽光にきらめいている。

この神秘的な幻覚は、王蟲たちの突然の変化によって断ち切られる。彼らの目は真っ赤に燃え、上空には翼を持つ蟲の大群が同じように目を真っ赤にさせて雲霞《うんか》のごとく出現する。蟲たちの考えを読んで、アスベルがまだ生きており、何らかの理由で腐海を守る蟲たちを怒らせてしまったことを知ったナウシカは、彼を探すためにメーヴェに乗って飛び立つ。後に残された男たちは、いまだに呆然としたままのクシャナからピストルを取り上げる。王蟲と対峙している間、彼女がずっと銃を放そうとしなかった事実は、二人の女性指導者たちの違いを際立たせている。

ここからは蟲たちが主役となって画面を盛り立てる。直前の超現実的なほど静謐なシーンとは対照的に、蟲たちの派手な動きが興奮を一気に高めていく。「アクションヒーロー」モード全開のナウシカも、アスベルをヘビケラという怪物じみた巨大な翅蟲《ハムシ》の顎から救い出す。その過程でナウシカは意識を失い、二人は腐海の最下層にある空洞に落下してしまう。

それに続くシーンでは、宮崎は再びペースダウンし、この映画でおそらく最も神秘的なエピソードを描き出す。腐海の地下で目覚めたナウシカは、マスクなしでも呼吸できることに気づく。周囲にはまるで大聖堂の内部のように美しい光景が広がっている。石膏《アラバスター》のように白い化石化した木が林立し、それらの樹冠が合わさって巨大な空間の屋根を形作っている。そして青く清浄な水が巨大な川と

王蟲の幼生をかばうナウシカ。『風の谷のナウシカ』より（作品DVDより引用。©1984 Studio Ghibli・H)。

なって地下世界を滑らかに流れていく。時折、金色の砂が穴だらけの天井から排出されるように落ちてくる。もし風の谷が人の手で作られたユートピアなら、腐海の地下に広がる世界は、まったく人の手を介さずに自然が作ったユートピアと言えるだろう。宮崎は、汚染された水俣湾の変化にヒントを得て、自然が持つ浄化作用の考え方を腐海の世界観構築に応用した。それは瘴気で汚染された地上の世界を腐海が浄化し、清浄な空気で満たされた空間を作っているというものだった。ナウシカは秘密の部屋で行なっていた実験から、すでにその可能性に薄々気づいていたが、自らの目で確認してほろ苦い感動に包まれ、思わず涙をこぼすのである。

ナウシカは腐海の底に落ちた時に、またしても幼少期の記憶を思い出す。その中で展開されるのは、本作で最も幻想的なエピソードである。フィルター処理で演出した金色の光が別世界のような雰囲気を醸し出す中で、同様に別世界から響いてくるような子供の歌声が聞こえてくる。歌に歌詞はなく、ただ「ラン・ランララ・ランランラン……」とリフレインされるだけである。ナウシカはこの夢のようなシーンに、風が吹く金色の草原で遊んでいる五、六歳の少女として登場する。静かな時間を過ごしている彼女に、大人の男性の声が呼びかける。ナウシカは、戦士のような男たちの隊列の先頭に父親と母親の姿を認める。大人たちは嫌がるナウシカを以前の回想に登場した大木の下まで連れて行く。その木には、王蟲の幼生が隠されていることが明らかになる。ナウシカはすぐに王蟲をかばおうとするが、父親は諭すようにこう告げるのだ。「蟲と人とは同じ世界には住めないのだよ」。大人の手が下に伸びてくると、幼い昆虫を彼女から取り上げる。ナウシカは「お願い。殺さないで！」と懇願して泣き崩れる。それから画面は遠ざかり、草原にうずくまっている少女を映し出す。背中を丸めた彼女の姿は、今やかくまっていた蟲とそっくりに見える。

この神秘的なエピソードは、成長したナウシカが王蟲と特別な絆を築く能力を得るに至った起源を示していると見ることができる。一方で、そのシーンにはもっと多くの意味合いが込められている。客観的に見てかなり奇怪な形をした昆虫のために子供のナウシカが泣く姿からは、胸を刺すような悲しみが伝わってくる。そこには、大人のナウシカが蟲たちを受け入れる情け深さ以上に心を揺さぶるものがある。対照的に、怪物的に見える大人たちの複数の手がナウシカ（あるいは王蟲）に向かって伸ばされてくるシーンは、彼女の世界と「蟲と人とは同じ世界には住めない」と主張する大人たちの世界の間に、大きな隔たりがあることを示唆している。

宮崎は、『となりのトトロ』や『千と千尋の神隠し』、『崖の上のポニョ』といった以降の映画でも頻繁に子供の視点を取り入れているが、この短いシーンは、彼の全作品を通じて、大人と子供の間の隔たりを最も痛烈に指摘したエピソードと言っていいかもしれない。また、そこからは、大人となったナウシカが、常に内面に孤独を抱えている理由が見て取れるとも言えそうだ。彼女はどんな時も思いやりと明るい表情を忘れない反面、映画全体を通して、一人でいる時が最も幸せなようにも見える。それは、王蟲の抜け殻と踊っている時や、大聖堂のように厳かな腐海の底を静かに散策している時の姿を見れば明らかだ。こうした短い息抜きのシーンにおけるナウシカは、時にはリーダーと救世主のどちらの役目も投げ出して、静かに美しい自然を愛でていたいと思っているように見える。そこには、彼女を創造した監督自身の複雑な自意識が反映されているようである。

ナウシカの回想や腐海の中のシーンが人と自然の絆を重視している点で、アニミズムや神道の影響さえ感じられるとすれば、映画のクライマックスシーンには明らかにキリスト教的な側面がある。幼い王蟲が拉致され、拷問のような責め苦を受けていることに激怒した王蟲の大群が風の谷になだれ込むのを防ぐために、ナウシカは自ら捨て石となる。贖罪のために自らの体を投げ出し、怒りに我を忘れた蟲たちに殺されてしまうのだ。

だが、キリストにも似た自己犠牲は、奇跡の復活を呼び起こす。王蟲たちはナウシカを取り囲むと、その体を空高く持ち上げる。彼女はそこで蘇り、王蟲たちの金色の触角が無数に集まってできた「草原」の上を歩いて行く。青い服をまとい、風に舞うように揺れる金色の草原の中に立つその姿は、映画の前半部分で目が不自由な老婆が語った「青き衣の者」の救世主伝説を彷彿とさせる。男性にも女性にも見えるこの人物には、両性具有的な仏教の観音菩薩を思わせる面がある。風の谷の住民の一人は感極まったように「奇跡じゃ！」とつぶやく。

だが、映画の結末で起きる最後の「奇跡」は、キリスト教的でも仏教的でもなく、むしろアニミズム的なものである。映画の冒頭に登場するタペストリーで予感されていたように、風の谷の人々は歓喜に包まれてナウシカを見上げる。その時、彼らは止まっていた風が戻って来たことに気づく。映画のラストシーンでは、それがナウシカの乗るメーヴェを空高く持ち上げ、風がこの世の生命を崇高な存在と結びつける役割を担っていることが明らかになる。

一部の評論家の間では、映画が「奇跡」で終わることに対する失望の声が上がった。映画『ナウシカ』の楽天的すぎるストーリー、紋切り型のエンディング、完璧すぎるヒロイン、そして善悪がはっきりしすぎている道徳的な世界観などは、やがて次々に槍玉に挙げられるようになる。劇場公開から何年も後に書かれたエッセイで、ある日本の評論家はこの作品を「心のサロンパス」と呼び、観客の心に貼りついて心理的苦痛を一時的に和らげる鎮痛剤にすぎないと批判している（『フィルムメーカーズ６　宮崎駿』、「讃辞が虚しく響く宮崎駿の胎動がここにある」、田中英司、一二四頁）[19]。

宮崎自身も「あまり入りたくなかった宗教的領域に、自分がどっぷり浸かっていることを発見」したと認めている（『出発点』、五二四頁）[20]。一方で、どうして「宗教的領域」に入って行ったのか、その本当の理由を明らかにしていない。もしかすると、完成を待ち望む観客に早く映画を届けるために、単に広げた「風呂敷」を畳む必要があっただけなのかもしれない。

宮崎監督自身の人生という文脈で考えた場合、ナウシカの復活の描き方には興味深い点がある。宮崎は『ナウシカ』の制作中に母親を亡くしている。後に母親の死に言及した際に、日本では一般的な火葬の話を始め、やや意外とも思える発言を行なっている。母親を火葬した時、本当は土葬にしたかったと語ったのだ。監督は、母親の墓から美しい植物が育つところを想像したという。「それで埋めたところに、花が咲いたら、ああお袋が花になって咲いた咲いた、と思えるのにね」（『出発点』、五〇一頁）[21]。もしかすると、『ナウシカ』で最後に映るシーンが、こうした「再生」の形と直接結びついているのは偶然ではないのかもしれない。それは、腐海の底に広がる砂地の上で（ナウシカの？）呼吸マスクの横から小さな植物が芽を出している場面で終わるのである。

『ナウシカ』は、私が人生で見た二本目のアニメ映画だった。初めて見たのは大友克洋の『ＡＫＩＲＡ』である。この二本はバブル全盛の一九八〇年代に登場し、どちらも暴走状態に陥ったテクノロジーと人間の傲りをテーマとする文明崩壊後の世界観を特徴としていた。両作品は、海外の人々が日本のアニメーションに対する認識を新たにするきっかけとなった名作である。私は『ナウシカ』と『AKIRA』を大学で教えており、どちらにもいまだに色褪せない魅力がある。それでも、私にとっては、『ナウシカ』から受けた感銘の方が深く、より長く印象に残っている。その理由としては、この映画が純粋な映像美とナウシカという忘れ難いキャラクターだけでなく、植物、少女、虫のどれにも同様に地球を引き継ぐ資格があるという、きわめて斬新なビジョンを提示したことを挙げておきたい。

第６章　大空の孤児たち　『天空の城ラピュタ』

〔私は〕一つの都市が完全に空中に浮かんでいるのを見た。…無限かつ壮大で…魔法のように魅惑的な建築物によって飾られ…かつて誰も目にしたことがないような煌めく水晶を土台にして…。

――一七世紀のイエズス会修道僧ドメニコ・ジャルディーナがシチリアで見た蜃気楼について記した言葉

『ナウシカ』で様々な困難と激務を経験した宮崎は、次は違ったタイプの映画を作りたいと考えていた。『ナウシカ　パート２』を作って欲しいという圧力は次第に高まっていたが、漫画版の物語はますます暗さと複雑さを増しており、彼はそのアニメ化に取り組む気にはなれずにいた。彼がその代わりに夢見ていたのは、「楽しんで」見てもらえるような昔ながらの少年の冒険談を創造することだった。彼はそれを『天空の城ラピュタ』で実現することになる。評論家の村瀬学《むらせまなぶ》は、この映画を「たぶん宮崎アニメの中で、最も『面白い』アニメではないでしょうか」と評している（『宮崎駿の「深み」へ』、平凡社新書、二〇〇四年、八二頁）[1]。加えて、この作品の中心となるのは、失われたユートピアをめぐるほろ苦い物語である。そのユートピアを可能にしているのが恐るべき兵器であるという皮肉は、子供向け映画の前提としては驚くほど知的に洗練されている。

正義感あふれる少年と心優しい少女が探求の旅に出るという『ラピュタ』の物語は、宮崎が監督した最初で最後のテレビアニメシリーズ『未来少年コナン』と設定に類似点がある（宮崎には、ほかにもテレビアニメ『ルパン三世』の一部エピソードを実質的に監督した実績もある）。実際に、企画段階での『ラピュタ』の仮題は『少年パズー』だった。パズーは、イギリスのウェールズ地方に景色が似ている国に住む孤児の少年である。普段は鉱山で働き、空き時間を利用して飛行機の製作にも取り組んでいる。目的は、それに乗って神秘的な空飛ぶ島ラピュタを探すことにある。操縦士だった彼の父親は、嵐の中を飛行中に美しい城や庭園のあるラピュタの姿を雲の隙間から垣間見たことがあった。父親の話を信じる者は誰もいなかったため、パズーは空飛ぶ島が実在することを自分の手で証明し、父の汚名をそそぐことを夢見るようになる。もちろん、探求の旅は成功し、映画の三分の二を過ぎた辺りで、彼と冒険の旅の仲間である孤児の少女シータは、独特の驚異的なテクノロジーに支えられたラピュタを発見する。それは冒険家にとって夢のような世界だが、一方で、その存在自体が、テクノロジーや自然との間に複雑な関係を築いた人類に対する哀愁を帯びた風刺となっている。

映画の冒頭部分では、田舎の村落近くにある小さな家に住むパズーが鉱山で働く様子が描かれる。彼は、枯渇しつつある鉱山で、仲間の坑夫たちが深い縦坑の底で新たな鉱石の層を見つける手伝いをしている。最大の楽しみは、自作の飛行機を組み立てることと、毎日、日の出と共にトランペットを吹くことである。演奏を終わると餌をあげることが日課になっている白い鳩の群れがやって来て、パズーの周囲をくるくると飛び回り始める。宮崎はここで、少年がトランペットを演奏している間に、太陽の光を浴びた山が一瞬黄金色に輝くシーンを描いている。一枚の絵のように美しい光景は、現実と非現実の中間にありながら、同時に魔法のように魅惑的でもある。それは、ミヤザキワールドを特別なものにしている宝石のように稀有な瞬間の一つである。

パズーは特別な能力を持たない普通の少年だが、『ラピュタ』の若きヒロインであるシータは超常的な力を持つ少女で、『コナン』のラナ、ナウシカ、そして『カリオストロ』のクラリスとも相通じるところがある。彼女はナウシカとクラリスのように高貴な生まれで、最終的にはラピュタの王族の末裔であることが判明する。また、空に縁がある点もナウシカと共通しており、命を落とすであろう転落を経験した時も、不思議なペンダント（飛行石）の力によって宙に体を浮かせ、ゆっくりと地上に降りてくることができた。

シータはまた、宮崎作品以外のアニメや漫画の世界で次第に人気を集めるようになっていた「魔法少女」のジャンルに属している。これは、普通の若者の日常に突然現れる奇妙で不思議な能力を持つ若い女性たちのことで、テレビアニメシリーズ『うる星やつら』（一九八一年放送開始）のラムもその一人だ。彼女たちには魔法の力があるために、気がつくといつの間にかトラブルを引き起こしているというのが、定番の設定である。

シータはまだ一三歳前後なので、「魔法少女」としては年齢が低く、まだ性的に成熟していない。その一方で、日本の批評家たちは、パズーが気絶している彼女に自分のジャケットを被せたり、一緒に小さなグライダーで飛んでいる時に体に腕を回したりする場面を例に挙げ、二人の関係は潜在的に「性的」なものだと指摘している。だが、宮崎は、そこに恋愛感情が存在することを決して明らかにしようとしない。あるインタビュアーは、二人がやっとラピュタに到着して喜び合っているシーンで、普通ならここはキスをする場面だろうと執拗に食い下がった。これに対し、宮崎は苛立ったようにこう切り返している。「いや、しないと思います、僕は。そんなことやったら、別の関係になっちゃう

から。それはもうハリウッド映画の悪い影響です」（『風の帰る場所』、二六〇頁）[2]

家族向け映画にふさわしく、パズーとシータの関係は決して冒険仲間の域を出ない。だが、彼女がパズーの世界に入ってきた途端に、彼の人生は大混乱に陥る。シータが初めて登場するのは、巨大な飛行船――この映画に登場する多くの特徴的な航空機の一つ――の中に囚われている場面である。彼女はムスカという名の謎めいた男が指揮する軍人たちに誘拐されていたのだが、この冒頭のシーンで軍と空中海賊の双方から逃れて脱出する。飛行船から転落した彼女は、ペンダントの力に守られ、びっくりした表情のパズーの腕の中にゆっくり落ちてくる。これに続く追跡劇は、SF的な発想から生まれた文明崩壊の世界観に魔法の味付けをした物語として展開される。『コナン』と同様、想像を絶する権力を手に入れようとする悪漢が登場し、神秘的な力が物語の行方を左右する。

だが、『コナン』の舞台となった大災厄後の世界の大半が海中に没しているのと異なり、シータとパズーが住む世界は一九世紀のヨーロッパに似て活気にあふれている。『ラピュタ』の文化的起源がヨーロッパにあることは火を見るよりも明らかだ。「空に浮かぶ城」という幻想的なイメージは、蜃気楼を描写した中世ヨーロッパの記録に基づいている。それは遠くの建物が地平線の上に浮かんで見える一種の気象光学現象に過ぎない。しかし、本章のエピグラフが示唆しているように、この現象は人々の心に驚異と畏怖の念を呼び起こしたのである。

宮崎はイギリス文学の古典からもヒントを得ている。科学技術の力で空を飛ぶラピュタという島のイメージは、宮崎が子供の時に読んだジョナサン・スウィフトの風刺小説『ガリヴァー旅行記』から借りたものである。監督自身は、小説の内容はうろ覚えだったため、妻に百科事典で調べてもらったと主張している。だが、スウィフトと宮崎のどちらの物語も、ラピュタを空に浮かばせるテクノロジーに関しては複雑な見方をしている点が共通している。

空からパズーの腕の中へと降ってくるシータ。『天空の城ラピュタ』より（作品DVDより引用。©1986 Studio Ghibli）。

その一方で、宮崎は作品に風刺を持ち込むことを避け、ともに愛読していた一九世紀スコットランドの作家ロバート・ルイス・スティーヴンソンの『宝島』のようなスリル満点の古典的冒険小説と、フランスのSF小説家ジュール・ヴェルヌの作品に特徴的な胸躍るセンス・オブ・ワンダーを合わせたような物語を創作した。[3]『宝島』と同様、『ラピュタ』には勇敢な孤児の主人公、息を呑むような追跡シーン、海賊の一団、そして宮崎作品には珍しく、映画のクライマックスに至るまでついに改心しない心底邪悪な悪役などが次々に登場して観客の興奮を誘う。ヴェルヌの影響が見られる映像表現はかなり特徴的で、今日では「スチームパンク」と呼ばれる懐古《レトロ》趣味的なSFの一ジャンルを彷彿とさせる。宮崎によれば、この種のSF作品は「機械がまだ機械の楽しさをもつ時代」を舞台にしているという（『宮崎駿全書』、八六頁）。[4]本作には風変わりな飛行機械が次々に登場して、観客を楽しませてくれる。例えば、スズメバチとバイクを合体させたような外見で、それにぴったりの騒音を出す羽ばたき式飛行機のフラップターもその一つで、宮崎はそのデザインに多くの愛情と労力を注ぎ込んだ。他にも、軍が使用するゴリアテという名の不気味な大型飛行戦艦も登場する。中でも最も目を惹くのが、魔法と先進的な科学技術を合体させたラピュタそのものの「飛行メカニズム」である。だが、この優れたテクノロジーには、実は恐るべき破壊力を持つ兵器になり得るという暗い秘密があった。

映像面で同様に重要な役割を演じたのが、イギリスのウェールズ地方で、この地域の景観や住民は『ラピュタ』に大きな影響を与えている。『ナウシカ　パート2』を作る仕事を首尾よく免れた宮崎は、『ラピュタ』のロケハンのために同地を訪れた。新しいアニメ制作スタジオの設立準備で忙しい高畑と鈴木を後に残して、一人旅に出たのである。この時の体験は、彼に美術面と政治面の両方で深い印象を植え付けた。ウェールズはイギリスの一部ではあるが、アングロサクソン人がブリテン島を征服する以前の先住ケルト民族の誇りをいまだに失っていない。宮崎はかなり前からケルト文化と自然のつながりに深く魅了されており、そこにヨーロッパにおける日本の神道の伝統に相当するものを見出していた。

一九八五年の晩春にウェールズに到着した彼は、当地の田園風景の幻想的な美しさの虜になった。ウェールズには、海よりはるかに高い場所に建設された堅牢な中世の城塞が各地に残されていたのである。加えて、山地の多い景観を満喫していた宮崎は、目の前に現われた巨大なボタ山（何世紀にもわたる石炭の採掘で捨石《ボタ》が集積してできた山で、過酷な労働の副産物でありながら妙に懐古の情を誘うところがある）にも衝撃を受けた。

宮崎は、特に炭鉱労働者たちの苦闘の歴史に心を乱されていた。当時は、イギリスの炭鉱史において最も激しく苦しい戦いとなったストが終結してから、まだ二カ月しか経っていなかった。マーガレット・サッチャー首相が赤字の炭鉱を閉鎖する計画を発表すると、イギリス全土の炭坑夫たちが大挙してストに参加し、時には暴力行為を伴うデモに踏み切った。最も激しいデモの一部は、当時、宮崎が旅行中だった南ウェールズで発生していた。ストが失敗に終わると、労働者たちの士気は崩壊し、建物から人の姿が消え、監督自身もこの苦い結末に深く動揺していた。

　叶精二は「炭坑夫たちに連帯感持っちゃった」という宮崎の発言を引用し、ウェールズの炭鉱労働者たちが奮闘する姿を見て、そこに東映動画で会社側と戦った労組時代の自分たちを重ね合わせたのかもしれないと推測している（『宮崎駿全書』、九三頁）[5]。だが、一九八〇年代の日本は大いなる経済成長と繁栄の時代を迎えており、当時とは隔世の感があった。そんな中で、宮崎がよりシンプルで、物質主義的でない生き方に憧れを抱いていたことは、『ラピュタ』で脇役陣を固める坑夫たちの描写や、思想的に冷笑的でも虚無的でもない冒険物語の創造に執着したことからも明白である。シータとパズーを支え、空中海賊と軍のどちらからも彼らを守ろうとする村民たちは、粗野で貧しい人々だが、二人が安全でいられる場所を確保しようと懸命に努力する。

『ラピュタ』は、宮崎と高畑が設立したスタジオジブリが制作した最初の作品となった。『ナウシカ』の興行的成功は、二人の監督がトップクラフトを発展的に解消する形でジブリへと改組することを可能にしたのである。『ナウシカ』の公開からおよそ一年後の一九八五年六月一五日に、新会社は東京郊外の吉祥寺にある貸しビルで産声を上げた。社名の「ジブリ」はサハラ砂漠に吹く熱風のことで、第二次世界大戦中のイタリアの軍用機の名称にもなっている。そこには、スタジオジブリを拠点にして、停滞している（と創立者たちは考えていた）日本のアニメ業界に「旋風」を巻き起こすという意図が込められていた。アニメ雑誌『アニメージュ』の副編集長で、『ナウシカ』の映画化の立役者の一人である鈴木敏夫も、ジブリ設立に影響を及ぼした。鈴木の勤務先である徳間書店が同社を財政的に支え、それから三〇年にわたって関係を維持し続けたのである。

この信頼と支援は、ジブリにとってきわめて重要だった。日本のアニメ制作会社の大半は、テレビアニメと、時折そこから派生するスピンオフ映画に依存する傾向がある。だが、宮崎と高畑は、密度が濃くて複雑な映像を駆使し、心理的に奥行きのある物語やキャラクターで構成される独創的で高品質の長編映画を制作する決意を固めていた。高畑は、『ラピュタ』には必要なだけの制作費をかけるべきだと主張した。完成した映画の流れるような映像、独創的なキャラクター、それに細部にまで配慮が行き届き、視覚的に魅力にあふれた舞台設定は、業界標準を一新させた。

にもかかわらず、『ラピュタ』は興行的には期待外れに終わり、興行収入は『ナウシカ』の三分の二程度にとどまった。宮崎にとっては残念な結果だった。彼は、映画が比較的不振だった原因をこう分析している。「何も持っていない少年が主人公っていうのは、なかなか上手くいかないんですよ」。むしろ、ありきたりなSFやファンタジーのアニメ作品のように、超人的なヒーローを登場させていれば、話は違っていただろうというわけだ(『宮崎駿全書』、八二‐八三頁)[5]。『ラピュタ』のもう一つの弱点は、既成の人気アニメか漫画を原作としていなかったことにある。宮崎の独特な世界観に基づく独創的な映画になったことは間違いなく長所の一つだったが、「宮崎駿」のブランド力はまだ確固たるものではなかったのだ。タイアップスポンサーを使った宣伝も概ね空振りに終わった。その一社である味の素は「ライトフルーツソーダ　天空の城ラピュタ」を発売したが、一般の映画ファンにまだ比較的知られていない監督の新作を観に来させるほどの訴求力はなかった[6]。

加えて、この作品が想定していた観客層も問題となった。『ラピュタ』が子供のいる家庭を観客層と想定していたのとは対照的に、日本のアニメ制作者たちは、次第に一〇代から二〇代の男性に標的を絞りつつあったからである。やがて「オタク」と呼ばれるようになるこの世代（アメリカでは〝geek〟という呼称が定着する）は、感動的か感傷的とさえ言えるストーリーを重視したエンタメ作品を「卒業」し、もっと時代の先端を行くようなヒーローと大人向けの舞台設定を求めるようになっていた。

宮崎はこうした新たな傾向を苦々しく思っていた。『ラピュタ』の公開より二、三年前のインタビューで、彼は「コナンはいい子すぎる」という批判に、そう言う人には「悪い子見たいの、おまえは？　って言いたくなる」と反論している。そして、年長者に「小生意気な口」をきくような「悪い子」を反対に批判し、最後に特有の激しい口調でこう結んでいる。「ああいうの見ると、張り倒したくなるんだよね、やなガキだなと思って。ああいうのがヒーローってのは、どうしても僕には納得できないことなんですよ」（『出発点』、四四〇頁）[7]

監督は、自分が創造するキャラクターは真実味があって興味深いだけでなく、根っからまともな人間でなくてはならないと考えていた。そこで、「やなガキ」に活躍の場を与えるよりは、むしろ強靭さと前向きな態度を兼ね備え、災難や大惨事にさえ敢然と立ち向かうような子供のキャラクターを丹念に造形していくようになったのである。

宮崎の作品に登場する子供たちの大半が孤児であるか、少なくとも両親と離れ離れになっているのは決して偶然ではない。『ラピュタ』の発想源について語ったインタビューで、彼は「子どもが自分なりにやってるのは古典的な児童ものの条件なんです」と述べている（『出発点』、四七九頁）[8]。文学作品に自力で生きていく子供が登場する例は、一九世紀の小説『誘拐されて』のデーヴィッド・バルファや『ジェーン・エア』の主人公から、現代の『ハリー・ポッター』シリーズの魔法使いの少年に至るまで、実に多岐に及んでいる。この文学的伝統は、子供の主人公に自由に行動する余地を与えるだけでなく、作品に劇的で胸を打つ要素を追加するのだ。

だが、宮崎が子供には自立心や精神的強さが必要だと主張した背景には、より深い理由があったのかもしれない。それが自身の両親に対する葛藤の現れであることは、「自分の原点」という意味ありげなタイトルを付けられた一九八二年のインタビューに明らかだ。その中で、監督は一〇代の頃に心を揺さぶられたアニメ映画『白蛇伝』に再度言及している。「『白蛇伝』を見て、目からウロコが落ちたように、子どものすなおな、大らかなものを描いていくべきだと思ったわけなんです。しかし、親というものは、子どもの純粋さ、大らかさをややもすれば踏みにじることがあるんですね」(『出発点』、八二頁)[9]

シータとパズーには、二人を「踏みにじる」親がいないため、宮崎の理想にかなう自立した行動を取らざるを得ない。映画全体を通して、彼らは互いに頼り合うことを学び、尊敬と信頼を共有する関係を通じて、自分たちだけでなく、最終的には映画のクライマックスで世界を救うことになる。二人は、ムスカという悪役が企てた地球を破滅させかねない陰謀から世界を救うのである。この邪悪な人物はシータにとって年上の遠い親族であることが明らかになる。ムスカは『コナン』のレプカや『カリオストロ』の伯爵といった年上の悪役男性キャラクターと類似点があるが、彼の場合、ラピュタのテクノロジーの力を使って世界を支配しようと考えている点で、危険度はさらにその上をいく。

宮崎は、「良い」親(あるいは親代わり)であることが明白な、年上のキャラクターも登場させている。例えば、大柄な赤毛の女性ドーラがそうで、実際に息子のいる母親であると同時に空中海賊の首領でもあり、映画の冒頭ではシータから魔法のペンダント(飛行石)を強奪しようとする。派手で行動的な年輩の女性であるドーラは、秀逸なキャラクターと言えるだろう。好戦的で悪知恵に長けているが、母性的なところもあり、略奪に明け暮れるだけの海賊という一九世紀の使い古されたイメージには収まり切らない。宮崎は映画の冒頭で、彼女は敵に回すと厄介な人物で、ラピュタの宝を手に入れるためには手段を選ばず、主人公である二人の子供たちの「純粋さ、大らかさ」を「踏みにじ」ろうとしているかのように描いている。ところが、予想外の展開の末に、ドーラはもっと複雑なキャラクターであることが明らかとなり、敵に捕まったパズーがシータを見捨てた格好になったことを海賊というより母親のような口調で叱咤する。そして、パズーがシータを無事救出した後に、事実上の親代わりになるのである。彼女は「ドーラ一家」の飛行船で二人を働かせた後、見張り台のグライダーを与えて結果的にラピュタに旅立たせる。

　ドーラは、『ナウシカ』制作中に他界した母親の美子を偲んで宮崎が創造したキャラクターだと広く考えられている。探究心が強く、品行方正なナウシカにも、美子と共通点があるが、ドーラのおせっかいで派手なところは、宮崎家の息子たちの記憶に残る母親像と間違いなく一致する。宮崎の弟の至朗は『ラピュタ』について、「あれは駿兄貴が映像を通してオフクロに送った、不器用だが精一杯のはなむけだったのかもしれない」と書いている（『宮崎駿全書』、八三頁）[10]。映画の結末では、ドーラと大柄な息子たちが小型飛行機の一隊の上から子供たちに手を振り、二人には必要ならいつでも戻ってこられる家族が出来たことを印象づけている。

　最初はビデオ、次にはＤＶＤの登場のおかげで、『ラピュタ』は最終的に初期投資額を上回る金額を回収することができ、今日では子供向け映画としては大きな成功例と見なされている。だが、『ラピュタ』は単なる子供向け映画を超えた作品である。程なく、多くの批評家たちがこの作品を特異な傑作として高く評価するようになった。映画の結末に近い部分は、もはや環境問題に関する挑発的なメッセージを組み込んだ寓話の様相を呈し、人類がテクノロジーや自然とどう向き合うかという、巨大できわめて同時代的なテーマを予想外のやり方で私たちに突き付ける。だが、『ラピュタ』は、これらの問題にあえて結論を出そうとはしていないように思える。映画のエンディングでは、ラピュタの城が乗る巨大な輝く結晶は緑色の大樹の根に囲まれたまま、大空へと飛び去って行く。置き去りにされた子供たちと海賊一家は、何もない空間を飛び続けるしかない。

映画『ナウシカ』は、人類と自然界の関係性を肯定するような結末で終わった。一方、『ラピュタ』で城が最後に飛び去って行くシーンは、ＳＦとファンタジーが合わさったような世界観の中で、人類が果たして世界の一部であることに値するのか疑問を呈している。それはユートピアになる潜在性を秘めた故郷から、人類が追放されて孤児となるという不穏なシナリオを提示しているのだ。叶に言わせれば、この映画は「苦いリアリズムと現代性に裏打ちされたファンタジーとなる運命にあった」ということになる（『宮崎駿全書』、一〇七頁）[11]。

宮崎が、夢あふれるファンタジー、ほろ苦いリアリズム、そして黙示録的なＳＦをいかに違和感なく統一させて一貫性のある物語を創造したのかという点に関しては、もっと詳細に分析する価値がある。例えば、ここで彼が用いている重要なモチーフの一つに「探求の旅」がある。この作品における探求の対象は、当然ながらラピュタそのものだが、ラピュタが意味するところはキャラクターによって異なる。ムスカと彼が率いる軍人たちは、ラピュタが持つとされる強大な力を求めている。ムスカ自身はかつてのラピュタ人《びと》の末裔なので、実際に島とは家系を通じてつながってもいる。また、海賊たちはそれを略奪の対象としか見ておらず、当初はシータの魔法のペンダントも手に入れようとする。彼女に空に浮かぶ力を与えた飛行石は、ラピュタが飛ぶことを可能にする巨大な結晶体のミニチュア版である。一方、二人の子供たちには、ラピュタにもっと強く心を引かれる理由がある。彼らにとって、ラピュタは家族や故郷と直接つながっているからだ。パズーにとって、それは父親の名誉を回復する機会を意味していた。飛行家の父親は、生前に雲の切れ間から辛うじて一部が確認できるラピュタの写真を残していたのである。また、シータにとり、ラピュタは祖先が住んでいた祖国にほかならず、ペンダントを通じてその強大な力と物理的につながっている。

探求の旅が終わり、ラピュタを発見した時のクライマックスシーンは、期待を裏切らない。映画は三分の二を過ぎた辺りから迫力満点の展開となり、パズーとシータは巨大な嵐「竜の巣」の中にグライダーで飛び込んでいく。そして雲を抜けた先に、ついに空中に浮かぶラピュタの姿を目にするのだ。グライダーを城の外にある庭園に着陸させると、二人は探求の旅を終えた喜びを爆発させ、思わず抱き合って跳ね回る。腐海を訪れるナウシカと同様、彼らは過去に目にしたことのない異質な世界にもまるで臆する様子を見せない。それどころか、二人は興奮した面持ちで城を取り巻くエメラルドグリーンの庭園を探検し、最終的には迷路のような城の内部に足を踏み入れていく。

空飛ぶ島を探索する子供たちには、一風変わった巨大ロボットが付き添っている。子供たちは最初、それがどんどん近づいてきたために身の危険を感じる。だが、実は二人が乗るグライダーが不時着した場所に鳥の巣があったため、ロボットは小さな卵の心配をしていただけだということが判明する。子供たちはすぐにロボットと気軽に接するようになる。その後、ロボットは彼らをむき出しになった墓碑のある場所に連れて行く。ラピュタそのものの記念碑であるかのようなその石碑には、小さなピンク色の花が供えられている。ロボットはもう一輪同じ花を持ってくると、それをシータにそっと手渡す。

エデンの園のような庭園と壮麗な建造物があって、箱庭のような自然の世話をする優しいロボットがいるラピュタは、まさに古典的な失われたユートピア像そのものである。しかも優しいロボットの存在は、先進的なテクノロジーを有するという型にはまったユートピア像に、魅力的な要素を付け加えている。子供たちがラピュタの閑静な通路を歩いているシーンからは、消え去ったラピュタの建設者たちは慈愛に満ち、洗練されていて、優しい人々だったに違いないという印象が伝わってくる。

日本の大衆文化に詳しいトーマス・ラマールが示唆しているように、ラピュタで生き残った最後の知性体であるロボット自体が、ユートピア的衝動の最良の部分を（そして、たぶんテクノカルチャーの新たなパラダイムさえ）体現しているように思える（テクノカルチャーとは科学技術《テクノロジー》と文化《カルチャー》の相互作用を研究する学術部門）。ロボットのよじれた顔には少しいびつな目がついており、初期キュビズムの絵画や、宮崎が称賛しているシャガールの遊び心に満ちた作品を彷彿とさせる。ロボットが動物たちと親しく接していることも、さらにユートピア的な印象を強めている。エコクリティシズム（環境批評）の研究者であるアンソニー・リオイが指摘しているように、ロボットの周囲にはしばしば多くの動物たちが群がって賑やかに鳴き声を上げており、その姿はまるでアッシジの聖フランチェスコ（動物や鳥と心が通じ合ったという伝説がある中世イタリアの聖人）のハイテク版のようである。[12]

また、このロボットには、大災厄後の地球を舞台とするピクサー・アニメーション・スタジオの傑作CG映画『ウォーリー』（二〇〇八年公開）の主人公WALL・E《ウォーリー》を、大人にしてももっと強力にしたような面がある。ピクサーのスタッフが宮崎に傾倒していることは周知の事実なので、人類が地球を去った後に残された植物をウォーリーが大切に世話するという設定は、『ラピュタ』に登場する世話好きのロボットから発想を得ていたとしてもおかしくない。[13]

ロボットが空中都市と自然の双方に対して示す献身的な行動は、テクノロジーと自然がうまく共存していく一つの理想像を示している。リオイは「人工知能が環境の友人であると同時に保護者になる［ラピュタの］ような場所は、前代未聞である」と書いている。[14] 気掛かりな点が一つあるとすれば、その構想に人間が含まれていないことだろう。ラピュタには生きている人間が一人もいない。少なくとも最初のうちは、シータとパズーが来たことで、この場所は新たな人間的要素を受け入れたように見える。それに二人がロボットと打ち解けたことも（巨大ロボットが登場するアニメ番組を見て育った日本の観客は、この設定を難なく受け入れるはずだ）、テクノロジーと人間と自然を生産的かつ違和感なく統一することが、ようやく可能になった未来を予感させる。

『ラピュタ』では、過去の記憶や失われた故郷の概念も、重要な役割を演じる。評論家のトム・モイランは、ユートピア的衝動とは「抑制されたか、与えられなかった何かの探求に心を注ぐことで、それは幸福と満足感をもたらすふるさと――生まれ故郷《ハイマート》――があるという感覚を取り戻そうとすること」だと説明している。[15] この映画の場合、探求の旅の直接のきっかけとなったのは、ラピュタに関連する二つの遺留品だった。一つ目は、パズーの父親が撮ったラピュタの写真である。

二つ目はシータのペンダントである。空飛ぶ島と血統の象徴でもあるペンダントの宝石は、もともとはラピュタにしかない強大な力を持つ結晶体の一部だった。シータはそれを母親と祖母から受け継ぐことで、途方もない力を手にする。家族と故郷が残した遺物にふさわしく、結晶は彼女を失われた過去と結びつけるだけでなく、その絆を守る役割を果たす。スーパーマンの力がクリプトナイトに近づくほど衰えるのとは反対に、ペンダントの結晶はラピュタにある本体に近づくほど彼女のパワーを増大させる。

パズーとシータはどちらも、ふるさとと呼べる場所を探し求めて冒険の旅に出た、天涯孤独の孤児である。最初は、ラピュタがその候補になりそうな気配があり、二人は庭園に囲まれた魔法の都市で未来のアダムとイブを演じて幸せになるのかと思われた。ところが、宮崎は観客とキャラクターたちのどちらにも、そんな夢を長く見ることを許さない。二人の子供たちの到着直後に、ラピュタは間違いなく邪悪な連中と、少なくとも欲の皮が突っ張った連中の両方から侵攻を受ける。空中海賊のドーラ一家と権力欲に狂ったムスカに導かれた軍隊である。

映画のクライマックスで、シータとパズーは島の中枢に巨大な兵器が隠されているというラピュタの秘密に気づく。ムスカの真の目的は、それを使って地上を征服することにあった。ムスカはシータから奪ったペンダントでラピュタの殺人兵器を始動させ、もはや優しいとは言えない巨大ロボットの大群を解き放って、連れてきた兵士たちを皆殺しにする。さらに様々な色から成るエネルギー光線を放って海上に大爆発を引き起こすと、そこから虹色のキノコ雲が立ち上る。ムスカは、この超兵器を旧約聖書のソドムとゴモラを滅ぼした天の火や、古代インドの叙事詩『ラーマーヤナ』に登場する「インドラの矢」に例え、もはや誰にも制止不可能に思える。

宮崎は、大人の権威と狂気から地球を救う役割を、子供のヒーローたちに担わせる。シータとパズーも大人の責任を自ら引き受ける。二人は、ムスカを制止する唯一の手段は、シータが祖母に教わった滅びの言葉「バルス」を唱えることだという結論に至る。「バルス」はまず間違いなく子供たち自身の命も奪うはずだが、その事実は彼らの決意を揺るがさない。二人は手を握ると一緒に呪文を唱える。ムスカは光線に目を焼かれて視力を失い、ラピュタは崩壊していく。[16]

空中都市の下層部はばらばらに引き裂かれ、ラピュタ全体を支えていた大樹の根がむき出しになる。城のアーチ道や塔や積み石が剝がれ落ちるようにして空を落下していき、ラピュタの心臓部が露出する。そこでは大樹の根が結晶体を守るように覆っている。同じように、木の根に守られて助かったシータとパズーもそれにつかまって安全な場所までよじ登り、乗ってきた小さなグライダーにたどり着く。[17] 映画の終わりでは、二人がドーラ一家に空中で親しげに手を振っている。海賊たちは、今回は財宝の強奪にはほぼ失敗したものの、破壊に巻き込まれずに生き残ったのだ。畏怖の念に打たれている子供らと海賊一家の目の前で、大樹の根に覆われた美しく巨大な天空の城は、要塞が崩壊して重しが取れたように空高く舞い上がり、どんどん小さくなって最後に視界から消えてしまう。

アンソニー・リオイは『ラピュタ』に関するエッセイで、天空の城は「批評的なエコトピア」の役割を果たしていると指摘する。それは一種の生態学的なユートピアで、「明らかにディストピア的な要素も含まれているため、ユートピアに関する言論における暗黙的な批評を明示化させる」のだという。[18] リオイがここで指摘しているのは、ユートピアに希望を託すことに潜む危険性である。戦時中における戦争の神話化と、戦後社会が行なってきた工業化に対する妥協がトラウマとなっている宮崎の世代にとって、それは頷ける指摘に思えるのではなかろうか。

一方で、ラピュタはきわめて逆説的なユートピアであると評することも可能だ。最初のうちは牧歌的な世界の前触れのように思われたが、それは同時に、失われた文明の破壊的な歴史を想起させるからだ。シータを過去と結びつけ、パズーの腕の中にふわりと浮かんだまま落ちてくることを可能にする力は、核のホロコースト（大虐殺）を引き起こせる力でもある。ラピュタはまさに強大なエネルギーを内に秘めた存在であり、悪の手に落ちれば邪悪な目的にしか使われようがない。『ラピュタ』の中で扱われている核エネルギーの概念は、子供向け冒険物語の域を超えている。リオイが示唆しているように、この映画には「アメリカの核戦力とその使用による日本の荒廃だけでなく、大日本帝国が自然と神々を利用して帝国主義を正当化したことに対する批判が含まれている」と解釈することもできる。[19]

宮崎の世代にとって、敗戦は記憶に深く刻まれた体験だったが、この映画はそれだけでなく、もっと複雑で普遍的な喪失感を表現しようとしている。文字通り根こそぎになったラピュタが下から根をぶら下げたまま空高く飛び去っていく魅力的なイメージは、ユートピアへの希望を失わせるだけでなく、故郷の喪失感を引き起こす。これより前に、子供たちがラピュタに驚嘆しているシーンでは、ほんの束の間とはいえ、科学技術への希望が芽生え、現代のテクノロジーは有望で持続性がありそうに思えたし、空中都市は人間の訪問者を歓迎し、新しくより良い人生への希望を抱かせてくれそうに感じられたのだが、その印象は長続きしなかった。ラピュタが最後に空に飛び去っていったことで、あらゆる希望は潰えたのである。

この祖国に対する喪失感は普遍的な感情だが、宮崎と同世代の日本人には、さらに強い反応を引き起こしたとしても不思議ではない。彼らの周囲の至る所では、幼少期に遊び場を提供した緑豊かな環境が、最初は戦火によって、そして後には戦後日本を席捲したブルドーザーや高層ビルや巨大な都市開発事業の土地造成業者たちによって、跡形もなく破壊されていったからである。戦後の日本人は、もはや祖国の過去と確固としたつながりを持てなくなり、次第に自国の歴史から追放された、精神的な孤児となったかのような感覚に襲われるようになった。

『ラピュタ』には明らかにヨーロッパの影響が多く見られるが、空へ飛び去った天空の城の最後のイメージには、日本的な「もののあはれ」——生きるものに固有のはかなさに触れたときに生じる切ない気持ち——を感じさせる面もある。もっと具体的に言えば、それは私に、一三世紀に成立した『新古今和歌集』で詠まれている哀愁に満ちた一首を思い出させた。

春の夜の夢の浮橋とだえして　峰にわかるる横雲の空　藤原定家《ふじわらのていか》

「浮橋」の比喩は恋愛のはかなさを、また歌全体としては、美しいものは本質的にはかないものであることを「峰から別れて飛び去って行く横雲」のイメージに象徴させている。

パズーとシータ、それに二人と親しくなって空中で上下に揺れながら別れを告げる海賊一家のイメージは、この映画における最後のユートピア的な可能性を提示している。映画の初めの方のシーンでは、パズーと親しい坑夫たちが経済的に困窮しているにもかかわらず、部外者と戦う彼を見捨てずに応援する。海賊一家と坑夫たちは、人間が相互に支援し合う集団を結成する可能性を示唆しており、それはミヤザキワールドにおいて頻繁に登場するモチーフとなる。また、監督がそうした理想を、スタジオジブリで具体的な形で実現したいと考えていたことは明らかだ。彼のアニメ作品に登場するこの種のユートピア的な集団は、『コナン』に登場する農村的共同社会ハイハーバーや『ナウシカ』の風の谷から、『もののけ姫』のタタラ場にいる寄せ集めだが魅力あふれる労働者たちまで、きわめて多彩である。ラピュタにおいても、優しい園丁ロボットに守られた美しい庭園は、宮崎にとっての一つの理想を提示しているようだが、最終的には大空へ飛び去ってしまう。結局、真のユートピアを築く潜在的な力を持っているのは人間だけであり、そのためには、お互い同士だけでなく、人間以外の世界とも有意義な形で関わり合う必要があるのだ。宮崎が次に取り組んだ映画『となりのトトロ』では、こうした視点がより明白な形で表現されている。ラピュタを追い求めた人間たちは、日常とは懸け離れた高みを目指そうとして失敗したが、宮崎の次の作品は地上が舞台となる。

第7章　魔法の森の傘　『となりのトトロ』に見る国と個人のトラウマ克服への道

ユートピアは本来、時間の停まった世界なのである。
——細江光（「名作鑑賞『となりのトトロ』」、一〇六頁）

ヨーロッパや文明崩壊後の世界を舞台にした映画を三本作った後で、宮崎は次の作品の舞台を母国日本に据える。今も宮崎映画の中で最も愛されている『となりのトトロ』（一九八八年公開）である。その中で彼は再度、病気の母親を抱え、身を切るような孤独と不安を抱えていた幼少期の暗い日々を記憶から掘り起こす。『トトロ』の中で、監督は子供時代の記憶を書き直して再構成し、幼い頃の夢と悪夢に手を加えることで、子供たちを守り、育み、立ち直る力を与えてくれる魔法の世界を創造したのである。

『トトロ』の甘美で牧歌的な世界観と魅力的なキャラクターたちは、世界中の批評家と観客を虜にした。後者には、メイとサツキというまさにどこにでもいそうな姉妹や、多くの人々からミヤザキワールドの最も偉大な創造物と見なされている、トトロという大きくて毛深くて善良な森の精などが含まれている。ファンタジーとリアリズムが入り混じったこの映画は、超自然的なイメージ——ワサワサと動き回る「まっくろくろすけ（ススワタリ）」やいつもニヤニヤ笑っている「ネコバス」――と、自然のある瞬間を素のままに捉えたような美しい映像――例えば、ある春の日の午後に、一匹のカタツムリが緩慢なペースで植物の茎の上をよじ登って行くシーン――の間で微妙にバランスを取っている。

映画は批評家から絶賛されたにもかかわらず、公開直後に大ヒット作となるまでには至らなかった。ジブリは、一九八八年に『トトロ』を『火垂《ほた》るの墓』との二本立てで同時上映するという異例の決断に踏み切った。『火垂るの墓』は、終戦前後の日本で必死に生きる二人の子供の体験を描いた衝撃作で、宮崎の同僚の高畑勲監督による代表作でもある。おそらく、心温まる『トトロ』と胸が張り裂けるような『火垂るの墓』という組み合わせが、観客の曖昧な反応を引き起こした部分もあっただろう。『トトロ』の人気が日本で定着するまでには数年を要したが、その後は、ファンが何度も繰り返し観るような愛される作品となって現在に至っている。実際に、この映画に刺激を受けて、ついには『徹底鑑賞!!　１００回『となりのトトロ』を見ても飽きない人のために』（細江光、和泉書院、二〇一四年）という印象的なタイトルの学術的な著作まで出版されたほどである。[1]

だが、この映画が日本と海外の両方で、これほど熱狂的なファンを生んだ理由はどこにあるのだろう？　本作は純粋な娯楽ファンタジー作品として楽しむことも可能だが、他方で、おそらく宮崎のどの作品よりも明確な形で、強く心に響く牧歌的ユートピアの世界観を提示している。より深いレベルでは、喪失、悲しみ、そして回復や償いの必要性といったトラウマをめぐる問題の探求にも取り組んでいる。こうした問題意識は、宮崎自身の幼年期において結核と闘病中の母親が一時的に不在だったことによる喪失感と、日本の近代化が生んだより普遍的な喪失感（それは特に田舎で顕著だった）の両方から生まれたものである。

その一方で、『トトロ』をこれほど感動的で優れた作品にしているのは、宮崎がファンタジーを通して、これらの問題を解決している点である。観客は喜びや超自然的な出来事を間接的に体験することで、心の中の暗い部分に魔法のフィルターをかけて覆い隠し、厄介な感情と向き合いやすくなるのだ。子供の視点を通じて処理された光と闇を通じて、映画の中核となるメッセージはより強力なものとなる。『トトロ』には悲しみよりも喜びを伝えるシーンがはるかに多いが、物語の至る所に複雑な感情を巧みに織り交ぜることを可能にする監督の力量が、映画全体の楽観的なメッセージに繊細なニュアンスと具体性を与えている。

『トトロ』の時代設定は一九五〇年代の日本で、森や農地に囲まれた物語の舞台は、主として宮崎の自宅に近い東京近郊の小都市、所沢に基づいている。具体的な場所と時代を特定することで、日本の観客から深い記憶を呼び覚ましたのである。

いろいろな意味で、この映画は比較文学者のスヴェトラーナ・ボイムが「回復作用のあるグローカルなノスタルジア」と呼ぶものを体現しているように思える。ボイムはそれを「一見すると……場所への憧憬のようだが、実際には……異なる時代、つまり私たちの幼年期への憧れ」であると説明している。加えて、ボイムによれば、「ノスタルジアを持つ「人物は」歴史を消し去って、それを個人か集団の神話に作り替えたいと考えている」という。[2] もっとも、宮崎は本作で歴史を「消し去って」いるわけではない。『トトロ』で描かれる理想化された風景と無垢な幼年期は、個人的・文化的レベルの双方で「より良い」歴史を回復しようとする試みにほかならない。子供たちは、この映画のユーモア、怖いもの見たさを誘う雰囲気、それにファンタジー特有の様々な生き物たちに夢中になった一方で、近代化が現代社会にもたらした悲痛な喪失感に苛まれつつある年上の観客たちの多くは、ほろ苦いノスタルジアというレンズを通して、『トトロ』を見たのである。実際に、公開時のポスターに載った「忘れものを、届けにきました。」というキャッチコピーも、そうした心情に訴えるものとなっている。

無邪気さや新鮮さがまだ失われていない「忘れられた」ユートピアを描いている点を考えても、子供の視点がこの映画の長所であるというのは決して偶然ではない。一方で、本作は多くの観客に、個人の幼年期における「忘れられた」世界だけでなく、日本文化における失われた過去の世界を追体験させたのである。『トトロ』が劇場公開されたのは一九八八年のことで、当時の日本は、後に「バブル時代」と呼ばれる空前の好景気に沸いていた。それは、東京都心の至る所でＢＭＷを見掛け、若者たちはブランド服をまとってシャンパンをすすり、不動産価格が信じられないほど高騰していた時代だった。しかしながら、この華やかな物質主義の裏では、経済成長や産業発展の副産物である環境破壊や精神的退廃を憂慮する声も確かに上がっていたのだ。

宮崎は、バブル時代の行き過ぎに嫌悪感を示していた。彼は日本の伝統文化に根差した自らのアイデンティティを受け入れ始めていたが、現代の日本に関しては不満ばかりが募っているようだった。一九八九年のインタビューでも、監督はいつもの挑発的な表現で「日本人は嫌いでね、日本経済も嫌いでね」と語り、さらに激しい口調でこう続けた。「こんな軽薄な民族はないいんじゃないかな。（中略）高度経済成長という魔物を日本人がうまく乗り越えられなかった。その結果の政界の腐敗、理想の喪失、物心崇拝なんですよ」（『名作鑑賞「となりのトトロ」』、八六頁）[3]

『トトロ』を「腐敗した世界」に代わる選択肢と見るのは妥当に思えるが、宮崎自身は、この作品は「あの時代が懐かしいから作ったんじゃありませんせん」と断言している（『出発点』、四九〇頁）[4]。それでも、少なくともこの映画の魅力の一部は、一九八〇年代とは逆の社会を切望し始めた多くの人々の気持ちに巧みに働きかけたことにある。それは、隣人がお互いに支え合い、自然環境の価値を認めて尊重する小さな農村社会であることを特徴とする、質素で非物質主義的な社会である。『トトロ』は、宮崎の長編としては初めて日本を舞台にした作品であり、これは監督にとって重要な方向転換だった。宮崎が中尾佐助という民族植物学者の画期的な研究と出会った経緯についてはすでに言及した。中尾は先史時代の縄文期の日本が、アジアにおける広範な「照葉樹林文化圏」の一部であるという説を唱えた人物である。これによって狭い日本のナショナリズム（と宮崎は見なすようになっていた）から解放された宮崎は、初めて母国の文化と美しさを受け入れられる気になった。こうした理由から、『トトロ』に登場する父親が縄文期を専門とする考古学者であるという設定（それは丹精込めて描かれている彼の書斎の本や絵などを見れば明らかだ）は、この作品にふさわしい選択だったと言えるだろう。それ以外にも、縄文期の平和的な狩猟採集文化について暗に言及しているシーンがある。それは「昔々は、木と人は仲よしだったんだよ」と父親がメイとサツキに教えている場面である。

映画監督のフィリップ・ブロフィは、『トトロ』を分析した文章で、「失われた日本」という描写からは植民地主義的な見下した態度が感じられると指摘し、この映画にノスタルジアを感じるのは欧米の批評家だけだと暗に警告している。だが、実のところ、過去の世界への憧れはオリエンタリズム的な視点の押し付けなどではなく、現代の日本にも間違いなく息づいているのだ。人類学者のマリリン・アイヴィーは、現代の日本人が伝統文化を尊重しようとする試みについて分析した『消えゆくものの言説（*Discourses of the Vanishing*）』で、次のように指摘している。「印象的なのは、日本人が日本を描写する際に使う言葉の多くに、本質が抽出された日本のイメージがあまりにも巧みに捉えられていることである」。これらの「本質が抽出された日本のイメージ」には、「古里（ふるさと）」（文字通り「古い土地」を意味するが、幼少期に育った場所への憧れの気持ちを示唆する言葉でもある）や「里山」（文字通り「人里近くの山」を意味する）といった言葉が表す「今も自然に囲まれ、調和が取れた社会」という日本像が含まれている。[5]

運動としての里山保全は、自然環境にとってより持続可能で有益なアプローチを示唆する概念として、大衆文化の域を超え、様々な政治組織や環境保護団体を結集させる契機となった。村の近くに住む「森の精」で、人間と優しく接するトトロのような生き物がいるという考えは、人間と自然の間により強力な絆を築ける可能性を示している。実際に、本作をきっかけに、監督の自宅近くの所沢市で現実の環境保護運動が生まれたほどである。それは「トトロの森」の運動として知られるナショナルトラスト〔自然などを無理な開発から守るために買い取って保全する活動〕で、熱心な支持者を集めている。宮崎自身も「トトロの森」を誇りに思っているが、例によって独特の表現で「エコロジーのファシストみたいな人間がやるようなら」決して協力しなかっただろうとコメントしている（『出発点』、五三一頁）。[6]

『トトロ』は、より魅力的な生き方を選択肢として提供する独特な世界観に基づいているが、その世界観はある種の喪失感の上に築かれている。映画のクライマックスでは、迷子になった子供が人間にとって最も根本的な不安の一つに直面するシーンが描かれ、それを通じて無垢の喪失という、より大きなテーマが追求される。

アメリカの映画評論家ロジャー・イーバートは、この作品を批評した記事で「悪人も、邪悪な大人も、戦闘シーンも……恐ろしい怪物も登場しない」と読者に念を押す必要があると感じたようだが、『トトロ』の幼い主人公たちは、心をかき乱すような状況に間違いなく何度も直面している。[7]映画は、病気の母親がサナトリウムで療養している間、父親と一緒に田舎の古い家に引っ越してきた小学六年生のサツキと四歳のメイという姉妹の心の動きを細部まで詳しく描き出す。作中で母親の病名は最後まで明かされないが、映画に基づく小説や他の文献では、当時は死に至る病としてしばしば恐れられた結核であることが明らかになっている。

宮崎は、母親の不在、彼女が病死するかもしれないという不安、さらに都会から田舎への引っ越しという大きな出来事を物語に挿入しており、それらは映画の魅力的な牧歌的世界に暗い影を落としている。一九五〇年代の結束の強い日本社会では、この家族がしたような引っ越しは大きなトラウマになりかねないと見なされていた。これは特に子供に当てはまり、病気の母親がいて常に大きな不安と戦っている場合にはなおさらである。前述したように、宮崎自身も幼少期に何度か引っ越しを体験し、感情的に不安定な時期を過ごしたことがある。それでも、メイとサツキが新しい家に来て最初に示した反応は、トラウマの原因となりそうな状況に対する、的確で模範的な対処方法と言ってよかった。

これまでの宮崎作品の大半と違って、『トトロ』では徹頭徹尾、子供の視点で物語が展開する。監督はなるべく大人を目立たせず、少女たちが必ず画面中央に位置するような低い角度の構図を多用している。宮崎はまた、二人の行動や動きを描写する際に、子供の体の特徴をよく捉えた動き方をさせるように工夫している。批評家の細江光は、宮崎が子供を物語の中心に据えていることは、この作品のユートピア性――とりわけ、「イノセンス（無邪気さ）」の回復という暗黙のテーマ――と強く結びついていると主張している。細江の見方によれば、『トトロ』は、幼年期の最良の部分を取り戻すことを呼びかけており、そのために好奇心や受容の精神や何にもまして「センス・オブ・ワンダー」〔SF小説を読んだり、自然に触れたりする際に、その不思議さに驚く感覚〕を積極的に受け入れる姿勢を、観る者から引き出そうとしているという。それらは人生を満喫するために欠かせない要素ばかりだと宮崎は主張しているのだ。[8]

宮崎自身が幼年期に関してしばしば書いたり発言したりしている内容も、細江の分析を裏付けている。四歳のメイのキャラクター演出に関する印象的な文章で、宮崎はメイが超自然的な存在を全く恐れず、進んで心を開いてしまうのは、「この子の世界が大人の常識に犯されていない為だ」と書いている（『フィルムメーカーズ６　宮崎駿』、「あらかじめ追放された子供たちのスピリット」、平野勝巳、一三〇頁）[9]。「犯す」というきわめて強い表現を用いることで、宮崎は大人になることで進んでいく「腐敗効果」と比較して、幼年期の無邪気《イノセンス》さと開放性の方が、はるかに重要であることを明白に主張しているのだ。

　細江が「アダルト・チルドレン的」と描写しているサツキと同様に、宮崎も母親が病気で不在の間に家族に負担をかけまいと、自分のしたいことを我慢して大人の責任を引き受ける「良い子」だったと語っている。細江の主張によれば、宮崎は『トトロ』の中で、世界と積極的に関わっていく理想化された家族のイメージを創造することで、自分の子供時代を「取り戻」そうとしたのだという。それは、家族と社会と自然界と超自然界が融合した一つのユートピア的な小宇宙で、あらゆる問題が優しさ、お互いへの敬意、そして感謝の気持ちを通じて解決される魔法のような世界なのである[10]。

　前述したように、細江は、監督が自分の人格の二つの側面を子供の主人公たちに投影しているという説を唱えてもいる。元気いっぱいで常に自分の感情を表に出している幼いメイは、現実離れしたことが起きる世界にも積極的に踏み込んでいく。宮崎が少年時代にすることを強いられた家事に束縛されていない彼女は、監督にとってより愛おしい存在である。対照的に、サツキは朝早く起きて家族のために朝食を作り、メイの母親代わりを引き受けている。無理もないことだが、年齢が上で大人の責任を背負っていることもあって、彼女は妹が全面的に受け入れている不思議な世界の存在を最初は簡単に信じることができない。ジブリのプロデューサーを務める鈴木は、サツキのような完璧な「良い子」がいるはずがないと主張して宮崎と激論になった時のことを、次のように回想している。宮崎は

「いる」「いや、いた」と反論すると大声でこう付け加えたのだという。「俺がそうだった！」（『鈴木敏夫のジブリマジック』、梶山寿子、日経ビジネス人文庫、二〇〇九年、六四頁）[11]

作品全体を通して、「良い子」ならトラウマになりかねない状況にどう対処するか（あるいはすべきか）が描かれるシーンが繰り返し登場する。映画の冒頭で田舎に引っ越してきた子供たちは一見、きわめて楽し気な様子である。二人ははしゃいで芝生の上を駆け回ったり、側転をしたりしている。そして、好奇心と興奮に胸を膨らませて、当時としては珍しい和洋折衷建築の新居に初めて足を踏み入れる。臨床心理学者の田《た》中信市《なかしんいち》は、姉妹のほとんど過剰に思えるはしゃぎぶりは、引っ越しに伴うトラウマに対処するための防衛機制の一種で、それによって「子ども達の心の表面から［不安が］消し去られ排除されていた」のだと分析している（『東京国際大学論叢　人間社会学部編』、「『となりのトトロ』と子どものファンタジー」、一九九五年、五〇頁）[12]。

新居に入った直後に、二人は不思議な出来事を経験する。床の上で光っているドングリを見つけるのだが、それは天井から得体の知れない理由で落ちてきたうちの一つだった。そのドングリ（後のシーンで再び登場する）は、実はもっと神秘的な出来事の予兆に過ぎなかったのである。次の場面で、姉妹は小さな黒い球状の物体が群れを成して部屋中をワサワサと動き回っているところに遭遇する。引っ越しの手伝いに来てくれた村の老婆（「ばあちゃん」）は、それは誰もいない古い家に住む「ススワタリ」という生き物で、幼い子供にしか見えないのだと説明する。

ススワタリは、古い無人の家の中に積もる綿ぼこりを、魅力的に描写したものと言えるかもしれない。宮崎の独創的な想像力が生み出した幻想的な生き物の中でも殿堂入りしてもおかしくない存在で、『千と千尋の神隠し』にもかなり違う性格を与えられて再登場する。これは、宮崎の幻想的な創造物が別の映画に再登場したまれなケースの一つである。ススワタリは、少女たちの心中に渦巻く不安や、二人の父親の楽観的で陽気な態度を映像的に象徴した存在と考えることも可能だろう。真っ黒で実体がなく、そこら中を動き回りながら、集まったり消散したりする。その様子は、まるで頭の中に心配事が湧いたり、消えたりするのとそっくりだ。コミカルだがやや不気味なあるシーンでは、妹のメイが一匹のススワタリを何とか両手の中に「捕まえる」ことに成功する。ところが、メイが固く合わせた両手を開くと、手を真っ黒にしただけで、すでに逃げてしまった後だった。それは頭に湧いた鬱陶しい考えがいつの間にか消えて、心にわだかまりだけ残していくのに似ていなくもない。

ススワタリが選ばれた少数の人間にしか見えない特別な存在であるという考えは、少女たちを元気づけたようである。それは子供には特別な眼力があることだけでなく、後に超自然的な出来事に直面しても、二人が勇気と主体性をもって行動するであろうことを示唆している。姉妹は、ばあちゃんの孫であるカンタ少年に「やーい、おまえんち、おっばけやーしき〜」と大声で冷やかされても、まったく動じない。彼女たちの前向きな態度は、「お化け屋敷に住むのが、子供の時から、お父さんの夢だったんだ」という父親の前向きな反応にも助けられた面がある。彼は、不気味な出来事は陽気な態度で受け入れるのが正しいやり方だと、身をもって教えているのだ。

この態度は、映画の中で真に恐ろしいシーンの一つで、やがて強化されることになる。その中で、父親は新居で過ごす最初の夜に、姉妹が直面した恐怖に立ち向かえるように勇気づけるのだ。田中は、当夜の雰囲気を次のように描写している。姉妹は引っ越しと母親の不在という二重の喪失を体験しており、「その辺の不安感を見事に表しているのが、夜になってサツキがお風呂を沸かすために薪を取りに家の外に出ると、激しい風が木々の間を吹き抜け、草原を波立たせる場面である。それまでの楽しげな雰囲気が一転し、夜の闇の底から吹き抜ける風は、子ども達の心の表面から消し去られ排除されていた不安が回帰して来たようであり、排除されているが故に一層増幅された、その力を垣間見せたかのようである」（『「となりのトトロ」と子どものファンタジー』、一九九五年、五〇頁）[13]。

それから、風は夕ガが外れたように勢いを増すと、瓦を吹き飛ばし、扉や電灯を強く揺さぶり始める。少女たちは浴槽の中で震えながら、父親に助けを求めるようにしがみつく。優しくて夢見がちな父親は、前向きで元気が出るようなやり方で、娘たちの恐怖に反応してみせる。それは、トラウマになりかねない出来事への模範的な対処方法である。彼は暴風や騒音を豪快に笑い飛ばして、そうすれば「おっかないのは逃げちゃうから」と宣言し、娘たちにも自分を見習うように言う。おかげで雰囲気はガラリと明るくなり、子宮のような狭い浴槽の中で寄り添う父親と娘たちのイメージは、無防備で心細そうな印象から一転、家族が睦まじく過ごしている心温まる場面へと変化する。最後にススワタリが大挙して新居から立ち去る美しくも不気味なシーンでは、彼らは家の外壁を滑るように上っていき、月明かりの空の下で巨大なクスノキに向かってぱらぱらと散るように飛び去っていく。

精神分析の専門家たちは、『トトロ』の物語に関連しているタイプのトラウマに治療効果のある行動をいくつか特定している。安心感、平穏な環境、人とのつながりを提供し、対処能力を身につけさせること、そしてトラウマに対して受け身であるよりも、むしろ積極的に向き合うように促すことなどである。これらはすべて、映画の冒頭のこのエピソードに登場する。これが風呂場で起きるシーンであることは、日本の観客の感情に深く訴えるものがある。なぜなら自宅の風呂場は古くから、家族が親密な時間を過ごし、疲れを癒やし、体を清める場所だったからである。映画の他のシーンにおける父親の描写とは異なり、ここでは彼が娘たちより大きく映る構図が用いられ、巨大な庇護者であることを示唆している。父親の豪快な笑い声が、その印象をさらに強めている。娘たちも父親の笑い方を真似しており、二人が自衛の方法を学びつつあることを示している。姉妹は今後、何か怖いものが外に潜んでいても、笑って追い払えるはずだ。

こうしたトラウマへの積極的な対処法に加えて、映画ではもう一つ霊的な存在や崇高な存在がもたらす癒やしの効果が描かれている。興味深いことに、宮崎は『トトロ』全体を通して、宗教について直接的に言及することを概ね避けている。結果として、制作初期段階のイメージボードで明示されていた神道との結びつきが削除されてしまったほどである。[14] それにもかかわらず、本作で描かれる自然や喚起される超自然的なイメージは、神秘的で物質世界を超越した雰囲気に満ちている。風呂場では心地よい家族団欒のシーンが展開されるが、最後にススワタリが去って行った場面は、家族だけでなく人間社会の外にさえ、ある種の異界が存在することを示唆している。家を去ったススワタリが向かった先の巨大なクスノキの幹には神道の注連縄《しめなわ》が巻き付けられており、言外に宗教的な意味が込められているのは明らかだ。また、空から大樹に明かりを落としている月とその周囲を流れる雲は、人間の領域の外に広大な世界が広がっていることを想起させる。

姉妹がススワタリとほんの一瞬だけ出会った後、最初に超自然現象に遭遇するのはメイである。サツキが学校に行き、父親が書斎で仕事に没頭している間に、メイは四歳児らしい元気と好奇心を全開にして荒れ放題の庭で一人遊びをする。父親の気を引こうとしたあとで、まるで『不思議の国のアリス』の主人公のように、穏やかな春の日に退屈しのぎをしているうちに不思議な体験をする。メイは、家の周囲を取り囲む草むらの中の小さな動きに気づく。大喜びでその動きを追った彼女は、木の実が入った袋を背負った二匹の小さな毛深い生き物（後に明らかになるように、中トトロと小トトロのコンビだった）を発見する。走って逃げる生き物の袋からは次々にドングリがこぼれて、地面の上に落ちていく。メイは好奇心と興奮に目を輝かせて、小さな動物たちの後を追い、木の葉でできたトンネルの中に突入する。その一番底にたどり着くと、まだ人間に知られていない大きな灰色の生き物が心地よさそうに熟睡している。そこは、あの古いクスノキの大樹の下にある穴の中だった。

メイは、トトロとの遭遇という明らかに現実離れした出来事にもまったく動じず、トトロの大きな腹の上によじ登ると「あなたはだあれ？」と名前を尋ねる。彼は三音節の言葉に似た大きな音を出して答え、メイには「トトロ」と言ったように聞こえる。それは、彼女がヨーロッパの絵本で読んだ「トロル」（妖精の一種）の記憶に基づいている。生き物の正体を確かめたことに満足したメイは、そのまま毛深い腹の上で眠りにつく。

この不思議な出会いを、メイの想像力が作り上げた「空想の友人《イマジナリーフレンド》」との邂逅として片づけることは容易だろう。安心感を与えてくれる庇護者を必要としている彼女が、温和な性格の友達を創造したとしても不思議ではないからだ。それに、メイはたぶん寂しかったはずである。一方で、宮崎自身が、少なくとも物語の枠内においては、トトロが「実在」することを懸命に主張していたことは念頭に置いておく価値がある。プロデューサーの鈴木が語った有名な逸話の一つに、トトロを大きくあしらったポスターのコピーに関するものがある。最初に提案されたのは「このへんないきものは、もう日本にいないのです。たぶん。」というものだったが、それを見た宮崎は激怒して、次のように変えることを要求したというのだ。「このへんないきものは、まだ日本にいるのです。たぶん。」（『鈴木敏夫のジブリマジック』、六九頁）[15]

もちろん、「たぶん」という言葉によって、そこにはいくらか疑問の余地が残されている。ブルガリア出身のフランスの文芸批評家ツヴェタン・トドロフは、先駆的な著書『幻想文学——構造と機能』（朝日現代叢書、一九七五年）で超自然的なテーマを扱う文学を構造的に分析し、その中で幻想文学《ファンタジー》を一つの分類に当てはめている。『トトロ』はいろいろな意味で、トドロフの分析がそのまま当てはまる模範例と言っていい。トドロフによれば、神秘的な出来事に遭遇した際に、現実に即した合理的な説明を選ぶか、超自然的な説明を選ぶかで、読者（あるいは観客）に「ためらい」を強いるのがファンタジーの本質であるという。[16] どちらが正しいのか知りようがないことが、遭遇の楽しみを一層増大させるのである。伝統的に、東アジアの哲学や思想は、欧米のそれらと比べて、こうした曖昧な感覚をはるかに違和感なく受け入れてきた。例えば、道教の始祖の一人とされる思想家、荘子《そうし》による有名な説話「胡蝶《こちょう》の夢《ゆめ》」を見てもそれは明らかだ。眠りに落ちた荘子が蝶となって飛んでいる夢を見ていたところ、目が覚めた時に、自分は荘子となった夢を見ている蝶ではないかと思い始める。荘子の立場は、どちらが自分の真実の姿であっても、満足して生きられるというもので、ありそうもないことを平然と受け入れる点では、従来の欧米的な合理性とはまったく相容れない。こうした視点から見た場合、『トトロ』における超自然との遭遇（最初の出会いとそれ以降のものも含めて）において本当に重要なことは、出会いが実際に起こったかどうかではなく、娘たちがそう考えているかどうかということになる。

トトロが具体的な意味で「実在」するかどうかは、メイがこの現象に遭遇した際に見せた想像力豊かで積極的な反応に比べれば、大した問題ではない。これは、メイがヨーロッパの絵本で読んだトロルの記憶に基づいて、出会った生き物をトトロと名付けたことからも明白である。トロルが毛深い好意的な生き物であることはめったにないので、メイが自分なりの変更を加えてトトロという名前にしたのは、彼女が豊かな想像力の持ち主であることを示している。それは、恐ろしい何か（従来のトロル）を安心させる何か（トトロ）に再構成する能力であり、宮崎が作品の中で暗かった幼年期をより晴れやかな物語に再構成しているのとまったく同じである。

きわめて体が大きく、なんとも謎めいた「他者」との出会いは、多くの子供や大人にとって厄介で恐ろしい状況のはずである。メイがトトロと出会うシーンがまさにそれであり、彼女が示した反応は、そうした状況に対する先を見越した対処法と見ることができる。メイは、この超自然的な他者を受け入れるだけでなく、正面から向かい合おうとする。しかも、相手を擬人化しようとはせず（その点は、アリスの白ウサギや他の不思議の国の生き物たちとの接し方と異なる）、自分の判断で、無害な独立した存在として接しようとするのである。他者性と平然と関わるメイの行動と態度は、後に『もののけ姫』でアシタカがコダマ（木霊）を平然と受け入れたり、『ポニョ』で宗介の母親のリサが半魚人の少女を温かく迎え入れたりする場面で明らかになるように、ミヤザキワールドの基本的特徴の一つとなる。

トトロは保護者の役目も担っている。多くの日本の批評家が指摘しているように、トトロの大きな腹は子宮を想起させるし、大樹の下の穴にある巣も同様である。[17] そのため、英語圏の批評家たちはトトロをオスと考える傾向があるとはいえ、母親的な役割をも引き受けていると考えるのは妥当な判断だ。トンネルを下って行った先に心をなごませる丸い物体を発見するという筋書きは、メイが一時的に不在の母親の代わりを見つけたことを示唆している。それは子供の頃の宮崎には、決して叶わなかったことである。メイがトトロの上に腹ばいになっているイメージは、幼少期の牧歌的な夢の中に出てくる終わりのない晩春の一日のようで、平穏で永遠に続きそうな時間を想起させる。この荘厳な雰囲気の中で子供が大事に庇護されているという感覚は、最後の高角度の映像によって高められる。そこに映し出されている大聖堂のような森の緑の屋根は、はるか下で眠っている生き物たちの安全を守るかのように広がっている。

メイがトトロと初めて出会った後に続くシーンも、トトロが自然と強いつながりを持つ穏やかな生き物であるという印象を強めている。帰宅したサツキはメイの姿がどこにもないことに気づく。サツキと父親が探しに行くと、彼女は森の中で眠りに落ちている。メイは二人にトトロを見せようとするが、彼は姿を消しており、父親と姉は最初、必死に探し回る様子を見て笑ってしまう。それでも、メイが嘘をついていないと主張すると、父親は真面目な顔になり、「森の主」に会えたのはとても幸運なことだと告げる。メイをさらに励ますために、父親はメイとサツキを連れて巨大なクスノキに挨拶に行くことにする。メイはその木を見て、さっきまでトトロの棲み処がその下にあったと主張する。父親は、この木を見たから今の家を気に入ったのだし、きっと二人の母親も好きになるはずだと考えたから、そこに引っ越したのだと説明する。こうして、トトロは自然と過去と、暗黙のうちに姉妹の母親ともつながっていることが明らかになる。それらはすべて、保護する役割を担うと同時に、保護されるべき対象でもあるのだ。

その後、何度も繰り返されるトトロとの出会いは、彼が子供たちを保護し、母親代わりを務めているという見方を裏付ける。父親が乗っているはずのバスが到着するのを雨の中で待っている姉妹は、次第に疲れが増し、心配が募り始める。やがてメイはサツキの背中で寝入ってしまう。サツキはぎこちなく傘の持ち方を変えて、雨が降っている暗闇の中を不安そうに覗き込む。すると大きな鉤爪がついた二本の脚が徐々に彼女の方向に進んでくるのが目に入る。毛皮に包まれた大きな体をゆっくりと見上げていくと、そこにはきっとトトロに違いないと思わせるような顔がある。サツキがその生き物に本当にトトロなのかと尋ねると、相手は特有の低いうなり声のような音を出して答える。

二人は雨が降るのを眺めながら、そのまましばらく立っている。サツキは父親のために持って来た余分な傘をトトロに渡すことにする。トトロは喜んだが戸惑ってもいて、いろいろ調べていたが、サツキに促されてようやくそれを頭上に差す。彼はその過程を少し面白がっているようにも見える。結局、傘が雨に濡れるのを防いでくれることより、雨粒が傘をたたく音がとりわけ気に入ったようで、結局、大きなうなり声を上げて跳び上がると、着地した時の振動で自分と子供たちの上に雨粒が滝のように降ってくる。その直後に、うなり声で呼び出されたかのように、雨の向こうにヘッドライトの光が浮かび上がり、バス停の前まで猛スピードで突進してくる。だが、雨の中から現れたのは普通のバスではなく、バスの形をした巨大な猫である。ニヤニヤ笑いをしている猫の頭の両側にはネズミのマーカーランプが付いており、胴体の中には毛皮で覆われた座り心地が良さそうな座席がある。トトロはバスに乗り込むと、走り去る前に姉妹に笹の葉で巻いた包みを渡す。

ネコバスが去った少し後に、姉妹の父親が到着する。彼は帰りが遅くなったことを詫びて、心配したかと二人に聞く。娘たちは大はしゃぎして父親を驚かせ、周りを踊りながらたった今起きたばかりの不思議な出会いについて話し出す。二人は口々に「コワーイ」「ステキーッ」と叫び合う。娘たちは父親の腕にしがみつき、親子三人は家を目指して歩き始める。彼らの頭上には巨大なクスノキがそびえ立っている。

穏やかだけれども強い感情を引き起こすこのシーンでは、自然と超自然の力が幼年期の子供が普通に体験する感情に作用し、それを増幅している。退屈や孤独や不満は、驚きや喜びの感覚に転換される。少女たちが上げた「ステキーッ」「コワーイ」という叫び声には、子供が日常から懸け離れた何かと遭遇した時に感じるはずの恐怖や歓喜が込められている。美しく演出された雨と暗闇の描写は、閉所恐怖症のような感覚と震えるような緊張感を引き起こす。久石譲の音楽もこの雰囲気を盛り上げており、最初は雨粒を連想させる鈴の音のような澄んだ音色から始まり、トトロが近づくにつれて抑え気味の低い音色が繰り返されて、やや不吉な感じを醸し出す。

宮崎は、緊張感を引き出すために台詞のないシーンをうまく使っている。サツキとトトロが無言のまま並んで立って雨を見つめている場面もその一つで、ここでは人間と人間でない生き物の間で静かに絆が結ばれていく印象を作り出すために、それを損なうような無駄な会話が省かれている。静かな雨の中でゆっくりと高まっていく激しい感情は、トトロが唐突に発するうなり声と大量に降り注ぐ雨粒の音により、一気に解放されてカタルシスが訪れる。この時の滝のように降り注ぐ雨粒には、ある意味でトトロの不気味なうなり声や猛烈なスピードで駆けるネコバスと同等に、不可思議で幻想的なところがある。

宮崎が『トトロ』のために描いた最初の絵コンテには、やや超自然的な印象のある、示唆に富むイラストが描かれていた。雨の中で一人の幼い少女が赤い傘を差してバス停で待っており、横には人間ではない奇妙な姿の生き物（トトロ）が立っている。そこでは人間と自然と超自然の三つがすべて同列に並べられており、のちに、このイラストは映画を象徴する有名なポスターに使われることになる。雨の中に立つ高い木は、自然の神秘とそこに秘められた力を象徴しており、人間ではない大きな生き物もまた、別の意味で神秘的な存在である。当初、映画には少女が一人しか登場しない予定で、このイラストの中の彼女は、悪天候と超自然的な訪問者のどちらにもまるで動じず、落ち着いた表情で前を見つめている。私たちの視線は、少女を守る傘に引き付けられざるを得ない。それは彼女を元気づけるかのような明るい色をしている。

宮崎は多くの発想源からヒントを得ているが、中でも特に興味深いのが日本に古くから伝わる「笠地蔵」という宗教的なおとぎ話である。ある日、一人の老人が菅笠《すげがさ》を売るために雪の中を外出する。ところが、途中で一列に並んだ地蔵菩薩が雪の中であまりにも無防備な姿で立っているのを見て、胸を衝かれてしまう。地蔵菩薩とは釈迦がこの世を去った後、仏が不在にならないように現世に残って人々を苦しみから救ってくれる存在のことである。地蔵菩薩はとりわけ子供の守り神として知られている。だが、この昔話では、超自然的な存在に救いの手を差し伸べるのは人間の方だ。老人は結局、手持ちの笠をすべて地蔵に被せてしまう。もちろん、思いやりは十二分に報われ、翌日、地蔵たちから大量の食べ物や飲み物（別の説によれば金銀の財宝）を贈られたという。

宮崎の現代風のアレンジでは、菅笠は雨傘に、雪は雨に、地蔵菩薩は大きくて毛深い未知の生物に置き換えられている。また、トトロの小さな贈り物は、地蔵尊が返礼として届けた贈り物を彷彿とさせる。だが、元のおとぎ話には宗教的な教訓が含まれていたのに対し、現代版は人間と自然と超自然が精神的に交流するという物語に変わっている。

宮崎は菅笠を雨傘に変えることで物語を現代風に作り替え、ちょっとした現実感を加えるという魅力的な演出を行なっている。ポスターと異なり、映画の中では傘はサツキとメイの両方を雨から守っている。サツキが父親の傘をトトロに貸したのは、思いやりと勇気の証というだけでなく、人ではない他者と接する際に人間が率先して良好な関係を築こうとする行為と見ることもできる。傘に雨粒を当てて喜ぶトトロの遊びは、この出会いにコミカルな印象を与えており、子供が何でもないことにささやかな喜びを見出している様子を連想させる。サツキは後にトトロに救いを求めることになるが、この場面では、両者の立場は逆転している。

傘は、二人の少女とトトロの次の出会いにおいても、顕著な役割を演じることになる。その際に、姉妹は小トトロと中トトロとも協力して、トトロからお土産にもらった木の実を青々と茂った大樹に成長させるのである。多くの意味で、このシーンは観客の気持ちを高揚させるという点では、作品中の最大の見せ場であり、自然と超自然と人間社会が交流することで、成長を促すだけでなく、生命そのものの創造さえ可能になるという世界観が、きわめて魅力的な映像によって演出されている。

ある夏の夜、少女たちは庭から聞こえてくる音で目を覚ます。二人が窓から外を見ると、傘を差したトトロが小さなトトロたちを連れて、前にメイとサツキが例の木の実を植えた畑の周りを歩き回っている。少女たちは、木の実が成長するのを今や遅しと待ち続け、ほとんど諦めかけていたところだったが、この時はトトロたちに加わるために喜び勇んで寝床を飛び出す。間もなく、トトロに倣って全員が植物を成長させる儀式らしきものに参加し、体を上下に揺らし始める。トトロは傘を不格好な魔法の杖のように振りかざしており、二匹の小さなトトロたちも、彼を真似て大きな葉っぱを両手で捧げ持ち、頭越しに上下に振っている。

実際には、細江が指摘しているように、ここで起きる「魔法」は、魔法の杖を使うタイプのものほど単純ではない。[18]トトロの傘は単に種を木に成長させているというより、種が自らを成長させるように力を添えているのである。また、それは決して容易な作業ではない。誰もが一致団結して協力し、力の限り取り組む必要がある。トトロでさえ、仕事に励みながら額に汗を浮かべているほどだ。やがて盛り上がる音楽とともに種は苗木へと成長し、猛烈な勢いで絡み合いながら、葉の生い茂った巨木へと育っていく。その姿は、月に照らされた景色の中で最も存在感がある。子供たちは喜びの悲鳴を上げるが、冒険はこれで終わりではない。またしても傘の出番が来て、トトロが木々のはるか上を越えて飛んでいく手伝いをする。姉妹と小さなトトロたちが彼の腹にしがみつくと、トトロはぐんぐん高度を上げて、田園地帯の田んぼや湖や山の上を颯爽と飛翔する。

メイとサツキはトトロの助けを得て、成長のプロセスに関わった。それは新たな能力を得たことと、土地と直接的なつながりを持ったことを意味した。二人はトトロをすすんで信頼することにより、日常的な世界に対して、ほとんど神のような視点を獲得したのである。姉妹は、田園風景の上を飛行することによって日常生活における試練を超越したのだ。サツキはトトロの腹の上に飛びつく前に一瞬躊躇するが、それは子供時代が終わりに近づき、自己認識が高まりつつあることを意味している。だが、空を飛んでいる間は、少女たちはどちらも自然と超自然と人間が一体化することに喜びを感じている。ある瞬間に、姉妹はトトロの真似をするかのように、彼と一緒に空に向かって大きな叫び声を上げる。それは二人が自分たちの「声」（意志）を発見したことを象徴している。空の旅の終わりに、姉妹はこう叫ぶのである。「私たち、風になってる！」

月明かりの下で空を飛んだ翌朝、目覚めた少女たちは、種は発芽して緑色の小さな若芽を出していたものの、実際には前夜のように葉が生い茂った大樹にまでは成長していないことを知る。だが、二人はがっかりするどころか、大声で喜んで見せる。「夢だけど……夢じゃなかった！」。それは姉妹が今や、中国古代の思想家・荘子のように、外部の権威の承認を受けずとも、自らの想像力で現実を創造できるようになったことを示唆している。

子供たちが自然と遭遇する最後のエピソードは、刺激的ではあるが、作品中最も微妙さに欠けている。これは、サツキが妹を探すのを手伝ってもらうために、トトロのもとに走るシーンである。メイは、カンタのばあちゃんの庭で採ったトウモロコシを病気の母親に届けようとして、迷子になってしまったのだ。サツキと村民たちがメイを捜索するシーンは映画のアクションの山場と言ってよく、まさに胸が張り裂けるような場面が展開される。だが、多くの人々の応援と愛情に支えられる中で、結局、危機を打開するのは超自然的な力である。宮崎は、自宅付近で子供が川に流されたかもしれないと騒ぎになった直近の事件や、幼少期に弟が地元の祭りで迷子になった時のことにヒントを得てこのシーンを描いている。

宮崎はここで、一時的な喪失の記憶を、母親の病気というもっと根深い喪失感と重ね合わせている。メイが行方をくらましたのは、週末に帰宅する予定だった母親の体調が悪化して帰れなくなったという知らせに端を発している。当然ながら、子供たちはどちらも失望し、母親の病状悪化が暗示している未来に恐れを感じている。ある衝撃的なシーンでは、これまで大人びた落ち着きを必死で保ってきたサツキがついに感情を爆発させる。「お母さんが死んじゃってもいいのね！」とメイを怒鳴りつけ、次のシーンではばあちゃんの前でワッと泣き出してしまうのだ。

姉の様子を見て気が動転したメイは怖さと惨めさでたまらなくなり、大人の足でも三時間かかるという母親の病院を目指して一人で歩き出すのだが、当然のように道に迷ってしまう。宮崎は少女たちが抱える恐怖感と無力感を生き生きと描写している。ある場面では、精神的に疲弊したサツキが座敷で寝入ってしまう。宮崎は、子供の頃に飼っていた犬が迷子になった時に、実家のお手伝いさんにまるで同情してもらえず、悲しみのあまり寝入ってしまったことがあると回想している。それは、恐ろしい出来事が起きても、まるで状況を変えることができない自分の無力さを認めることを意味した。

映画の三分の二を過ぎた辺りから、様々な映像的演出が加えられ、子供の失踪が引き起こす本質的な恐怖や緊張感をいやが上にも高めている。特に効果的なのは、今まさに日が暮れようとしている光景の描写で、時間切れが迫っている事実を観客に突き付ける。メイの所在がまだ明らかではないというのに、日は陰っていくばかりだ。月光に輝く青や緑の景色も、子供たちが月明かりの下で空を飛んでいた時にはあれほど魅力的に見えたのに、今は不吉な予感しか与えない。宮崎は、パニックと恐怖に支配されたサツキの心理状態を巧みに描き出している。罪悪感に駆られた彼女は、妹の名前を呼びながら、田園地帯を一心不乱に走り回る。

細江が指摘しているように、サツキが大人の助けを求めようとしないのは重要な点である。父親は母親を見舞いに病院に行っているので不在だし、村人たちにも、オート三輪の若い男女にメイを見掛けなかったかと尋ねた時にも、一緒に探して欲しいとは言わなかった。[19] 大人の支援がまったくないことは、このシーンの緊張感を一層高めているだけでなく、超自然に頼るというサツキの最終決断をより納得しやすいものにしている。

サツキがそう決意するのは、映画の中でおそらく最も緊張感が高まるシーンの後である。メイのものと思われるサンダルが池に浮かんでいるのを村人たちが発見したのだ。彼らはそれをサツキに見せる。数秒の間、サツキの顔が画面にアップで映され、最初は恐怖と苦悩、次に安堵の表情がそこに浮かび上がる。彼女は首を振りながら「メイんじゃない」と告げると、村人たちに背を向けて、再び田園風景の中を走り去って行く。神社の脇を通り過ぎ、トトロの名前を呼びながら、クスノキの巨木を目指して全速力で駆ける。メイが通り抜けたトンネルに通じている茂みに入っていったサツキは、ちょうどメイがしたように、巣の中で眠るトトロを発見する。

あの眠気を催す春の日とは対照的に、トトロはサツキの求めに応じて素早く行動に移る。鉤爪でサツキを慎重に抱えると草で覆われた巣の中から一気に木の天辺まで跳躍する。そして特有の大声で吠えてネコバスを呼び寄せると、それはほぼ一瞬で到着する。有難いことに、バスの行先表示板も通常のものから「メイ」に変更されている。サツキを導いてバスに乗せると、トトロは手を振ってさよならをする。サツキを乗せたネコバスの姿はあっという間に遠ざかり、前にトトロに連れて行かれた空中散歩を思わせる、息もつかせぬ爽快なドライブが始まる。間もなく、サツキは一列に並んだ地蔵の横に座って一人で泣いているメイを見つける。こうして二人はついに喜びの再会を果たすのである。

映画の最後には、自然と超自然の間で「ためらい」を強いるというファンタジーの本質を指摘したトドロフの説が当てはまるシーンが、再び登場する。結局、結末は超自然の方に傾いて終わっているようである。病院の母親の部屋では、両親が間近に迫った帰宅について楽しそうに話し合っている。ところが、その部屋の外にある木の枝の上には少女たちとネコバスがいて、窓を上から覗き込んでいる。母親はふと上を見上げると、「今、そこの松の木で、サツキとメイが笑ったように見えたの」と父親に告げる。それに対し、彼は「案外そうかもしれないよ。ほら」と言って、窓辺に魔法のように現れたトウモロコシを指差す。トウモロコシの皮には「おかあさんへ」という文字が刻み込まれている。

病室の両親を見つめるメイとサツキ。『となりのトトロ』より（作品DVDより引用。©1988 Studio Ghibli）。

現実世界のトラウマに魔法的な解決策で対処することを選んだ宮崎の決断は、この映画の重要なメッセージの一つを明確に示している。それは、自然と想像力の力を信じれば、自らの枠を超えて日常的なトラウマを克服する力を獲得できるというものだ。メイのものかもしれないサンダルを前にして、実際に妹が死んだ可能性に直面したサツキの選択は、村人たちに慰めや助力を求めることではなかったし、祈ることでも宗教に頼ることでもなかった。その代わり、宮崎は彼女に神社の横を素通りさせると、自然と超自然に助けを求めるべく、トトロの巣に通じている長い茂みのトンネルを潜らせる。サツキがトンネルの道を行くことを選んだのは、幼年期の無邪気さと信じる力だけでなく、それらと等しく重要な想像力の世界を取り戻そうと決意したからという見方もできる。妹を発見することを可能にしたのは、姉自身が内に秘めた創造的な潜在能力だった。

迷子になったメイを一致団結して捜索する村民たちの行動も魅力的だし、一定の機能を果たしている。文学研究者のE・A・カプランとバン・ワングは、トラウマと映画の関係を分析した著作で次のように指摘している。「人々はこれまで安心感と有意義な人生を追求するために、過去から継承した経験の土台と信頼と支援を提供する親密な文化的ネットワークに依存してきたが……現代性は……［それを］崩壊させた」[20]。『トトロ』は、ファンタジーと良識ある人間社会のビジョンの両方を通じて、これらの「親密な文化的ネットワーク」を回復させる一つの可能性を提示しているのだ。

ファンタジーは、長年にわたり、良くて現実逃避の役にしか立たず、悪ければ無責任なジャンルと考えられてきた。しかし、『トトロ』においては、ファンタジーは解放と能力開花の手段を提供するだけでなく、ある種のユートピア批評として機能している。ミヤザキワールドでは、他者性を受け入れ、それを正当に評価することによって、忘れられたか失われたもの――私たち自身と私たちの文化の最良の部分――を取り戻すことが可能になるのだ。最良の部分は、今は影に覆い隠されているかもしれないが、正しい視点で物事を見る力を取り戻しさえすれば、生い茂った草むらの中で輝くドングリのように、はっきりと姿を現すはずである。

二一世紀初頭に、この映画を悲観的に解釈したある都市伝説が誕生した。現在も薄気味悪いほど一部の層で支持されているこの説によれば、『トトロ』には密かに登場人物の死に言及している場面がいくつかあり、母親とメイ、そしてサツキまでが死者に含まれているという。トトロを穏やかで人の役に立つ森の精から「死神」へと変身させたこの都市伝説の起源は、おそらく大学教授で文芸評論家の清水正《しみずまさし》が二〇〇一年に出版した著作（『宮崎駿を読む――母性とカオスのファンタジー』、鳥影社）にあると思われる。その中で、清水は映画の発想の本当の原点は、宮崎が一番好きな作家の一人、宮沢賢治の古典的ファンタジー『銀河鉄道の夜』であったという説を展開している。読者の心に強い印象を残すこの作品は、ジョバンニとカムパネルラという二人の少年が、銀河の中を走る鉄道で旅をするという幻想的な物語で、その結末では、旅が始まる前にカムパネルラはすでに溺死しており、実際にジョバンニと旅を共にしたのは彼の幽霊であったことが明かされる。

清水の分析によれば、『トトロ』の実際の舞台は死の世界であるという。[21] 姉妹が越してきた新居も、ばあちゃんの孫のカンタから「お化け屋敷」と呼ばれており、清水はカンタがサツキに対して強い反応を見せるのは「〈異形なるもの〉が村にやってきたという驚きの念」のためであると主張している（『宮崎駿を読む』、二二三頁）。[22]

言うまでもなく、清水自身も認めているように、この説に対しては直ちに異論が巻き起こり、教える学生たちの間からさえ同様の声が上がったという。この考えは一般的には根も葉もない憶測に過ぎないと見なされていたものの、『トトロ』が死に取りつかれた物語であるという見方は、二一世紀初めにかなりの支持を集めるようになる。その結果、この映画にはスタジオジブリが認めようとしない側面があるという前提に立った「ニュース」が、様々なサイトやテレビ番組を賑わせたのである。映画の終わりの方になると少女たちの影が消えているように見えるとか、池に浮かんでいるのを発見されたサンダルは本当にメイのものだったといった主張が「証拠」として挙げられた。だが、映画の内容を丁寧に検証すれば、これらの「証拠」は偽物であることが明らかになるし、ジブリも公式にこの説を強く否定している。

中にはこの都市伝説は、ある歴史的な出来事をモデルにしていると主張する者もいる。それは映画の舞台となった宮崎の地元で一九六〇年代に発生した「狭山事件」という殺人事件のことである。被害者は一六歳の少女で、容疑者が被差別部落の出身（日本で普段は表面化しない差別の対象となっている人々）だったことから、悪名高い事件として世間の耳目を集めた。現場が宮崎の地元に近かったことと、物議を醸した捜査の経緯（多くの人々は容疑者の無実を信じており、事件は冤罪だと考えていた）から、監督が事件について知っていたことはまず間違いないだろう。[23]

これらの気の滅入る憶測から学べることがあるとすれば、この都市伝説が、映画公開から数十年の間に日本社会が経てきた変化を映す鏡として機能していることだ。映画が最初に劇場公開された時、戦後の日本経済はまさにピークに達していた。農業国だった時代を懐かしみつつも、日本はより良い未来の到来に期待を膨らませていた。いろいろな意味で、『トトロ』のユートピア的な世界観——理想化された過去を取り戻し、人間と人間以外の存在との間に新たな調和を育むというビジョン——は、当時の楽観的な時代精神を魅力的な形で象徴している。だが、映画公開後にバブル後の不況が深刻化すると、日本全体が悲観的なムードに包まれた。経済面だけでなく、精神面や情緒面においても、日本が再起する可能性を信じることが著しく困難になりつつあったのである。結果、トトロが「死神」であると想像することすら可能な世界が生まれたわけだ。それは一九八〇年代の絶頂期にあった日本とはまったく異質な場所だった。

だが、この伝説はある点において真実を衝いていた。それは『となりのトトロ』がまさしく死（あるいは、少なくとも死の必然性）に関する物語であるということだ。宮崎は、世界のこの側面については、幼年期の頃から熟知していた。母親の命を奪う可能性のある病気は常に物語に影を落としており、ラストに至る一連の出来事もそれを中心に展開する。サツキがついに母親が死ぬかもしれない可能性を認めた時、妹を恐怖に陥れただけでなく、自身もすべての大人はいつか死ぬ運命にあるという認識に打ちのめされそうになる。これまでは家庭の雑事に追われたり、「大人びた子供《アダルト・チルドレン》」の仮面を被ったりすることでそれを何とか押しとどめてきたのだ。それでも、私たちの両親が死ぬ可能性（それが最終的には不可避であること）——私たちにとって大切なものがいつ奪われてしまってもおかしくないという現実――を認識することは、恐ろしいけれども必要なことなのである。

だが、トトロが住むユートピア的な世界では、こうした認識はファンタジーのフィルターによって色付けされ、直接言及されることはまれである。子供時代にもいつか必ず終わりが来るし、喜びと幸せに満ちていた幼年期の記憶はいずれ失われるという厳しい現実認識は、映画の中では正面から取り上げられることはないが、究極的には肯定されていることがわかる。この映画で最も恐怖を感じさせる要素は時間そのもの、つまり容赦なく過ぎていく時間である。それは、本章のエピグラフで引用した細江の指摘――「ユートピアは本来、時間の停まった世界なのである」――を想起させる。[24]『トトロ』が最後に見せてくれる「魔法」は、この映画が人々の心の奥底に訴える普遍的な魅力を持つ理由を明らかにしてくれる。魔法の持つ力は、私たちが忘れてしまった何かを取り戻し、ほんの束の間とはいえ、無邪気で美しくて喜びに満ちていた時代の記憶に浸ることを可能にしてくれるからである。

第8章　魔女と都市　『魔女の宅急便』における時間、空間、ジェンダー

数年前のことだが、宮崎に関する私のゼミで、『トトロ』の次の監督作『魔女の宅急便』（以下『魔女』、一九八九年公開）について、ある学生が不満を表明したことがあった。同作の設定は「現実的」ではないというのが彼女の言い分だった。若い女の子が大都市に一人でやって来て、多くの見知らぬ人たちからこんなに親切にされるはずがないというのである。ゼミの参加者の多くはこの主張に異論を唱えたが、中でも最も激しく反発したのは私自身だった。四〇年前、私は一七歳の時に一人で東京に留学した経験がある。英会話教師のバイトを見つけ、風呂付き（当時としてはかなりの贅沢だった）六畳一間のアパートを借りて一人暮らしを始めたのだ。何よりも大切なのは、新しい友人ができたことだった。様々な背景を持つ素晴らしい人たちばかりで、その中にはバーでホステスをしているオランダ人の女性（私にとっては姉のような存在となった）から、ビールを飲むことと「スクラブル」（文字を組み合わせて英単語を作ることで得点を競い合うボードゲーム）で遊ぶことが大好きな日本人の英語教師三人組までが含まれていた。

したがって、私からすれば、『魔女』は間違いなく現実的な映画なのだ（主人公が箒に乗って空を飛ぶ魔女の少女で、ジジという名の黒猫と長話をしたりすることは、この際置いておこう）。それに、

どうやら日本の多くの若い女性たちも、この映画を現実的と考えたようである。劇場公開時には、子供のいる家族だけでなく、仕事を持つ二〇代の女性たちも映画館に殺到したからだ。これら二つのファン層のおかげで、『魔女』はスタジオジブリにとって最初のヒット作となり、独立心の強い若い女性と心を揺さぶるヨーロッパ的な世界観がミヤザキワールドの重要なモチーフであることを、再び強く印象づけたのである。

『魔女』は、危うく幻の作品になるところだった。映画の制作が開始された時点で、宮崎とジブリはどちらも苦境に立たされていたからだ。ジブリ初の劇場公開作である『ラピュタ』、そして、次に同時上映された『火垂るの墓』と『トトロ』はいずれも、別のアニメスタジオであるトップクラフトが制作した『ナウシカ』に興行的にははるかに及ばなかった。業界内では、スタジオジブリ、とりわけ宮崎監督にはヒット作を生み出す能力が欠けているのではないかと、もっぱらの噂になっていた。

『魔女』の成功は、ジブリの運命を好転させた。鈴木敏夫の人脈とプロデューサーとしての能力も、ジブリ映画の制作とマーケティングに大いに貢献した。鈴木は、映画制作はきわめてストレスのかかる仕事で、常に追い詰められているような感覚が付きまとっていたと、後に語っている。ヤマト運輸とタイアップ（「宅急便」が同社の登録商標であることに加えて、同社のブランドマークは子猫を運んでいる黒猫の絵だったため、主人公の魔女に黒猫の相棒がいる同作にとっても理想的なパートナーと言えた）の相談をしていた鈴木によれば、同社は当初、それほど乗り気でなかったという。その理由を尋ねると、担当者は素っ気なくこう答えたというのである。「宮崎さんもそろそろ終わりだね。（中略）だって、ナウシカからラピュタ、トトロと、興行成績がどんどん下がっているじゃない」（『ジブリの仲間たち』、鈴木敏夫、新潮新書、二〇一六年、三二頁）[1]

ヤマト運輸は最終的にスポンサーとなることに同意したが、鈴木はここに至るまでのやり取りの最中に、自分の中で何かが変化するのを感じたという。「そのときから、僕は本気でヒットをめざし、宣伝にも全力で取り組むようになりました」。宮崎自身は、こうした明白な商業路線への転換を疑問視しているようだった。鈴木の回想によれば、ヤマト運輸の担当者たちとの打ち合わせで、監督は冒頭、次のような痛烈な宣言を行なったのである。「タイトルに宅急便とはついていますが、ヤマト運輸の社員教育のための映画を作るつもりはありません」（『ジブリの仲間たち』、三一 - 三二頁）[2]。

『魔女』には、誰もが自立して能力を向上させるべきだという、きわめて教育的なメッセージが含まれている。同時に、作中に登場する多くの魅力的なイメージは、今ではミヤザキワールドのトレードマークとなった、魔法のように人を惹きつける風景を作り上げている。きらめく自然の景観、ヨーロッパ風の優雅な建築物、目を見張るような飛行シーンも忘れてはならない。その中には、箒に乗って雁《がん》の群れと並行して空を飛ぶ少女から、空を滑るように飛行する巨大な飛行船までが含まれる。だが、そのほかにも、この映画には監督の従来の作品には決して見られなかった短いエピソード、トイレに向かう少女の姿を追っていくシーンが登場する。

パン屋の屋根裏にある小さな部屋に下宿することになったキキは、初めての朝を迎える。目覚めるとベッドの中でもぞもぞと体を動かしていたが、ついに起き上がるとネグリジェ姿のままドアを出て行く。パン屋の外からは、キキが速足で階段を下りてくると、質素な作りの小さな小屋に入っていくのが見える。小屋のドアには小さなハートマークの穴が空いている。パン屋には屋内のトイレがないのだ。トイレを流す音が聞こえ、キキがドアを開けて外を覗くと、パン屋の主人がいることに気づく。長身のがっしりした男で、これから始まる一日に備えて準備運動をしている。キキは急いでドアを閉めると、主人が家の中に入ってから、ようやく開ける。彼女はまた小走りに階段を上って部屋に戻ってくるが、頬は恥ずかしさに紅潮している。

誤解のないように言っておくと、このシーンにはいやらしさを感じさせるような点は皆無である。むしろ、批評家の川上大典《かわかみたいてん》が指摘しているように、新たな環境に戸惑う若い女の子の描写として秀逸と言っていいだろう（『このアニメ映画はおもしろい！』、青弓社、二〇一五年）[3]。宮崎は、他人の家に住むという現実が何を意味するのかを具体的に描写しつつ、それに重ねて登場人物の心理を正確に描き出している。これは、以降の作品においてますます印象深い特徴となっていく。

だが、このシーンを特に記憶に残るものにしているのは、キキがただの若い女の子ではないことだ。映画自体は児童文学作家の角野栄子《かどのえいこ》の作品をアニメ化したもので、原作によると、キキは魔女の見習いで、伝統的な決まりに従い、独り立ちするために一年間、知らない街で暮らさなくてはならない。映画では、角野の原作をなぞる形で、ファンタジーを交えながら、彼女が独力で生き延びる術を学びつつ、思春期に典型的なトラウマを克服していく様子が、リアルかつ思いやりのある視線で描かれている。キキがきまり悪そうにトイレに向かう様子には、宮崎作品には異例な新たな現実――他人同然の人々が、様々な時期に様々なやり方で集まったり、一緒に暮らさなくてはならない都会のライフスタイル――を反映している。一九八〇年代の日本の若者たちは、この現実をますます痛感するようになっていたのだ。

『魔女』の特別な持ち味は、詳細でリアルな描写とファンタジー要素の組み合わせにある。宮崎はすでに『ナウシカ』と『ラピュタ』、そして前年の『トトロ』において強い女性キャラクターを創造することで名声を得ていたが、キキほど複雑な性格描写を試みたのは初めてで、それがかつてないリアリティーをもたらしている。キキは実に幅広い感情表現を行なっており、そこには子供のように何かに熱狂したり、単純に喜んだり、心から感謝したりといったポジティブな感情から、困惑したり恥ずかしがったり、疎外感を覚えたり絶望したりといった、より複雑でしばしばネガティブな感情までが含まれる。逆説的ではあるが、この若い魔女は、宮崎のキャラクターの中では最も人間らしい登場人物の一人で、映画自体も監督の作品の中で最も感動的な成長物語に仕上がっている。批評家の杉田俊介は、本作を「青春の喜びが輝く小さな宝石」と呼んでいる（『宮崎駿論——神々と子どもたちの物語』、一四二頁）[4]。

宮崎は『トトロ』『ナウシカ』『ラピュタ』の三作品については、何度も長くコメントしているが、『魔女』に関する発言は比較的少ないように思われる。その理由は、一つには単に疲弊し切っていたからかもしれない。何しろ、『トトロ』の作業を終えた翌日から、『魔女』の制作に参加するというハードスケジュールぶりだったのである。しかも、監督を務めることになったのは、すでに三人の監督が降板した後だった。彼が途中から参加した企画で監督の責任まで背負いこむことになるのは、これが最後ではない。背景にあるのは、美的観点からすべてをコントロールしたいという欲求や、ほとんどマゾヒストに近い完璧主義で、これまでミヤザキワールドの維持に一貫して必要とされてきた重要な特徴でもある。

『魔女』が公開されたのは、日本におけるバブル期の最後の年で、宮崎は、この作品を自分がますます軽蔑するようになっていた物質主義的な消費者文化と関連付けている。キキの勤勉さや誠実さや忍耐力は、快楽主義的なこの時代の文化と対照を成している。宮崎はパーティーに行くために生きているような若者たちにも懐疑的な視線を向けた、短いシーンを盛り込んでいる。

宮崎はこれまで、高畑と協力して古典的な児童文学作品をアニメ化したり、漫画とテレビアニメ『ルパン三世』を彼なりに脚色した『カリオストロの城』を制作したりしたことはあったが、小説を原作とする映画の責任者を単独で引き受けるのは『魔女の宅急便』が初めてだった。しかも、原作者は存命中である。宮崎が角野の原作をかなり自由に脚色したことは、著者と監督との間で白熱した議論を引き起こした。最終的に、宮崎と高畑は原作の絵を担当した絵本作家の林明子《はやしあきこ》までを巻き込んで、渋る著者を説得し、映画のストーリー展開のためには独自の物語が必要だということを納得してもらう必要があった。

一方で、全体としては、宮崎は角野の基本的な構想――ファンタジーの枠組みを用いて、血の通った女性の主人公が大人への階段を昇っていく物語を創造する――に沿って忠実に映画化している。角野の小説は、キキの黒い服や箒や黒猫などに見られるように、魔女に関する欧米の伝統的な民間伝承を参考にしており、宮崎はこの世界観を守りつつも、現代的な要素（特にテクノロジー系）を追加することで、彼特有の作風に仕立て上げている。

日本の民間伝承も強い力を持つ超自然的な女性の例には事欠かないが、魔女はその伝統の一部ではない。ところが二〇世紀後半までに、それは日本の漫画やアニメにおける定番キャラクターと化していた。実際に、宮崎自身もまだ東映動画の社員だった一九六〇年代に、高い人気を誇った初期のテレビアニメ『魔法使いサリー』の制作に関わっていた。サリーは今や、現代のアニメと漫画に登場する多くの魔女や「魔法少女」たちの先駆けと見なされている。

民間伝承を用いて現代の物語を創作するのは、一筋縄ではいかない作業である。だが、キキは古くから伝わる魔女とは程遠いし、映画も昔ながらの成長物語とは大きく異なる。角野は、連作小説『魔女の宅急便』の中で、伝統的な型にはまった魔女の姿を現代風に焼き直し、年寄りでも醜くもなく、並外れて大きな魔力を持っているわけでもない魔女像を創造し、従来の魔女には考えられなかったような状況に直面させている。角野の小説に登場するキキは、たまたま空を飛ぶ能力と相棒の猫と話す能力という二つの超自然的な力に恵まれているだけで、どこにでもいそうな一三歳の少女として描かれている。使い古された感のあるこれらの能力より興味深いのは、キキがあまりの若さで住み慣れた田舎町を後にし、大都会で成功を目指そうと決意することだ。通常は、こうした探求の旅に出るのは男性の主人公と相場が決まっている。角野は伝統的な魔女のイメージを現代風にアレンジし、通常は男性が冒険を通じて成長する物語の主人公を女性に差し替えることで、独創的な現代のおとぎ話を作り出したのである。

当時の若い女性には珍しく、角野は大学卒業から数年後にブラジルに渡り、二年間の外国暮らしを経験している。見知らぬ世界での生活を乗り切った体験は、おそらく『魔女の宅急便』シリーズを書くきっかけとなったのではあるまいか。

ほかにも契機となったと考えられるのが、一九六〇年代以降に日本を混乱に陥れた各種の政治運動で、中でも六〇年代後半に欧米から広がった女性解放運動の影響は見逃せない。それは、日本の女性の自己認識を大きく変化させるきっかけとなったからだ。一九八五年までには、フェミニズム運動の広がりは、女性の社会的地位に関する従来の考え方を完全に覆すとまではいかなくとも、大きく揺さぶったのである。

一九八〇年代までには、女性が大学に進学したり、少なくとも短期間は外に出て働いたりする可能性も高まった。日本のポップカルチャーもこれを反映し、七〇年代以降、少女漫画にはますます多くの自立した強いヒロインが登場するようになった。キキについて語ったある文章で、宮崎は彼女の物語をジブリで働く「若い女性のスタッフたち」と関連付けて、次のように書いている。「［修業中のキキの姿］には、マンガ家を夢見る少女が、単身大都会に出てくるおもむきがあります」（『出発点』、四〇七頁）[6]。ある意味で、宮崎は、小説の中のフェミニスト的な側面を増幅させ、その最も先駆的な要素の一部を原作よりも効果的に引き出すことに成功したと言えるだろう。

宮崎はこれを実現するために、二つの思い切った変更を加えている。一つ目は、別の女性キャラクターに重要な役割を演じさせることで、具体的には、ウルスラという自立した画家の少女がそれに当てはまる。彼女は、キキにとって人生の重大な転機に模範を示してくれる人物となる。ウルスラは、小説でははるかに地味な存在で、事実、角野は彼女に名前さえ与えていない。だが、ウルスラはいろいろな意味で、キキにとって成長した自分のような存在であり、それは監督が二人の声を同じ声優に担当させていることからも明らかである。

　原作との大きな違いはもう一つある。宮崎は大人になることに伴う孤独感や自己不信を強調し、自立の代償を認めることによって、小説よりも暗いトーンを打ち出しているのだ。

　宮崎はこうした脚色を行なうことで、心温まる物語であると同時に挑発的で、さりげなく反体制的な表現さえ忍ばせた作品を生み出すことに成功した。本作は子供が大人として成熟していく過程だけでなく、日本全国に広がりつつあった、より広範な文化的問題に関しても繊細な洞察を展開している。伝統と現代の間に生じた緊張関係や、伝統的な時間と空間が現代の新たな時空間《クロノトープ》と衝突した時に起きる不協和音を見事に捉えた作品となっているのは、そのためだ。評論家の村瀬学は、この作品には異なる種類の時間が三つも含まれていると主張している。まず、キキは原初から存在する伝統的な「魔女の暦の時間」を母親から受け継いでいる。次に、彼女が移り住む都会は多くの市民で賑わっており、そこには「社会の時間」が反映されている。そして、最後にウルスラが暮らす自然のリズムの中には「森の時間」がある（『宮崎駿の「深み」へ』、一二六 - 一二八頁）[7]。宮崎は、これ以前の映画の中でも時間の過ぎ方が対照的な世界について言及している。例えば、『トトロ』の中では、メイとサツキがクスノキにお参りをする場面が登場し、彼女たちを守ってくれるこの巨木の描写にも森の時間が窺える。『魔女』で、彼は初めて都会の時間の活発なリズムを取り入れる。一方、『トトロ』ではその存在は描写されていないことでしか暗示されていない。

これらの緊張関係は、キキが落ち着くことにした海沿いの魅力的な大都市コリコとの遭遇によって具象化される。宮崎がこの都市を舞台としたことが重要な理由はいくつかある。まず彼は、キキを明らかに資本主義的な環境に置き、その都会的な雰囲気をきわめて詳細に描写している。そうすることで、現代のおとぎ話の異化作用をもたらす側面を増幅し、「魔女の時間」と「社会の時間」との間の境界線を明確にしているのである。昔ながらの伝統的な生活をしている魔女（キキの母親も含めて）と異なり、キキは自分の存在理由《レゾンデートル》（と経済的な自立）を代々受け継がれてきた伝統や遺伝した能力からではなく、都会生活の喧騒の中で確立しようとする。

都会はまた、若い男性が人間形成をしていく過程を描く現代の典型的な教養小説《ビルドゥングスロマン》において、主人公が様々な体験を経て大人へと成長していく伝統的な舞台となってきた。近代から現代にかけて日本で名著とされる小説の多くは、主人公が田舎の実家を離れ、大都会で成功を目指す成長物語である。夏目漱石の『三四郎』、大江健三郎の『個人的な体験』、村上春樹の『ノルウェイの森』といった小説の主人公はいずれも、東京で恋と冒険を体験し、多くの壁にぶち当たる。キキも彼らと同様のパターンに従い、コリコの都会的な喧騒の中で（あるいは、街の上空を飛びながら）次第に自立心に目覚めていくため、ある意味でこの作品をフェミニスト的なマジカル・ビルドゥングスロマン（魔法的教養小説）の一種と見ることも可能かもしれない。

キキの物語が特異である理由は、ファンタジーの枠組みの中で女性の主人公を描いているだけでなく、住み着くことにしたのが架空の都市だということにある。おかげで宮崎は過去に彼の心を捉えてきた様々な都市の好きな部分だけを選りすぐって合成することができた。コリコを創造するに当たって、宮崎はヨーロッパで一番好きな複数の都市から発想を得ている。特にスウェーデンのヴィスビューの特徴が強く反映されているが、ストックホルムや地中海の諸都市の面影も見られる。美術監督としてコリコのイメージを担当したのは、サイバーパンク・アニメ映画の傑作『ＡＫＩＲＡ』への貢献などで知られる大野《おおの》広司《ひろし》である。

大野がコリコのために創造した活気に満ちた雰囲気は、ある意味では『ＡＫＩＲＡ』の舞台となったネオ東京と似ていなくもない（もっと居心地が良さそうな点を別にすればだが）。路面電車から乳母車に至るまで、様々なタイプの移動車両が画面をいっぱいに満たしている。それだけでなく、大野は詩的なほど美しい舞台設定を行なっている。優しく水しぶきを上げる噴水のある古典的なヨーロッパ庭園があるかと思えば、優雅な邸宅が両側に連なる静かな街中の道路では、夏の突風が光輝く落ち葉を散乱させている。映画版のコリコは原作の小説と比べて、ミヤザキワールドに登場するファンタジー版のヨーロッパの条件をはるかに満たしている。そこは、おとぎ話のような虚構の世界で、都会のエネルギーがほとんど本物そっくりの存在感を与えられているのだ。

実家を離れて旅に出るキキの行動は、ますます国外に目を向けるようになった日本社会の現実をそのまま反映している。一九八〇年代の日本は、経済的な物質主義だけでなく、政治家やメディアが「国際化」と呼んでいたトレンドにも特徴づけられていた。海外で事業を展開する以外にも、多くの日本人が観光のために外国を訪れるようになった。若い女性たちにとっても、自分で稼いだ給料を使って、結婚前に一回か二回は海外での冒険を楽しむのが普通になった。『魔女の宅急便』は、魅力あふれるヨーロッパの架空の国という舞台で大胆な若いヒロインを活躍させることにより、多くの点でこの輝かしい新時代の精神を捉えることに成功したのである。だからこそ、この映画が特に二〇代の若い女性たちの心を摑んだのは、ある意味で当然のことだった。

だからと言って、本作の成功は初めから約束されていたわけではない。鈴木は、ポスターのデザインを決定し、映画のテレビ露出を図るなど、大々的な広告キャンペーンを展開した。映画のポスターに関しても産みの苦しみがあり、宮崎と鈴木は、「かわいい魔女が箒で空を飛んで大活躍するお話」のイメージで売るという当初の安直な発想を却下した。二人が最終的に選んだのは、大人への階段を上りつつあるキキの複雑な心情を反映した「おちこんだりもしたけれど、私はげんきです。」というものだった。ポスターでは、パン屋でむっつりした表情をしているキキの絵の左上にこのコピーが載っている。浮気した夫を残して旅に出た女性のことを歌った感傷的で軽快な主題歌（『ルージュの伝言』）と相まって、このキャッチコピーがやがてジブリ作品のコアなファン層となる若い女性会社員たちの注目を集めるのは、まさに必然的だった。

だが『魔女』がヒット作となったのは、単に観客に向けて理想化されたヨーロッパの姿を描いたり、憂鬱を克服するために前向きな態度を処方箋として提示したことだけが原因ではなかった。年月を重ねるにつれて、キキの物語は、多くの若者（とりわけ若い女性にその傾向が強いが、女性に限定されてはいない）から、ファンタジーの形を取った人生の手本と見なされるようになり、彼ら自身の成長の試金石となったのである。[8]コリコの都市建築の美しさは、間違いなくロマンチックな旅愁を誘うものとなっているが、その一方で、映画の中核を占めるのは、得るものが多い多様な人間関係をキキが発展させていくというモチーフである。その対象は一、二の例外を除いて、ほぼ女性に限られている。『トトロ』や『ラピュタ』と同様に、宮崎はここでも理想化された社会を創造しているが、今回は都会という舞台でそれを試みている。

キキの前に立ちはだかるもう一つの要素に「時間」がある。コリコに到着した直後に、箒に乗ったキキはこの都会にそびえる立派な時計塔を見て、「時計塔よ。こんな街に住みたかったの」とジジに言う。時計塔は都会における「社会の時間」を象徴しており、キキが生まれ育った田舎の時間とは異なるリズムで流れているのだ。それは同時に、キキが宅配サービスを開始した後で、しばしば配達時間を守れずに四苦八苦することを予感させている。

これとは別に重要な要素が都会と空中における「空間」だ。宮崎は、キキが海や田園地方や都会の上空を飛んでいるシーンを繰り返し登場させ、風が吹き荒れる上空やコリコ市内のごみごみした雑踏の中で、箒を自由に操れるようになっていく様子を描いている。そうすることで、彼女が次第に主体性に目覚めつつあることを示唆しているのだ。この視点に立てば、キキのコリコへの旅は、「魔女の時間」と田園風景や自然に囲まれた伝統的な空間から、現代的な都会の時間と空間へと移行しようとする動きと見ることもできる。

また、女の子が初潮を迎えることが多い一三歳という年齢にキキが達した時から物語がスタートするのも、決して偶然とは思えない。彼女は子供と大人の境界線上に位置する典型的な「少女」である。キキが伝統的に男性の属性とされてきた勤勉さや冒険心を示す行動を取る一方で、より女性的な属性とされる消費や享楽的行動にも関心を失っていない事実は、この映画がヒットしたもう一つの理由ではないかと考えられる。彼女は服装について悩んだり、パーティーに行けたらいいのにと考えたりするものの、こうした型にはまった少女っぽい関心だけに執着せず、都会的でテクノロジーが発達した世界でお金の大切さを学び、自立して主体的に行動することを目指すようになる。

キキが実家を離れる前の最初のシーンでは、時間や空間の制約とは無縁な牧歌的でのんびりとした環境にいる姿が描かれている。緑色の牧草地で横になり、風が吹く晩春の午後を楽しむキキの傍らには相棒の黒猫ジジの姿もある。『トトロ』や『ナウシカ』でそうだったように、『魔女』でも風が大きな役割を担っており、重要な出来事の触媒として働くが、このシーンでは単なる脇役に過ぎない。ここで行動の触媒となるのはテクノロジーで、大きな音で天気予報を流しているトランジスタラジオがその役割を果たす。今夜は美しい満月になるという予報を聞いて、キキは旅に出る時が来たと決意する。

テクノロジーは旅の友にもなる。キキは旅立ちの際に、箒の柄にラジオをくくりつけて持って行くことにする。箒とラジオは、いろいろな意味で象徴的な組み合わせだ。ラジオは出発の際に父親から贈られたもので、ミヤザキワールドでは通常、テクノロジーは男性キャラクターと関連付けられている。キキの友達で飛行機を自作しているトンボもその一例である。一方、箒は母親にもらったものだ。実家からの旅立ちのシーンでは、キキが母親から古い箒を受け取るのを拒もうとしている。彼女は、自分で苦心して作った新しい箒を持って行きたいと主張するが、最後は母親の言うことを聞く。このやり取りが意味するところは明らかだ。この時点で、キキはまだ母親から完全に独立しているわけではない——本人はそうであるべきだと考えているにせよ——ということである。キキは自立に向けての次のステップの足掛かりとして、母親の箒——彼女を文字通り空中で支える母系の遺産——を使わねばならないのだ。

宮崎は、旅立ちの場面のかなり後に、キキが空を飛ぶ能力について語る興味深いシーンを挿入している。彼女は新しく友達になった画家のウルスラに「血で飛ぶんだって」と説明するのである。映画の英語版では、「血」は「spirit（精神）」と訳されているが、日本語の「血」という言葉の持つ生々しさは、母親と同じ血族の一員であることや、その力の原初的な本質を想起させる。宮崎はどうやら、キキの空を飛ぶ魔法についてかなり時間をかけて熟考し、箒が自律的に飛ぶ道具なのか、あるいはキキが本来持つ能力に完全に由来するのか、決めておこうとしたようだ。原作の小説では、キキが「血で飛ぶ」ことを説明する相手はトンボという設定になっている。すると、飛ぶことや機械に魅了されているトンボは、「自然に」飛ぶ力がある彼女を羨ましく思うようになる。宮崎は、キキが告白する相手をウルスラに変えることで（ウルスラはキキの空を飛ぶ能力を、自分の絵の才能と結びつける）、芸術と才能における「有機的な側面」の重要性を強調すると同時に、これらの能力を女性という文脈の中に閉じ込めておこうとしているのだ。

キキのラジオは、箒が内包する女性原理とは対照的な存在だ。箒にひもでくくりつけられ、音楽、ニュース、天気予報を大音量で流すラジオは、テクノロジーと自然の間に建設的な関係があることを示唆している。また、父親の贈り物はテクノロジーを通じて、コリコに向かうキキがより広範な社会とつながりを持ち、その一員になったと実感するのに役立っている。

『魔女』では、自然は概ね二の次の存在として扱われている（一つだけ重要な例外があり、それはキキが鳥たちとの冒険を通じてウルスラと出会う森林である）。キキが猫科の相棒と共にコリコに降り立った瞬間に、都会生活の不協和音――車やトラックや自転車の騒音だけでなく、張り切り過ぎの警官が上げる大声さえも含まれる――が彼らの耳をつんざく。新しい世界で、彼女は社会的に、経済的に生きていくことを学ばなければならないし、恋愛だって経験するはずだ。大人への成長過程で生じる義務や自由を引き受ける必要もある。これらを実行するために、彼女は起業家になり、日常と魔法が共存したような事業を展開する。内容は、箒に乗って荷物を届ける宅配サービスだ。こうして、キキは暴風や悪天候だけでなく、自分の中で荒れ狂う自信喪失と意気消沈の嵐とも戦いながら、赤ん坊のおしゃぶりから重い荷物に至るまで、どんな物でも配達する「魔女の宅急便」を開業する。

宮崎はファンタジーと日常生活を融合させることによって、忍耐力、耐久力、そして仕事に献身的な姿勢といった本質的に人間的な特性（魔法の使用に助けられているとはいえ）から生じる自立のあり方を若い観客層に示している。幸運なことに、キキは周囲の大勢の人たちから支援を受けている。原作の小説では、主にキキが配達する届け物の興味深くて面白い内容を中心に物語が展開されているのに対して、宮崎の映画版ではコリコの住人たちとの社会的な交流に物語の焦点が当てられている。

街で出会う男性の登場人物の大半は、期待外れに終わる。中には、権力をかさにきる者もいれば（街中で空を飛んだ彼女を注意した警察官）、官僚的だったり（キキの身分証明書を要求するホテルのフロント係）、単に子供っぽかったりする（キキのボーイフレンドになるつもりでいるトンボ）だけの者もいる。これとは対照的に、女性キャラクターたちはいずれも（キキが「意地悪な女の子」だと思い込む一部の少女たちを除いて）親身になって助けてくれる。

　女性が目立った活躍をすることは、キキの宅配サービスを生んだ偶然の出会いを見ても明らかだ。コリコに到着した当日、疲れ切ったキキが街を見下ろす高台の塀の前に立って一人寂しく落ち込んでいると、赤ん坊のおしゃぶりを手に持った一人の妊婦が勢いよく横を駆け抜けて行く。それはおソノという名のパン屋のおかみさんで、おしゃぶりを忘れていった客に返そうとしているところだった。キキは箒に乗ってそれを届けることを自分から申し出る。彼女が戻ってくると、感謝したおソノは夫と二人で切り盛りしているパン屋の屋根裏部屋に下宿してはどうかと、キキとジジに提案する。

　キキが宅配事業を始めてから最初に出会った女性たちの中には、赤ん坊を連れた母親や母親になろうとしている妊婦がいた。女性と赤ん坊の存在が強調されている点は、キキは次第に「女たちのネットワーク」の一部になっていくという評論家の村上知彦《むらかみともひこ》の主張を裏付けている。村上にとって、この「ネットワーク」には必ずしもポジティブでない面もある。「ひとりの父親としてこの映画を眺めたとき、娘の成長への喜びよりも、彼女が手の届かないところへ行ってしまう不安の方が、当然ながら先にたつ」と書いている（『フィルムメーカーズ6　宮崎駿』、「男性原理を夢の領域におさめた少女の旅立ち～手塚的フェミニズムを越えて」、村上知彦、一三六頁）[9]。一方で、映画のメッセージ性の視点から見た場合、この「女たちのネットワーク」の多様性と裾野の広さは、「英雄《ヒーロー》の旅」に関する斬新な見方を可能にしている。そうした物語の多くでは、「賢女」が登場するのがお決まりの展開になっているが、女性にも月並みな役割を超えた何かが可能ではないかと、期待させてくれるからだ。

女性キャラクターとしては、キキを常に支えてくれるおソノ以外にも、最初の顧客となる魅力的なファッションデザイナー、孫娘がいる「奥様」と呼ばれる老婦人、それに老婦人の家政婦でいつもキキに感謝と激励の言葉をかけてくれるバーサという老婆などが登場する。宮崎は、これらのやや型にはまったキャラクターたちでさえ、独創的な演出を加えることで生き生きと描き出している。ファッションデザイナーは主に仕事と家族のことで頭が一杯な様子で、親切な老婦人は彼女に劣らず優雅で威厳がある。そんな中でバーサは特に変わった印象を与える人物で、「冒険が好きなんです」と声高に宣言し、ある時、こっそりキキの箒に跨って飛べるかどうか試してみたりする。

キキの女性の知り合いの中で最も重要な人物は、間違いなくウルスラである。二人の最初の出会いからして印象的だった。ある時、キキとジジは、猫のぬいぐるみを届けるために森の上空を飛んでいた。それは、ファッションデザイナーの顧客が甥のために用意した誕生日のプレゼントだった。キキが最初は問題にしていなかった強い突風に箒があおられ、籠に入っていたぬいぐるみが暗い森の中に落ちてしまう。ところが、ぬいぐるみを回収しようとしたキキは、怒ったカラスの群れに襲われる。ジジの説明によれば、カラスは彼女が卵を盗もうとしていると思ったのだという。キキはぬいぐるみを取り戻す間だけ、ジジに身代わりとなってくれるように説得する。こうして、気の毒なジジが甥っ子の家で猫のぬいぐるみの振りをしている間に、キキは必死になって本物のおもちゃの行方を探す。だが、時間は無情にも過ぎてゆくばかりである。彼女はついにある丸太小屋の窓の内側にぬいぐるみの猫を発見する。それは、数歳年上のウルスラという若い女性が住んでいる家で、彼女は才能豊かな画家でもあった。

キキが怒ったカラスの群れに襲撃を受けたことや、突風の威力に無頓着であったことは、自然に対

カラスたちを写生するウルスラ。『魔女の宅急便』より（作品DVDより引用。©1989 角野栄子・Studio Ghibli・N）。

する認識が弱まっていることを示唆している。対照的に、ウルスラは自然（周囲の森林）だけでなく、芸術的な創造物を通じて日常を超越した世界ともつながっている。最初に登場するシーンで、ウルスラは屋根の上に平然としゃがみ込み、直前にキキを襲ったカラスたちの絵をデッサンしている。一方、キキはぎこちなく梯子に乗ったまま、不器用にウルスラの注意を引こうとする。怖い目に遭わされたキキとは対照的に、ウルスラは難なくカラスに近づくことができるのだ。若い画家は、鳥たちに「素敵よー」とか「あんた美人だねぇ」と声をかけて称賛と敬意を表することを忘れない。ウルスラが獰猛な顔つきのカラスたちと気楽に接することができるのは、自然とリラックスした関係を築いていることや、芸術的な創造性に必要な孤独とプライバシーを淡々と受け入れていることを反映している。

この点で、ウルスラは東アジア文化における文学的・芸術的な隠者の重要な系列と共通点がある。彼らはほぼ例外なく男性で、絵画、随筆、詩歌などで名を成した人物が多い。これらの隠者のうち、日本で最も有名なのが一三世紀の歌人で、音楽家〔琵琶の愛好者〕で随筆家でもあった鴨長明である。彼は比較的若い年齢で世捨て人になると、約三メートル四方の「方丈庵」を構え、そこで隠遁生活を開始した。宮崎は長明の作品の長年にわたる崇拝者であり、才能豊かで自立したウルスラは、彼が創造した長明の女性版と言ってもよさそうだ。同時に、監督は明らかにウルスラをキキに助言し指導してくれる人生の先輩として描いている。それに、もしかすると杉田が指摘しているように、キキの「分身《オルター・エゴ》」でさえあるかもしれない。[10] 宮崎は、映画版でウルスラがキキを訪ねに来るシーンを追加しているが、彼女は「森」や「自然」の時間に従って生活しているにもかかわらず、都会に来てもリラックスした様子を崩さない。

キキが空を飛ぶ能力を失うことによって、ウルスラの重要性はさらに明白になる。この場面は原作の小説にはないが、映画版では感情的な中核となるきわめて重要なシーンである。キキにとって、空を飛べなくなることは、自分のアイデンティティを喪失するのに等しい。彼女は「魔法がなくなったら、何の取り柄もなくなっちゃう」と言って嘆く。

私は、このシーンの激しさを見るたびに、宮崎は主人公に自分自身を投影しているのではないかと想像せずにはいられない。『魔女』の制作に取り掛かった時点で、彼は基本的にほとんど休みなしで二五年間働きづめだったのである。そのため、疲労困憊していて怒りっぽく、すぐに感情的になった。その上、おそらく『魔女』が最後の作品になるだろうという業界内で流布していた噂も、宮崎を心理的に消耗させたに違いない。映画が完成してから少し後に、彼は「ジブリを解散しよう」という青天の霹靂のような提案を行なった。鈴木によれば、宮崎は、どんな映画スタジオでも映画の制作を続けるのは三本が限界だと主張したという。「映画を作っていると、いろんな場面で衝突が起きるし、人間関係がぐちゃぐちゃになっていく。一度リセットしないと、それ以上は作れない」というのである（『ジブリの仲間たち』、四五頁）[11]。

口の堅い鈴木は、宮崎が言及した「衝突」と「ぐちゃぐちゃな人間関係」が具体的に何を意味しているのかを明らかにしていない。だが、宮崎は自らのエネルギーと献身的な努力が設立に大きく貢献したスタジオから、その後も何度か立ち去ろうとする。つまり、これはその最初の試みでしかなかった。気まぐれな観客を喜ばせて次々にヒット作を生み出すことでしか維持できない事業の舵取りをしてきた彼は、四八歳になって、自らの責任とプレッシャーを次第に重く感じるようになっていたに違いない。

幸運なことに、そこで鈴木が道理をわきまえた「兄貴分」の役割を演じ、救いの手を差し伸べる。二人はスタジオジブリを「リセット」するための新たな構想を打ち出し、労働環境を一新した。中でも最も重要な変更点は、スタッフを終身雇用の正社員として採用したことで、短期契約とフリーランスの労働者が圧倒的に多い日本のアニメーション業界ではほとんど前代未聞のことだった。

一方、キキに救いの手を差し伸べるのはウルスラである。彼女はキキが魔法の力を取り戻す手助けをするのではなく、落ち込んでいる相手に自分もよく絵が描けなくなるという話をする。つまり、「スランプ」に陥ることは誰にだってあると言い聞かせたのである。キキが「そういう時、どうするの？」と尋ねると、ウルスラは「昼寝したり」「散歩したり」するだけだと無造作に答える。こうしてウルスラは、トラウマになりかねない深刻な事態に直面しても、動揺せずに落ち着いて対処するための手本を示すのである。

大らかなアドバイスは、キキが魔法の力を取り戻すことに直ちにはつながらないが、キキが自分を受け入れるための鍵となる。だが、キキが成長するのは心理面だけに限られない。宮崎は物語の経済的な側面を強調するという新たな切り口を導入し、その点でも原作から逸脱している。角野の小説では、キキは金銭的な報酬なしで宅配サービスをしていることが強調されているのに対し、宮崎の映画版では、お金のやり取りに関するシーンにかなりの時間が割かれている。キキは配達の報酬を受け取るだけでなく、パン屋で客と代金について話し合ったりしているのだ。

一方で、監督はキキの経済的・心理的な自立には代償が伴うことを明らかにする。それは思春期の浮ついた楽しみを諦めることを意味しているのだ。映画の冒頭で、キキはジジに「素敵なボーイフレンドが現れたら？　それこそ出発できやしないわ」と告げて、すぐに旅立つべきだと主張する。コリコに来て少したった頃、キキはある店のウィンドウの前で足を止め、自分には決して買えそうにないキラキラと輝く赤い靴を憧れの目で見つめる。これはもしかすると、映画『オズの魔法使』で「赤い靴を履いていた」ヒロインのドロシーを意識下で連想させるための演出かもしれない。ドロシーも両親の支えなしに、世界で自分の道を見つけなくてはならなかった点はキキと同じである。『魔女』では以降も、同世代の若者たちが都会でけだるい夏の午後を楽しむ様子を、キキが羨ましそうに見ている切ないシーンが何度か登場する。

宮崎は、キキがアウトサイダーであることの代償を強調している。特にやるせない気持ちにさせるあるシーンで、彼女はトンボが自作したプロペラ式「飛行自転車」の試運転に同乗する。二人は坂道を転がり落ちるように突進し、海岸沿いの道路を猛スピードで突っ走って、最後に海岸を見下ろす緑色の芝生の上に不時着する。怪我をせずに済んだことに安心したキキは、胸のつかえがとれたように笑い出す。一方トンボは、軟着陸できたのは、キキが魔法を使ったからなのかと問い掛ける。

宮崎監督は、わざとこのシーンの調和を乱すかのように、新たな要素を追加する。トンボの遊び好きな友人たちがおんぼろ車に乗ってやって来るのだ。彼らは、海岸の離れた場所に係留されている巨大な飛行船の観覧ツアーに参加しないかと大声で呼びかける。トンボはキキに一緒に行こうと誘うが、彼女は頑なに突っぱねる。海を背景にして一人で立つキキは、もはや暗い影にしか見えない。その時、車に乗った女の子の一人が「あの子、宅急便やってる子よ」と言う声が聞こえてくる。キキは「仕事があるの。ついて来ないで」と怒ったようにトンボに言い渡すと、パン屋に戻るために重い足取りで丘を上っていく。

キキがトンボと過ごした楽しい時間が惨めな終わり方をした結果、そのあとから彼女が空を飛ぶ力を失い始めたのは当然の成り行きかもしれない。別の少女から「もう働いている」子という特別な目で見られたことは、自分がいかに孤独で弱い立場にあるかを彼女に痛感させる。能天気な若者たちと違って、自分が生活費を稼ぐ必要があることを強く再認識させたのである。宮崎はキキの孤独感を強調するために、唐突にジジと話す能力を失わせる。これもまた原作小説にはない展開である。痛々しいほどの自覚を感じさせるシーンで、キキはベッドの中で寝返りを打ちながら、「私ってどうかしてる。せっかく友達ができたのに」と無関心な様子のジジに嘆いてみせる。

ヤングアダルト向けの現実的な小説なら、こうした不満を述べるのは決して場違いではない。もっとリアルな世界では、キキは単に魔法の力の喪失と折り合いをつけ、一般人の世界で生きていく覚悟を決めることになるかもしれない。実際に、宮崎自身が冗談として語った続編構想の中では、キキは最終的に自動車で宅配事業を始めることになっていたという。[12] 幸いにも、彼はそうした陳腐な終わり方とはまるで異なるてんやわんやのフィナーレを用意していた。コリコの時計塔、飛行船、デッキブラシ、それに窮地に陥った少年を巻き込んだクライマックスでは、魔法とテクノロジーが競い合うようにして救出シーンをお膳立てする。

映画のフィナーレは、キキが「奥様」と呼ばれる上品な老婦人の友人を訪問する穏やかな場面から始まる。キキはテレビで飛行船が強風で流されたというニュースを見る。逆さまになった飛行船は、時計塔にぶつかって倒れる。さらに悪いことに、飛行船の下にはトンボが係留ロープでぶら下がっていたのである。キキは動揺しつつも断固たる決意で街の清掃人からデッキブラシを借りると、それに跨って以前のように飛ぼうとする。彼女は飛び立つことに成功するが、不格好なブラシは暴れ馬のように跳ね回る。最終的に、キキはトンボの近くまで高度を上げて、彼がロープを手放した瞬間に急降下して窮地から救い出す。その瞬間に、下から見上げている群衆からは盛大な喝采が湧き起こる。

映画の大半を通じて落ち着いた演出が続いた分、波乱に満ちたエンディングは際立った印象を与えている。事実、群衆シーンと派手なアクションについては、一部の日本の批評家から「ラストが唐突で凡庸」という酷評も聞かれたほどだ。[13]だが実際には、むしろこのエンディングによって、映画で取り上げられた複数のテーマがうまくまとまり、しかもさらに興味深い展開が繰り広げられる余地を残した。宮崎は、事前に飛行船が登場するシーンを設け、ラジオや会話でそれに言及するなど、この結末に向けて微妙な伏線を張っている。映画のエンディングで都会の住人たちを巻き込んだド派手なアクションシーンを展開することで、宮崎はキキに伝統的なヒーローの役割を演じさせると同時に、トンボの救出劇によって、新しい社会に受け入れられるきっかけを与えたのである。本作が感情的なクライマックスを迎えるのは、おそらくキキが「魔法がなくなったら、何の取り柄もなくなっちゃう」と叫んだ瞬間だと思われるが、感動的なフィナーレもまた、自然と超自然、そして人間とテクノロジーを再度結びつけて終わっている。キキが空を飛ぶ力を回復したことは、彼女が再び自分を信じ始めたことを意味している。復活した自信が、時計塔と飛行船に象徴される時間とテクノロジーの双方と対決することを可能にしたのである。

『魔女』は、表面的には相反するように見える力をうまく調和させている。キキとトンボがプロペラ式飛行自転車に乗って海岸沿いの道路を猛スピードで下っていく場面で、宮崎はテクノロジーと超自然（魔法）の連携は可能であることを明らかにする。魅力的だがあくまで都会的なコリコの上空を箒で飛ぶキキは、民俗学と日本文学の研究者であるマイケル・ディラン・フォスターの絶妙な表現を借りれば、「現代に侵入した過去の遺物」ということになる。[14] 彼女は空間だけでなく時間も横断し、過去から飛来して人々に衝撃を与える存在なのだ。宮崎は、汽車、路面電車、自動車、それにウルスラとキキが森の家にヒッチハイクで帰った際に二人を拾った素朴なトラックといった、従来型の交通手段で画面を満たしている。そうすることで、キキという超自然的な存在がコリコでいかに異質であるかを強調しているのだ。

キキの魔法が現代社会とテクノロジーの双方に立ち向かうクライマックスは、伝統が現代性の侵入に屈せずに持ちこたえている楽観的な未来像を提示している。これは様々なシーンがないまぜになったエンディングで一層明確になる。例えば、監督はキキが都会生活に溶け込んで幸せな毎日を送り、同年代の若い友人たちとの交流を楽しんでいる様子を描いている。同時に、完成したプロペラ型人力飛行機（中は自転車）を運転するトンボの上空を彼女が箒に乗って飛んでいるシーンも登場する。それは、テクノロジーと魔法の双方を受け入れる寛容な世界を簡潔かつ効果的に表現したものと言えよう。

宮崎はキキの両親が娘からの手紙を読んでいるシーンで映画を終える。手紙は、キキが新しい生活に慣れてきたことを示唆する内容となっている。両親は喜んでいるように見えるが、一方で、批評家の杉田が指摘しているように、子供が大人になることにある種の喪失感を覚えていても不思議ではない。[15]『トトロ』が、ある意味で死の恐怖――特に子供が親の死に対して抱く恐怖――を描いた映画だとすれば、『魔女の宅急便』は、変化への恐怖を描いた物語と見ることができる。子供が大人に成長する姿を目にする親の観点からすれば、この恐怖は「失われた幼年期」に対するある種の喪失感から生じるものだろう。あるいは映画の観客である若い女性会社員にとっては、彼女たち自身の幼年期へのノスタルジアとして感じられるかもしれない。自立に目覚めるにつれ、それがもたらす変化を自覚して切ない思いをする――そうした瞬間に対して大人が感じるノスタルジアが映画の複雑な底流を成しており、強い感情を引き起こすのだ。興味深いことに、キキは空を飛ぶ魔法の力を回復する一方で、ジジと話す能力を取り戻すことはない。映画の終わりでは、キキが新たな生活の拠点となった都会の上空を飛んでいる。彼女は到着した時より強くなった反面、その力は以前よりも限定されている。そこには大人への成長に伴う代償をほろ苦く描いた世界観が提示されている。

宮崎監督にとっても、未来は一気に開けてきた。叶精二は「本作を契機にジブリは第二期に突入して行く」と書いている。「『邦画にヒット作なし』『映画館経営はハリウッド大作頼み』と言われた時代にあって、ジブリは（中略）独自の集客構造を作り上げた」（『宮崎駿全書』、一五一頁）[16]。次の一〇年間に、宮崎は監督として最大の成功を収め、ちょうどキキがそうしたように、住み慣れた場所から飛び出して国際舞台へと踊り出ることになる。

第9章　カサブランカに舞い降りる『紅の豚』

個人的映画っていうのは恐ろしいことですね。

——宮崎駿（『風の帰る場所』、八七頁）

宮崎の次の映画は一九九二年に公開された『紅の豚』で、成長物語のファンタジーだった三年前の『魔女の宅急便』とはまるで毛色の違う作品となった。物語の主人公は、第一次世界大戦で活躍した後、アドリア海で賞金稼ぎをするようになった操縦士である。映画には明らかにファンタジー的な要素が盛り込まれているが、一方で深刻な政治的・社会的・道徳的な問題を提起してもいる。『紅の豚』において、監督は幼年期だけでなく思春期のファンタジーからさえ一度遠ざかり、新たな方向に一歩踏み出した。向かう先は魔法が力を持つ世界であることに変わりはないが、戦争や歴史や複雑な大人の世界にまで関わることによって、ミヤザキワールドはこれまでにない円熟味を感じさせるようになる。

本作の中には、とりわけ際立ったワンシーンがある。一人の美しい女性がナイトクラブに立って歌を歌っている。歌詞はフランス語で字幕は出ないが、ゆったりしたリズムと心に残るしみじみとした

ジーナのナイトクラブで階段の上に立つマルコ。『紅の豚』より（作品DVDより引用。©1992 Studio Ghibli・NN）

メロディーから、失われた何かに捧げられた歌であることは何となく伝わってくる。女性が歌っている間に画面は外へと移り、単独の飛行艇が夕焼けの赤茶けた雲を通過して空を横切る様子が映し出される。画面の外で哀調を帯びた歌声が流れ続けている間に、小型の飛行艇がクラブが入っている豪華なホテルの外の係留場に滑り込む。画面はバーに入る操縦士の姿を追っていく。飛行服と絹のスカーフの組み合わせが粋な彼は、一人階段の上に立ち、フランス語で歌う女性を見下ろしている――「でも、さくらんぼが実る季節はとて《Mais il est bien court le temps》も短い《des cerises》のよ」。

それは一九四〇年代の古典的な白黒映画に登場しても違和感がなさそうなシーンである。だが実際にはカラー映画で、しかもアニメーションなのだ。その上、粋な操縦士の正体は豚ときている。いや、正確には豚の顔をした男なのだが。

『紅の豚』は、多くの面でアメリカ映画『カサブランカ』（一九四二年製作）を宮崎がファンタジーとしてリメイクした作品と言っていい。『カサブランカ』は映画史上最もロマンチックで感動的な映画の一つで、欧米だけでなく日本でも多くのファンから愛されている。[1]『紅の豚』は、英雄的な主人公、戦争に疲弊したヨーロッパ、それに悲運の恋人たちを描いているという点で、『カサブランカ』とは共通項が多い。宮崎が造形したマルコ（通称ポルコ）とマダム・ジーナというキャラクターは、『カサブランカ』の二人の主人公、リックとイルザに相当する。リックと同様、『紅の豚』の主人公であるマルコも人生に倦んだいわくつきの人物で、トレンチコートがよく似合うその姿からは、さりげない男の魅力が漂ってくる。ジーナもまた、イルザのような謎めいた美女で、反ファシスト派に政治的人脈を持っている。もっとも宮崎の映画では『カサブランカ』と異なり、ナイトクラブを経営するのはリックのような男性ではなくてジーナだし、映画の主題歌を歌うのも彼女である。宮崎はこれまでも印象的な自立した大人の女性キャラクターを数多く創造してきており、本作でもシャンソン歌手、政治活動家、そしてホテル経営者の顔を持つジーナという新たな人物像を描いてみせた。経営するホテル・アドリアーノは、異国情緒あふれる景観に囲まれ、多様な背景を持つ宿泊客が入り乱れている点からしても、モロッコのどこかの都市にあっても何の違和感もなさそうに見える。また『紅の豚』では、宮崎作品としてはいつになく明白な政治姿勢が示されており、映画の底流をなす対立には、『カサブランカ』でレジスタンス対ファシズムという形で展開された善悪の戦いを彷彿とさせるものがある。

　おそらく『紅の豚』と『カサブランカ』の最も興味深い共通項は、映画のテーマを表現するために音楽を際立ったやり方で活用している点にある。『紅の豚』の主題歌「さくらんぼの実る頃」は、『カサブランカ』のライトモティーフである、ほろ苦いテーマ曲「アズ・タイム・ゴーズ・バイ（時の過ぎゆくままに）」に相当する。前述したクラブ内のシーンでは、ジーナが「さくらんぼの実る頃」を歌って感動を誘っているが、記憶に残る映画冒頭のシーンでも、この曲がラジオから小さく流れているのが聞こえる。また、エンディングテーマとして採用された「時には昔の話を」という物悲しい追憶の歌は、一九六〇年代の東京を席捲した学生運動を想起させる日本の曲である。

もちろん、二つの映画の間には顕著な違いがある。『紅の豚』は一九四一年ではなく、一九二九年に時代設定されており、映画を強く彩るヨーロッパでの戦争の記憶は、第一次世界大戦のものである（もっとも、次の大戦の予感も影のように忍び寄っている）。また、『カサブランカ』の舞台はハリウッド流に再現された北アフリカだが、『紅の豚』では魅惑的に演出されたアドリア海沿岸である。ユーゴスラビア領のドゥブロヴニク〔現クロアチア〕周辺の地域を大まかに参考にしつつ創造された景観は、ミヤザキワールドの重要な構成要素である「宮崎的ヨーロッパ世界」の最新項目として新たに追加された。賑やかな都会で多くの客が出入りする酒場を経営するリックと異なり、マルコは飛行艇でしか近づけない無人の小さな入り江に身を潜めている。宮崎はまた、男性である主人公のために、恋愛対象になりそうな相手をもう一人追加する。それは、フィオという名の威勢の良い若い飛行機設計技師で、マルコが飛行艇を修理のためにミラノに運び込んだところ、祖父の家に滞在していた彼女と出会うのである。魅力的な若い女性であるフィオは、宮崎が創造した少女のヒロインの長いリストに名を連ねることになる。そして、背後に暗い影がつきまとっているにもかかわらず、この映画は『カサブランカ』よりは明るい作品で、ある種のピカレスク冒険譚となっている。スリル満点の飛行シーンやドタバタ喜劇調の戦闘シーンが展開され、ふざけたお調子者ではあるが、憎めない二枚目半で大口を叩くアメリカ人パイロットのカーチスが悪役を務める。どちらの映画もファシズムの影が忍び寄っている点では共通しているが、『紅の豚』は群衆が大騒ぎしているおどけたシーンでエンディングを迎え、観客は政治的な問題に煩わされることなく、ふわふわした良い気分で劇場を後にすることができるはずだ。

また、『紅の豚』はきわめて個人的な映画であり、おそらく宮崎の全作品中、最も個人的な内容を含んでいると言っていいだろう。本作には、戦争や軍部だけでなく、中年期を迎えて経験した失望感や様々な制約に対する監督自身の嫌悪感が反映されている。オープニングでは、パラソルの下で一人の男性がリラックスしている夢のようなシーンが映し出される。そばにはワインボトルが置かれ、ラジオからは「さくらんぼの実る頃」が小さな音で流れている。目の前には紺碧の海が広がり、真っ赤に塗られた飛行艇がゆったりと上下に揺れている。この場面は、初期に想定されていた観客層である日本のサラリーマンにとって、まさに究極の現実逃避を体現するファンタジーにほかならないし、ある意味では、宮崎自身にとってもそうだった。

画面は、日なたでのんびりと仰向けになっている男の体を真横から映し出し、最後に顔があるべき場所で停止するが、その表情は映画雑誌に覆い隠されて確認できない。脇にある電話が鳴って、男は手を伸ばす。電話はポルコ・ロッソと呼ばれる人物に救助を求める連絡だった。「安い仕事はやらねえぜ」と謎の男は気だるそうな口調で答えるが、空賊の一団に狙われている船には女学校の生徒たちも乗っているという。「そいつはちと高くつくぜ」と言いながら顔の雑誌を取った時、男が豚の顔をしていることが初めて明らかになる。

第一次世界大戦の余韻が残る世界で、戦争に疲れたパイロットと美しい女性シャンソン歌手が繰り広げる恋物語というテーマに、多くの監督が魅力を感じるだろうことは想像に難くない。そうした映画は、現代人にはもはや手の届かない黄金時代を想起させるからだ。それ以降、あまりにも悲惨な戦争が繰り返された結果、戦火が残した破壊の跡や、近代化がもたらしたより目に見えにくい破壊行為が黄金時代の記憶を埋もれさせてしまった。それでも、映画の主人公であるパイロットを、アドリア海に隠れ家を持つ賞金稼ぎで、ミラノの女性ばかりの整備チーム（その中には孫のいる老婆たちから一〇代の少女までいる）に最愛の飛行艇の修理をまかせるような人物に設定しようなどと考える監督は、おそらく皆無に近いだろう。しかも、そのパイロットを追放された豚顔の男にするような監督は、私には宮崎以外に想像できない。加えて、彼はただの豚顔のパイロットではなく、かつては人間の撃墜王として活躍したにもかかわらず、ある時、昔の戦友に「ファシストになるより豚の方がマシさ」と口走ったことからも、単に母国の領空からだけでなく、思想的にも追放されていることが見て取れる。極めつけは、この反ファシズム主義者の豚が愛する女性歌手の持ち歌「さくらんぼの実る頃」が、一八七一年にユートピア的な社会主義の実現を目指したパリ・コミューンの蜂起を象徴する歌だったことである。

結果的に監督にとって最も個人的な映画の一つになった本作は、元々は日本航空で出張先に向かうビジネスマン――宮崎の不朽の名言によれば、「疲れて脳細胞が豆腐になった中年男」――向けに機内限定上映の短編映画として企画されたものだった（『宮崎駿全書』、一五七頁）[2]。機内に閉じ込められた状態の彼らには、出張の憂さ晴らしに何か軽い娯楽が必要だろうというわけだ。

実のところ、監督自身も何か軽い娯楽ものの企画を探しているところだった。自身の『魔女の宅急便』、それに高畑勲監督の『おもひでぽろぽろ』という二本の重要な映画のプロデューサーを立て続けに担当したこともあって、宮崎は肉体的にも感情的にも憔悴し切っていたのである。彼は創造的な活動に疲弊しており、しかも対処すべき実務的な問題が目前に控えていた。宮崎と鈴木は、スタッフの大半を長期雇用契約に移行させることに成功していた。それは宮崎にとって長年の懸案事項が解決されたことを意味したが、今後は成長企業として社員の給料を払える体制を整えていく必要があったのである。

社員の多くが女性であることを考えると、『紅の豚』の見せ場の一つが飛行艇の修理工場で女性たちが一緒に働いているシーンであるのは驚くにあたらない。現実社会で監督が直面した実務的な問題の一つに、女子トイレをどう拡張するかがあった。宮崎は女性たちがアニメ制作現場の激務から一息入れられるように、窓があって明かりが入るスペースを設けたいと考えていた。また、常に未来志向の宮崎は、スタジオを生態学的により健全な環境にすることも検討していた。その結果、スタジオジブリのオフィスが入った建物〔通称「草屋」〕の屋根には一面、野芝が植えられることになったのである。だが、何にも増してジブリが必要としていたのは、多くの出費を必要とする新たな職場環境を維持するために、ヒット作を生み続けることだった。

だが、宮崎が軽い作品を作ることを切望するようになった背景には、単に疲れ切ったことだけでは説明できない部分もありそうだ。前記の二本の映画が大ヒットしたにもかかわらず、宮崎はそれらに対して微妙な態度を示している。後から考えれば、あの二作品はまだ「作る時期」ではなく、バブル時代や当時の物質主義的な文化や過剰消費ともう少し距離を置くべきだったと言うのである。宮崎自身の表現を借りれば、「ものに溢れてる」状態を「ヒステリック」に守ろうとしたバブル期という時代は、彼を心底動揺させたようだった（『風の帰る場所』、八三 - 八四頁）[3]。

宮崎は、英語から来た外来語を使って「リハビリ」が必要だったと語っている。つまり、リラックスして心機一転を図る時間が欲しかったという意味だろう。『紅の豚』に関する最初の企画についても、「モラトリアム」という別の外来語を使って描写している。当時の日本の知識人が多用していたこの言葉は、若くて無責任でいられる状態を長続きさせるために、大人になるのを先延ばしにすることを意味した。『紅の豚』は、成長物語のテーマに挑んだ『魔女の宅急便』や『おもひでぽろぽろ』とはまったく異なり、宮崎が自分に「モラトリアム」を与えるために企画されたのである。

宮崎が日本航空のために立てた最初の企画案は、機内限定上映を想定した四〇分程度の短編映画で、軽い気持ちで描いた漫画を中心とした雑多な内容の『雑想ノート』という雑誌の連載に基づいていた。どれも気立ての良い豚たちを主人公とする連作漫画である。叶によれば、「この連載はハードな展開の漫画『ナウシカ』や映画準備の合間を縫って、趣味と妄想の世界に没頭出来る楽しい時間であった」という（『宮崎駿全書』、一五五頁）[4]。宮崎とプロデューサーの鈴木は、これらのドタバタ劇のような物語がおどけた内容の冒険アニメに格好の題材を提供するだろうと考えたのである。

原作となる漫画の体裁と、当初は短編映画として企画されていたことも相まって、驚異的なペースで仕事をしてきた監督とスタジオのスタッフは、この作品では周囲の期待に振り回されず、リフレッシュできそうだった。普段と違ってスタジオでの仕事のプレッシャーから解放された宮崎は、新たなテーマを探し求め、時にはきわめて深刻な内容の問題まで追求する精神的なゆとりを得たようだ。新たなキャラクターとストーリーが追加され、映画の上映時間が四五分から九〇分に延長されるに従い、それは面白くて楽しいだけでなく、複雑な感情を呼び起こすより重層的な作品へと進化していった。最終的にはノスタルジアに浸って現実逃避に走るか、それとも社会に関与し続け、何らかの使命に打ち込むかという二つの人生のあり方を対立させ、中年の危機の意味を問い掛ける予想外に含蓄のある作品となったのである。

当初の企画では、この映画はイタリア空軍のパイロット上がりの豚が、アドリア海周辺で木製の飛行艇に乗って賞金稼ぎをしたり、窮地に陥った人々を救出したりするという明るい冒険譚になる予定だった。宮崎はこの筋立てを利用して、飛行機を描くという最大の趣味を思う存分楽しんだ。『ナウシカ』や『ラピュタ』といった以前の作品でも、豊かな想像力によって独創的な航空機を生み出していたが、海を舞台とする『紅の豚』では、時代を象徴する第一次世界大戦の航空機だけでなく、軽快な小型の飛行艇を登場させている。宮崎は、これらの飛行艇が航空史において一つの輝かしい黄金時代を築いたと考えているのだ。きわめて非実用的な存在でありながら、こうした航空機はまさしく自由に空を飛ぶ喜びを象徴しており、平らな翼と下に飛び出した「脚」は昆虫のカゲロウに形状がよく似ている。カゲロウは日本文化において最も親しまれている「はかなさ」の象徴の一つでもある〔例えば、平安時代の『蜻蛉《かげろう》日記』は、人生のはかなさを描いた女流日記文学の古典として知られている〕。宮崎は飛行シーンはすべて自ら担当することを強く主張し、飛行艇のデザインと空中シーンのどちらにおいても、形状の美しさとしなやかさを見事に描き出している。

　頭は豚で身体は人間の主人公と同様、映画そのものも、ある種のハイブリッドと考えていいだろう。手に汗を握る冒険物語であると同時に、政治的・道徳的な問題への関与、中年の危機、男らしさ、欲望といったテーマに関して独特な世界観に基づく批評を展開してもいるからだ。本作はまた多くの点で、宮崎自身の今とは違う生き方への憧れを赤裸々に表現したものとなっている。それは活動的で自由で道徳的にきわめて重大な任務に関わる人生であり、絶え間ない仕事とプレッシャーの連続が当たり前となった監督の日常とは懸け離れた生き方である。きらびやかなアニメーションと奇想天外なストーリーは、中年の危機を克服するための、ある種の癒やしのプロセスと見なすこともできる。

　宮崎を悩ませていた問題は、個人的なレベルだけでなく、政治的な面にまで及んでいた。後者に関しては、一九九一年にかつて共産ブロックの一部だったユーゴスラビアが国家として崩壊し始めたことが「ボディーブロー」のように効いてきたと（またしても英語からの外来語を使って）表現している（『風の帰る場所』、八四頁）。[5] 冷戦時代のユーゴスラビアは、少なくとも表面的には、独立した社会主義体制下にある啓蒙された国家の模範例のような存在であった。だが、国の崩壊によって、この地域は強姦と虐殺から民族浄化に至るまで、圧倒的な暴力の渦に巻き込まれていったのである。

地球の反対側にいる日本の映画監督が、東ヨーロッパで起きている紛争にこれほど強く反応したことを不思議に思う人もいるかもしれない。一体どうして日本の人たちが、この問題を気に掛けるのだろうかと。最初に知っておく必要があるのは、日本の市民にはアメリカ人よりもはるかに世界情勢に通じている人たちが多いという事実である。同じくらい重要なのは、宮崎がヨーロッパに傾倒している一人の芸術家であり、欧州近現代史に関する確かな知識を身につけているだけでなく、その生活様式のある側面を高く称賛していることだ。ヨーロッパ的な理想に対する称賛の念は、ユーゴスラビアの崩壊に対する苦々しい思いを一層強める結果となった。監督は、啓蒙された近代ヨーロッパで、いまだにそのような血生臭い事件が起こりうるとは想像だにしていなかったのだ。宮崎にとって、東欧の紛争は、まさに第一次世界大戦とそれ以前に起きた流血の惨事を蘇らせるような出来事だったのである。

叶は、挫折した一八七一年のパリ・コミューンの鎮魂歌とも言える「さくらんぼの実る頃」が映画の挿入歌として採用されたのは、それが宮崎自身の喪失感や裏切られたという思いを代弁しているからだと推測している（『宮崎駿全書』、一七〇頁）[6]。ユーゴスラビアの崩壊は、世界情勢の現状や未来に希望を持てるかどうかに関する宮崎の揺らぎがちな楽観主義に、まさにボディーブローのように効いてきた。監督は『紅の豚』の劇場公開後にジーナの声を演じた歌手の加藤登紀子との率直な対談で、飾らない口調で自分の感情を説明している。対談の中で、彼は自分と同時代に生まれた日本人は、世界が良くなる可能性を信じて育った世代に属することを強調している。敗戦のショックで茫然自失していた日本から続々と新たな可能性が生まれるのを目にして、一九四〇年代に生まれた日本人は明るい希望を抱いたのである。戦後に育った多くの人々にとって、平和な国際社会を築くのは大いなる理想であると同時に、おそらく実現可能に思えたのだ。

二五年後の今でさえ、宮崎が対談で語った言葉からは、困惑と無念がひしひしと伝わってくる。「つまりそれが自分たちの歴史なのね。これからはだんだんマシになっていくんだということが、どこかにインプットされているわけですよ。だから突然ユーゴスラビアで民族戦争みたいなことが起こった時に、呆然としちゃうんです。何だ、またもとに戻るのかって。［一九九一年以前の］この一、二年、ほんとに僕は迷走しちゃって、自分がグラグラしている」（『時には昔の話を』、宮崎駿、加藤登紀子、徳間書店、一九九二年、八六頁）[7]

この少し後に行なわれたインタビューで、宮崎は亡くなった母親に言及しながら、自分の個人的な体験についてもっと直接的に語っている。これまでずっと心の内で母親と議論を続けていたが、ついにここで母親の勝利を認めたのである。「だから人っていうのは愚かなものなんだよっていうね。実は母親とこの問題をめぐって、ずーっと思春期の頃に論争してたんです。『人間っていうのは仕方がないものなんだ』っていうのがオフクロの持論で、僕は『そんなことはない』って言いあってたんですけどね。どうもこのままいくと、オフクロに無条件降伏になるから嫌だなあと思って（笑）」（『風の帰る場所』、九四頁）[8]

他にも、宮崎はアメリカがクウェート（そして先進諸国の石油利権）を守るために、多国籍軍を率いてイラクを攻撃した第一次湾岸戦争に衝撃を受けていた。『紅の豚』で「悪役」を演じるのが、傲慢さと無知の塊のような居丈高な若いアメリカ人であるのは、決して偶然とは思えない。一方で、宮崎はひょっとすると、第二のヒロインであるフィオをアメリカから最近帰国した魅力的な少女という設定にすることで、バランスを取ろうとしたのかもしれない。

日本が五月雨式で優柔不断なやり方とはいえ、湾岸戦争に関与した事実は、宮崎を含む多くの左派の人々から平和憲法に反する行為と見なされた。ハイテク兵器が活躍した戦争であったことと、実際に人間が殺戮されるシーンがほとんどメディアに露出されなかったことも、監督の心を大いにかき乱した。実際に、彼は『魔女の宅急便』の次に、現代の東京を舞台にした青春映画を企画していたのだが、その考えを捨ててしまった。アニメ文化の研究者である奥田浩司《おくだこうじ》は、「毒ガスや息子の死に怯える世界の人々には、何の説得力も持たないに違いない」とする監督自身の言葉を紹介して、その理由を説明している（『ジブリの森へ――高畑勲・宮崎駿を読む』増補版、米村みゆき編、森話社、二〇〇八年、一四九頁）[9]。

一方で、ここには政治的な幻滅以上の何かが作用しているような印象が拭えない。何しろ、『紅の豚』は、ジブリの屋台骨を支えてきた従来の宮崎映画の基本路線を完全に逸脱しているのだ。『魔女』『トトロ』『ラピュタ』の三作品はすべて主人公の若さを特徴としており、本質的に明るい結末を迎える。一方、『紅の豚』は、ファシズムが台頭した複雑な世界を舞台としており、混沌とした未来を予感させている。

それにしても、主人公を中年の豚にする必要がどこにあったのだろう？　当時の日本の評論家たちも、この点については戸惑いを隠せないようだった。映画の宣伝キャンペーンはマルコを豚の英雄としてアピールし、その点は「カッコイイとは、こういうことさ。」というコピーにもよく反映されている。一方で、同じキャンペーンでは女性観客層の動員を促す目的もあって、「涙をにじませるカップルでいっぱいです」という別のコピーも打ち出され、結果的に方向性を混乱させる一幕もあった。だが、そもそも豚を主人公にしたロマンスなど成立するのだろうか？

どうやら、答えはイエスのようだが、ほかにも込み入った事情がありそうだ。世の中の豚に対する見方は様々で、その評判は必ずしも芳しくない。この点は欧米も日本も変わらない。宮崎にとって最も思慮深いインタビュアーである渋谷陽一とのインタビューとも尋問ともつかない挑発的なやり取りの中で、監督は言葉を濁すような回答と懺悔じみた発言の間で揺れ動いた。

宮崎が豚を主人公にした理由について、渋谷は自らの憶測を交えつつ、本音を引き出そうとする。これに対し、監督は最初のうちはイラついたように「三分の二くらいは冗談だったんですよ」などと返事していた。「なにせ日本航空に出すんですから、流れて元々っていうか、流れたほうがいいんじゃないかって思ったりなんかしながら作った企画書ですから」（『風の帰る場所』、七八 - 七九頁[10]）。確かに、宮崎の原作漫画に登場する豚たちはかなりユーモラスな（しかもかなり可愛い）キャラクターだったし、豚をパイロットにすれば記憶に残るアニメ映画になることは約束されたようなものだった。

さらに渋谷が追及を続けると、監督は政治に話題を転じ、タイトルの『紅の豚』は「共産主義者」を連想させる可能性があると指摘する。そのうえでユーゴスラビアについて触れながら、「僕は社会主義とかそういうことについては、ずいぶん前から自分では払拭《ふっしょく》してたつもりだったんですよ」と主張したのだ。だが、宮崎はすぐにこの主張を翻す。「この映画作ってる最中に［幻滅とか後悔が］重なってきたから『オレは最後の赤になるぞ』っていう感じで、一匹だけで飛んでる豚［の物語］になっちゃった（笑）」（『風の帰る場所』、八五頁[11]）

一方、渋谷は、宮崎の一見政治的な発言を執拗に個人的な動機に結び付けようとする。渋谷はこう問い掛ける。「主人公は自分から豚になるわけですよね？　あれは、結局共に闘う人間が全員死んでしまって自分だけ生き残るという、そういう状況に対する自分なりの自己処罰ですよね？」

この誘導尋問に対し、宮崎はこう答える。「まあ、そうですね。だけどまあ、それは自分だけ生き残ったっていうことに対する自己処罰じゃないですね。なんか飛んじまったことに問題があるっていうね」（『風の帰る場所』、八六頁[12]）

ここで議論の対象となっているのが、少なくとも部分的には、今では「サバイバーズ・ギルト（生存者の罪悪感）」と呼ばれている感情である可能性はきわめて高い。[13]宮崎の家族が宇都宮空襲の戦火から避難する際、子供を抱えた隣人を救うのを拒んだという記憶は今も宮崎の脳裏に焼き付いている。結局のところ、豚はしばしば強欲と利己主義の象徴と見なされてきたことも忘れてはならない（後の作品『千と千尋の神隠し』のあるシーンにも、そうした描写が登場する）。

この「罪悪感」は、宮崎のより広い意味での罪悪感と結び付いている可能性もある。それは、戦時中に家族が比較的豊かな生活をしていたことや、もしかすると一般的な意味での日本の戦争責任とも関係があるかもしれない。この点は、加藤登紀子との対談における発言によっても裏付けられている。加藤は宮崎と左派的な政治姿勢を共有しており、かつて全学連（一九六〇年代に運動を展開した過激な学生団体）の委員長を務めた人物と結婚している。

出版されることを前提とした対談にしては、会話は驚くほど個人的な内容にまで踏み込んでおり、テーマも映画だけでなく、宮崎の内面や政治的信条にまで及んでいる。監督は罪悪感（「うしろめたさ」）について繰り返し言及したかと思うと、突然こう宣言する。「うしろめたさというのは、日本の中の自分の家、自分の一族、それから世界の中の日本、アジアの中の日本というかたちで、一貫したテーマとして自分の中にある」（『時には昔の話を』、八九頁）[14]

いまだに過去の戦争と向き合うことに四苦八苦している日本で、これは注目に値する発言と言えるだろう。だが、宮崎はそれに続けて、さらに意表を突くと同時に示唆に富む発言を行なっている。「この年になると、やはり自分の幼児体験とか過去の記憶をいろいろ掘り起こしてみるようになるわけです。掘り起こして並べてみて、ああ、自分はこんなふうに形成されてきたんだなと、まあ理屈としてはわかってくる。それと同時に記憶にまつわりついてくるうしろめたさがあって、そのうしろめたさを失くしちゃうと、何か自分のいちばん大事な部分を失くしちゃうんじゃないかという気がしてくるんですね。自分にとってそのうしろめたさが、いわば最後の支えなのかとさえ思うんです」

これに対し、加藤も我が意を得たりとばかりに言う。「それがエネルギー源なんですよ、やっぱり」。宮崎はこれに「要するに分裂を抱えたままずっといくしかないということでしょう」と答えている（『時には昔の話を』、八九頁）[15]。

私はこれらの発言を読んで、『紅の豚』の中で最も重要なシーンの一つをようやく理解できたような気がした。それは不気味ながらも、この世のものとは思えないほど美しい場面で、その中でマルコは自分が豚になった理由を（完全にとは言えないまでも）明かすのである。シーンの内容は詳細に描写しておく価値がある。

ある夜のこと。ミラノで辛うじてファシストの警察を逃れたマルコは、フィオを連れて入り江にある隠れ家に戻ってきていた。ミラノに行ったのは、小さな家族経営の工場で飛行艇を修理してもらうためで、工場主の若い孫であるフィオも腕利きの技師である。だが、二人にとって残念なことに、フィオは技師としての能力以外の面で注目を浴びることになる。彼女は、マルコと鬱陶しいアメリカ人パイロットのカーチスとの空の決闘で賭けの対象にされてしまう。カーチスはジーナに振られた後、フィオに一目惚れしてしまったのだ。マルコ自身は、フィオを恋愛対象とは考えていないという態度を取っているが、「アメリカ野郎」（マルコがカーチスに与えた「愛称」）の嫁になるのは許せないと考えている。

寝る時間をとっくに過ぎても、マルコは映画のクライマックスとなる空中戦に向けて、弾薬の準備に余念がない。浜辺には波が優しく打ち寄せており、フィオは眠った振りをしている。眠そうに目を開けてマルコに目を注いだ瞬間、彼女はそこに人間の顔——鼻梁の高い鼻と艶のある口髭をしたハンサムな大人の男性――を見る。ところが、呼び掛けると振り向いた顔は豚に戻っている。フィオは思い切って「どうして豚になっちゃったの？」とマルコに尋ねる。それは彼が第一次世界大戦から帰ってきて以来、誰もが聞きそびれていた質問だった。

　彼は「さあてね」と曖昧な返事をする。

　それでも、少し会話を続けた後（キスをすれば魔法のように人間に戻るかもしれないからしてあげようかとフィオが提案すると、マルコはとんでもないというように撥ねつける）、彼は何か話をして欲しいというリクエストに応えることにする。ここでマルコがフィオ（と観客）に語って聞かせる摩訶不思議で神秘的な物語こそ、彼が豚になった説明に最も近いものである。

　古典的な回想シーンのように、画面が暗くなって音楽が流れ始めると、マルコはゆっくりとタバコを吸い込んでから口を開く。真っ青な空を背景に、飛行艇の一群が編隊を組んで飛んでいる。「あれは戦争の最後の夏だった」とマルコは話し始める。

　彼は、友人のベルリーニと並んで飛行艇を飛ばしていた。ベルリーニはジーナと結婚式を挙げたばかりで、マルコも参列したのだが、休暇が足りないので二人とも戦場にトンボ返りしたところ、すぐに攻撃を受け始めたのだ。マルコの戦闘の描写は過酷（「そのうちに、味方は俺だけになっちまった。それでも奴らはやめねえんだ」）だが、実際の空中戦のシーンは詩的なほど美しい。スローテンポの曲が流れる中、飛行艇は空中でバレエを踊っているかのようにお互いの周りを飛び回る。それでも、エンジンの音だけはマルコの描写の通りで、まさに「ハエのように」ブンブン音を立てながら撃墜されていくのだ。

　「そのうちに、味方は俺だけになっちまった（中略）もうダメだって思ったその時だ」と彼は言う。

突然、目の前が真っ白になり、飛行艇は明るい光の中を勝手に飛んでいく。マルコの飛行艇は「雲の平原」の上に浮かび上がるとその上を滑空し、やがて静止する。そこで初めて、彼は上空にある「不思議な雲」に気付く。画面上には巨大な飛行機雲が筋を引くように流れており、周囲では他の飛行艇が次々に空に向かって上昇していく。彼は近くにベルリーニがいて着実に高度を上げていることに気付くと、「ベルリーニ、無事だったのか！」と叫ぶ。だが、ベルリーニは返事をしない。マルコは「ジーナをどうする気だ？」と大声で問い掛けるが、親友の飛行艇はさらに上昇を続けていく。

ここで観客は、マルコの上空にある「不思議な雲」が、実際には銀色に輝く飛行機の大群であることに気付く。それらは、幽玄な響きのコーラスが静かに聞こえる中を音もたてずに着実に上昇していく。

「気が付いたら、海面スレスレを俺だけ一人で飛んでいた」とマルコは話を続ける。

フィオは「神様がまだ来るなって言ったのね」とそっと言う。

マルコは笑ってこう返す。「俺には、お前はずっとそうして一人で飛んでいろって言われた気がしたがね」

フィオは、すぐにマルコの笑いに含まれた絶望を感じ取って強く反論する。「そんなはずはないわ！　ポルコはいい人だもの」

マルコの返事は短く、暗澹としている。「いい奴は死んだ奴らさ」

フィオは大胆にも彼の頬にキスをする。だがマルコは豚の姿のままで、彼女は寝袋の中に急いで潜り込む。

回想シーンの映像はきわめて印象的で、とりわけ銀色の雲のように見える飛行機の大群がマルコを小さく見せつつ、彼の心を高揚させる場面は圧巻だ。宮崎には珍しく、この崇高なビジョンの構成要素には明らかに人間が含まれている。様々な国々から来たパイロットたちは死後に、運命に導かれるように天空に向かって上昇していく――アニメ研究者のパトリック・ドレーゼンが指摘しているように、向かう先はたぶん北欧神話で勇敢な戦士たちが迎え入れられるワルハラのような世界なのだろう。そこから想起されるのは、夢とも悪夢ともつかないイメージである。[16]このシーンは、死や罪悪感や希望といった深遠な要素とも直結しているのだ。

これらはいずれも、普通のアニメ映画で描かれることがなさそうな場面ばかりで、むしろ本に登場しそうな描写である。実際に、このエピソードは、イギリスの作家ロアルド・ダールの短篇小説から着想を得ている。『チョコレート工場の秘密』（映画『チャーリーとチョコレート工場』の原作・邦訳は評論社など）をはじめとするダールのみずみずしいファンタジー児童小説は世界中の子供たちから愛されているが、彼が発表している多数の短篇小説には大人のファンも多く、皮肉で現実的な作品にはどんでん返しで終わるものが少なくない。問題の短篇小説「彼らは歳を取るまい」（『飛行士たちの話』所収、ハヤカワ・ミステリ文庫、二〇一六年）もその一つだ。これは、第二次世界大戦中にフィンという名のパイロットが中東地域を偵察飛行中に、超越的な臨死体験をする物語である。語り手を務めるのは戦友の飛行士だ。空中戦に巻き込まれたフィンは突然、白い明かりに包まれ、上方の空を飛行機の群れが細い線となって一列に飛んで行くのを見る。彼の飛行機もその中に加わり、音もなく隊列を組んで飛んでいく。ところが、前を飛ぶパイロットが美しい平原に着陸した時、彼自身の飛行機はその後を追うことを拒否するのである（後にフィンは撃墜された戦友を「くそラッキーなクソ野郎」と呼ぶ）。基地に無事帰還したフィンが自分の冒険譚を戦友たちに話して聞かせると、彼らは驚くほどあっさりとフィンの奇妙な体験を受け入れる。

私がようやくこの短篇を読んだのは、すでに映画を何度も繰り返し観た後だった。そして、その中で語られるフィンの体験を、宮崎があまりにも完璧に再現していることに大きな感銘を受けた。実際に、画面いっぱいに広がる空と海の青さ、キラキラと光る雲の白さ、そして金属製の鳥のように音もなく上昇していく銀色の飛行機の大群が幽玄な音楽と相まって、小説の語り手の飛行士による、どちらかと言えば散文的な描写をはるかに超えた崇高なイメージを作り出している。だが、短篇「彼らは歳を取るまい」で私の目を引いたのは、これとは別の描写だった。戦友が行方不明になって帰ってきた後、語り手は次のように述べているのだ。

「部屋には微妙な空気がぴんと張りつめていた。なぜなら、これは銃弾の話でもなければ砲火の話でもない、調子の悪いエンジン音の話でもなければタイヤのパンクの話でもない、操縦席の血の話でもなければ、昨日の話でも今日の話でも明日の話でさえない、われわれが初めて経験することだったからだ」(『飛行士たちの話』、二二〇頁)[17]

ここで語り手の言う「初めて経験すること」とは、夢と現実の間の境界線を越えて飛行場の中に出現した緊張感であり、「他者性」の感覚とでも言うべきものである。マルコの幻想的な回想シーンも、これと同様の他者性の感覚に満たされている。しかし、宮崎は、ダールの物語に新たな要素として、もう一つ異なる他者性の感覚を追加している。それは、主人公が豚の顔をしているというイメージである。加藤登紀子は宮崎との対談本の「あとがき」で「どうしても宮崎さんが、ポルコ・ロッソに思えます」と書いている(『時には昔の話を』、九七頁)[18]。『紅の豚』はダールの短篇をきわめて特異なやり方で再構成しており、主人公は若くてハンサムだったマルコと、中年の豚になってしまった今の自分の間を行ったり来たりする。そこからは、監督自身が「分裂を抱えたまま」生きているという感覚が伝わってくる。

当時五一歳だった宮崎が過去を振り返り、将来に思いを馳せながら、内側に抱えた不安をこのシーンと映画全体に反映させていなかったとは想像しにくい。宮崎はアニメの持つ魔力によって豚という別人格を創造し、様々な問題を鋭い切り口で探究していく。その中には、サバイバーズ・ギルト、イデオロギーへの幻滅、欲望の複雑さ（フィオのキスとマルコの反応に具体的な形で表れている）、それにダールの短篇のタイトル（「彼らは歳を取るまい」）と異なり、私たちの誰もが実際に年齢を重ねることで直面する現実といったテーマが含まれる。マルコは欠陥のある主人公で、宮崎がこの映画を監督した時の年齢より少しだけ若い設定になっている。マルコもまた、若さの喪失や理想主義的な夢の崩壊、そして中年期特有のプレッシャーや幻滅と、何とか折り合いを付けようともがいているのだ。

人間の「マルコ」がどうやって豚の「ポルコ」に変身したのかは、最後まで明らかにされることはない。おそらく、マルコのサバイバーズ・ギルトと、何千何万もの青年たちを戦争の犠牲にし、ファシズムのイデオロギーを生み出した人類に対する軽蔑の念が組み合わさった結果、何らかの魔法的な力によって姿が変わってしまったのだろう。だが、変身についての明確な説明はない。ダールの短篇小説では、パイロットのフィンは最後に願いを叶えることになる。あの体験から二、三週間後、彼の飛行機はエンジンから火を噴いて墜落する。落ちていくフィンは歓喜の叫びを上げる。「おれってくそラッキーなクソ野郎だよ（中略）おれってほんと、くそくそラッキーなクソ野郎だ」（『飛行士たちの話』、一三八頁）

この結末は、第二次世界大戦末期に祖国の捨て石となった、神風特攻隊の若き飛行兵たちの話を聞いて育った日本の男性の心に訴えたとしてもおかしくない。だが、宮崎は映画をこんな簡単な形では終わらせない。その代わりに、主人公は監督の他の多くのキャラクターと同様、生き続けることを強いられる。漫画版『風の谷のナウシカ』の最後の台詞でナウシカが言うように、私たちは「生きねば」ならないのだ。だが、まだ答えの出ていない疑問が一つある。それは、なぜ豚として生き続けなければならないのかという点だ。

渋谷は宮崎とのインタビューで、マルコが豚であることには性的ニュアンスがあるのか聞き出そうとしているように思える。彼は宮崎が豚を選んだことに何度も繰り返し言及し、ある時は次のように主張している。「ただやっぱり、中年の豚の飛行機乗りが主人公というのは、プライベートな要素がすごく強い設定ですよね」。宮崎があれは冗談みたいなものだったと否定すると、渋谷はさらに追い打ちをかける。「まあ、ちょっと冗談めかし、ちょっと肩の力を抜きつつも、でも、タブーとされていた中年を主人公にして、しかも、それはどうしても宮崎さんとダブってくるわけです」(『風の帰る場所』、八一頁)[19]

ここで渋谷が言及している「タブー」とは、たぶん中年の男性をアニメ映画の主人公にすることだろうが、そこには性的な意味合いが含まれている可能性もある。東アジアには、豚と好色な性癖を結び付ける伝統があり、それは少なくとも中国明代に成立した古典的伝奇小説『西遊記』(人気コミック『ドラゴンボール』は同書に着想を得ている)にまで遡る。それぞれ強い個性を持つ四人の主要な登場人物のうち、最も魅力に欠ける猪八戒《ちょはっかい》は、大食いで好色な男性ホルモンの塊のようなキャラクターで、主に三枚目の役割を演じるためだけの存在のように思える。宮崎は『紅の豚』のアイデアを思い付いた際に猪八戒の影響があったことを認めているが、渋谷とのインタビューでは、主人公を豚にしたのは冗談だったと主張し続けている。

『紅の豚』には、確かに性的内容を連想させるイメージも一部に登場する。[20]私が初めて宮崎の映画に関するコースを教えた年のこと、『魔女の宅急便』と『カリオストロの城』の時計塔から、多くの作品で大空を駆け巡る多数の先端が尖った航空機に至るまで、映画のあらゆる場面に男性器の象徴を見出そうとする学生がいた。確かに、流線形の艶やかな機体をしたマルコの赤い飛行艇が、男性の抱く強い妄想を具象化しているという考えには抵抗し難い魅力がある。

アドリア海にあるマルコの隠れ家の造りも性的なニュアンスを想起させる。入口は飛行艇でしか入れない山の裂け目で、狭い通路を抜けると、いかにもくつろげそうな柔らかな砂浜と穏やかな入り江が出迎えてくれる。宮崎は昔から、中世の随筆家・鴨長明が送った生活に魅了されていた。長明は混乱の時代に嫌気がさして、当時の都・京都郊外の山中に方丈の「草庵（茅葺屋根の小屋）」を結んで隠棲した人物である。マルコの閑静な隠れ家は、明らかに宮崎が「草庵」を念頭に創造したもので、美しい環境で無為に過ごせる場所として愛情を込めて描かれている。ここにはワインやタバコや音楽といった世俗的な楽しみも用意されている。さらには、もしかするとそれ以外の官能的な歓びに浸れる可能性さえある。なぜなら、ある時、マルコがミラノへ向かう途中で、そこで待っているはずの「まっ白なシーツ」や「美しい女達」を想像している場面が登場するからだ。入り江の構造と造りが子宮に戻るような感覚を想起させることが、これらすべてに説得力を与えている。

『魔女の宅急便』ほどあからさまに女性中心の展開ではないが、この映画にも多様で魅力的な女性キャラクターが登場する。悲劇的な人生を送ってきた美しいジーナは、ホテル・アドリアーノの経営者である。これはパリが一番華やかだったベル・エポックの時代から抜け出してきたような高級ホテルで、がさつな空賊たちと、賞金稼ぎとして彼らと争う粋な格好をした厭世家の豚の両者に、いつでも安心して帰れる場所を提供している。ジーナは原作漫画には登場しないが、宮崎は彼女を追加することで、はるかに物憂げで成熟した雰囲気を映画に与えることに成功した。どこか憂いのある魅力的な風情を漂わせているジーナは、実際にそれにふさわしい人生を歩んできた。これまで三度パイロットと結婚し、いずれの夫も戦争で亡くした未亡人なのである。マルコとジーナは幼馴染みに近い関係で、回想シーンでも明らかになるように、マルコはジーナの最初の夫の親友だった。映画全体を通じて、二人が深い心の絆で結ばれ、少なくともジーナはその絆が恋に発展することを望んでいるのは明らかだ。

そんなジーナの恋敵となるのがフィオである。ジーナが洗練された物憂げな美女であるのとは対照的に、フィオは快活でたくましく、熱意にあふれている。空賊たちが入り江にあるマルコの隠れ家に侵入した時も立ち向かったのは彼女の方で、束の間とはいえ、本来男性のものとされる役割を引き受けてしまう。もっとも映画のクライマックスでは、フィオも勇者に危機を救われる「窮地の乙女」の役割を少しの間だけ演じることになる。マルコはフィオの操を守るために、強引に彼女を自分のものにしようとするカーチスと決闘の約束をするのだ。

男の願望をすべて叶えるような『紅の豚』の空想世界で、フィオとジーナは宮崎が創造した「夢の連続体」の両端に位置する。一人は才知に長けた年上の美女で複雑な背景の持ち主、もう一人は快活で愛らしく、同様に才気煥発なまだ年若い少女である。彼女たちは当然のようにマルコを愛しており、彼も二人の思いに向き合おうとする。一方で、経営者としての実績を持つジーナと、技師として高い専門能力を有するフィオはどちらも、単なる理想化された薄っぺらなキャラクターからは程遠い。この映画で最も嬉しい驚きとなった展開の一つは、二人が生涯の友人となることだ。

宮崎は、フィオの技師としての技量をめぐって、やや教訓めいたやり取りを展開させている。マルコが「若すぎる」「女だから」という理由でフィオに飛行艇の修理を任せられないと宣言すると、彼女は熱を込めて反論するのだ。もっとも、この議論はもっと大きな文脈の中で捉える必要がある。マルコが修理のために飛行艇をミラノの工場に運んでくる印象的なシーンで、監督は女性がテクノロジーに関わることのポジティブな側面を描き出しているからだ。

このシーンでは、両大戦間に不況に直面したミラノで、男たちが出稼ぎのために家を離れざるを得ない状況が描かれている。だが少なくとも、マルコが頼りにしている工場の場合は、女性たちがその穴を埋めている。彼女たちは、工場の威勢の良い老経営者ピッコロのおやじの親族なのである。中でも最も重要な役割を演じるのが孫のフィオだが、ほかにも、あらゆる年代の女性が登場する、愉快で記憶に残る場面が描かれている。それは、彼女たちがマルコの飛行艇を修理して、ぴかぴかの新品同様にするために一緒に働いているシーンだ。こうした場面は、ジブリで働く多くの女性スタッフに敬意を表したものであると同時に、あらゆる世代の女性が円滑に共同作業を行なう産業コミューンを描くことで、ある種のユートピア的なビジョンを提示している。

従って、『紅の豚』に登場するユートピア的なビジョンには二種類あるといえるだろう。一つはジェンダーを超えた共同社会を形成しているミラノの工場で、もう一つはマルコが自分だけの楽しみのためにアドリア海に設けた隠れ家だ。だが、この作品はほかにも過去に存在した第三のユートピア的なビジョンに言及している。それは、パリ・コミューンが示した理想である。せいぜい二カ月程度しか続かなかったとはいえ、コミューンは一八七〇年代のヨーロッパで新たに芽生えたばかりの左翼運動を体現し、労働者階級の権利、共同体生活、女性の地位や能力の向上といった心を揺さぶる理想を掲げていた。これに対し、フランス政府は「血の週間」と呼ばれる残虐な市街戦を展開し、老若男女を問わず多数の市民が虐殺され、生き残った者の多くも集団処刑の犠牲となった。

宮崎が思春期の日々を送った一九六〇年代の日本では、この種の暴力的な動乱は起きなかったが、従来と違うより良い社会を目指すビジョンは間違いなく提唱されていた。宮崎は長年にわたって、こうしたビジョンに支えられてきたのである。ところが、当時の宮崎の目には、世界がかつてなく抑圧的で思想的に破綻しているように映っていた。そんな彼が「さくらんぼの実る頃」に執着するようになったのも決して不思議ではない。この歌の歌詞には、昔の恋を懐かしむ感情と同時に、理想を掲げた革命があまりにも短命に終わったことを慨嘆する気持ちが込められているからだ。

『紅の豚』では、懐古の情と後悔が、世界の美しさと可能性を信じる気持ちの残り火とせめぎ合う。そこから浮かび上がるのは、自己の願望を捨て切れない中年男のほろ苦い世界観である。彼の願望が満たされない可能性を示すことで、本作で描かれる感情はさらに複雑さを増していく。映画全体を通じた明るい雰囲気も、かえって陰鬱なシーンを一層興味深く意味深長なものにしている。これ以降、宮崎は二度と『紅の豚』のような作品を作ることはない。だが、その後一〇年間に発表された映画や漫画に含まれる人間の条件への洞察は、次第に辛辣さを増していく。本作が、その先駆けになったことは間違いないだろう。

第10章　救世主《メシア》から巫女《シャーマン》へ「闇の中のまたたく光」を求める漫画版『風の谷のナウシカ』

僕は、人間を罰したいという欲求がものすごくあったんですけど、でもそれは自分が神様になりたいんだと思ってるんだなと。それはヤバイなあと思ったんです。

——宮崎駿（『風の帰る場所』、一六三頁）

『紅の豚』は、従来よりも大人っぽくて、ある意味ではよりダークな側面をミヤザキワールドにもたらす結果となった。だが、この時期における監督の最もダークで包括的な世界観は、実は漫画作品においてこそ展開されていた。一九九四年にようやく完結した大河コミック『風の谷のナウシカ』である。一方、一九八四年に公開された映画版『ナウシカ』は、最終的に宮崎駿とスタジオジブリを誰もが知る有名ブランドへと押し上げることに貢献した。映画版は、虫、植物、そして地球そのものにまで慈悲の心で接する聡明で行動的なヒロインを登場させ、彼女に女性の地位と能力の向上や、破滅的な環境破壊の問題を体現させることで観客の共感を呼んだ。また、同作では、宮崎の全作品を通じて文字通り最大の「高揚感」をもたらすクライマックスが描かれており、そこではユダヤ・キリスト教の伝承から抜け出してきたような場面が展開される。自らの命を犠牲にしたナウシカは、三〇世紀の文明崩壊後の地球に生息する巨大昆虫生物「王蟲《オーム》」の力によって奇跡的に復活する。王蟲の巨大な金色の触角で空中に持ち上げられたナウシカは、ヘンデル作「メサイア」のハレルヤコーラスの終盤を思わせる音楽が鳴り響く中、堂々とした姿で「金色《こんじき》の野」を歩いて行く。

カタルシスと贖罪を同時にもたらすこのシーンは、全七巻の漫画版の結末で描かれる場面とは、これ以上ないほど対照的である。映画が劇場公開される二年前の一九八二年に連載が開始された漫画版は、クライマックスで主人公と映画の双方を文字通り高みへと押し上げる映画版とは反対に、底知れぬ深淵の中で結末を迎える。そこは、ナウシカが世界の秘密を知るために向かった「シュワの墓所」という地下の施設である。ところが、この墓所は人類の大半を文字通り葬り去る場所となる。そこでは、過去に一度滅びた人類を復活させる計画が進んでいたのだが、結局、計画は頓挫し、復活の望みは絶たれてしまうのだ。

そしてあろうことか、この人類滅亡をもたらす張本人はナウシカ自身なのである。完結までに一二年を要した一〇〇〇ページに及ぶ長大な物語の中で、ナウシカは燦然と輝く救世主的な人物から、ある登場人物が「破壊と慈悲の混沌」と呼ぶ存在へと変身を遂げていく。[1]映画版に関しては、結末で提示される贖罪のメッセージがいかにも取って付けたようで、それを象徴するヒロインもあまりにも完璧すぎるという批判の声が一部の観客から上がった。対照的に、漫画版はダークで曖昧なエンディングを迎え、まだ微かな生存の可能性を残しているとはいえ、人類の大半を滅亡させることになる主人公の苦悩がその希望に影を落としている。

ナウシカの苦悶は、一九八二年から九四年にかけての激動の時代に、作者の世界観が次第に暗さを増していったことの証でもある。こうした兆候は一九九二年に公開された宮崎の『紅の豚』にすでに表れていたが、漫画版『ナウシカ』でその傾向は一層顕著になり、明るいシーンも束の間登場するとはいえ、もはや壮大な絶望のオデッセイの様相を呈している。映画が成功して一連のヒット作を生み出したことにより、宮崎にはスタジオ内で一層のプレッシャーがかかるようになっていた。夜半過ぎに自宅で一人漫画執筆に専念できたことは、短時間とはいえ解放感をもたらしたのである。監督自身は、初期の作品である『魔女』や『ラピュタ』の明るいトーンは、漫画が扱う暗いテーマと取り組む際に心の支えになったと述べている。一方で、漫画版『ナウシカ』を執筆中の一二年間を通じて、彼は間違いなく人類の未来に対する悲観的な見方を強めていった。宮崎が依然としてきわめて情熱的な人物で、様々な問題に積極的に関与していることに変わりはない。にもかかわらず、漫画版を「生きねば……」という悲壮感漂う言葉で終わらせたことでも明らかなように、当時の宮崎は一二年前の野心的な若いアーティストと比べて、はるかに鬱屈した人間になっていた。

漫画版で彼の分身《オルターエゴ》とも言えるナウシカにも同じ変化が見られる。映画の救世主《メシア》的な人物は贖罪を約束したが、漫画のヒロインはむしろ巫女《シャーマン》のような存在に近く、自然と超自然と人間の間で橋渡し役を務める超常能力者である。人類学者のジョアン・ハリファクスによれば、シャーマンとは「恐怖」と「白昼の光」のどちらにも対処できる存在だという。これは、シャーマンが暗がりの下とその向こう側には必ず光があるという信念を固持しながら暗い旅路に就く必要があることを示唆している。[2]

宮崎がこれまで書いた中で最も美しい台詞が、漫画の結末近くでナウシカが口にする「いのちは闇の中のまたたく光だ!!」という宣言であるのは偶然ではない。作品全体を通じて光と闇が果たす役割は、映画のユダヤ・キリスト教的な枠組みを超え、はるかに東アジア的かつアニミズム的な世界観にまで及んでいる。ナウシカがシャーマニズム的な特徴を帯びつつあることは、宮崎自身が東アジアの伝統と文化への傾倒をますます強めていることを反映している。また、監督は加齢に伴う内面的な変化や、自分を取り囲む世界の複雑さに対する痛切な自覚といった個人的な問題に向き合おうと努力しており、ナウシカの変化は宮崎のそうした心理の表れでもある。ナウシカを行動に駆り立てている情熱と激しい怒りは、作者自身の感情を反映している。宮崎は、大災厄に向かってがむしゃらに突き進んでいるとしか思えない社会に対して、次第に怒りと不満を募らせているのだ。

前章で見たように、漫画の執筆に取り組んでいた時期には、監督をひどく幻滅させるような出来事が相次いで世界で起きた。国際政治の変化は宮崎の心に重くのしかかり、イデオロギーに関する考え方を一変させてしまった。一九九一年のソ連崩壊は、成人して以降、一貫してマルクス主義の信奉者だった宮崎に大きな衝撃と失望をもたらした。また、それに続いて起きたユーゴスラビア紛争の残虐行為も、心を深く動揺させた。宮崎は、環境問題や放射性物質の危険性が世界的規模で深刻化しているにもかかわらず、組織的に対処する努力が欠如していることを嘆いていた。日本経済は、誰もが有頂天で傲慢だった一九八〇年代を境に、様々な痛みを伴う劣化を続けており、この国は終わりの見えない不況とそれが引き起こした精神的不安の影響を今も引きずっている。

四一歳で漫画版の執筆を開始し、五三歳で完結にこぎつけるまでの一二年間に、宮崎は中年期に突入していた。「最後終わりの部分を描こうと思ったときに、『ああ、なるほど』っていうふうに自分が納得いくのを見つけてみたら、出発点の自分と全然違ってたんですね」と語っている（『風の帰る場所』、一九九頁）[3]。

漫画版『ナウシカ』の完結までに、宮崎が自分自身について何を「納得した」のか、私たちが正確に知ることはおそらくないだろう。だとしても、監督が自分の心の暗い部分と向き合いながらそれらの日々を過ごしてきたことは想像に難くない。漫画版が時に問題を抱えた母親（あるいは母親代わりとなる人物）に焦点を当てているのは、自身の母親が病床にあった幼年期の辛い思い出と、一〇年ほど前に美子が他界した事実を、まだ引きずっていることを示唆している。『紅の豚』の人生に疲れたような主人公には、中年の危機と現実逃避の兆候が見られる。対照的に、この時期における彼の分身であるナウシカは、現実世界から束の間逃れようとする場面もあるにせよ、彼女が抱える不安は『紅の豚』のヒーローよりも形而上学的かつ直感的なものである。作者と同様、あらゆる方面からプレッシャーや要求にさらされ、保護を必要とする人々に囲まれており、しかも東京郊外のアニメ制作会社よりもはるかに極限状態の世界に生きている。一〇〇〇ページに及ぶ漫画の物語を通じて、ナウシカは自らの魂の内部と周囲の残酷な世界の双方に存在する黙示録的な暴力性と向き合っていかねばならないのだ。

漫画の主要なテーマは、ナウシカの目を通して明らかになる。宮崎の考えでは、世界は複数のきわめて困難な課題に直面しており、漫画自体がその一部に関する核心を衝いた評論となっている。ナウシカの道徳面と感情面での成長が物語に道徳的な権威をもたらし、説得力を与えているのだ。漫画版『ナウシカ』は叙事詩的な大長篇であると同時に、読者の心を深く揺さぶる成長物語でもある。そこには主人公だけでなく、宮崎自身の成長の旅路が描かれている。

宮崎が提示している解決策は現状の破壊を目指すもので、過激なだけでなく、西洋の人間中心主義的な観点からすれば衝撃的でさえあり、宮崎が非西洋的な世界観に移行したことを窺わせる。ナウシカは旅の途中で何度か臨死体験や啓示に遭遇しており、そこからは監督自身が経験していた自己不信や変化から生じる苦悩の一部が見て取れるように思える。

ナウシカ（そして最終的には宮崎自身）が辿る旅路の意味を理解するには、漫画の凄絶な世界に真っ向から飛び込んでいく必要がある。極めて高い人気にもかかわらず、漫画版『ナウシカ』はおそらく、宮崎の全業績の中で最も研究が進んでいない作品である。ここまで批評家や研究者からの注目が欠如している理由は多数ある。そのうち最も明白なのは、物語の壮大な構想、複雑なプロット、繰り返し起きる場面転換、そして無数のキャラクターたちに腰が引けてしまうというものだ。また、それ以外にも、物語の途中で起きる感情的・道徳的な世界観の変化が、宮崎の作風が根本的に楽天的で明るいものだと決めつけて評価してきた批評家たちを不快にさせた可能性もある。映画版の英雄的なヒロインの熱烈なファンになった観客にとっても、漫画版のよりダークで、いかにも殺伐としたナウシカは、あまりにも一筋縄ではいかないキャラクターだったのかもしれない。

とは言え、作品自体は、宇宙における人類の位置について従来の考えを覆すような世界観を提示し、大災厄後の未来世界を記憶に残るイメージを用いて描写したことが評価され、概して名作の呼び声が高い。漫画版におけるこうした性質は、映画版にも部分的に見て取れるかもしれない。それは、ナウシカが奇跡的に復活した場面に居合わせた盲目の女性の長老（大ババ）の言葉に特に顕著に表れている。彼女は「なんといういたわりと友愛じゃ」と感嘆の声を上げる。だが、大ババが実際に称賛しているのは人間の力ではなく、むしろ虫の王蟲に備わった能力である（「王蟲が心を開いておる」）。それは人間中心主義からの根本的な転換を示唆している。一方で、映画版全体のイデオロギー的構造は人間中心主義を脱却しておらず、帝国主義的なトルメキアと工房都市のペジテの敵対関係を中心に描かれている。さらに、映画の最後のクライマックスシーンは、人類の指導下で牧歌的な王国が築かれることを予感させて終わる。

対照的に、漫画版では人間が支配するこれらの帝国に宗教国家の土鬼（ドルク）を追加し、さらにほかの対抗勢力として複数の神秘的な人間集団を新たに登場させている。その中には、超自然的な力を持つ「森の人」や忌み嫌われている「蟲使い」から僧侶や僧正たち、さらに終盤でナウシカと最後の論戦を繰り広げる一〇〇〇年も前の死者の声まで含まれる。のみならず、漫画版では人間以外の種の役割も拡大されている。例えば、戦闘に明け暮れる人間たちが猛毒の瘴気を吐き出す生物兵器として開発した新種の粘菌もその一つだ。この人工的な粘菌は「意思」を持ち、驚くべき生命力によって巨大化し、一つの都市を丸ごと呑み込む恐るべき存在へと突然変異する。

人間のような形をした生物の中で最も異彩を放っているものの一つが「庭の主」（実はヒドラと呼ばれる人工生命体）だろう。また、おそらく最も感情を揺さぶる存在は、元々一〇〇〇年以上前に兵器として創造され、ペジテに発見された後に土鬼によって蘇生が進められた巨大な人工生命体「巨神兵」だと思われる。映画に登場する巨神兵は単なる人型兵器に過ぎないが、漫画では意識を持つ個体へと成長し、悲劇的な生き物として描かれている。ナウシカを「母さん」として刷り込まれた巨神兵は、漫画の結末で「母」の命令に従い、恐るべき破壊をもたらす究極の力を行使する。こうしてミヤザキワールドは進化を遂げ、テクノロジーは力だけでなく意識まで持つようになるのだ。

一方、人間とまったく異質な生物の中で最も重要な存在である巨大な王蟲も、漫画では映画よりはるかに大きな役割を与えられ、より重大な責任を負っている。その巨体とあらゆる攻撃を撥ね返す甲皮や無数の触角は、大半の人間を怖じ気づかせ、震え上がらせる。人間たちは、もし可能なら王蟲を皆殺しにしてしまいたいはずだ。宮崎は漫画の中で、意識を共有させてある種の集合精神《ハイブマインド》を形成している王蟲を、明らかに人類に代わり得る存在として描き出している。それはもはや動くたびに大混乱を引き起こす怪物ではなく、むしろ創造と癒やしをもたらす生命力そのものである。漫画の終盤のクライマックスでも、ナウシカは王蟲こそ、この世界に残された道徳的な力を象徴する存在だ（「王蟲のいたわりと友愛は虚無の深淵から生まれた」）と主張する（『風の谷のナウシカ7　コミックス』、宮崎駿、徳間書店、一九九五年、二〇一頁）。

漫画の物語は二つの異なる流れに沿って進行し、それらはしばしば連動している。一つはトルメキア王国と土鬼（ドルク）諸侯国連合が自らの手で荒廃させた土地や希少資源をめぐって展開している戦争で、もう一つは人間以外の意識を持つ有機体の世界で起きる出来事である。ナウシカは無数の対立する勢力が林立する世界で、多くの障害を回避しながら前進を続けなくてはならない。日本のアニメ映画に関する著書がある映画監督のフィリップ・ブロフィは、映画版を次のように評している。「『風の谷のナウシカ』は二つの交戦国をめぐる軍記物語でありながら、物語を構成する二国間の軍事的・理念的対立を覆し、その代わりに両国が戦わねばならない、はるかに強力な勢力を登場させる。それこそ、両国が所有をめぐって争っている地球そのものである」[4]。この分析は、漫画版には一層当てはまる。

究極的に、漫画版は後期のミヤザキワールドでますます頻繁に提示されるようになる、二つの問題を投げ掛けている。一つ目は「人間であることの意味は何か」で、もう一つは「多くの異なる種が共存するより大きな世界で、人類はどんな役割を担うべきか」というものだ。『ナウシカ』は、人類だけが道徳と環境の唯一の守護者になり得るというユダヤ・キリスト教的な世界観を認めることを拒否し、人間であることの概念を根本から脱構築している。この作品には、キリスト教への重要な言及が含まれているのみならず、仏教、道教、アニミズムとの接点も随所に見られ、人間と自然の関係に関する伝統的なものの見方を、きわめて興味深い方法で大幅に覆しているのだ。

漫画版『ナウシカ』はユニークで記憶に残るキャラクターに溢れている。トルメキア軍の司令官を務める皇女クシャナは、強靭な個性と鋼のような野心を兼ね備え、まさにナウシカのライバルにふさわしい人物である。ナウシカに心を許す野生のキツネリスのテトは、ある時、愛と忠誠心を示して主人を死の危険から救う。謎に包まれた土鬼の神聖皇帝ミラルパは、悪行の限りを尽くすが、かつては慈悲深い動機から行動していたことが後に明らかになる。その動機がナウシカとあまりにも近いことは、不気味な予感を抱かせる。だが、最終的に物語に統一感を与え、挑発的な形で道徳的中核を提供するのはナウシカ自身である。彼女はもはや映画版の楽天的な少女からは程遠く、ますます悲観的傾向を強め、最終的には黙示録的な存在と化す。ナウシカを巫女《シャーマン》的な人物とすることで、宮崎は人間と自然の間の力学を変化させ、自然環境の力を強化するだけでなく、多次元的な性格を与えている。救世主と異なり、シャーマンは世界の中で生きていると同時に世界の一部でもあり、人類だけでなく風や水を代弁する存在でもある。

ハリファクスが指摘しているように、「多くの社会では、シャーマンは人間が持つ基本的な価値観の中心として機能し、人間同士の関係、文化と宇宙の関係、そして社会と環境の関係を定義する」[5]。ナウシカには間違いなくこうした特徴が備わっているが、時に「人間が持つ価値観」を見限って、危うく自分だけで宇宙との間に協定を結びそうに見えることがある。それ以外の時には、相変わらず映画版で演じた救世主《メシア》的な役割の名残が見え、道徳的な指導者として他の人々を鼓舞し、身体的な危険や苦しみから救出する。

ナウシカは、恐ろしいほど強力で多様な力を行使して、物語に登場するすべての勢力の間で調停者の役割を務める。その中には、風を操る力や軍事的才能といった実際的な能力から、人間以外の生物と心と心で話をする力、人々に彼女を愛して従うようにさせる共感能力や思いやりといった精神的な能力までが含まれている。漫画版のナウシカは、救世主のように世界の運命を一人で背負い続けている。その一方で、救世主と異なり、自分に従う人々を何らかの約束の地や天国のような場所に導く能力が欠けているか、おそらくその意思がないようにも思える。シャーマンは、自分たちを取り巻く環境以外に人間の居場所は見つからない可能性があること、そして人類は自然界に立ち向かいながら、その内部で自らにふさわしいアイデンティティを確立する必要があることを認識しているのだ。

ナウシカの場合、アイデンティティ確立のための戦いと人類に対する不信感の芽生えが、どちらも幼年期のある出来事に端を発しているのは偶然ではない。それは、まだ幼いナウシカが王蟲の小さな幼生を守ろうとする回想シーン（映画版にも登場する）に描かれている。ナウシカはまだ傷つきやすい小さな少女で、上着の下に幼い虫を隠そうとしている。ところが、王蟲の幼生は意に反して外に這い出し、ナウシカの両親を含む大人たちの集団に捕らわれてしまうのである。

この時に父娘が交わす会話は、胸を締め付けられるようなやり取りであると同時に、きわめて示唆に富んでいる。

ナウシカの父親　王蟲の幼生だ。やはり……蟲にとりつかれていた。こっちへわたしなさい。
ナウシカ　イヤッ！　なにも悪いことしてないのに!!
父親　蟲と人は同じ世界にはすめないのだよ。
（大人の手によって王蟲の赤ん坊は取り上げられてしまう）
ナウシカ　ころさないで!!　おねがい……。
（『風の谷のナウシカ1』、一九八三年一二九 - 一三〇頁[6]）

だが、大人たちがそうするつもりであることは言うまでもない。

この短いエピソードは、ナウシカがシャーマンとして辿る運命に関して、多くの重要な手掛かりを与えてくれる。中でも最も明白なのは、ナウシカが父親から「蟲にとりつかれて」いると見なされている事実である。昆虫の世界と人間の世界の間に何のつながりも認めることができない父にとって、蟲とのつながりは考えられる最悪の運命にほかならない。一方、ナウシカは正反対の反応を示す。子供の頃でさえ、王蟲は優れた能力や特徴を有しており、少なくとも人類と同等の存在であることに気付いていたため、蟲たちと心を交わし合いたいと考えていたのだ。

　王蟲の幼生が登場するシーンには、他の意味も含まれている。大衆文化や漫画の研究者である小山《こやま》昌宏《まさひろ》が指摘しているように、王蟲の赤ん坊がナウシカの上衣の下から這い出てくるのは、これがある種の出産シーンであることを示唆している。[7] ナウシカが「分娩」の当事者となるのはこれが最初で最後である。作中では結婚せず、子供をもうけることもないからだ。かといってこれは、彼女に母性的な面がないことを意味しない。実のところ、ナウシカは宮崎作品に登場する多くの母親的なキャラクターの中で、誰よりも強力に母性本能を発揮している。その旅路において、王蟲の幼生から「私の子」と呼ぶ巨神兵まで、人間ではない様々な生き物の「母親代わり」を務めることになるのだ。

　ナウシカは、父親の城の地下の実験室で発見の旅を開始する。関心が自然界に傾いていることを考えれば、実験室が冷たい科学的な機器ではなく、植物であふれているのは驚くにはあたらない。だが、研究の目的は自然界をコントロールすることにはなく、むしろその理解を深めることにある。ナウシカは、これらの植物を育てることで腐海の秘密の一つを解明したと考える。発見は、従来は猛毒の瘴気を放出するため、それ自体が本質的に有害であると考えられてきた腐海の植物に関するものだった。ナウシカは、この考えは間違っており、植物が猛毒の瘴気を放出するようになったのは、「火の七日間」と呼ばれる一〇〇〇年前の最終戦争で地上に大量にまき散らされた有毒物質のせいであることを突き止める。地下室の実験場で植物の胞子に清浄な水を与えて育てると、植物は瘴気を出さずに開花し、周囲の生き物にとっても無害な存在となったからだ。

　ペジテの王子で戦士でもあるアスベルと腐海に不時着した時に、ナウシカの仮説は証明される。二人は腐海の下層部の空洞に落ちて、そこで王蟲に命を救われる。ところが、王蟲が去った後で、彼らは結晶でできた腐海の底は空気が清浄で、普通に呼吸をして自由に歩き回れる平和な場所であることを知る。ナウシカは、「腐海そのものがこの世界を浄化するために生まれた」のであり、「太古の文明が汚した土から汚れを体にとりこんで無害な結晶にしてから死んで砂になってしまう」のだということを悟る。さらに衝撃的なのは、「蟲さえ住まない死の世界じゃきれいになってもしょうがない」と考え始め、「私たちが汚れそのものだとしたら」という可能性に気付くことである（『風の谷のナウシカ1』、一三四頁）[8]。この発見は、王蟲が人類と同等の存在であることを直感した幼少期の体験を超える悲観的な認識へとナウシカを導いていく。王蟲がより優れた存在であることが次第に明らかになりつつある今、多くの種が共存する世界で人類はどんな位置を占め得るのかという難題に直面するのである。

　腐海の底で展開されるエピソードは、ナウシカがその後何度も繰り返すことになる臨死体験の最初と考えることもできる。彼女は臨死体験を経るたびに新たな認識に到達していく。別の例を挙げれば、ナウシカが王蟲の子供を敵の人間による虐待から救出する場面も、そうしたエピソードの一つである。映画版では、ナウシカが王蟲の赤ん坊を救うために自らの命を犠牲にし、慈悲深い王蟲の集合体によって復活させられるという、明らかに救世主的なシーンが展開され、映画の明るい結末へと直結していく。映画のエンディングでは、愛する風の谷にナウシカが留まり、谷の人々を明るい未来へと導いていく姿が描かれている。

　一方、漫画版のナウシカは、このエピソードで命までは落とさず、深手を負うだけで済む。映画版と同様、王蟲によって傷を癒やされ、無数の触角でできた「金色の野」を歩いて行く。まさに古き予言にある人物（映画版では大昔のタペストリーに描かれている）の姿そのものである。だが、漫画にはキリストのような死と復活のイメージはまったく登場しない。むしろ強調されているのは、王蟲が持つ癒やしの力だ。ナウシカは風の谷の近くまで戻ってくるものの、ユートピアへの帰郷を果たすことなく、そのまま戦場に赴いていく。美しい谷に背を向けたナウシカは、もしかするとこれが永遠の別れになるかもしれないことを覚悟しつつ、果てしない暴力と死の世界に自らを投じていく。
それ以降の物語は、全巻を通じて空中と地上で展開される戦闘シーンが大半を占め、ナウシカは瘴気で住民が全滅した村をはじめ、胸が悪くなるような混沌と流血の場面に次々に遭遇する。「死ばかり……行く先々死ばかりだ」と彼女は心の中で呟く（『風の谷のナウシカ3』、三四頁）[9]。
それでも、ナウシカは旅を続け、土鬼帝国との戦闘に気乗りしないまま参加する。そうすることはトルメキアの皇女クシャナとの間で不本意ながらも達した合意の一部で、戦いは血生臭く、多くの犠牲を強いる。この時の戦闘は漫画版の最も息詰まるアクションシーンの一つで、ナウシカの抜きん出た武勇が明らかにされるが、本来の任務はもっと穏やかな内容のもので、救世主とシャーマンの両方の役割を示唆している。ナウシカはしばらく、不思議な避難所のような場所に滞在する。今では邪教と見なされている土鬼の古代宗教の神殿で、ほぼミイラ化した僧侶たちが今もそこを守っている。神殿には青い衣を着た翼のある人物の絵が描かれており、僧侶たちはナウシカこそ世界滅亡の時に現れる翼のある使徒ではないかと考える。僧侶らは言う。「滅びは必然です。（中略）すべての苦しみは世界が生まれかわるための試練なのです」（『風の谷のナウシカ4』、九一頁）[10]
ナウシカが僧侶たちと一緒にいる間に、恐るべき瘴気が広がり始め、航空機、草原、都市、そして軍隊を次々に呑み込んでいく。それは大海嘯《だいかいしょう》と呼ばれる、虫による黙示録さながらの最終攻撃の前触れだった。土鬼の農民たちも、大海嘯は世界の浄化をもたらすと信じており、ミイラ化した僧侶たちと同じようにナウシカのことを神聖な使徒だと考える。ナウシカは自らを信じる彼らの信仰心と行動を共にしていた少年の強力なテレパシーの力を利用して、土鬼の人々を少しでも多く救おうとするが、すでに周囲では混沌と破壊が渦巻いている。竈《かまど》の中にかくまわれた子供たちは助けの来ぬまま死んでいき、道端は死体であふれている。

だが、最も血生臭い戦いが展開されるこれらの巻においても、時折戦闘の合間を縫うように、ナウシカは生態系の謎を解く努力を続けている。ナウシカは品種改良された腐海の粘菌が必死に餌を求めながら、周囲から向けられる敵意に憎悪を募らせ、自らの寿命の短さを知って、お互いを必死に呼び合っていることに気付く。粘菌たちはこの呼び掛けに応えて集まった結果、巨大化して恐るべき死の行進を開始したのである。ナウシカは言う。「はじめてです。あんなにみじめな生物と出会ったのは。どんな生命でもよろこびや充足を知っているのに。憎しみと恐怖しか知らないのです」（『風の谷のナウシカ5』、六五頁）[11]。これほど壊滅的な状況に直面しても、ナウシカは粘菌を敵対勢力ではなく、あくまで単なるもう一つの生命体と見なそうとする。

疲れ果ててまどろんでしまったナウシカは、「虚無」と呼ぶ巨大な骸骨のような怪物と対峙する。虚無は後に別のシーンで再び登場し、その時にはナウシカ自身が内部に抱える暗闇や虚無主義《ニヒリズム》への誘惑を象徴しているかのように見える。虚無が登場するシーンには、神秘主義的というより精神分析的な趣があり、宮崎自身の絶望との闘いが反映されているという解釈も可能だろう。現実世界に戻った彼女は、王蟲が巨大化した粘菌を攻撃することで意図的に自らを犠牲にしていることに気付く。王蟲は粘菌の瘴気の中で、自らの身体を苗床にして、新たな森ができるのを助けようとしていたのである。最終的に、その森も地球の浄化に一役買うことになる。ナウシカは、蟲たちが粘菌の「苦しみを食べようとした」ことを悟る（『風の谷のナウシカ5』、八六頁）[12]。

ナウシカにとって最後で最も重要な臨死体験は、黙示録的な大海嘯の地鳴りが響く中で起きる。虚無に自分も人を殺していることを指摘され、「呪われた種族の血まみれの女」と呼ばれて嘲笑されたナウシカは、王蟲とともに死ぬことを決意する。「わたしも森になろう」と心を決めた彼女は、王蟲に呑み込まれようとした時も為すがままにされる（『風の谷のナウシカ5』、一四二頁、一四七頁）[13]。

これはまさに、シャーマンの「閾値を超える体験」の模範例である。ナウシカは死なずにすみ、体だけは以前の仲間たちに発見されるが、心は変性意識状態に入ってしまう。「森の人」と呼ばれる異郷の者たちも彼らと行動を共にしている。森の人は腐海の奥深くに住んで森と調和した生活を営んでおり、蟲の卵を食べて生きている。意識を失ったナウシカは、森の人たちを率いるセルムという若者から「私達と心を同じくする人」という名誉ある地位を与えられる。蟲使いたちも「このお方は人の姿をした森です。両界の中央に立たれておられます」という言葉で彼女を称賛する（『風の谷のナウシカ6』、九七頁、一三五頁）[14]。

目覚めることを願って仲間たちが見守る中、ナウシカは最初に古い記憶の中に、次いで別世界へと踏み込んでいく。彼女はまず、子供の頃に王蟲の幼生を守れなかった体験を思い出す。次に、土鬼の邪悪な皇帝ミラルパの魂の「影」の訪問を受ける。ミラルパはすでに死んでいるが、この世に残って彼女を探していたのだ。夢幻状態にあるナウシカは、自身の中にも闇があることを認め、皇帝を受け入れてセルムと三人で森の中を進んでいく。森を越えると、そこには一〇〇〇年かけて浄化された後に出現した牧歌的な風景が広がっている。ナウシカはそこに住めたらどんなにいいだろうと夢想するが、同時にそれが無理な願いであることを知っている。この場所のことを人間が知れば、「たちまち生まれたばかりのひよわなこの土地を食べつくしてまた同じことのくりかえし」になるだろうと認めているからだ。オアシスのようなこの場所を去りながら、ナウシカは心の中でこう呟く。「私達が亡びずにもう少しかしこくなっていたら、その時こそあなたの元へやって来ます」（『風の谷のナウシカ6』、九四頁）[15]

アニメ映画に詳しいジャーナリストのアンドリュー・オズモンドが指摘しているように、昔ながらのSF的な物語であれば、これはまさにハッピーエンドにふさわしいエピソードだっただろう。閾値[16]を超える体験を経ることによって、ナウシカは、その向こうにある「真実」を発見する。それは、きわめて緩慢なペースとはいえ、人間が汚染まみれにした世界を腐海が浄化しており、もしかすると人類もいつか再び「緑に覆われた清浄な地」に住めるようになるかもしれないということだ。この時点で、読者は安心するまでには至らないが、まだ希望を持つことが許されている。

ところが実際に漫画の最終巻では、人類の運命に関して、それよりはるかに殺伐としたビジョンが明らかになる。意識が戻ったナウシカは、「森の人」たちのもとで生活を共にして欲しいというセルムの招待を断る。そして、「私はこちらの世界の人達を愛しすぎているのです」と説明すると、トルメキアと土鬼の両帝国の生き残りによる最終決戦に加わるために自分の世界に戻っていく。だが、漫画の最終巻は黙示録的な戦いよりも、誘惑と権力に焦点を当てた物語になっている。

ナウシカは最後の旅で、土鬼帝国の首都シュワにある「墓所」を目指す。そこで、地球上で人類に与えられている役割について、ある驚愕の新事実を知ることになるのだ。その途上で、彼女はエデンの園のような庭とキノコ雲に遭遇し、恐るべき破壊力を有する二種類の人型生物と出会う。その一つ目は、「火の七日間」で崩壊する直前の旧世界で創造された巨神兵である。土鬼によって蘇らされた巨神兵は、ナウシカが母親であると刷り込まれ、彼女を「母さん」と呼ぶ。ナウシカは、シュワに飛ぶために巨大な怪物を利用することを決意するが、その際にトルメキアの第一・第二皇子と空の旅を共にする。二人はナウシカと肩を並べて戦ったクシャナ皇女の兄である。空の旅の終わりには、この漫画で最も重要な秘密の一つが明らかにされる。

ナウシカと常に行動を共にしていたキツネリスのテトは、オーマと名付けられた巨神兵が発する毒の光（放射線）で命を落としてしまう。テトを埋葬するために立ち寄った廃墟で、ナウシカと皇子たちは人を癒やす力がある「庭」と呼ばれる、エデンの園のような場所を発見する。そこで、ナウシカは入浴させられ、服と食事を与えられて、穏やかな充足感に満たされる。産業化以前のヨーロッパを彷彿とさせる庭には、果実や花だけでなく、文学と音楽の宝庫である図書館や音楽室まで備わっている。ここまでこの漫画で語られてきた苦難の連続から一息入れるかのように、二人のずんぐりした皇子たちが一台のピアノでデュエットをする、きわめて楽しげな場面が挿入される。日光が燦々と差し込む部屋の中には、無数の書籍が並び、「人間が創り出した音楽のすべての記録」が保存されている(『風の谷のナウシカ7』、一〇七頁)[17]。すっかり元気を取り戻して穏やかな気持ちになったナウシカは過去の記憶を忘れ、ここに永遠に留まるようにという「庭の主」の誘いに負けそうになる。庭の主は美しい不死の生物で、時折ナウシカの死んだ母親によく似た女性の姿を取ることもある。

だが、もちろんこれには裏があるのだ。ナウシカは自分が責任を放棄しようとしていることに気付き始め、庭の出口を探そうとする。しかし、庭の主は彼女が去ることを拒む。ナウシカは、庭の正体がシュワの墓所が世界を浄化した後に、文化を再生するための「種」の貯蔵庫であり、主が見せた「母の心象はわたしの願望を利用した罠」に過ぎないことを見抜く。と同時に、ナウシカは母親が本当に自分を愛してくれたのか不安だったとも告白している(『風の谷のナウシカ7』、一一九頁)[18]。庭の主は、これまでも庭を訪れた後に世界を救うためと称して去った者がいたが、結局、幻滅と絶望に直面するだけに終わったと指摘し、翻意させようとする。それでもナウシカは抵抗を続け、「森の人」セルムの力を借りて、ついに偽りの楽園《エデン》の罠から抜け出すことに成功する。

だが、真に驚くべき発見は、庭そのものではなく、庭の外の世界に関するものだった。庭の主とセルムとの議論の中で、ナウシカは王蟲や腐海が自然に世界を浄化するようになったという考えが間違っていたことに気付く。恐ろしいことに、彼女が住む世界の生態系は、一〇〇〇年前に起きた文明崩の清浄な世界では生き延びられないという事実だった。

壊の前後に、最後に生き残った人間たちによって人工的に操作されていたのだ。これらの人々は、産業文明が垂れ流した有毒物質を徐々に取り除くために、腐海を創造することで生態系を改造しただけでなく、この世界に住めるように人間の肉体そのものまで改変してしまったのである。さらに穏やかでないのは、現在の人類、つまりナウシカの世界に生きる人間たちは、生態系によって浄化された後の清浄な世界では生き延びられないという事実だった。

この新たな知識で武装したナウシカはシュワの墓所への旅を続け、そこで本作に登場する最後の歪んだ生命体である「墓所の主」と対峙する。その実態は生きている球形の肉塊で、表面には毎年の冬至と夏至に一行だけ古代の文字が浮き出てくる。それらは技術的な情報をもたらす聖なる文書を構成し、墓所を守る（というより育てている）教団によって解読されている。これまでイメージや言葉による描写を通じて推測するしかなかった真実が、ナウシカと読者の前に突然、文字となって姿を現す。この文書が最終的に明らかにするのは、浄化された世界のなりたちとそこに住む予定の新種の人類の秘密にほかならない。この理想郷《ユートピア》を実現する計画にナウシカを協力させようと、墓所の主は別の人間の体を乗っ取って、最後の議論を挑むのである。

しかし、ナウシカはこの一〇〇〇年前に作られた「神」による介入を拒絶する。そして、漫画における最後の対決シーンでは人類の未来をめぐって、墓所の主と激しく言い争うのだ。相手が強調する清浄さや光のイメージを逆手に取ると、ナウシカは汚濁と闇もまた世界に不可欠な要素だと反論する。墓所の主が「生命は光だ!!」と主張すると、「ちがう。いのちは闇の中のまたたく光だ!!」という記憶に残る名言で切り返し、さらにこう付け加える。「すべては闇から生まれ、闇に帰る」（『風の谷のナウシカ7』、二〇一 - 二〇二頁）[19]

主は、墓所の目的は人類を守ることにあると説明して、ナウシカを説得しようとする。文明崩壊前の最後の時代に生きていた人間たちは、地球が清浄な世界に戻った時のために新たな人類の卵を作ってここに貯蔵していたのだ。主は、ナウシカが墓所を破壊すれば、それは人類を破壊することにほかならないと警告する。なぜなら、彼女と同じ人間たちは浄化された地球上で生き残ることはできず、血を吐いて死ぬ運命だからだ。

腐海が創造される以前の世界について墓所の主が語る言葉は、漫画が完結した一九九四年よりも現在の地球の状況を背筋が凍るほど正確に描写している。「有毒の大気、凶暴な太陽光、枯渇した大地、次々と生まれる新しい病気、おびただしい死」。だから「私達はすべてを未来にたくすことにした」のだと主は説明する（『風の谷のナウシカ7』、一九九頁）[20]。

ナウシカも少なくとも部分的にはその主張を認めて、次のように言う。「絶望の時代に理想と使命感からおまえがつくられたことは疑わない」。それでも、清浄さのみを執拗に追求するやり方を強く非難し、こう問い掛ける。「その人達はなぜ気づかなかったのだろう。清浄と汚濁こそ生命だということに」。墓所の主が彼女と同種の人類は、新世界が誕生する日に「その朝をこえることはできない」と反論すると、「それはこの星がきめること」だと切り返す。「虚無だ!!　それは虚無だ!!」と主は声高に言う。だが、ナウシカは人間以外の生き物の例を挙げ、「王蟲のいたわりと友愛は虚無の深淵から生まれた」と主張する（『風の谷のナウシカ7』、二〇〇 - 二〇一頁）[21]。ナウシカの考えでは、道徳的な基調は人間界の外の世界によって定められるべきであり、地球と真のつながりを築けない人工的な新人類を作るために墓所を建設した人々こそが、本当の意味で虚無主義者《ニヒリスト》なのである。

ナウシカは墓所が映し出した旧世界の人々の映像を見て、「あなた達はただの影だ!!」とその正体を暴く。そして、彼らがナウシカと同じ人間たちを生かしておくのは、墓所の計画の実現に必要だからに過ぎないと語気鋭く迫る。「巨大な墓や下僕などなくとも、私達は世界の美しさと残酷さを知ることができる」と彼女は主張し、こう付け加える。「私達の神は一枚の葉や一匹の蟲にすら宿っているからだ」（『風の谷のナウシカ7』、一九六頁、二〇八頁）[22]

こう言い終わると、ナウシカはすでにシュワ周辺で暴れ回り、キノコ雲を生み出すほどの壊滅的な爆発を引き起こしていた巨神兵を呼び寄せ、「ここへおまえの光をおくれ!!」と命令する。だが巨神兵の光は致命的である。その破壊的な光線を浴びて墓所は爆発し、死に始める。血を吐いているのはナウシカと同胞の人間ではなく、墓所の方である。墓所は卵が死んでいくことを嘆いて泣き叫び、苦悶の声を上げながら崩壊する。この最後のエネルギーの消費によって衰弱した巨神兵は、ナウシカに「母さん」と呼び掛け、「ぼく立派な人になれたか心配だ」と問い掛ける。それに対し、ナウシカは「あなたは私の自慢の息子です」と答えるのだ（『風の谷のナウシカ7』、二〇八頁、二一六頁）[23]。

墓所の残骸の中に巨神兵を残したまま、脱出したナウシカは外に集まっていた仲間たちと再会する。ありふれたユートピアSFの結末とは異なり、わずかに生き延びた人類は清浄な新しい朝を迎えることはなく、むしろ古い「たそがれの世界」で生きていくことになる。ナウシカの最後の言葉は「どんなに苦しくとも、生きねば……」である（『風の谷のナウシカ7』、二二三頁）[24]。漫画の末尾にある短い結びの文章によれば、ナウシカはこの後、土鬼の地にとどまり、ある年代記によれば、やがて風の谷に戻ったという。だが別の伝承は、彼女は結局、森の人と再会し、共に生きていくことを選んだとも伝えている。

この驚愕の結末は、活発な議論を巻き起こした。漫画評論家の永山薫《ながやまかおる》は、「読む者の心を捉え、魂を震わせ、人によっては人生観さえ揺るがしかねない恐るべき深みを秘めた作品である」と評している（『宮崎駿の世界　バンブームック　クリエイターズファイル』所収「セクスレス・プリンセス漫画『風の谷のナウシカ』の性とフラジャリティを巡って」、竹書房、二〇〇五年、一四二頁）。また、マンガメディア研究者の小山昌宏は、本作は宮崎にとって「ひとつの『入り口』であり『出口』であった」と分析し、その「『闇の力』について論じている（『宮崎駿マンガ論　『風の谷のナウシカ』精読』、現代書館、二〇〇九年、六頁）。アニメ評論家の五味洋子《ごみようこ》も、「浄化されてゆく宮崎世界の闇」というタイトルのエッセイで、同じテーマを扱っている（『コミック・ボックス　完結記念特集 風の谷のナウシカ』、一九九五年、三八頁）。一方、杉田俊介の見方はより批判的で、「ナウシカは、自分の手を汚さず、我が子オーマに残虐なジェノサイドを行わせた」と主張する（『宮崎駿論――神々と子どもたちの物語』、三〇四頁）。最後に、叶は作品の評価を次のようにまとめている。「『風の谷のナウシカ』は、八〇年代から九〇年代に至る宮崎の苦悩と思想的変遷を綴った苛烈な作品であり、日本では類例のないファンタジーの傑作と言える」（『宮崎駿全書』、四七頁）[25]

宮崎にとって漫画版『ナウシカ』は、自身が幼少期から抱えてきた内面の課題に取り組む手段でもあったのかもしれない。杉田が指摘しているように、赤ん坊（王蟲と人間の両方）を救うシーンが再三描かれているのは、幼少時の体験を反映している。米軍の空襲から逃れようとしている隣人を家族が車に乗せられなかったという記憶は、ずっとトラウマとして残っていたのである。他人を救うために何度も繰り返し自分の命を危険にさらすナウシカの行為は、罪悪感を克服するための努力か、ある種の贖罪とさえ解釈することができる。

一方で、宮崎が自分のヒロインに無数の新人類の卵を破壊させたことは、さらに深い内的葛藤を抱えていることを示唆している。それは、過去への罪悪感と未来（少なくとも西洋的なテクノロジーがもたらす未来）への絶望感が組み合わさったものだ。

この葛藤を理解するには、宮崎がヒロインをメシア的なキャラクターからシャーマン的なキャラクターへと変更させた経緯を知る必要がある。最も顕著な変化が訪れるのは、絶望したナウシカが王蟲と共に死ぬ決意をするシーンで、それは「閾値を超える体験」となる。結局、ナウシカは生き返り、救世主的な指導者としてではなく、地球上のあらゆる存在を愛する者として現実世界に戻ってくる。アニメや大衆文化の研究者であるエリコ・オギハラ＝シャックは、次のように分析している。「アニメでは二つの宗教的な伝統［キリスト教的なものと東アジア的なもの］が融合されているが、漫画では両者は対立しており、最終的にアニミズムが勝利する」[26]

土鬼の農民、それに世間に忌み嫌われている蟲使いはどちらも、キリスト教かそれにきわめて近い信仰を持っており、ナウシカを「使徒」かある種の神と見なしている。ナウシカは、土鬼の人々を安全な場所に誘導するためなら、あえて「使徒」の地位を利用することもいとわないが、一方で蟲使いたちに自分が神でないことを納得させるために、わざわざ顔を触らせて人間の体であることを確かめさせている。と同時に、墓所の主に投げ掛けた最後の言葉で簡潔に要約してみせたように、ナウシカはすべての生命は同じように愛され、慈しまれるべき存在だと主張し続けており、自然と深いつながりを持っていることを明確に示している。新人類の卵を破壊するというナウシカの最終的な判断は、人類に反するものではなく、地球のためのより大きなビジョンを守るための行為である。人類は生き残れるかもしれないし、そうでないかもしれない。だが生きるにせよ死ぬにせよ、どんな場合でもその運命は、テクノロジーによる人工的な操作ではなく、自然に委ねられるべきなのだ。

ナウシカの選択は、西洋的なものから離れると同時に、ラマールの言う「テクノロジー的な条件」（地球の搾取と破壊につながる競争は激化する一方で、人類はその罠にとらわれている）から距離を置くことでもある。これは、ナウシカがエデンの園のような「庭」に滞在した際の行動からも見て取れる。この場所は、西洋文明の偉大な創造物を保存する貯蔵庫でもあるからだ。渋谷陽一とのインタビューで、宮崎はこのエピソードが物語にとって一つの転機となったことを認めている。「庭なしのつもりだったんですけど、庭が出ちゃったためにまた延びてしまって」。これに渋谷は問い返す。「じゃあ、コミック版の『ナウシカ』の「庭」っていうのも、あれは割と自然に出てきたんですか？僕はあれは完全にヨーロッパ思想の誘惑だと（中略）いう感じで読んでいたんですけどね」。宮崎はその発言を明確に肯定していないが、渋谷の次の主張を否定してもいない。「当初の世界観から（中略）まさに東アジア的なものだと思いますけども、そういうものへそういうものへって向いていきますよね」（『風の帰る場所』、二〇四‐五頁、二〇三頁）[27]

この「東アジア的な世界観」の最も顕著な構成要素に、あらゆる種が混じり合い、どれか一つが優位に立つことのないアニミズム的なビジョンがある。さらに、このアニミズム的なアプローチを通じて、テクノロジーに対する各種の異なる戦略が明確に示されている。地球が隷属の対象でないならば、テクノロジーは自然と敵対するのではなく、共同戦線を張るべきだという考えがそこにはある。「森の人」はあらゆるテクノロジーを拒絶した明白な例だが、宮崎の世界観はこの点に関しては単純化を避け、厳格な制限を設けているわけではない。漫画と映画の両方において、監督はナウシカの牧歌的な風の谷を支えるテクノロジー的基盤の象徴として風車のイメージを用いている。風車は牧歌的で調和の取れた社会を支えるエネルギー源として風から物理的な動力を得ているだけでなく、アニミズム的な世界においては、物語全体を通じて時折想起される風の神（あるいは神々）と協力関係にあると見なすこともできる。また、ナウシカが操るメーヴェも、自然に負荷をかけずにその力を利用するテクノロジーの好例である。

最後に、東アジアの哲学は、ユダヤ・キリスト教的な善悪二元論ではなく、むしろあらゆる人間の中では闇と光が相互に働きかけ合っているという認識に立っている。この世界観が最も顕著に表れているのが、ナウシカが死んだばかりの土鬼の皇帝ミラルパを救うことにこだわる場面である。ミラルパは、客観的に見て、物語に登場する数少ない邪悪なキャラクターの一人だが、ナウシカは自分の中にも闇はあると主張して救いの手を差し伸べる。ミヤザキワールドの際立った特徴の一つに、従来的な意味での悪人がほとんど登場しないことがある。人々に大きな苦しみをもたらしたミラルパのような人物でさえ、地球が取り戻した美しさを垣間見ることを許されるのだ。

ナウシカが「庭」のユートピア的ではあるものの人工的に管理された世界を去る決意をしたのは、西洋文化の根本的な理想を拒絶したことを意味し、救世主となることを拒否したのは、単純すぎる理想主義に背を向けたからだと解釈することも可能だろう。宮崎は東ヨーロッパの現実から、そうした理想主義が皮肉にも、より多くの破壊と絶望を引き起こし得ることを目の当たりにしたのだ。だとしても、漫画の最終的なメッセージは間違いなく、宮崎自身から発せられたものである。「生きねば」というのが、そのシンプルで力強いメッセージだった。それは初期の作品でも暗黙のうちに提示されており、次の作品『もののけ姫』では「生きろ。」というキャッチコピーで明示化されている（さらに、最も新しい作品『風立ちぬ』には、主人公がフランスの詩人ポール・ヴァレリーの詩の一節「風立ちぬ、いざ生きめやも［風が吹いた、生きねばならぬ］」を引用する場面がある）。

テクノロジーの力で人工的に創造された卵（それは新たな「朝」をもたらすはずだった）の生命を奪うことによって、ナウシカは唯一残された「たそがれの世界」に課題を突き付ける。「私達は血を吐きつつ、くり返しくり返しその朝をこえてとぶ鳥だ!! 生きることは変わることだ。王蟲も粘菌も草木も人間も変わっていくだろう」（『風の谷のナウシカ7』、一九八頁）[28]

ナウシカは最後に示した包括的なビジョンで、永遠に変わらずに生き続ける人工的な生命を真っ向から否定し、闇と光、死と生命、血と清浄さが混じり合う世界の奥深くで生きていく決意を固める。人類がその世界で生き続けられるかどうかは、私たち次第であることを彼女は示唆している。

第11章　他者の顔　『もののけ姫』の横断される境界

いざ壊れると、どうしていいかわからない。（中略）どれだけ正気でいられるか……
ということが、多分人間で一番大事なことなんだと。

——宮崎駿（『宮崎駿全書』、一九二頁）

アメリカの映画館で初めて『もののけ姫』を観た時、私はある友人と一緒だった。彼は宮崎の映画を観たことがなく、日本の文化やアニメにも接した経験がなかったが、大冒険活劇という触れ込みで、特にアメリカではディズニー配給作品だったことも手伝って大いに興味をそそられていたようだった。ところが、映画を見ている最中に、友人は私をしきりに肘でつつき始めた。「誰がヒーローなの？」と彼は苛立った声で囁いた。「誰がヒーローで誰が悪役なのか、さっぱりわからないよ！」と言うので、私もこう囁き返さずにはいられなかった。「それが肝心な点なのよ！」[1]

『もののけ姫』は、ミヤザキワールドが迎えた新たな章の幕開けだった。野心的で怒りに満ちた作品で、ますます複雑化する監督の世界観を表現しており、漫画『ナウシカ』で描写に磨きをかけられた挫折感、残忍性、アニミズム的な精神性、抑制された希望などが緊密な演出によって映像化されていた。本作は、監督が初めて挑戦した時代劇アニメであり、神話的スケールで展開する物語、暴力シーンや環境破壊のかつてない描写、そして崇高な存在を描いた迫力に満ちた映像まで、多くの要素が盛り込まれた野心作となった。また、これまで宮崎は家族向けアニメ映画の監督として高い評価を受け、多くのファンに親しまれてきたが、今回の作品はそうした路線からさらに懸け離れた映画となったのである。

『もののけ姫』の複雑な宇宙においては、『コナン』の権力に飢えたレプカ、『カリオストロの城』の貪欲な伯爵、あるいは『ラピュタ』の邪悪なムスカといった悪役に、もはや出る幕はなかった。その代わりに、宮崎はこの映画のために、野心的だが寛大でもあるエボシ御前や得体の知れないジコ坊といったキャラクターを創造した。ジコ坊は「この世はタタリそのもの」と主張しており、そう考えているのは彼一人ではなさそうだ。中世の日本を舞台に、人間が「荒ぶる森の神々」と戦いを繰り広げる物語を描きながら、宮崎は本作の最も暗いシーンで、この領域に住むものは人間も人間でないものもすべて等しく祟《タタ》られていると言っているように思える。宮崎は、漫画の『ナウシカ』で投げ掛けていた暗黙の疑問を『もののけ姫』では明示的に提起している。それは、人類がこれまで地球に対して働いた悪行から考えて、私たちには人間以外の「他者」にこれ以上戦いを仕掛け続ける権利があるのかというものだ。何らかの方法で、人間と人間でないものが共存していくことはできないものだろうか？[2]

こうした疑問は日本の観客の心の琴線に強く触れ、本作は宮崎の日本社会への影響力という点でも新しい章の幕開けとなった。『もののけ姫』は単なるヒット作ではなく、もはや一つの社会現象と化したのである。日本のメディアは、東京で初回上映が目当ての熱心なファンが二〇〇〇人以上も映画館の前に列を成したことを祝福し、配給収入が歴代トップの『E．T．』（スティーブン・スピルバーグ監督）を抜いて新記録を樹立すると、大騒ぎで褒め称えた。雑誌も記事にするだけでは飽き足らず、『もののけ姫』の特集号が全国の書店に並んだ。各特集号は、映画と実際の歴史との相違点を検証したり、声優陣の多彩で錚々たる顔ぶれに焦点を当てたり、スタジオジブリがCG室を新設し、デジタルペイントを初めて導入したことを含めて、革新的なアニメーション技術について解説したりするなど、この映画にあらゆる角度から迫ろうとした。[3]

宮崎はインタビューで、環境劣化の問題から、このように暴力的な映画を子供に観せるべきかまで、様々なテーマについて考えを求められた（最初は「小さい子供たちには見せたくない」と発言していたが、後に一転して「子供たちが一番よくわかってくれると確信している」と語るようになった）。過去何年にもわたって、監督の名声はアニメファンの間で高まり続けており、『魔女の宅急便』の成功でさらに広範なファン層を獲得したが、宮崎がある種の有名人になったのは『もののけ姫』の公開以降である。だからと言って、派手な豪邸を建てたり、スーパーモデルと交際し始めたりしたわけではない。その後も東京郊外の慎ましい小都市・所沢に住み、時に義父が長野県の山中に建てた素朴な山小屋で友人やスタッフをもてなす暮らしを続けている。『もののけ姫』公開後のインタビューの一つでは、憧れの生活についてこんな風に語った。「僕はもう山小屋に住んでね、散歩したいですよ」（『風の帰る場所』、一三六頁）[4]

宮崎が隠遁願望を抱いたのも無理はなかった。多くの記事や六時間以上に及ぶメイキングビデオ『「もののけ姫」はこうして生まれた。』〔ブエナ・ビスタ・ホーム・エンターテイメント〕が明らかにしているように、本作は監督がこれまで作った映画の中で、最も大きなストレスをもたらすものとなったからだ。過去のジブリ映画と比べて上映時間が著しく長く、はるかに大きな制作費を必要としただけでなく、宮崎と次第に疲労の色を濃くしていくスタッフに、ほとんど超人的な努力を強いることになった。実際の制作に要した時間は言うまでもなく、宮崎の細部に対する執拗なまでのこだわりや、映画の壮大なスケール、歴史的な舞台背景の設定、それにきわめて多彩で大勢の登場人物のせいもあって、準備段階だけでも多大な時間を費やしたのである。『もののけ姫』の制作が終了すると、疲労困憊《こんぱい》していたベテランスタッフの一部が退社したため、その穴を埋めるために新人アニメーターを確保する必要が生じたほどだった。

『もののけ姫』のプロデューサーを務めた鈴木敏夫は、宮崎が短期間にあまりにも多くの仕事を依頼されて、ついに「爆発」してしまった瞬間を次のように回想している。「宮さん［宮崎監督］は絵コンテを直しながら、原画をチェックし、音楽の打ち合わせに出て、アフレコ［撮影後に声優が台詞を録音する「音入れ」］の演出もしなきゃいけない」。それればかりか、テレビや新聞や雑誌のインタビューを受けて、宣伝活動にも関わり、映画の全国公開に合わせて映画館で舞台挨拶をすることにもなっていた。鈴木によれば、「ものすごい強行軍が続いたので、宮さんは疲労困憊《こんぱい》」してしまったのだという。鈴木は、地方都市の高知市で初上映の舞台挨拶が翌日に控えていた夜の出来事について、次のように語っている。宮崎はベッドに横たわったまま、マジックで自分の似顔絵を描いていた。それを鈴木に渡すと、ぶっきらぼうにこう言ったというのだ。「鈴木さん、これをかぶって、俺のかわりに明日の舞台挨拶に行ってくれ……」（『ジブリの仲間たち』、一〇〇頁、一〇五頁）[5]。『もののけ姫』をきっかけに、宮崎は広範囲にわたる宣伝活動から身を引くようになる。

『もののけ姫』をめぐっては、ジブリが総力を挙げての宣伝キャンペーンが展開され、監督の宮崎の名前ではなく、スタジオジブリの作品であることを前面に出すという初の試みが行なわれた。これが単なる象徴的な変更ではなかったことは、次第にファン層を広げつつあるミヤザキワールドにおいて、鈴木がジブリのトップ・プロデューサーとして影響力を強めていたことの証でもある。月刊アニメ雑誌『アニメージュ』の編集者だった当時から宮崎と高畑の両者と深く関わってきた鈴木は、巧みなマーケティングで『魔女の宅急便』をヒットさせた功績を広く認められている。だが、当時の鈴木にとって最も輝かしい成功は、『もののけ姫』で記録破りの興行収入を稼ぎ出したことだというのが一般的な評価で、これによってアニメ業界で大きな存在感を確立した。宮崎の理想主義的なビジョンの映像化を可能にしているのは鈴木の現実主義的なアプローチだという評判が定着し、彼のジブリ内での発言力はますます高まっていった。[6] 事実、メイキングビデオ『「もののけ姫」はこうして生まれた。』は時に、実際に映画を監督した人物とほとんど同等の時間を割いてプロデューサーに焦点を当てているように思える。

　海外との提携も進み始めた。一九九六年に、ジブリと親会社の徳間書店を含む徳間グループは、ウォルト・ディズニー社と映画・ビデオの海外配給で事業提携することを発表した。鈴木は合意締結に奔走し、それは彼とジブリの双方にとって大きな功績となった。この提携によってジブリの世界的な影響力は一気に拡大し、国内のイメージ戦略にも大きく貢献した。徳間書店の徳間《とくま》康快《やすよし》社長の主催で事業提携が発表された記者会見には一〇〇〇人を超える報道陣が詰めかけ、ディズニー側からも二人が衛星中継を通じて参加した。もっとも、ディズニーとの提携に関して鈴木は拍子抜けするほど淡泊な口調で次のように説明している。「これをきっかけにジブリ映画は世界に広まっていくわけですけど、僕としては『世界に進出しよう』なんて考えは、これっぽっちもなかったんですよ。僕が考えていたのはあくまで国内興行です。『全米公開』はそのための宣伝手段にすぎなかった」（『ジブリの仲間たち』、九六頁）[7]

　実際に、『もののけ姫』の英語版は、人気ファンタジー作家ニール・ゲイマンが書いた流麗な脚本があり、アメリカとイギリスから錚々たる声優陣が参加したにもかかわらず、アメリカ市場での興行成績は大して振るわなかった。《ニューヨーク・タイムズ》の著名な映画批評家ジャネット・マズリンは「エキゾチックで美しいアクション」や宮崎が構築した「精巧な道徳的世界観」を称賛する一方で、時にプロットが「難解」に思えたり、「残虐な」シーンがあったりすることに言及せずにはいられないようだった。ある日本のジャーナリストは、「敵と味方がはっきりした勧善懲悪のストーリー。ミュージカル仕立てで、コミカルな脇役がいて、最後はハッピーエンド……という（中略）作風を、世界のアニメの公式だと思い込んでいる［アメリカ人に］ジブリ作品の魅力を理解してもらうのが難しかった」と書いている（『鈴木敏夫のジブリマジック』、二一八‐二一九頁）[8]。

宮崎自身がディズニーとの新たな事業提携についてどう考えていたのかははっきりしない。前述した記者会見で行なったかなり漠然としたスピーチを除いて、このテーマに関して行なった公の発言を私は一つも目にしていないからだ。宮崎と鈴木のどちらも、長年にわたってディズニーについて好意的な発言はほとんど行なっていないことから、提携が両サイドにとって純粋にビジネス上の実利に基づいていた可能性は高い[9]。その一方で、宮崎と鈴木が品質の高い日本のアニメのために新天地を切り開いたことは確かで、少なくともその点には満足できたはずである。さらに、二〇〇一年に公開された『千と千尋の神隠し』にオスカーが授与された事実は、アメリカの観客にも「ハッピーエンド」を超える魅力を実際に理解できたことを物語っている。

いろいろな意味で画期的な映画だったにもかかわらず、『もののけ姫』が生まれるまでには様々な紆余曲折があった。一九九〇年代前半までに、宮崎は初めての大人向け長編アニメ『紅の豚』を完成させており、漫画版『ナウシカ』もようやく完結に近づいていた。常に新たな刺激やアイデアを探し求めていた宮崎は、一三世紀に書かれた日本中世文学の古典『方丈記』を元にした作品を作るというアイデアに興味をそそられるようになった。『方丈記』は当時の社会や世の中のはかなさについて書き記した短い随筆で、今でも大半の日本の学校で授業の一環として教えられている。

アニメか実写かにかかわらず、『方丈記』は一見して、とても映画化に適した作品とは思えない。宮崎が称賛している著者の鴨長明は、朝廷に仕えた後、俗世に失望して出家した人物である。『方丈記』が完成したとされる一二一二年前後は動乱の時代で、戦乱や飢饉や疫病、それに大地震や水害といった天変地異が都を襲い、何千何万という人々の命を奪っていた。詩人でもあった長明は、安全な距離からこうした災害を観察し、思慮深い視点からその様子を書き記していく。だが、世界が崩壊するような出来事を目にした結果、ついに内省的な隠遁生活を送ることを決意するのだ。

宮崎が『方丈記』に関心を持ったきっかけは、一番好きな小説家の一人である堀田善衛《ほったよしえ》の著書『方丈記私記』（ちくま文庫など）を読んで刺激を受けたことにあった。だが、そうした外部からの影響以外にも、宮崎自身の物の見方に生じた変化が、監督の作風を暗い方向に向かわせていた部分もある。概ね明るい家族向け映画だった一九七〇年代と八〇年代の作品と比べると、その違いは明白だ。『紅の豚』と漫画版『ナウシカ』のどちらを見ても明らかなように、宮崎は権威主義的なイデオロギーへの幻滅をますます深めており、自然環境の脆弱性に関する不安の高まりは、世界の終末をテーマとする『ナウシカ』に反映されている。

宮崎は偉大な実写映画の監督である黒澤明に尊敬の念を抱いていた。サムライが活躍する黒澤の「時代劇」は、戦後の日本映画に巨大な影響を及ぼしたのである。しかし、宮崎は単なる時代娯楽作品をはるかに超える何かを創造することを望んでいた。そこで、『方丈記』を長明の時代に横行していた武力による拡張主義や誤ったイデオロギーに対する批評の書と見た堀田の考えに基づき、バブル崩壊後の日本を覆っていた空虚さと混乱を批評するような作品を生み出そうと考えたのである。かつて物質主義と世俗的な成功を崇拝していたこの国は、もはや精神的な真空状態の中で喘いでいるようにしか見えず、それは同時代の日本人がますます頻繁に口にするようになっていた「虚無」という言葉にも反映されていた。

一九九五年に起きた二つの重大事件によって、日本は深いトラウマを抱えることになる。一つ目は一月に起きた阪神・淡路大震災で、犠牲者は六〇〇〇人以上に達し、当時としては一九二三年の関東大震災以来、最大規模の地震災害となった。その破壊規模は、現代の経済先進国にとってきわめて衝撃的なもので、まるで自然そのものが人類文明に復讐しようとしているかのように思えたのだ。さらに、大震災の二カ月後には、黙示録的な教えを説くカルト集団「オウム真理教」による「地下鉄サリン事件」が発生した。複数のオウム信者が通勤ラッシュ時の東京で、地下鉄車内に神経ガスのサリンを散布し、その結果一二人が死亡し〔その後、一三人目が認定された〕、負傷者は数千人に及んだ。これら二つの恐るべき出来事は、心理的影響と自然環境への影響の両面において、自らの脆弱性に関する日本人の不安感を一層際立たせる結果となった。

長明もまた、危険に満ちた時代を生きた人間として、阪神・淡路大震災のような恐るべき天変地異や、オウム真理教のテロの背景にある、世界が終末に瀕しているという絶望感〔末法思想の蔓延〕を嫌というほど体験していたはずである。結局、宮崎は『方丈記』を映画化するという考えを放棄したが、その後も中世日本を舞台に自然災害とテクノロジーによる災厄を扱った映画を作るという構想を温め続けた。そして、複雑で残酷な世界でどのように生きるべきかという問いは、その後も頭を離れることがなかったのである。長明や黒澤と異なり、宮崎は物語の中で人間と自然と超自然の力を同等に扱い、それぞれの可能性をフルに引き出したいと考えていた。

『もののけ姫』は、多くの人たちから宮崎の最も重要な作品と見なされており、漫画版『ナウシカ』で展開されたテーマの一部をさらに発展させたものとなっている。[10] その中には環境の破滅的変化、テクノロジーと戦争の役割、そして人間と人間以外の種の交流などが含まれるが、今回の舞台は室町時代の日本である。文字通り「荒ぶる神々《もののけ》」の姫を意味する映画のタイトルは、巨大な山犬に育てられた若いヒロインのサンを指しているが、宮崎自身はこの作品の本当の主人公はアシタカという若者であると感じていた。アシタカは北の地の果てに住む平和的な蝦夷《エミシ》一族の若者で、村を去る前はその長《おさ》となるべき人物と目されていた。物語の発端となる出来事の結果、アシタカは癒やしと発見の旅に出発する。その際、体に食い込んだ鉄の銃弾《つぶて》によってタタリ神と化した大猪「ナゴの守《かみ》」に襲われ、死の呪いをかけられてしまったのだ。呪いの痣《あざ》を付けられたアシタカは、銃弾《つぶて》がどこから来たのか探るために村を去り、日本の西の地に向かわなくてはならない。

アシタカの右腕は入れ墨のような痣に覆われている。それは彼にかかった呪いの印で、呪いが進行すれば、最終的に命取りになる。宮崎は、アシタカの呪いの痣を、日本で多くの子供たちを苦しめているアトピー性皮膚炎をはじめとする現代の病理と重ねている。同時に、痣はアシタカを追放者として特定する印でもある。呪いをかけられているという点では、アシタカはマルコやハウルといった宮崎作品の他の男性キャラクターとも共通点がある。[11] とはいえ、マルコほど厭世的でもないし、ハウルほど激しい怒りを抱えているわけでもなく、ただ「曇りなき眼《まなこ》で物事を見定め」ようとしているに過ぎない。それはエミシの里の「賢女」（老巫女）から伝えられた旅の目的にほかならなかった。

アシタカは探求の旅の過程で、二つの対照的で忘れ難い場所に辿り着く。一つはシシ神と呼ばれる「山の神」に支配される魔法の森であり、もう一つは製鉄集団が住むタタラ場と呼ばれる集落である。社会から追放された者や世間に忌み嫌われる病を持つ者に仕事を与え、タタラ場で働かせているのはエボシ御前という好戦的な女性で、森を破壊したいと考えている。アシタカは気が進まないまま、結局、これら二つの勢力の全面戦争に巻き込まれてしまう。

アシタカの優しさと忍耐力と寛容さは、まだ夢見がちな青年だった頃の宮崎を理想化した姿のように見えなくもない。それは、遠い昔に『白蛇伝』の美しく純粋なヒロインと恋に落ちた頃の彼である。

実は、宮崎は最初、映画のタイトルを『アシタカせっ記』（「せっ記」とは語り継がれていく物語を意味する宮崎の造語で、「せっ」には旧字体の草冠に耳が二つの創作漢字が当てられている）としたいと考えていたのだが、鈴木が映画の特報を放映する際に『もののけ姫』のタイトルを先に出してしまうという計略を講じたため、渋々断念したという経緯がある。[12] アシタカは西の地に旅をする過程で、獰猛な戦いぶりを見せるサンという少女と遭遇する。人間の親に見捨てられ、山犬に育てられたサンは最初、アシタカを軽蔑する人間の一人に過ぎないと考えて殺そうとする。だが、サンがまさに刀をのどに当てようとした瞬間、彼は「そなたは美しい……」と告げて彼女を思い留まらせる。この一言でアシタカはサンと絆を築くことに成功したのだ。

宮崎の目には、世界がますます愚かで混乱の度を増しつつあるように見えており、サンはそうした世界に対する怒りを体現しているように思える。監督は絵コンテの中で、サンを自然の力を宿す恐るべき存在として描いている。観客の前に初めて素顔を現した時は、口の周りを血で真っ赤に染めたまま、山犬の母親であるモロの横にすっくと立っている。その後、サンはおどろおどろしい赤い仮面をつけてタタラ場を襲撃する。そこに住み着いた人間たちは、山犬の森にとって脅威となっているからだ。完全に人間でも獣でもない彼女は、孤独な存在である。

宮崎は、サンのかなり一本調子な激情の発露とバランスを取らせるかのように、彼が創造した中で最も複雑で魅力的なキャラクターの一人であるエボシ御前を登場させる。エボシは、タタラ場の製鉄集団のリーダーで、森の勢力と対抗するために石火矢と呼ばれる銃を製造している。山の神であるシシ神を殺して、その首を「天朝さま（天皇）」に捧げる企みに加担しているのだ。

前述したように、宮崎は私と初めて会った時、『もののけ姫』で一番好きなキャラクターはエボシだと語っていた。私はそれを意外に思ったものの、年月を重ねるにつれて、エボシを通じて描かれているのは卓越したリーダー像であることにようやく気付き始めた。それは、強靭な性格と知性を有し、自らの使命に徹しているだけでなく、驚くべき寛大さを示し、必要とあらば妥協さえ辞さない強さを備えた人物像である。エボシが女性であることも重要な要素だ。私が別の論文でも指摘したように、宮崎には長年にわたる因習やしきたりに異化作用をもたらす〔日常的に慣れ親しんだ何かを奇妙で非日常的なものとして描く〕能力があり、それは彼の最も特筆すべき才能の一つなのである。[13]宮崎は『もののけ姫』でも、日本で受け入れられてきた伝統的な考え――天皇の神聖性や侍の高潔さ――を覆すような発想をしているが、中でも最も印象的な逆転の着想は、強力な女性キャラクターを多数登場させていることだ。その結果、伝統的な時代劇の形式を塗り替えただけでなく、これまでと違った視点で世界を見るように観客を促した。エボシ御前が女性である事実は、観客にありきたりな「悪役」の概念を再考させずにおかなかったのである。

宮崎はおそらく、エボシに自らの一部を投影しているはずである。何と言っても、彼女も集団のトップとして、何度も困難な決断を迫られながら、何とか自らの人間性を失わずに済ませてきたのだ。それはまさに、宮崎がスタジオジブリで日常的に直面している複雑な集団力学と何ら変わりがなかった。彼は、エボシの下で働く人々（主に売春婦だった女性たちやハンセン病患者と思われる者たちで構成される集団）が登場するシーンで、労働現場における複雑な状況をきわめて印象的に描き出している。宮崎は、山や森の中で漂泊を繰り返しながら集団で鉄を作っていた中世の人々に長年にわたって関心を持ち続けてきた。そのうえで史実に反し、女性は製鉄現場に汚れをもたらすという理由で女人禁制だったタタラ場をあえて女性中心の職場にすることにした。しかも、その発想にさらに過激な要素を付け加え、エボシにハンセン病患者と見られる者たちを雇わせて、森の「もののけ」たちに対抗するための石火矢を造らせている。エボシが雇った患者たちに示す思いやりは、彼らの仕事が招く恐るべき結果と大きな対照をなしている。だが、その組み合わせは、指導者という立場や単に人間であるという事実が、時に私たちにどのような道徳的妥協を強いるかをきわめて端的に表現している。

宮崎は従来の時代劇には登場しなかったキャラクターを意図的に創造することで、日本の歴史をより多様性に満ちた豊かな物語として語ろうとした。だが、その中で最も興味深い試みは、おそらくハンセン病患者を登場させたことだろう。叶によれば、監督がその発想を得たのは、自宅近くにある国立ハンセン病療養施設「多磨全生園」を訪問したのがきっかけだった。ハンセン病は感染力がきわめて弱いにもかかわらず、日本政府は「恐怖の伝染病」と見なして厳しい隔離政策を推進し、一九九〇年代後半に至るまで隔離を目的とした「予防法」は廃止されなかった。宮崎は多磨全生園を訪れた時に、入所者たちがそれでも何とか前向きにたくましく人生を送っている様子に胸を衝かれたと語っている。後に、宮崎はその時の衝撃について次のように記している。「どんな苦しみの中にも、喜びや笑いも又あるのだ。曖昧になりがちな人間の生が、これほどくっきりと見える場所はない」(『宮崎駿全書』、二〇二頁)[14]。

私にとって、これは宮崎が書いた中で最も感動的な文章の一つである。この言葉は、彼が人間の愚かさや無頓着さに対して常々行なっている辛辣な批判よりもはるかに心に響いてくる。つまり、これほど社会不安や個人的なストレスが増大する中にあっても、監督はどこかで人間性を信じており、彼の胸中でいまだに理想への情熱が燃え尽きていないことが伝わってくるのだ。かといって、宮崎は極端な理想主義に走ることもない。彼は後にあるインタビューでこう述べている。「タタラ場にいる人間たちはいい人ばかりでなくて、愚かな部分もあるし、狂暴な部分もあるっていうふうにしないと、

それは人間を描いたことにならないですから」（『風の帰る場所』、一六四頁[15]）

だが、『もののけ姫』が単なる社会的・政治的な論評を意図したものと考えるのは間違いだ。宮崎は明らかに、この作品で日本の歴史だけでなく、人間の自然との接し方に対する新たなアプローチを試みている。アニメーションという魔法を操ることで、宮崎は幅広い層の人間と人間以外のキャラクターが肉体的な特性、ジェンダー、種、そして自然と超自然といった従来型の境界線を越えて触れ合う世界を創造し、その様子を生き生きと描き出している。結局のところ、本作の世界観が表現しているのは、生命を両極端に二分化した単純な寓話ではなく、むしろ多様な要素が密に絡み合ったタペストリーのような物語なのである。

従来の歴史家たちは、室町時代を古典的な日本庭園を生み出した禅の美学が発達した時期と捉えてきた。ところが、『もののけ姫』は、室町時代における自然をまったく異なる視点で描き出している。それは、従来どおり概して美しいが、荒々しく危険で近寄りがたく、完全に人間とは異質の存在である。また自分の意思を持っており、時に精神的で超越的な側面を見せるが、それ以外の時は暴力的で恐ろしい。この映画の最も偉大な功績の一つは、社会から取り残された人々だけでなく、自然そのものにも声を与え、顔が見えるようにしたことだろう。

この発想に形を与えるために宮崎はリアリズム的な手法を超越する必要があった。『もののけ姫』を歴史大作というだけでなく、豊かな表現力で描かれたファンタジーと見ることが可能なのはそのためだ。宮崎の盟友である高畑は、この作品に否定的な発言を行なっており、「よく出来たファンタジーだが、史実とは違う。自分で学習しない人には、あれが中世の日本だと誤解する危険性がある」と批判している（『宮崎駿全書』、二一八頁[16]）。だが、実際にはその反対に、ファンタジーと時代劇を組み合わせた宮崎の手法は、よりユニークな映画体験を提供し、人間と自然の間に働く力学を実に示唆に富むやり方で描写することを可能にした。よりリアリズム重視の作品であったなら、むしろそこまで望むのは不可能だっただろう。

監督は映画の中で、人間と自然のどちらか一方の側に立とうとはしない。本作は単純に環境保護主義を称える作品ではないし、人類を悪者扱いして、自然回帰こそがシンプルで容易な解決策であると示唆しているわけでもない。むしろ、画面上でどんな変化でも起こすことができるアニメ媒体だけに表現可能なやり方で、自然と超自然と人間が交錯し、依存し合っている革新的な世界観を提示しているのだ。長期的視野に立てば、この世界観は人間が自然を支配する権利に疑問を投げ掛けるだけでなく、常に変化を続ける不安定で難問だらけの世界で、人類にどんな役割を担う能力があり、また担うべきなのかを問い掛けている。

この映画は、最も根本的なレベルで次のような疑問を投げ掛けている。人類は呪われた世界で倫理的に生きることができるのだろうか？　もし「できる」と言うなら、その方法は？　これに対して、『もののけ姫』は相互に関連した二つの方法を提案している。一つ目は単純に「生きろ。」というものだ。それは、人間に対する恐れと憎しみに苛まれ、絶望するサンにアシタカがかけた言葉で、映画ポスターのキャッチコピーにもなっている。映画の文脈から考えれば、たとえ何があろうと諦めてはならないという励ましの言葉であり、精神的な無気力や無関心に覆われた一九九〇年代の日本社会を見て、宮崎がどうしても伝える必要があると感じたメッセージだった。二つ目の提案は「曇りなき眼《まなこ》で物事を見定めてみよ」というものだ。血に飢えた獣たちの攻撃と人間の手によって容赦なく進行する産業化の両方を描きながら、宮崎は物事のあらゆる側面を澄んだ瞳で客観的に観察して欲しいと訴えているのである。

実写映画ではなく、アニメ映画がこれほど深く挑発的な疑問を投げ掛けていることを意外に思う向きもあるかもしれない。それでも、アニメはこうした難問に取り組むには最適の媒体なのである。変身、異種交配、境界横断といったテーマは、世界における人間の居場所や人間以外のものたちとの関係について考えることを私たちに強要する。これらのテーマは、アニメが昔から繰り返し扱ってきた（特に最も人気のあるSFやファンタジーの分野で）ものばかりだ。環境問題に詳しい英文学者アースラ・ハイスが指摘しているように、アニメ媒体が特に得意としているのは「人間以外の意志を持つ存在が影響を及ぼしている世界を、環境保護主義的な思想と共鳴するようなやり方で描写することである。しかも、それらの存在が単に別の生き物の皮を被った人間としてではなく、まったく独自の思考形態を有する別個の生物として描かれている場合はなおさらだ」[17]。

『もののけ姫』では、人間以外の知性を持つ存在が「まったく独自の思考形態を有する別個の生物」であるという考えがきわめて重要な位置付けを与えられ、生き生きと描写されている。映画の舞台となる世界は危機に瀕しており、そこに住む人々は自然に基礎を置いた生き方から、製鉄集団に象徴されるテクノロジーに依存した生活へとぎこちなく移行しつつある。この過渡的な世界で、荒ぶる森の神々は絶滅の危機にさらされている。だが、これらの神々は「別の生き物の皮を被った人間」ではない。本作では、洗練されたアニメ技術によって、人間ではない独特な特徴を持つ顔が様々な形で表現されている。その中には、魅力的で表現力豊かなヤックルという名のアカシシ（アシタカが乗りこなしている大カモシカ）の顔から、コダマと呼ばれる小さな樹の精霊の仮面のような単純な表情まで含まれている。

とりわけ、宮崎が描いたシシ神の優しげできわめて異質な表情は、作中のどのシーンよりも心をざわつかせる。それは怪物的で畏怖の念を起こさせるだけでなく、本質的に「他者」である。シシ神というキャラクターを登場させることで、本作は、環境問題をテーマとした芸術作品の多くが陥る陳腐

シシ神の顔。『もののけ姫』より（作品DVDより引用。©1997 Studio Ghibli・ND）。

な表現をはるかに超えてしまった。これらの作品の意図は称賛に値するが、自然を単純化して「高潔で傷つきやすい」か「抱き締めたくなるほど可愛くて傷つきやすい」かのどちらかに分類する傾向があり、あまりにも工夫がなさすぎる。対照的に、『もののけ姫』では過去に用いられたことのない手法で「他者」が視覚化されているだけでなく、他者もまたこちらを見詰め返しているのだ。いたずらっぽく笑いかけるコダマの表情から、傷を負った大猪の視線に込められた恐るべき憎悪に至るまで、『もののけ姫』はあらゆる形で他者がこちらを凝視する様子を描き出している。

シシ神の奇怪さと美しさを余すところなく表現することにより、宮崎はこの映画に明確な倫理的方向性を与えたのである。それは、自然とは人間が支配するものだという陳腐な考えを超越するものだった。かかる観点から言えば、本作は、自然の「カワイイ化現象」が起きているとコアなファンでさえ認めるディズニー映画とは対照をなしている。例えば、ディズニー映画に関する著作があるデイヴィッド・ウィットリーは、名作『バンビ』でも自然が感傷的に描かれる傾向があることを認め、次のように指摘している。「種が異なる動物が『友だち』として付き合う様子が演出され、人間から見て可愛く見えるように意図的に目が大きく描かれている。さらに、自然の天敵を登場させないことで牧歌的で無垢な世界を創造するなど、あらゆる要素が組み合わさって、自然界の完全性と異質性を全面的に尊重する姿勢とは相容れない、感傷的な世界観が生み出されている」[18]

『もののけ姫』は、自然界との関係を描き出す際に、従来の自然描写にしばしば見られる擬人化傾向を概ね避けることに成功している。優れたアニメ技術を駆使することで、本作はフランスの哲学者エマニュエル・レヴィナスの言う「他者の異質性」を表現している。それどころか、人間を対象としたレヴィナスの関心を凌駕する形で、「他者」の種類にまったく新たな項目を追加してしまったのである。この映画で明らかにされる「異質性」は、人間の観客に自分が自然界といかに近くて親密な関係にあり、しかも相互に依存し合っているか気付かせる。宮崎がこれをどのように実現したかを知るには、映画の物語に目を向ける必要がある。最初に、傷を負って錯乱状態となり、タタリ神と化した大猪のナゴの守がアシタカに襲いかかる、有名な冒頭のシーンから見ていこう。

それは、巨大な山脈の頂が霧の上に浮かび上がった幻想的な映像から始まる。突然、ある草深い場所から、怪しく蠢《うごめ》く赤黒いヒルのようなものに覆われた大きな塊が出現する。本体はタタリ神となった大猪の身体で、その全身から吹き出たヒルのようなものは、実は自然と超自然とテクノロジーの表象で、猪の超自然的な変身を象徴している。だが、この変身自体は、テクノロジー――大猪のナゴの守の肉体に食い込み、内側から蝕みつつある鉄のつぶて《銃弾》――によって引き起こされたものである。従って、タタリ神となった大猪は、人間のテクノロジーを内部に埋め込まれた超自然的な生き物であり、ある種の「ハイブリッド（異種交配種）」と見なすことができる。

大猪から呪いを受けた結果、アシタカ自身も「ハイブリッド」と化す。痣に象徴される呪いは、ナゴの守と同様に、彼の命も奪おうとする。その代わりに、呪いは超人的な力と活力、それに優れた戦闘能力をもたらす。もっとも、ナゴの守がそうであったように、アシタカの超人的な力も呪いだけではなく、内部で膨れ上がりつつある憎悪と怒りから生じている部分がある。ナゴの守は苦悶の最期を迎えつつも、「汚らわしい人間どもよ。わが苦しみと憎しみを知るがいい」というまわの際の言葉を残す。こうして、映画の冒頭のシーンから、人間社会は単に自然・超自然界と対峙しているというより、むしろその不可分な一部として組み込まれていることが明らかになる。それは複雑な全体を構成する一部に過ぎず、より大きな世界では人外のものが人間に直接語りかけ、感情的・肉体的アイデンティティの内部にまで浸透しようとする。

アシタカとその出自のエミシ一族は、自然と人間の間の橋渡しをする平和的な民族で、エミシの行動は、戦争に明け暮れる大和《ヤマト》民族（日本人）の国家とは著しい対照をなしている。だが、アシタカはこの平和で寛容な生活様式を続けることを許されない。彼は自分で髷を切り落とすと、アカシシのヤックルにまたがって村を出る。この瞬間に、アシタカもまた「他者」へと変貌を遂げるのである。故郷とその住民たちから追放された彼は、シシ神という強大な力を持つ山の神が住む緑豊かな森林へと足を踏み入れていく。シシ神の森の存在をアシタカに教えたのは、素性の知れないジコ坊という人物だった。物語の序盤に登場する森のシーンを通じて、観客は映画の精神的な核心へと引き込まれていく。それは、人間と動物と超自然的な生き物が、認識や所属の境界を越えて生きている魔法の領域である。深く澄んだ池があってキラキラ輝く蝶が舞い、深い緑色をした巨大な古木がそそり立つシシ神の森は、宮崎が何度か訪れたことのある神秘的な屋久島の森に着想を得ている。樹齢二〇〇〇年以上の屋久杉があることで知られるこの島は、ユネスコの世界遺産にも登録されている。

アシタカはこの森で、自然界と超自然的な世界の住人と三度にわたって遭遇する。最初の相手は人を寄せ付けず、二番目は茶目っ気たっぷりで、最後に出会う存在は神秘的な力を持つ。最初の出会いでは、アシタカはエボシ御前に置き去りにされた二人の負傷者を偶然救うことになり、その時突然、川の向こうに誰かがいることに気付く。倒木の枝の後ろに隠れて様子を窺っていると、銀色の毛をした三頭の巨大な山犬と、山犬の毛皮を被って赤い仮面を背中に吊り下げた人間の少女がいるのが見えた。この少女こそヒロインのサンであり、映画のタイトルにある「もののけ姫」にほかならない。「もののけ」とは人間に取り憑いて苦しめる霊の類や妖怪を指す言葉だが、この場合はサン自身の他者性と人間社会から引き離されている状態、そして彼女を拾って家族の一員として育てた犬神の親子との絆の深さを暗示している。

アシタカが森の中で二番目に遭遇した超自然的な存在は、いたずら好きで能天気なコダマという樹の精霊である。アシタカが救った負傷者の一人は、岩の上に座っているコダマの姿を見て恐怖の叫びを上げる。だが、アシタカは事もなげに「ここにもコダマがいるのか」と言うだけだ。その後、ヤックルの鞍の上に別のコダマが姿を現し、再び負傷者をあわてさせる。一方、アシタカが動じることなくコダマを受け入れたのは、東の果てにある故郷にも同じような精霊がいることを強く示唆している。

アシタカが遭遇する最後の超自然的な他者は、まごうことなき霊的な体験をもたらす。負傷者の一人は「ここはあの世の入り口だ！」と警告し、別の道を行くように懇願するが、彼は無視して森の中のさらに奥深くへと踏み込んでいく。アシタカの視線は、苔むした林間の空き地の向こうへと引き付けられ、さらに池の対岸の雑木林から発している金色の輝きに釘付けとなる。その光の中に何頭かの小さい鹿がシルエットとなって浮かび上がり、続いてもっと大きくて無数の角が生えた鹿に似た姿の生き物が姿を現す。それこそシシ神の昼の姿にほかならない。神秘的なその生き物が顔を向けると、アシタカは痣のある方の腕に激痛を覚え、水の中に入れて痛みを和らげようとするが、その間に鹿の姿をしたものは静かにその場を去っていく。

ここよりほかの場所においては、アシタカの苦痛は憎悪と怒りの表出にほかならなかった。だが、この穏やかなシーンでは、異種間で共有される苦痛を象徴している。アシタカが経験する苦悶は瀕死の猪神の記憶を蘇らせるものであり、おそらく後にシシ神自身が体験することになる断末魔の苦しみを予感させてもいる。

アシタカが次に発見したのは、タタラ場と呼ばれる巨大な製鉄所である。それは暗い要塞のような場所で、作っている製品や製造工程そのものが周辺地域を荒廃させ、枯れ木と剝き出しの岩があるだけの不毛な土地に変えてしまった。タタラ場において、アシタカは再び複数の「他者」の間の仲介者という、厄介かつ危険な役割を演じることになる。これまでと違うのは、今回は人間同士の間で橋渡しをしなくてはならないことだ。

この視点から言えば、おそらくアシタカにとって最も予想外の展開は、タタラ場の指導者であるエボシ御前がついて来るように促し、秘密の庭を通って石火矢の製造工房に連れて行ったことだろう。そこで彼は、エボシの命令に従って頑丈な石火矢の組み立て作業に熱中している包帯姿のハンセン病患者の一団と出会う。エボシが意図的に残忍な破壊行為を煽り立てようとしているのを見て、アシタカの中で再び憎しみと怒りが燃え上がり、彼の腕はまるでエボシに襲いかかろうとするかのように勝手に動き出す。だが、異なる種類の他者が攻撃に待ったをかける。それは誰よりも重い病に冒され、どうやら盲いている様子の一人の病者だった。病者は、エボシは自分の「腐った肉」に包帯を巻いてくれた恩人なので殺さないで欲しいと嘆願する。「生きることはまことに苦しくつらい。世を呪い、人を呪い、それでも生きたい」と彼は言う。

これは映画における決定的瞬間の一つであり、病者が口にした言葉はいくつかの理由から重要な意味を持つ。最初の言葉（「生きることはまことに苦しくつらい」）は、ジコ坊が映画の序盤で行なった「人界は恨みを呑んで死んだ亡者でひしめいとる」という指摘を彷彿とさせる。さらに、二つ目の「世を呪い、人を呪い、それでも生きたい」という言葉は、この映画の基本テーマの一つである「生きろ。」というメッセージを再確認すると同時に、それが時に大きな困難を伴うことを認めている。重症のハンセン病患者の存在は、世界では誰もが孤立しているという事実と、あらゆる生き物の間に本来存在するはずの絆の両方を私たちに強く印象づける。頭から足の先まで包帯を巻かれ、顔の見えないその病者は、最初はエボシやアシタカとまるで異なる生命体のようにさえ見える。だが、三人はそれぞれ自分なりのやり方で社会から排斥された集団に属しており、各集団のメンバーたちはあらゆる障害を乗り越えて生きられることを信じているのだ。

次のシーンでは、サンがエボシの命を狙ってタタラ場を襲撃し、またしても他者による境界横断が描かれる。結局、サンはエボシを殺すという任務をしくじり、代わりにアシタカに大怪我をさせてしまう。

この直後から、サンは微かに人間らしさの兆しを見せ始める。おそらく、アシタカが自分と同じ社会の異端者であることに気付いたためだろう。サンは彼を殺すのを思い留まり、アシタカを森の中心部まで運ぶと、ヤックルに見守らせたまま、池の中の小さな島の上に若者を放置する。この行動の後に続く一連のシーンは、宮崎がこれまで創造した中で最も崇高な美しさに満ちたものとなった。

画面は島の上に仰向けになったアシタカの姿からゆっくりと上昇し、緑豊かな森林を抜けて最後に高くそびえる山々を映し出す。次の場面ではコダマの群れが登場し、次第に数を増やしつつ、何かを待ち受けているかのように樹々の天辺に集まってくる。空には満月が浮かんでおり、その光の中でアニメーション技術の粋を尽くしたきわめて美しいシーンが展開される。シシ神の夜の姿である半透明なディダラボッチがおもむろに姿を現す。天を突くほど巨大で明らかに異質な存在であるにもかかわらず、漠然と人間的なところのある体とそれ以上に漠然と人間的な頭をしたディダラボッチは、ゆっくりと歩を前に進めている。そこで映像は切り替わり、神の訪れに反応するコダマたちを映し出す。彼らはカタカタと不気味な音をたてながら、首を一八〇度回転させている。次に横から映し出されるディダラボッチの姿は前よりも獣じみており、体は縞模様におおわれ、背中からは無数の角が飛び出している。それは森の中の池に向かって自ら倒れていくように見える。

そこで予想外の展開があり、画面には熊のような姿をした何者かが森の中でうずくまっている様子が映し出される。それはジコ坊に率いられた狩人たちで、シシ神の夜の姿をひと目見ようと木陰に潜んでいたのだ。ジコ坊はその姿に魅了されるが、狩人たちは恐怖に震え、「シシ神さまを見ると目がつぶれるワイ」と僧体の男に告げる。だが、ジコ坊は天皇の勅命によってシシ神退治をしていることを男たちに思い出させる。コダマと狩人たちの一団は、アシタカが横たわる池にディダラボッチが倒れていく様子を共に見守っている。

山々の上にシシ神の夜の姿《ディダラボッチ》が出現するシーンは、映像面だけでなく精神面からしても『もののけ姫』の最高の見せ場と言えるだろう。それは恐怖と美と畏怖の念を感じさせるという「崇高さ」の標準的定義をほぼ忠実になぞっている。この感覚は、頭を回転させながらカタカタと不気味な音をたてているコダマの反応を映したシーンでさらに強いものとなる。その映像では、この世のものではない異質さが醸し出されているだけでなく、人間ではない二つの異なる存在――巨大なエクトプラズム（霊的流動体）のようなシシ神と人形と見まがうようなちっぽけなコダマ――がお互いに強く呼応し合っており、まったく未知の光景を見せられているという強い印象を観客にもたらす。それはまさに人間とはまるで無縁の神聖な瞬間のように思えるからだ。宮崎は、禁断の行為を目撃したくない狩人たちに目をつぶらせることで、このシーンのタブー感を演出している。シシ神が森の中に倒れていく際に強風が吹き、樹々が強い気流を受けて大きく揺れる中で、コダマたちは微笑みを浮かべながら手を振っている。その姿はまるで緑色をした凄まじい高波の白い波頭のように見え、崇高な雰囲気をいやがうえにも高めている。宮崎の全作品を通じて、異界のものたちの歓喜の瞬間をここまで鮮明に描き出した場面はほかにない。

このエピソードには、超自然的なシーンがもう一つ登場する。シシ神は森の中に倒れ込んだ後で、鹿のような昼の姿を取り戻す。ところがこの時、山の神はアシタカのすぐ近くまでやって来る。画面が映し出すシシ神の表情は驚くほど人間的だが、瞬きしない赤い両目が顔の他者性を際立たせている。それはもしかすると、自然そのものの顔なのかもしれない。

ゆったりと時間が流れる森の中の崇高なシーンが終わると、『もののけ姫』はそれ以前のアクション中心のペースを取り戻す。映画の後半部分は、黒澤映画に匹敵する壮大な合戦シーンを中心に構成されている。侍と平民が入り乱れ、残忍な流血シーンと死屍累々の戦場が描かれる（これは従来の宮崎映画では到底考えられなかったことだ）。人間たちは剣と弓矢と槍と銃で武装し、命知らずの動物たちは最後の絶望的な突撃を試みる。

エボシとジコ坊の部下たちは凄まじい戦いぶりを見せ、おびただしい死傷者を出す。だが、おそらく最も悲惨でやりきれない戦闘シーンは、乙事主《おっことぬし》という名の盲目のリーダーに率いられた猪たちが最後の戦いを挑む場面だろう。乙事主はこの戦いで満身創痍になる。人間と決別したサンも乙事主の味方として戦いに参加する。

乙事主の激しい怒りと、無意味な使命のために仲間の猪たちを犠牲にすることも辞さない狂気は、単なる野生の獣というより、人間の最悪な面を想起させる。それは、戦争の愚かさと空しさを残酷なまでに明らかにしているのだ。乙事主は以前にも増して無謀な行動に走るようになり、かつてのナゴの守と同様、徐々にタタリ神へと変貌を遂げていく。乙事主が境界を越えて「向こう側」へ横断する最後の瞬間に、その体を覆う蛇のような触手はサンを呑み込み、彼女もタタリ神に変身させてしまおうとする。だが、あわやというところでアシタカがモロとシシ神の力を借りて、触手に埋もれたサンを救い出す。

近くからそれを見ていたエボシは、この機会を利用してシシ神を石火矢で撃ち、二度目の射撃でついに頭部をはね飛ばすことに成功する。だが、映画の最後の黙示録的なシーンで、山の神はもう一度変貌を遂げる。巨大化した首のない体からは粘液状の有毒物質が噴出し、里全体を覆って緑豊かな景観を不毛の地へと変えていく。だが、周辺地域が完全に荒廃してしまう前に、アシタカはシシ神の首を「人の手で返したい」と主張し、サンにも協力を求める。頭部は元に戻ったものの、巨大な神の体はすぐに揺らぎ始め、タタラ場が面する湖に倒れて巨大なつむじ風を起こし、集落を完全に破壊する。また、首を落とされた直後のシシ神は、死の苦しみに悶えて空を覆いつくすように広がり、それを暗闇に変えてしまう。同じ黙示録的な展開とはいえ、映画版『ナウシカ』とはきわめて対照的である。『ナウシカ』のエンディングでは、未来の希望を予感させるかのように、風の谷の上には穏やかで青い空が広がっていたからだ。

その一方で、宮崎は『もののけ姫』を大災厄のシーンだけで終わらせない。映画では、シシ神がいつか復活するかどうかは曖昧なままにされているが、緑豊かな自然がこの地に戻ってくることを期待させる描写もある。そこはもはや天高くそびえ立つ荒ぶる森ではなく、もっと穏やかで牧歌的な場所に変貌を遂げている。この地に広がる新たな景観は、以前よりもはるかに現代の日本に近いものとなっており、荒ぶる自然がついに手なずけられたことを暗示している。

だが、それは果たして本当だろうか？　サンは去っていく直前に「アシタカは好きだ。でも人間を許すことはできない」と別れを告げ、森に帰っていく。アシタカは「会いに行くよ」と約束するが、二人の恋の行方は不透明なままである。サンはこのまま、鴨長明のように世をはかなみ、俗界の騒音や汚濁や苦しみから遠く離れた森の中で隠遁生活を送ることになるのだろうか？

アシタカが自然と超自然の間の橋渡し役だとすれば、サンはそれらを含む複数の世界——動物、神、そして人間の世界——を体現する存在であり、まさにすべてを包括するミヤザキワールドの象徴にふさわしいキャラクターと言えるだろう。映画のポスターには、山犬の母親と共に人間の世界に敵意に満ちた視線を向けるサンの姿が描かれている。刺青の入った彼女の顔は血に汚れているが、その下にいまだに傷つきやすい少女の素顔があることは容易に見て取れる。サンはナウシカと違って、道徳的にはるかな高みに到達することはない。だが刺青だけでなく、時に仮面に覆われたその顔は、シシ神の人間的でありながら人間から懸け離れた表情と重なる面がある。それは私たちが他者と正面から向き合う際に、どのような責任を自らに課すべきかを見定めるように促しているのだ。

この映画の最後に登場する二つのシーンは、さらに曖昧な（あるいは皮肉な）解釈を可能にしている。まずは、したたかで食えないところがある僧体の男ジコ坊が一瞬登場し、お手上げの仕草で「いやぁ、まいった、まいった。バカには勝てん」とこぼす場面である。そして最後に、コダマが一匹だけ現れるシーンが映し出される。それが森に生き残った最後のコダマなのか、それとも森の霊的な再生の始まりを意味するのかは、ついに観客に明らかにされないまま、映画は幕を閉じる。

最後に匙を投げたような態度を取るジコ坊のキャラクターには、おそらく宮崎自身の世間に対して斜に構えた部分が誇張された形で反映されているのだろう。一方で、監督の以降の四作品を観て感じるのは、『もののけ姫』は少なくとも部分的には、宮崎が何かに「タタられている」という感覚を克服し、より楽観的な世界観を構築するための手段であったということだ。タタラ場のハンセン病患者がいみじくも語っていたように、「生きることはまことに苦しくつらい。世を呪い、人を呪い、それでも生きたい」のが人間なのである。

第12章　『千と千尋の神隠し』の私的な世界の終わり《アポカリプス》

このお風呂屋さんを壊したくなかったです。

――宮崎駿（『風の帰る場所』、一九二頁）

長年にわたって大学で教えていると、学生たちから時折「一番好きな宮崎作品は何ですか？」と聞かれることがある。私の答えは、聞かれた時間帯やその日の気分や朝刊で読んだニュースの内容次第でちょくちょく変わる。それでも、宮崎の全作品のうち、一貫して私を魅了してきた映画と言えば、二〇〇三年のアカデミー長編アニメ映画賞受賞作『千と千尋の神隠し』（二〇〇一年公開）をおいてほかにない。この作品には、奥行きの深さ、登場人物への思いやり、そして夢のように不思議な世界観など、あらゆる点でミヤザキワールドの最も魅力的で異彩を放つ要素が凝縮されている。

大ヒットした大作『もののけ姫』の四年後に公開された『千と千尋の神隠し』は、前作とはスケールも雰囲気もまるで異なる作品となった。実は、宮崎は一九九八年一月一四日付けで一度ジブリを退社していたが、そのわずか一週間後に事実上の「後継者」だった近藤喜文《こんどうよしふみ》監督が四七歳という若さで他界したために、急遽現場に復帰することになったのである。近藤はスタジオジブリを二一世紀へと導く新世代の監督として期待されていた人物だった。つまり、『千と千尋の神隠し』は、ジブリが幾分混乱状態にある中で生み出された映画であり、それは作品自体の時に混沌とした内容にも反映されているように思える。それでも、私の考えでは、緊迫した物語展開、豊潤な映像美、そして真の独創性といった点から見て、本作は宮崎の全作品の中で最高傑作とは言わないまでも、その有力候補の一つに挙げられることは間違いない。

『もののけ姫』と同様、『千と千尋』もまた日本で大ヒット作となり、しかも前作よりも海外ではるかに多くの観客を集めた。この映画は、魔法にかかった両親を救うことを誓う千尋という少女の成長物語で、ファンタジーと心理的リアリズムを見事に融合させた傑作である。宮崎の鮮やかな演出がアニメのファンタジー世界を支えており、そこでは赤と青の色彩が渦を巻き、ある時は眩《まばゆ》いほど華やかに、そして別の時には黄昏時のようにうっすらとした色合いの映像が展開される。映画の型破りな舞台——高くそびえ立つ赤い湯屋（銭湯）に支配された魔法の村——に命を吹き込むのも、優れたアニメーション技術のなせる業だ。この湯屋は「八百万《やおよろず》の神様たちが疲れを癒やしに来る」場所である。神々は浄めとくつろぎ、それに美味しい食事を求めてここにやって来る。彼ら自身も骨休めのために来た湯屋と同じくらい、奇妙で記憶に残る存在ばかりである。

また、湯屋にはスタジオジブリを彷彿とさせる面もある。従業員の男女は常に仕事に追われてピリピリしており（映画の中では男は蛙、女はナメクジの化身という設定になっている）、それ以上に酷使されている下っ端の労働者に『トトロ』でも活躍したススワタリがいる。その再登場の仕方は印象的かつコミカルで、ペチャクチャしゃべくり、喧嘩をし、仕事をさぼる様子まで人間そっくりだ。

湯屋の経営陣も、さらに輪をかけて異彩を放っている。経営者の湯婆婆《ゆばーば》は、従業員に対しては口うるさくて厳格な上司だが、顧客にはもみ手をせんばかりの愛想の良さを示す。普段は湯屋の最上階にある贅沢に飾られた複数の部屋に住み、夜になると怪しげな任務のために外に飛び去っていく。湯屋の謎めいた番頭はハクというハンサムな少年で、実は湯婆婆から魔法を学ぶためにやって来た川の神であり、結局彼女に支配されるようになってしまったことが後に判明する。最後に、湯屋の最下層にあるボイラー室に潜む釜爺《かまじい》という老人がいる。六本の腕を持ち、湯を沸かしたり薬湯を調合したりする作業を担当する人物で、その存在なしには湯屋の商売は成り立たない。

宮崎は、湯婆婆はプロデューサーの鈴木に基づいたキャラクターであると冗談交じりに語ったことがある。確かに鈴木は仕事柄、時折（渋々か嬉々としてかは不明だが）スタジオの外に出掛けては興味深そうな仕事をしてくることがある。もっとも、宮崎はその後すぐに、湯婆婆は実際には鈴木と自分を組み合わせたようなキャラクターであることを認めている（『風の帰る場所』、一八九 - 一九〇頁）[1]。また、湯婆婆には銭婆《ぜにーば》という別人格のような双子の姉がいる。銭婆は恐ろしい能力を持つものの実際には心優しい人物で、おとぎ話に出てくるような魅力的な一軒家に住んでいる。湯屋のバタバタした日常から遠く離れた場所で、銭婆は訪ねてきた千尋たちをお茶やケーキでもてなすのである。宮崎自身にも唐突にスタッフを怒鳴りつけ、その後すぐに謝罪する傾向があることから、湯婆婆と銭婆は彼の性格の二つの異なる側面を反映していると考えてよさそうだ。さらに、銭婆が住んでいる茅葺屋根の民家には、中世の隠者として知られる鴨長明の「草庵」に対する宮崎の憧れが込められているのかもしれない。また、銭婆の家の内装が西洋風なのは、青年時代に抱いたヨーロッパへの憧憬を表しているのだろう。

一方、宮崎の作品を称賛し、師匠の一人と仰ぐアニメ監督の庵野秀明は、別の解釈を提案している。「必ず宮さんの分身みたいなキャラクターが出てくるんですけど、今回は釜爺ですよね」と庵野は語っている（『ユリイカ』、「そして電車は行く」、一二四頁）[2]。釜爺の絶え間ない労働（ススワタリたちの補佐があるとはいえ）がなくては、湯屋はすぐに立ち行かなくなってしまうはずだ。さらに、映画のヒロインで人間の少女である千尋が湯屋で働けるように湯婆婆のもとに赴かせ、冒険のきっかけを与えたのも釜爺である。

だが、釜爺であるかどうかにかかわらず、宮崎は『千と千尋』の制作に持てるエネルギーのすべてを注ぎ込み、できるだけ多くの協力を得る必要があった。自らの心の奥深くから汲み上げた要素を元に、監督は美しく、感動的で、見事なまでに独創的な映画を生み出した。それは同時に途方もなく奇抜で、奇怪《グロテスク》で、心をかき乱す作品でもあった。観客を不穏な気持ちにさせる要素の中には、意図的に盛り込まれたものもある――それは、長く記憶に残る映像を通じて現代社会を批評するという宮崎の表現手段の一つだ――が、ほとんど無意識のうちに生み出されたように思えるものも少なくない。彼はあるインタビューで次のように語っている。「僕はね、この作品［『千と千尋』］を作る過程で、自分にとって開けてはいけない頭の中のフタを開けてしまったみたいなんですよ」（『折り返し点』、二七〇頁）[3]。また、別の所ではより一般化した表現で、「作品を作る中で無意識の奥のほうの意識化できない部分で道筋は大体できてるんですね」と認めてもいる（『風の帰る場所』、二〇五頁）[4]。『千と千尋』の後半では、中世フランスの作家ラブレーの作品に出てきそうなドタバタ劇に続けて、穏やかで不気味な電車の旅が描かれ、宮崎のこれまでの作品とはまったく趣を異にする、夢とも悪夢ともつかぬ強烈な印象を残している。

にもかかわらず、映画の骨組みとなる物語は現実的かつ同時代的である。大規模な宣伝キャンペーンのメインコピーは「トンネルのむこうは、不思議の町でした。」というもので、映画の全体的な舞台設定を示唆するものとなっている。それは、千尋という少女が両親と一緒に新しい街に引っ越してくる途中で、あるトンネルを潜り抜けたところ、幻想的な世界が広がっていたというものである。この夢のような世界で千尋は多くの試練や挫折に耐え抜き、様々な苦労を重ねながら最後に勝利をつかみ取ると、再びトンネルを通って現実世界への帰還を果たす。

日本語の「不思議」という言葉には、神秘的とか未知といった意味があり（それは、ルイス・キャロルの有名な児童文学作品の邦訳タイトル『不思議の国のアリス』を見ても明らかだ）、メインコピーが示唆しているように『千と千尋』は世界を空想と現実の二つの領域に明確に切り分けている。トンネルの一方の端には、引っ越しや新しい学校への転校といった面白くもなんともない現実がある。だが、「トンネルのむこう」には、何が起きてもおかしくない（実際に次々に不思議な出来事が起きる）領域があるのだ。その一方で、トンネルの存在は、これら二つの領域が神秘的かつ不思議な方法でつながっていることを暗示している。ちょうど、私たちの意識下にある領域（感情や記憶や夢や悪夢が存在する場所）が、実は覚醒した意識と何らかの方法でつながっているように。

夢の世界（そして悪夢の世界）ではよくあるように、千尋が働く湯屋でも怪物やお化けが跋扈し、思いがけない友情が芽生えたり、衝撃的などんでん返しや恐ろしくてびっくりするような出来事が起きたりする。それは破壊的であると同時に魅力的で、古い慣習を乗り越え、変革を起こす力を秘めている。「オクサレ様」は凄まじい悪臭をまき散らしながらズルズル進む排泄物の塊のような化け物で、無理やり湯屋に押し入ってくるが、浴槽で浄化されたおかげで、清浄で年老いた川の神の姿を取り戻す。それ以外にも、「カオナシ」と呼ばれる無表情な仮面をつけた妖怪（まさに「顔なし」である）も登場する。彼は最初、黒い影のような存在だったが、後に巨大化して湯屋の従業員たちを次々に呑み込んでしまう。結局すぐに全員吐き出して、元の姿に戻ることにはなるのだが。

中でもおそらく最も衝撃的なのは、映画の冒頭でいきなり千尋の両親が豚に変身させられてしまうことだ。そこから物語は一気に加速していく。映画が始まってすぐトンネルから出た三人は、不思議

豚に変身させられた千尋の両親。『千と千尋の神隠し』より（作品DVDより引用。©2001 Studio Ghibli・NDDTM）。

な飲食店に辿り着く。店には誰もいなかったため、千尋の両親は勝手に食べ物を取って凄まじい勢いで腹に詰め込み始める。だが、おとぎ話を読んだことがある者なら誰も知っているように、魔法のかかった場所で勝手に食べ物に手を出すと、間違いなく不運を招くことになる。食い意地の張った両親と行動を共にするより、周囲を探検してみることにした千尋が飲食店に戻ってくると、二人は巨大な豚に変身していた。目の前で父親だった豚が椅子からすべり落ち、豚の声で鳴く。後に豚小屋に収容された両親と会った千尋は、両親がいずれ湯屋の客や従業員たちの食卓に上る運命であることを知る。

　千尋の両親が変身するシーンは実に恐ろしく、恐怖を煽るために巧みな演出が施されている。前述したように、宮崎の作品では多くの「私的な世界の終末《アポカリプス》」が描かれており、それらは通常、子供がきわめて親密な関係にある誰かを失ったり、心に傷を負ったりしたような場合に起きる。[5]『トトロ』で母親が入院中であることや、『魔女』でキキが両親から離れて一人暮らしをしなくてはならないことも、私的な世界の終末《アポカリプス》に含まれる。だが、千尋はそれらと比べてもはるかに劇的な「世界の終末《アポカリプス》」を経験する。考え得る限り最も衝撃的な形で、物理的だけでなく心理的にも両親から引き離されてしまったのだ。誰でも時には両親のことを「非人間的」と感じることはあるかもしれないが、千尋の両親の場合は文字通り動物に変身させられてしまったのだから。こうして千尋は、父母に魔法をかけた湯屋で働きながら、二人を救い出すしかなくなった。恐怖に震えおののきながら、千尋は湯屋に入っていく。そこで千尋は、時に場違いな思いをしたり孤独を感じたりしながら様々な試練に立ち向かい、最終的には以前よりもたくましく分別のある少女へと成長を遂げるのである。

宮崎には、『千と千尋』に込めたいメッセージがあった。映画が完成した時、監督はすでに還暦を迎えており、現代社会の複雑さを理解できるほどには老成していたが、いまだに怒りや失望を感じるだけの若々しさにあふれていた。本作は『もののけ姫』と同様、善と悪を単純に切り分けることを拒否する重層的な世界観に基づいており、根底には前作と同じ怒りが渦巻いている。だが、前回と一点異なるのは、宮崎が遠い過去の世界を後にして、怒りの矛先を現代の日本に向けていることだ。

二〇〇一年に映画が劇場公開される頃までには、日本は物質文化にどっぷり浸かっていた。それは、気力を萎えさせるような精神的な空虚さを、果てしない消費で紛らわせようとする試みのように思えた。宮崎はかつてアメリカ文化の過剰さを批判したことがあったが、今や過剰さは周囲の至る所にあふれていた。さらに憂慮すべきなのは、『トトロ』の公開時にはすでに危機に瀕していた田舎と都会の日本的な景観が、もはやいつ消滅してもおかしくない状況にあったことである。政府は、長期的停滞に陥った日本経済を活性化するために、数十年間にわたり全国各地で巨大な建設プロジェクトを推進してきた。コンクリートが海岸や山地を侵食して森林破壊が進み、まだ水量が豊富な水路まで事実上すべてせき止めてしまう有り様だった。幹線道路にはファストフード店や自動販売機が立ち並び、コンビニエンスストアが街中を占拠した。

宮崎の目には、金と産業化が生み出した歪みは、外見的な日本の景観だけでなく、国民の内面にある精神的な景観さえ汚染してしまったように映ったのである。歯に衣着せぬ発言で知られる監督は、次第に熱のこもった口調で現代社会への批判を口にするようになっていった。「世の中が全部コンクリート化されて」いると彼は憤然と主張した（『折り返し点』、二八〇頁）[6]。宮崎が映画で用いたイメージはさらに強烈だった。『千と千尋』で最も印象的なキャラクターのうち二人が、実はどちらも川の神だったのは決して偶然ではない。一人は汚染によって、もう一人は都市開発によって呪縛されていたのだから。

宮崎がこの映画に込めたメッセージの大半は、子供たちと一緒に観に来た両親、より具体的に言えば日本の三〇代から四〇代を対象としたものである。監督は、この層をグルメと消費にとち狂った思いやりのない世代と見なしているのだ。『千と千尋』で、宮崎は千尋の父親を派手なアウディの新車を乗り回し、不思議な飲食店で膨大な量の食事を夢中で平らげながら、「カードも財布も持ってる」から大丈夫だと自慢気に言う人物として描いている。母親についても、夫の後ろを涼しい顔でついて行くくせに、千尋のことは「そんなにくっつかないで」と叱るような受け身で冷淡な人物として設定している。

一方で、監督は千尋と同世代の子供たちにもメッセージを送りたいと考えていた。具体的に念頭にあったのは、仕事の関係者の一〇歳になる娘だった。宮崎は本作に関するあるインタビューで、千尋だけでなくこの少女とその友人たちのことを特有の辛辣な表現でこう描写している。「グズなんですよね」（『ユリイカ』「総特集＝宮崎駿『千と千尋の神隠し』の世界」、一二五頁）。[7] 宮崎は、少女たちの世代の関心が向かう先について、次第に懸念を募らせていた。子供たちが家の外で遊ぶ姿をめったに見掛けなくなったことについても、監督はかなり前から警鐘を鳴らしていた。子供たちはジブリ映画のビデオを見るのをやめて、たまには外に出て現実の世界を体験すべきだとさえ言い出していたのである。宮崎は概して、周囲の「グズ」な子供たちが放っている無気力や無感動や無関心のオーラをひどく嫌悪していた。それを考えれば、『千と千尋』の一〇歳のヒロインに課された「贖罪」の条件に、厳しい肉体労働や自己鍛錬、他人を受け入れて親切に接すること、そして新しいことに挑戦する意欲が含まれているのは、ある意味で当然のことだった。

千尋が働く湯屋の世界観を構築するに当たって、宮崎は古い日本と豊かになった新しい日本から様々な要素を取り入れ、それらを自由にアレンジした。監督は日本全国各地の伝統的な銭湯と、絢爛豪華な結婚式場で有名な東京の現代的な複合施設「目黒雅叙園」〔二〇一七年四月よりホテル雅叙園東京〕の両方から多くの着想を得ている。多層構造の建物の中に、天井が高くて広々とした会場から、豪華なエレベーターや贅を極めた内装のトイレまで取り揃えた雅叙園は、まさに現代のおとぎの国のような場所である。

湯屋を取り巻く「不思議な町」は、監督が好きでよく訪れていた「江戸東京たてもの園」からヒントを得ている。東京郊外のジブリ本社近くにあるこの屋外博物館には、戦前の様々な建築物が復元されており、一つの街を形成している。アニメ研究者の吉岡史《よしおかし》朗《ろう》が指摘しているように、宮崎は『千と千尋』に自らの個人的な記憶を「注入」することで、観客と共有できるある種の「集合的なアイデンティティ」を形成したのである。[8]『トトロ』の時と同様、宮崎は現代社会の状況に言及しつつ、感情を揺さぶる「失われた日本」のイメージをそれと組み合わせることによって巧みに観客を魅了した。

『千と千尋の神隠し』の湯屋に着想を与えた、結婚式場で有名な「雅叙園」
Photo by Stephen Coit

『千と千尋の神隠し』の「不思議な町」のモデルとなった「江戸東京たてもの園」
Photo by Stephen Coit

湯屋は、日本で古くから受け継がれてきた清潔さと浄化の伝統を象徴しており、本作ではその伝統に従って疲れ切った神々を癒やし、英気を養う手伝いをしている。もっとも現代の世界には、もはやこうした神々の居場所はなさそうである。

映画監督であると同時に優れたアニメーターでもある宮崎は、若い世代を単に叱りつけるよりも、もっと実際的で刺激的な方法で説得することにした。威張り散らすことも退屈な説教をすることもなく、自らの才能を駆使して「メッセージ性に満ちた」ほとんど奇跡に近い映画を作り出したのである。冒険と魔法の要素に少しだけ淡い恋の描写を加えた『千と千尋』は、あらゆることが混乱状態にある世界に観客を引き込んでいく。それは現代社会の批評にほかならないのだが、同時にそこで時に描かれる悲観的な状況を乗り越える可能性があることも暗示されている。

こうした演出を可能にしたのは、宮崎が生み出す美しいアニメーションの力が大きい（その中には衝撃的な変身シーンも含まれる）。それに、奇妙でありながら妙に魅力のある多種多様なキャラクター陣に、観客が共感したことも要因の一つだろう。湯屋の経営者や従業員以外にも、客として訪れる様々な妖怪や化け物が登場するが、中でも最も注目に値するのが黒い衣をまとったような姿のカオナシという怪物である。カオナシは映画の後半できわめて重要な役割を演じることになるが、性格や形がコロコロ変わる奇妙さは、それが単なる空想上の怪物ではなく、日本の若い世代に蔓延している疎外感（と宮崎は感じている）の象徴であることを示唆している。また、より広範な層に共感を呼ぶキャラクターに、「グズ」から有能な若きヒロインへと成長を遂げる千尋がいる。宮崎は「女の子たちのリアリティ（略）をなぞって描いた」と千尋のことを説明している。確かに、映画の冒頭で千尋が示す反抗的でふてくされた態度は、初期の作品で最も現実にいそうなヒロインだったキキやサツキなどと比べても著しい対照を成している（『ユリイカ』「総特集＝宮崎駿『千と千尋の神隠し』の世界」、二二五頁）[9]。だが、複雑さを増した二一世紀の日本社会においては、大きな困難を乗り越えて最後に勝利する「平凡な」キャラクターがとりわけ魅力的な存在に思えたとしても不思議ではない。

職場で無理を通しがちな宮崎の基準からしても、『千と千尋』の制作過程は従来になく過酷なものとなり、スタジオジブリのスタッフは多くの血と汗と涙を流す結果となった。映画がついに完成する頃までには、スタッフが「ボロボロ」になっていたと宮崎も後に述懐している（『ユリイカ』「総特集＝宮崎駿『千と千尋の神隠し』の世界」、二二五頁）[10]。『もののけ姫』の完成後に疲労困憊したベテランスタッフの一部がスタジオを去っていたため、熱心だが経験の浅い新人たちがその穴を埋めていた。その結果、作画スタッフなどの作業の遅れが深刻化するあまり、スタジオジブリとしては初めて国外

〔韓国〕スタジオへの外注に踏み切らざるを得なくなったのである。アニメ監督の庵野秀明は本作について語ったインタビューで、映画が醸し出している「アジアな感じ」を激賞し、特に光の処理や色の使い方が派手な点や建物のデザインなどを高く評価している。実際に、西洋とアジアと日本の伝統的な要素が雑然と入り混じったような映像が映画の随所に登場する（『ユリイカ』「総特集＝宮崎駿『千と千尋の神隠し』の世界」、一二四 - 一二七頁）[11]。また、映画の三分の二を過ぎた辺りからは、日本で最も愛されている童話作品への部分的なオマージュと思われるシーンも描かれる。

監督は、これらすべての要素を物語に織り込み、一貫性のある映画体験を創造することに成功している。だが実は、一歩間違えれば取り返しのつかない事態に発展していた可能性さえあったのである。映画制作の半ば過ぎ辺りで、ジブリの幹部たちはスケジュール通りに完成させることはまず不可能だという認識に達した。宮崎は、湯婆婆というキャラクターが生まれた背景から湯屋の経営を支える経済構造に至るまで、物語の詳細を明らかにする作業にどっぷりとはまり込んでおり、そのせいで映画はもはや手に負えないほど複雑で長大な作品となっていたのだ。

宮崎は当時を次のように回想している。「休みの日に出てきたら、たまたま〔鈴木〕プロデューサーがウロウロしてて、それで作画監督も一人で出てきてポツンとやってて、美術監督もいたんですよ。（中略）それで、とにかく四人で集まって、こういうストーリーになっていくっていう話を黒板に書いて説明していったんですよ。そうしたら、説明していくうちにこれはヤバイと。このままだと絶対終わらないっていうのがわかって（笑）」。結局、スケジュールを一年延長したくなければ「この枠組を捨て」るしかないという結論に達したのである。そこで、「急遽話を作り替えるっていうか、縮小させたんです」と宮崎は説明する。「橋のたもとにカオナシっていう変なのが立ってたから、あいつにちょっと活躍してもらおうとかね。そういうふうに急遽そこから二～三日で考え直して、それでようやく見えた気がしたんです」(『風の帰る場所』、一八七 - 一八八頁)[12]。

結果として、それまではかなり標準的な冒険ファンタジーだったものが、まるで様相を異にする映画へと変貌を遂げたのである。宮崎の原案では、千尋は湯婆婆の部下であるハクと手を組み、二人で協力して湯婆婆を打倒することになっていた。また、別の時点では、巨大化させたカオナシに湯屋を破壊させることも検討されていた。

だが結局、どちらの筋書きも採用されることはなかった。千尋とハクは良好な関係を築き、さらに淡い恋に発展しそうな場面さえ登場し、カオナシもある時点で周囲を脅かすほど巨大化する。それでも、映画の最大の焦点は、カオナシの怪物的な個性が変化していく過程で千尋が見せる道徳的かつ感情的な成長に置かれている。結局、映画は暴力的で見え透いたクライマックスを迎えることはなく、むしろ次第に奇行に走って行くカオナシと対峙する千尋の成長過程にこそ、最大の見所が生まれたのだ。

この新たな方向性によって、映画にはいくつか重要なシーンを追加したり、プロットの一部を変更したりする必要が生じた。宮崎はすでに、千尋が湯屋で働かせてもらうまでのシーンの絵コンテを完成させており、千尋〔湯婆婆と契約を交わした際に、名前を奪われて「千」と呼ばれるようになる〕によって公害による汚染を浄化されたオクサレ様が「川の神」として真の姿を現す印象的なエピソードも練り上げていた。しかし、加えて今度は、映画の半ばで千尋が雨の中で寂し気に立っているカオナシを見掛けて、湯屋に入るように促す不気味なシーンを新たに追加したのである。この時点から、千尋とカオナシの関係は映画の中できわめて大きな意味を持つようになる。

千尋がカオナシを招じ入れたために、湯屋の中では大混乱が生じてしまう。化け物は最初、砂金の粒や魔法の力で彼女の愛情を勝ち取ろうとするが、拒否されると暴れ回って湯屋全体を恐怖に陥れる。

また、湯屋の従業員を砂金で釣って買収し、付きっ切りで世話をさせたり、美味そうな料理を大量に持ってこさせたりもする。しかし逆上すると人食いと化し、従業員たち自身を鋭い歯が並ぶ巨大な口の中に放り込み、丸呑みしてしまう。結局、最後にカオナシの暴走を阻止したのは千尋だった。両親にかかった呪いを解くために取っておいた魔法のニガダンゴの一部を食べさせたのである。ニガダンゴが効果を表すまで、暴飲暴食でおぞましいほど膨れ上がったカオナシは、湯屋の中で暴走を続ける。だが最終的には、団子の効果で胆汁か黒い血のような液体を大量に排出し、呑み込んだ従業員たちも次々に吐き出していく。

宮崎は、湯屋が混乱状態の中で徹底的に破壊されることまでは望んでいないが、カオナシは湯屋の屋台骨を揺るがしかねないほどの底知れぬ食欲を示す。そこへ千尋が登場し、過剰な食欲に待ったをかけるのだ。無節制な浪費がはびこる世界で、千尋は小さくても揺るぎない自制心の象徴となる。こうして食べ物は――それがあるかないかで――二人の運命を左右する力を持つようになる。それを完全に否定しても、あるいは反対に狂ったように消費しても、決して満ち足りた人生を送ることはできないと宮崎は暗に言っているのだ。

食べ物は、宮崎のあらゆる作品で何らかの役割を果たしており、大抵の場合は肯定的なものだった。ところが、『千と千尋』においては、食べ物は多種多様な役割を与えられていて、複雑なだけでなく一見正反対に思える印象をもたらすことさえある。映画の冒頭で千尋の両親が変身するエピソードにも、すでに予兆はあった。食べ物は時に苦い良薬として提供されることもあれば、食べると元気の出る料理として登場することもある。後者の例には、ハクが落ち込んでいる千尋におにぎりをあげて、「千尋の元気が出るようにまじないをかけて作ったんだ」と言うほろっとさせるシーンがある。ここで実際にまじないの役割を果たしているのは、魔法というより「おふくろの味」である。それは、伝統的な日本の食文化を象徴する「おにぎり」がもたらす「この味で育った」という感覚なのである。

またある時には、映画の中で食べ物は病的なものとして描かれている。千尋の両親とカオナシにとっては、食べ物は危険で中毒性がある。別の時には、それは吐瀉物（カオナシの場合）や排泄物（オクサレ様の場合）といった形で、あからさまに限界を超えたことを示唆する役割を果たす。それでも最終的には、食べ物は現代社会の行き過ぎた消費主義を批評するための象徴であると同時に、より有意義な人生を指し示す道標としても機能しているのだ。

映画の冒頭で、千尋は両親が貪り食っている料理をあからさまに拒否しており、文字通り拒食症の症状を示している。[13] 二人が豚に変身させられた後、千尋は自分の体が消え始めていることに気付く。「ああっ、透けてる！」と彼女は哀れな叫び声を上げる。まさにこの時にハクが千尋を発見し、「この世界のものを食べないとそなたは消えてしまう」と諭して、肉体を復元するために魔法の世界の果実を無理やり食べさせる。だが、千尋はここに及んでも、まだなかなか果実を口にしようとはせず、思い切り顔をしかめて拒絶しようとする。映画の序盤において、宮崎は千尋があらゆるものを放棄しようとしているかのように描いている。まるで、世界と向き合う唯一の方法は、それを拒絶することだと思っているかのように。子供に大きな関心を持つ監督にとり、子供が消滅していくイメージには、きわめて重大な意味が潜んでいるはずである。

序盤のこのシーンにおける千尋は、自分の思い通りにならない世界にうんざりし、疎外感を覚えている。現代文化評論家のスーザン・ボルドーは、拒食症を「未来を制御する能力を失うことへの現代人の恐怖」と結び付け、人体は「もしかすると人類が二〇世紀において、いまだに制御している数少ない領域の一つかもしれない」と指摘している。[14] 千尋が食べ物を拒否する行為には当初、親の権威を否定する意味が込められていたが、最終的には、ハクが与えた食べ物を拒絶しようとした時のように、恐ろしい外の世界から目を背けようとする行為へと変化する。

カオナシは千尋とは正反対の存在である。この化け物は、実体のない影のような存在から、大きな口を開けて底なしの食欲を見せる巨大な怪物へと変身する。さらに見る側を不穏な気持ちにさせるのは、過食症の象徴と化し、食べたものを嘔吐してしまうことだ。カオナシが暴走するシーンは確かに忘れ難い印象を残すが、それと同じくらい不快感を抱かせる。それは過去に宮崎が生み出したどんなシーンよりも群を抜いて過激である。観客は、その過剰なまでの演出を純粋に楽しむか、あるいは興味深い社会批判として見ることもできる。

拒食症が制御を取り戻すための必死の試みだとすれば、過食症は行き過ぎた消費の兆候であると同時に、それを行なった自分を罰する行為でもある。どちらも現代社会におけるきわめて本質的な病と関連がある。ボルドーは、過食症を消費資本主義と結び付けており、それは「現代における人格の構築」に特徴的な要素だと指摘している。[15]だが、カオナシに関しては、日本独自の観点から考察することも可能だ。『千と千尋』の広告には、メインコピーの代わりに「みんなの中にカオナシはいる」というかなり意表を衝いた別のキャッチフレーズが使われたものもあった。

三〇年間に及ぶアニメ制作のキャリアの中で、宮崎は数多くの超自然的なキャラクターを生み出してきた。それらは、『太陽の王子 ホルスの大冒険』の岩男モーグから、『もののけ姫』に登場する森の神で巨大なエクトプラズムのようなシシ神に至るまで並外れた存在ばかりだ。しかし、おそらくカオナシは宮崎が創造した中でも類を見ないほど単純であると同時に、複雑なキャラクターと言っていいだろう。白い仮面と黒い衣という元型的な姿に、私たち自身の恐怖と欲望を投影するのはあまりにも容易である。

カオナシは、最初のうちは内気で孤独で悲しげなお化けにしか見えない。しかも、口にするのは

「あ、あ」という哀れなうめき声だけである。だが、湯屋の不思議な空間に入り込み、その贅沢で官能的なサービスを経験した途端に、悪魔のような貪欲の権化と化し、ぽっかり開いた巨大な口はまさに底知れぬ欲望の象徴となる。カオナシは極端な行動に走るばかりで、自分から妥協点を見出すことができず、そのため湯屋の他の客や従業員たちと健全で満足のいく関係を築くことができない。その暴走は単なる怒りの発露というだけでなく、より複雑な葛藤を内側に秘めていることを暗示している。

ここで再度言及しておきたいのは、カオナシはほとんど無意識の産物だったことだ。映画制作の締め切りが刻々と迫るにつれ、宮崎の脳が猛スピードで回転し始めた結果、生み出されたキャラクターなのである。監督はカオナシの嘔吐シーンについて、「吐き出せる限り吐き出さないといけない」と具体的な欲求の存在に触れている（『風の帰る場所』、一八六頁）[16]。猛り狂ったイド〔フロイト心理学の用語で本能的な衝動が貯蔵される領域〕が無意識の暗黒面から流出し、攻撃衝動をはじめとする反社会的な行動を引き起こす様子を描いたこのシーンは、明らかに観客の心の琴線に触れたようである。とりわけ、日本のように順応性や規律や自制心を今もきわめて重視している国では、カオナシの反社会的な行動は不思議な解放感をもたらしてくれるように思えたのだ。

こうした反社会的行動の中には性的要素も含まれている可能性がある。宮崎は、キャバクラ通いをしている鈴木の知人の話からカオナシのキャラクターを思い付いたという（『鈴木敏夫のジブリマジック』、二四六頁）[17]。あるシーンで、カオナシは「千欲しい、千欲しい」と切なげな声で千尋のことを求める。だが、実際に彼が求めているのは、明らかに彼女を支配し、その愛を独り占めすることである。日本では湯屋で売春行為が行なわれることもあったという歴史的背景を考えると、カオナシが愛情の見返りとして千尋に金銭を払おうとしたことは実に示唆的である。

だが、隠喩としての性的サービスは、他にも様々なものを暗示している可能性があり、カオナシを突き動かしているのが単なる性欲を超えた心の空洞であることは明らかだ。彼が内に抱える空虚さと絶望、決して満たされることのない欲求は、まさに人間を疎外する現代生活の最悪な側面を象徴している。宮崎によるこの問題の解決策は、『千と千尋』の最後の二〇分間において具体的に提示されており、映画の他の部分に劣らないほど独創的で想像力に富んでいる。前述したように、宮崎はカオナシがシシ神のような怪物になるまで巨大化し、鬱積した感情を解放するかのように怒りに任せて湯屋を破壊するというエンディングを検討していた。だが結局、宮崎はそれとはまったく異なる方向へと物語を導き、湯屋とは別の穏やかでシンプルな幻想的な空間へと通じる電車の旅を描いている。

千尋はカオナシの境遇について理解を示し、「あの人、湯屋にいるからいけないの。あそこを出た方がいいんだよ」と弁護する。そして、個人的な探求の旅に化け物も同行させることにする。キラキラ輝く海の上を走る魔法の電車に乗って、二人は銭婆の家に向かう。銭婆が住んでいる一軒家は駅(「沼の底」駅)から少し歩いた先にある。銭婆は湯婆婆の双子の姉で、妹よりも優しいが強い魔力を持つ。旅の表向きの目的は、ハクが湯婆婆の手先となって盗んだ魔法の判子を銭婆に返すことにある。ハク自身は竜に変身し、千尋が両親を救うために取っておいた魔法のニガダンゴを食べさせたにもかかわらず、いまだに湯屋で瀕死の状態で横たわっていたのだ。

千尋に銭婆を訪ねに行くことを決心させたのは、ハクに対する愛である。判子を銭婆に返せば、ハクを救うことができるかもしれないと考えてのことだった。ところで、千尋とカオナシには旅の道連れがもう二人いた。湯屋から来た湯婆婆の息子で巨大な赤ん坊の坊《ぼう》と湯バードという鳥である。湯バードは銭婆の魔法でブンブン飛ぶ蝿のように小さな鳥に変身させられ、わがままで生意気な坊は意外にも可愛らしい小太りのネズミに変えられていた。

他の監督であれば、このエピソードを陽気で騒がしい探求の旅に仕立て上げていたとしてもおかしくない。その場合、千尋は冒険好きのヒロインとして描かれ、奇妙な組み合わせの三人の仲間たちと行動を共にし、おそらく最後のクライマックスで銭婆と対決するという『オズの魔法使』を彷彿とさせる展開になったことだろう。だが、宮崎は根本的に異なるアプローチを取った。再度、自らの無意識の領域を掘り下げた結果、必ずしも現実逃避でも崇高でもない不思議な映像空間を生み出したのである。それは心理セラピーで、次第に心の奥底に近づいていく過程に似ていなくもない。

電車の旅そのものは、夢の中で夢を見ているような雰囲気を伴っている。千尋と仲間たち以外の乗客はすべて影である。電車は途中で影絵のような姿の帽子を被った男性と昔風の服を着た小さな少女の前を通り過ぎ、駅に停車すると影法師のような人々を吐き出していく。車内の様子は、多くの客や従業員を抱え、派手な色で塗られた湯屋と明らかな対照を成している。電車の旅は、ストレスやプレッシャーや騒音や揉め事とは無縁の世界に、乗客を連れ去ってくれるのだ。

宮崎はこのシーンの出来に大きな満足感を覚えていた。評論家の渋谷陽一が行なった『千と千尋』に関する長いインタビューで、彼はこの電車の旅を描くことにした経緯に何度も言及している。それはきわめて重要な決断であり、長い間悩んだ結果でもあった。宮崎は当時のことをこう回想している。「スタッフは、この映画本当に終わることができきんのかってみんな思ってましたから。まあ、僕はずーっと言ってたんですけどね、なんの根拠もなしに『とにかく電車乗っていくんだ』って」。監督はそれを映画の「山場」と呼び、「その前の追っかけたりっていうのは、ただの前段なんですよ」と説明している（『風の帰る場所』、一八三 - 一八四頁[18]）。

どうして宮崎は「静かな山場」にここまで執着したのだろうか？　その理由は次の発言から探ることができる。「このお風呂屋さんを壊したくなかったです。貧乏な神様たちが行く風呂屋がなくなったら、神様たち困るじゃないですか」（『風の帰る場所』、一九二頁[19]）。当時は、監督自身も『もののけ姫』で大きなストレスを経験した後だったため、人生と表現活動の両面で穏やかさを求めるようになっていたことは想像に難くない。

千尋が電車の旅に出る決意をしたのは、自立に向けての最終段階に到達したことを意味する。これに関して、宮崎は次のように語っている。「初めての世界で自分の意志でしっかりきちんと電車に乗っていくっていう、そっちのほうをやりたいと思いました。ずいぶんビクビクおどおどしてるはずなんだけど、毛ほどもそれを見せないで」（『風の帰る場所』、一八六頁）[20]

この電車の旅のシーンがいつまでも心に残るのは、それが死の隠喩として作用しているからかもしれない。こうした解釈の根拠は、古くはフロイトの『夢判断』（邦訳は新潮モダン・クラシックス版など）にまで遡ることができるが、他にも日本国内に発想源を求めることもできる。なぜなら、この電車に乗るシーンは、監督が一番好きな童話作家・宮沢賢治への部分的なオマージュでもあるからだ。二〇世紀前半に執筆活動を行なった賢治は、特異な世界観を持つ一連のファンタジー童話を生み出したことで知られている。中でも最も有名な作品が『銀河鉄道の夜』（初出は一九三四年）という中篇小説である。『銀河鉄道の夜』は、二人の少年が汽車に乗って星々の世界に旅をするという物語だ。だが、そのうち一人は祭りの日に川で水死していたことが結末で明らかになる。

宮崎は、この童話が『千と千尋』に与えた影響を認めているが、その中で死が意味するものについては言及していない。それはおそらく、宮崎自身が描いた電車の旅はどう考えても生に向けての旅立ちを意味していたからだろう。電車を降りた千尋と仲間たちは、銭婆が住む藁ぶき屋根の一軒家に辿り着き、その中に安らぎと心地よさに満ちた別世界のような空間を見出す。銭婆はそこで、客人たちをお茶とケーキでもてなし、湯屋でカオナシが暴走した時の過食症的な嘔吐シーンや、映画の冒頭でパニック状態の千尋が見せた食べ物を拒否する態度とは対照的な、節度のある食生活が可能なことを自ら示して見せる。湯婆婆が「悪い母親」とまではいかなくとも、少なくとも「しつけの厳しい」湯屋の母親役だとすれば、銭婆は子供の面倒を見たり、慰めたりする母親の役目を担っていることになる[21]。銭婆は最後に、カオナシにさえ住む場所を提供し、虚しさを感じないように仕事を手伝わせることを誓うのである。

こうした節度ある生活の重視と健全で健康的なライフスタイルに、宮崎は間違いなく魅力を感じていたはずである。監督はこれよりかなり前から、ジブリの年配のスタッフを集めて（もちろん、自身も含めて）別のスタジオを設立しようと考えていた。理想では、新たな若い才能が次世代の映画作りに取り組み、年輪を重ねたスタッフは知恵と経験に基づいたアドバイスを提供する（もしかすると、お茶とケーキでもてなしながら）ことになっていたようである。

なかなか魅力的なアイデアではあったが、結局、この構想が本格的に実現することはなかった。この関連で言えば、宮崎が「お風呂屋さんを壊したくなかった」と発言していることや、映画の結末でようやく成長して独り立ちできるようになった千尋を、もう一度湯屋に戻している点は興味深い。しかし、湯屋に到着した彼女は、すでにかつての職場やその従業員たちのことも前とは違う視点で見るようになっている。千尋は最後に、湯婆婆に「お世話になりました」と頭を下げ、元の同僚たちにも陽気に手を振って彼らのもとを去っていく。

何よりも重要なのは、湯婆婆に見せられた豚の中に両親がいないことを見破ったことである。自分の殻を破って成長した千尋は、両親が決して「獣」ではないことが分かるだけの分別を身につけていたのだ。それこそ、宮崎がこの映画を通して一〇歳の少女たちに伝えたかった究極のメッセージと言えるだろう。それと同時に、千尋が獲得した新たな視点は、宮崎の新たな方向性を示している可能性もある。渋谷は「敵も味方もなくて全部引き受けるという方向で新しい宮崎さんの世界観が完成された」という、かなり大胆な指摘を行なっている（『風の帰る場所』、一九三頁）[22]。宮崎は、次の作品である『ハウルの動く城』で、この新しい世界観を強化すると同時に試験的に展開させている。この映画でも、実際の旅と心の内側の旅を中心に物語が進行する。

第13章　城と呪いと共同体　『ハウルの動く城』

老人には老いの名誉と奮闘とがある。

——イギリスの詩人アルフレッド・テニスン（『対訳テニスン詩集』、西前美巳編、岩波文庫、二〇〇三年、一〇五頁）

宮崎によれば、『千と千尋の神隠し』のクライマックスは、千尋と友人たちが湯屋の慌ただしい日常を離れて不思議な電車に乗り、穏やかで安心できる心地よい空間へと旅するエピソードだった。次の作品『ハウルの動く城』も、タイトルが示唆しているように、移動に重きを置いているが、前作と違って主人公たちの行動は行き当たりばったりで過激である。『ハウル』の舞台となるのは、豊かな想像力によって造形された巨大な城で、人目を引く威容にもかかわらず、グラグラして今にも倒壊しそうだし、形状もめちゃくちゃだ。『千と千尋』の湯屋の上下関係がスタジオジブリのある種のパロディーだとすれば、いつ崩れ落ちても不思議ではない「動く城」もまた、ジブリの一面を反映していると考えるべきだろう。映画の中のハウルの城は常に物語の中心的存在で、戦争で世界が火の海に包まれる中で一度はバラバラになって崩壊するが、結末では安心と安らぎを提供する場所として再建される。そこには、宮崎自身が現代の世界情勢に対して感じている絶望感と、より良い未来を築けるかもしれないというユートピア的な希望の両方が反映されている。

宮崎が『ハウルの動く城』に取り掛かり始めてすぐ、『千と千尋の神隠し』が二〇〇三年のアカデミー長編アニメ映画賞を受賞したというニュースが飛び込んできた。同部門は前年に新設されたばかりで、最初の受賞作品は『シュレック』だった。日本映画がアメリカ映画と競合してオスカーを受賞（しかも、ノミネート作にはディズニー映画が二本含まれていた）するというのは、前代未聞の栄誉だった。日本のメディアは熱狂の渦に包まれた。

ところが、宮崎はオスカー受賞のためにロサンゼルスに赴くことはなかった。ピクサー・アニメーション・スタジオの重鎮で、優れたアニメ監督でもあるジョン・ラセターの熱心な誘いもあって、すでに一度ハリウッド文化を肌で体験していたのである。以前に『千と千尋』の全米公開の際に、鈴木が宣伝や興行などの支援を依頼したのがラセターで、彼はその大役を見事に果たしてのけた。ディズニーを説得して公開の後ろ盾になることを約束させただけでなく、英語吹き替え版の制作でも、多くの個性的なキャラクターにマッチした声優を配役するというきわめて重要な仕事に貢献したのだ。また、ラセターは鈴木と宮崎を自ら接待し、飛行機好きの監督を喜ばせるために旧式の飛行機に乗せたり、豪華な食事を供したり、自分が所有するカリフォルニア産ワインのぶどう畑にまで招待したりしている。[1]

もっとも、多くの人々にとっては一世一代の晴れ舞台となるはずの席に宮崎が不参加を表明したのは、ハリウッドに食傷していたからではなかった。最大の動機となったのは、アメリカ主導で行なわれたイラク侵攻に嫌悪感を覚えたからだ、と監督は後に説明している。「私は非常に強い憤りを感じていた。だから（アカデミーのアニメーション映画賞）受賞にもためらいがあった。当時、制作を始

めたばかりだった『ハウルの動く城』は、イラク戦争に大きな影響を受けている」（『宮崎駿全書』、三〇五頁）[2]

『ハウル』に原作と異なる戦争の描写が追加されたのは、宮崎の怒りの激しさを物語っている。しかし、実は監督が怒っている理由はほかにもあったのかもしれない。鈴木は『ハウル』が完成した後のインタビューで、『千と千尋』がこれほどヒットした唯一の理由は大規模な宣伝キャンペーン（その音頭を取ったのは、もちろんプロデューサーの鈴木である）にあるという噂に宮崎が激怒した逸話を披露している。鈴木によれば、宮崎は張りつめた空気の中でジブリのスタッフたちに次のように問い掛けたという。「『千尋』がヒットしたのは、作品の中身がいいからか、宣伝のおかげか。どっちだと思う？」。ある怖いもの知らずのスタッフが一人だけ、「やっぱり宣伝の力は大きかったと思います」と告げると、宮崎はついに感情を爆発させて、こう口走った。「『ハウル』は宣伝しないでやろう、鈴木さん」（『ジブリの仲間たち』、一八九‐一九〇頁）[3]

これまでのジブリ作品の宣伝に、スタジオとその親会社の徳間書店がどれだけの労力を注ぎ込んできたかを考えると、これはまさに驚くべき宣告と言えた。実際に『ハウル』の宣伝キャンペーンは地味な展開に終始し、中でも特徴的だったのは宮崎のメディア露出がまったくなかったことである。だが、スタッフとのミーティングで示した激しい拒否反応は（鈴木は、監督にとってそれは「一種のトラウマになっていた」と語っている）、宮崎が一連の複雑な不満を抱えていたことを明確に示す結果となった。[4]

『魔女』の場合と同様、『ハウル』も新人監督の起用が失敗した後に、宮崎が監督を引き受ける形となった。原作のファンだった宮崎は、イギリスで著者のダイアナ・ウィン・ジョーンズと会ったことがあり、ジョーンズの回想によれば一緒に巨大なケーキを平らげながら「素晴らしい会話」を交わしたという。その一方で、ジブリは当初、外部から監督を起用することを決定し、有能な若手演出家の細田守《ほそだまもる》に白羽の矢を立てていた。すでにイギリスでロケハンを行なうなどの作業を進めていたが、ある時点でスタッフは解散され、宮崎が監督を引き受けることになったのである。その理由は漠然としている。ジブリ作品の歴史に詳しい叶は、何らかの「トラブル」が生じたのではないかと推測している（『宮崎駿全書』、二七八頁）[5]。

ジブリでスタッフの入れ替えが行なわれたのははじめてのことではないが、企画が進行中にこれほど大幅な仕切り直しが必要となった事実は、同社が何らかのストレスにさらされていたことを示唆している。だが、当時のジブリの好調ぶりから見て、それはちょっとありえなさそうに思える。二〇〇三年の時点までに、宮崎をはじめとするジブリの幹部たちは、同社を優良企業に育て上げていた。近代的で広々とした本社ビルは、閑静な東京郊外にあり、都心への交通利便性もいい。近くにある宮崎自身の個人事務所兼作業場は天井の高いヨーロッパ風のアトリエで、木でできた階段があり、内装が魅力的な建物である。

監督が『魔女』の頃から目指していた目標は、あらかた達成されたと言っていいだろう。スタジオジブリが抱える一〇〇人以上の社員は、不安定なアニメ業界では異例の安定的な雇用を確保していた。しかも、社内にはスタッフの子供たちのために託児所まで新設されていたのである。また、過去一〇年ほどの間に、宮崎の発案・監修下で長男の吾朗が総合デザインを手掛け、本社近くに三鷹の森ジブリ美術館が創設された。これは派手さはなくとも訪問者を虜にする魅力にあふれた施設で、あまりの人気の高さに、入場するには毎月一回の発売日に翌月分のチケットを日時指定で購入する必要があるほどだ。芸術文化は「古いものの集積」に基づいて創造されるという考えに従って作られた展示空間には、様々な部品が「集積」してできたようなハウルの城や、『千と千尋』の重層的な世界観との構造的な類似性が感じられる（『風の帰る場所』、二四六頁）[6]。

ジブリの最も目覚ましい業績は、宮崎作品だけでなく、高畑勲の『平成狸合戦ぽんぽこ』（一九九四年公開）や、故近藤喜文監督による中学生の淡い恋をテーマとした『耳をすませば』（一九九五年公開）といったヒット作を、約一〇年間にわたって次々と生み出してきたことにある。それらが稼ぎ出した興行収入は、ジブリの財政基盤を盤石なものとし、『千と千尋』のオスカー受賞によって、宮崎は『もののけ姫』公開時以上の有名人に祭り上げられる結果となった。

宮崎はますますメディア露出を避けるようになり、自身が応じた数少ないインタビューでも虚無主義に近い悲観的な発言を繰り返し、近寄りがたい存在となっていった。ジブリの成功は間違いなく、さらなるプレッシャーとなってのしかかっていただろう。宮崎はしばしば引退を口にし、新しい世代の監督を育てる必要性にも言及しているが、『ハウル』の監督を引き継いだことや、前任者の細田がジブリを離れたこと（その後、細田は自身の映画制作会社を設立した）は、社内で何らかの衝突があったことを暗示している。細田が「面白い」映画にしたいという抱負を述べていたのに対し、宮崎は「戦火のメロドラマを堂々と描きたい」というコメントを発表し、ここでも方向性の違いが浮き彫りになった（『宮崎駿全書』、二七八頁、二七九頁）[7]。

最終的に完成した作品は、宣伝の展開がかなり地味であったにもかかわらず、日本ではまたしても大ヒットした。二〇〇四年のヴェネチア国際映画祭で金のオゼッラ賞を獲得したのをはじめ、海外でも高く評価され、最終的には宮崎作品として最大の海外興行収入を稼ぎ出す結果となった。確かに日本と海外の一部批評家は、分かりにくさを理由にそのクオリティに疑問を投げ掛けた。最近の例を挙げれば、杉田俊介もこの作品を「失敗作」と呼んでいる（『宮崎駿論――神々と子どもたちの物語』、二四三頁）[8]。これらの批評家にとって、宮崎がひたむきに紡ぎ出すメロドラマと戦争を組み合わせた物語は粗削りで完成度が低く、不可解でまとまりに欠けており、最後のハッピーエンドにも、取って付けたようなわざとらしさがあるように思われたのである。

　私自身はと言えば、『ハウル』で宮崎は「物語作家」というより「映像詩人」に近くなったという、叶の肯定的な評価に大体において賛同している。物語の整合性に縛られず、様々なイメージがタペストリーのように重層的に織り込まれているという意味では、この作品の構造は詩に近い（『宮崎駿全書』、三〇六頁）[9]。全体としては、紛れもなく特異で魅力的な作品で、野心的で怒りに満ちており、作中で展開される慰めと美と愛のイメージは、いつまでも観客の記憶に残るはずだ。

　中でも最も観客の心を打つのが、魔法使いである主人公のハウルが少年時代に流星を呑み込む、短い回想シーンである。これは宮崎が学生時代から「温めていた」アイデアで、アニメーターになったのは、いつかこのシーンを実現させるためだったと語っている。多くの点で、この映画自体にも流星のような面があり、ある時は一寸先も見えない闇のようだが、別の時には燦然と光を放つ。それは、ナウシカが言っていたあの「いのちは闇の中のまたたく光だ！」という言葉の正しさを再度裏付けている。

　物語は、戦争と破壊のシーンと、恋と思いやりのエピソードが錯綜しながら展開していく。恋に落ちるのは、映画の主人公とは思えないようなカップルで、一人はナルシシストの若い魔法使い、もう一人は魔女の呪いでしわだらけの老婆に変身させられたソフィーという若い娘である。この設定からして、不吉な展開を予感させるものがある。『ハウル』は、ソフィーというキャラクターを媒介にして、老化に伴う様々な問題に果敢に取り組んでいく。国民の急速な高齢化への危機感が高まっている日本では、これらは大きな懸案事項となっているのだ。同時に、本作はファンタジーの手法を使うことで、老化や死の恐怖と、あくまで楽観的に向き合うことを可能にしている。なぜなら人間性の暗い側面を映し出す一方で、多様性のある集団のメンバーがお互いに愛し合い、支え合って生きていく明るいエンディングを迎えるからだ。つまり、高齢化は私たちを衰えさせるのではなく、むしろ解放するというのがこの映画のメッセージであり、監督が年配の同僚たち（特に年輪を重ねた多くの女性スタッフ）のために用意した、愛情あふれる贈り物と見ることもできる。

『ハウル』は、宮崎が最後に監督した三作品の一作目で、「後期ミヤザキワールド」とでも呼ぶべき世界観の要素を多く含んでいる。監督の年齢にもかかわらず、若々しい活力に満ちており、観客に衝撃を与えることで、自己満足の殻を破らせたいという強い意志が生き生きと伝わってくる。こうした特徴は、次の二作『崖の上のポニョ』と『風立ちぬ』にも引き継がれている。これら三作品のすべてにおいて、宮崎は伝統や歴史や魔法でさえ急速に色褪せつつある二一世紀の世界と、積極的に向き合おうとする。『千と千尋』も現代社会を批評する映画だったが、最後の三作品は現状にさらに積極的に介入することを目指しているように思える。それらの作品は単なる批判というより、むしろ時に怒りを原動力とする意識的な抵抗運動であり、ますます分断され、アノミー（無規範）化し、無関心さを増していくように見える宇宙に真っ向から立ち向かおうとしているのだ。

ハウルの城という存在自体も、不毛な物質主義の世界への抵抗を体現していると見ることが可能だ。ダイアナ・ウィン・ジョーンズの原作では、この城は自由をもたらす魔法の存在として描かれており、宮崎もそれを尊重したと思われるが、監督はむしろ原作を土台として利用し、その上に独自の足場を組み立てていったと考えるべきだろう。

映画そのものは、基本的に原作のストーリーを踏襲している。ソフィーは荒地の魔女に九〇歳の老婆に変身させられた後、街を去って荒地の中をさまよっていたが、途中で鶏のような足であちこち移動している不思議な城に遭遇し、そこに転がり込むことにする。ソフィーは、それが悪名高い魔法使いのハウルの城であることに気付く。ハウルは若い娘の心臓を食べると噂されているが、実際には単なるナルシシストの青年で、厄介な状況に直面するとすぐに「逃げ出す」臆病者でもある。ソフィーはまた、ハウルが火の悪魔カルシファーと秘密の契約を交わし、自分の心臓と引き換えに魔力を高めたり、城の動力源としてこき使ったりしていることを知る。ソフィーは自分のことを「城の新しい掃除婦」だと主張して、まんまと居座ってしまう。ハウルとの関係は最初のうちは剣呑だったが、徐々に恋らしきものに発展していく。ソフィーの気まぐれな愛情のおかげで、ハウルは最後に利己心と臆病さを捨て、彼女を守るために戦いに身を投じる。映画の終幕でソフィーは（頭は銀髪のままだが）若さを取り戻し、二人は結ばれて新しい「家族」と共に暮らし始めるのである。

批評家たちからは、原作と映画の相違点に多くの注目が集まった。ジョーンズの原作は、スコットランドのあるバラッド（叙事詩）に想を得ている。それは一人の少女が恋人のタム・リンという若者を、妖精の女王の呪いから解放する物語である。ジョーンズは幻想物語に共通する古典的なルールを独自の視点で小説に取り入れ、このジャンルの本質や運命のパラドックスに対する批評を促すような幻想的な恋愛物語を生み出した。

宮崎は、魔法の呪いや恋愛物語といったモチーフはそのまま取り入れたが、戦争を映画の中心テーマとして追加した。ジョーンズの小説にも、臆病で軽薄なハウルが「逃げ出そう」とした戦争について簡単に触れている箇所があるが、映画版では戦争が物語の進行に不可欠な枠組みを提供している。宮崎は、原作にないシーンを追加し、魔法使いたちが翼のある破壊兵器に変身し、残酷で無用な戦闘を繰り広げたり、都市が炎上したり、タイトルの「ハウルの城」が壊滅的なまでに崩壊したりする様子を生々しく描写している。最初のうち、ハウルは常に受け身で自分の外見ばかり気にしているが、やがて戦争から愛する者を守ろうとして怒りに我を忘れ、凄まじい戦いを繰り広げるようになる。

宮崎はまた、壁から木枠が浮き出た伝統的なハーフティンバー様式の建物が並んだヨーロッパ風の街並み（これはフランスのアルザス地方への旅行から発想を得た）を描くことで、魅力的な映像美を演出している。宮崎は、ソフィーの職場である帽子屋の横を黒煙を吐いてガタゴトと通り過ぎる汽車のように、産業化の暗いイメージも映像に取り入れているが、同時に光が降り注ぐ庭園や壮麗な自然の景観も映し出すことで、全体のバランスを取っている。ある異彩を放つ特徴的なシーンでは、高山に囲まれたキラキラと輝く湖の傍らで、ソフィーと二人の仲間（ハウルの弟子のマルクルと魔法で姿を変えられたカカシ）が洗濯物を干しており、ファンタジーと家庭の日常を融合させている。

ジョーンズの原作では、ハウルの城には様々な魔法の力があり、自ら移動できるだけでなく、多くのドアを通じて世界中のいろいろな地域に行けるようになっている。宮崎は、映画の城にもこれらの能力を持たせているが、さらに一筋縄ではいかない存在に作り替えている。その中に、有機的であると同時に機械的で、過去や永続性や伝統を想起させると同時に、スピードや変化や分断化を象徴する矛盾した空間を創造したのである。

長年にわたって城に魅了されてきた宮崎は、歴史的に城が果たしてきた様々な役割をハウルの城に盛り込むことで、映像的に迫力満点の造形を作り出した結果、城そのものが事実上の「スター」的存在と化してしまった。ハウルの城は巨大な力を秘めていると同時に、親密さと安心を提供する場所でもある。当初は超自然的な力と軍事的な力の源泉であったが、そのうちに様々な人間や魔法的存在の寄せ集め集団に隠れ家を、恋人たちに喧嘩をしたり試練を共有したりする場所を、そして文字通り城の中心部にハウルの心臓を収納する場所を提供する拠点へと変化を遂げていく。初期の作品『カリオストロの城』に登場した巨大な建造物と異なり、ハウルの城が幽閉している（と同時に魔力を高めている）のは、美少女ではなく魔法使いのハウル自身である。ここでは伝統的な幻想物語のモチーフが逆転されており、救出を必要としているのは男のハウルの方で、しかも救出者の役割を担うのは少女ではなくて老婆である。

ハウルの城は、映画のオープニングで登場した瞬間から圧倒的な存在感を放ち始める。期待感を盛り上げるBGMと共に、地平線の霧の中から巨大な何かががたぴしと音を立てて姿を現す。冒頭の映像は、城の外部構造だけに焦点を絞っている。宮崎は渦巻く濃霧を通して、ゴツゴツした金属製の構造物を正面から映し出す。それは塔や下水管や眼球のような物体の寄せ集めで、正面からは巨大な舌のようなものまで飛び出している。別のシーンでは、城が細い脚を使って、ほとんど飛び跳ねるようにして急勾配の尾根を昇って行く様子が描かれる。

SF・ファンタジー評論家の小谷真理《こたにまり》は、ハウルの城は「ポストモダニズム表象のもっとも洗練された形」であり、「あらゆるガラクタを寄せ集めたかのようにいびつで、鉄くずの集合体のような怪異な様相をしめし、そのくせ巨大な生き物にも見える」と評している（『ユリイカ　特集＝宮崎駿とスタジオジブリ』、「魔法使いは誰だ!?」、青土社、二〇〇四年一二月号、六六頁）。私の考えでは、城の支離滅裂な構造は、美的側面だけでなく精神的側面からの解釈が可能であり、社会学者のカール・カッセガルドが指摘しているような、現代日本社会における「意識の断片化」を暗示している。[10]

本作に関する示唆に富むエッセイの中で、情報学研究者のドミニク・チェンは、ハウルの城は「生命システムの用語で言い換えれば」自律的な「オートポイエティック・システム」であり、ハウルと火の悪魔カルシファーの「心的フィードバック」によって、自らを継続的に再生し続けている生命体であると主張している。チェンによれば、城に備わる多くの扉はインターネットの隠喩であり、「ハウルとは魔法という技術を駆使しながら自身のネットワークを構築し、ひたすら情報を集め、世界に対して自分の能力の範囲内で改変を行い続けようとする孤独なハッカー」にほかならないという

（『ユリイカ　特集＝宮崎駿とスタジオジブリ』、「動く城の系譜学　心的ネットワークのトポスとして」、八八頁、九〇 - 九一頁）[11]。ハウルが真の意味でハッカーの名に値するかどうかはともかく、様々な世界を自由に行き来できる能力は、城が外部の環境に開かれている（と同時にそれゆえの脆弱性がある）ことを示している。

ハウルの城の行き当たりばったりに作られたような構造、空間を瞬時に移動する能力、外界への開放性などは、現代世界に特徴的な複雑で不安定な状況を反映している。同時に、城の起源は宮崎が過去に創造してきた多くの城にまで辿れると考えて間違いない。そこに含まれるのは、「カリオストロの城」や「天空の城ラピュタ」のように明確に城と名付けられたものばかりとは限らない。『もののけ姫』の要塞化したタタラ場や『千と千尋』の高くそびえ立つ湯屋は、どちらも城のような構造をしており、女性の指導者に支配されている。『ハウルの動く城』は、タイトルが示唆しているように男の魔法使いが所有者というだけでなく、どうやらその創造者でもあるため、当初は「女性の支配下にある城」という従来の枠組みから外れている印象を与える。だが実際には、状況はもっと複雑だ。ハウルは男性の声優が演じる火の悪魔カルシファーとの契約を通じて城を動かしている。従って、城の支配権は男性に属するにもかかわらず、その権限ははじめから断片化されているのだ。

そこへソフィーが登場して、女性的な要素が加わる。寒さに震え、夜露をしのぐ場所にも窮していた彼女は、困り果てて城に潜り込んだに過ぎないが、中に入った途端に調理や掃除を通じて内部を掌握し始める。掃除婦としてのソフィーは、宮崎の他のヒロインの多くと比べて、より従来型の女性の役割を引き受けているように見える。しかし小谷の指摘によれば、ソフィーが城を掃除しているのは、実はそれによって城と結び付けられているハウル自身の「内側を掃除し、解体し、解釈し、次々に解き明かされる意味を整列させる」ためだという。もし、それが本当なら、まさに一筋縄ではいかない難題である（『ユリイカ　特集＝宮崎駿とスタジオジブリ』、六六頁）[12]。宮崎作品には救いの手を差し伸べる母親的な女性が次々に登場し、その系譜は少なくともナウシカにまで遡る。ソフィーもまた思いやりの強さによって、その一員に名を連ねることになる。

ソフィーが遭遇した時のハウルの城は、中を見る限り美しくも印象的でもなく、単に自意識過剰で底の浅い青年が寝に帰る場所に過ぎない。埃とクモの巣だらけで散らかり放題だし、居心地悪いことこの上ないが、この城にも一カ所だけ贅沢な場所がある。それがハウルの風呂場なのだが、その浴室でさえべたべたした液体にあちこち覆われていて、ソフィーも最初に掃除に来た時には、不潔さに目を白黒させたほどである。彼女が城の整頓と掃除に断固とした決意で取り組んでいる様子は、『千と千尋』で湯屋の浴槽に溜まった汚れを落とそうと奮闘する千尋の姿を彷彿とさせる。だが、同時に、老婆に変えられたソフィーが呪いのトラウマを克服するには、忍耐力と体力を惜しみなく使い切るしかないと暗示しているようにも思える。

呪いや呪文の力は『ハウル』のもう一つの主要なテーマであり、この映画はその力を通じてミヤザキワールドの他の重要な作品ともつながっている。呪いには、魔法、儀式、運命、アイデンティティといった広範囲にわたる問題に関する、言外の意味が含まれている。魔法は『ラピュタ』と『魔女の宅急便』において有益で重要な役割を演じたが、初期の作品群に呪いや呪文はほとんど登場しない。宮崎が中年の域に達したのと同時期に、それらが急に目立ち始めたのはおそらく偶然ではないだろう。最初に映画の仕掛けとして使われたのは一九九二年公開の『紅の豚』においてで、主人公のマルコ（ポルコ）は魔法で豚の顔に変えられて（あるいは自ら変わって）いる。

宮崎の創造するファンタジー世界において、呪いや呪文はしばしば壊滅的な影響をもたらす。『もののけ姫』では、瀕死の猪（タタリ神）から受けた呪いのために、アシタカは故郷の一族から追放され、自分も命の危険にさらされる。また、『千と千尋』では、湯婆婆の呪文でハクは記憶を奪われている。『崖の上のポニョ』でポニョの父親が娘を魚の姿に戻そうとした時のように、魔法が完全に力を発揮しないこともたまにある。そうした場合でも、魔法は力の誇示と支配のために使われる。後期の作品群には魔法が頻繁に登場するようになり、概して、宮崎の映画の底流にある種の暗さをもたらしている。それは、ますます人間の意のままにならず、制御不能で不可解な場所になりつつある世界を想起させるようになる。

『ハウル』では呪いがかかる場面が事あるごとに登場する。荒地の魔女がソフィーを老婆に変えた呪いもその一つだ。ところが、ソフィーはこの強制的な変身によって絶望するどころか、むしろ行動に駆り立てられ、ハウルの城でさっさと仕事を見つけて居着いてしまう。従来型のファンタジーなら、物語はソフィーが呪いを解くための冒険を中心に展開するところだろうが、掃除婦としての勤勉な働きぶりと次第に深まっていくハウルへの愛情と思いやりによって、呪いは大した苦痛も伴わずに自然に消滅してしまったように見える。ソフィーはたくましさを増して成長を遂げ、ハウルへの愛情が深まるにつれて、城内でますます積極的な役割を担うようになる。映画の結末までに、ハウルはようやく彼女を守ることを覚えるに過ぎないのに、ソフィーはハウルだけでなく、カルシファー、ハウルの若い弟子のマルクル、姿を変えられて更生した荒地の魔女、そしてぜいぜいと息をする老犬のヒンを含む城の住人全員を断固として保護する決意を固めている。

実際には、ソフィーの呪いは九〇歳になった肉体に様々な痛みや苦しみをもたらすものの、ある種の解放と見ることも可能だ。彼女は城に住み着いてから自信を持てるようになる。肉体的に健康な一八歳のソフィーなら城に泊まらせてくれとは恥ずかしくて口にできなかったかもしれないが、九〇歳になったソフィーにもはやそんな余裕はなく、ガタがきた肉体を守るために無理やり中に押し入ってしまう。そして、最初のうちはカルシファーに対してもしおらしい態度を取っているが、すぐに仕事を通じて新たなアイデンティティに目覚め、侮れない存在となる。それは、キキや千尋といった若いヒロインと共通の成長過程を経ていることを意味する。

ソフィーが老婆に変わってしまったことは、男性に気のある素振りをしたり、性的な魅力を利用したりすることを不可能にするため、かえってハウルとの関係を築きやすくした（いずれにせよ、一八歳の内気なソフィーが、進んでそんなことをするとは思えないのだが）。頼りにできるのは、自らの知性と機知、それに城とその住人たちの安全を守るという、ハウルと共有する目的意識だけである。

一方、小谷はさらに過激な説を唱えている。小谷によれば、ソフィーの真の呪いは、もっと陰湿な性格のもので以前からかけられていた。呪いは「若い娘の身体」をしていたことから生じたのだといい。つまり、若い女性たちが魅力的であろうとしたり、男性の気を引こうとしたりするように仕向ける「社会的基準」こそが呪いにほかならないというのだ（『ユリイカ　特集＝宮崎駿とスタジオジブリ』、六八頁）[13]。ソフィーが最初に登場する場面では、自らそうした役割を拒否しているように見える。自分の店に置いてある華やかなデザインの帽子ではなく、わざわざ野暮ったい帽子を選んでいることから見ても、それは明らかだ。だが、老婆に変身させられた結果、若い女性に課せられている制約を、これまでになく徹底して拒絶できるようになったのである。

宮崎は従来から一貫して、自らの行動と態度によってこうした社会的制約を打ち破る若い女性たちを描いてきた。だがこれまでの作品で活躍したのは、いずれも女性的で可愛い少女のキャラクターばかりだった。それにひきかえ、老婆のソフィーは、その身体的特徴――大きな鼻、しわだらけの顔、曲がった背中、ずんぐりした体型――からして、従来の意味で「可愛い」とはお世辞にも言えない。その上、監督はソフィーが暖炉の前で大いびきをかいているシーンまで付け加えている。宮崎が創造

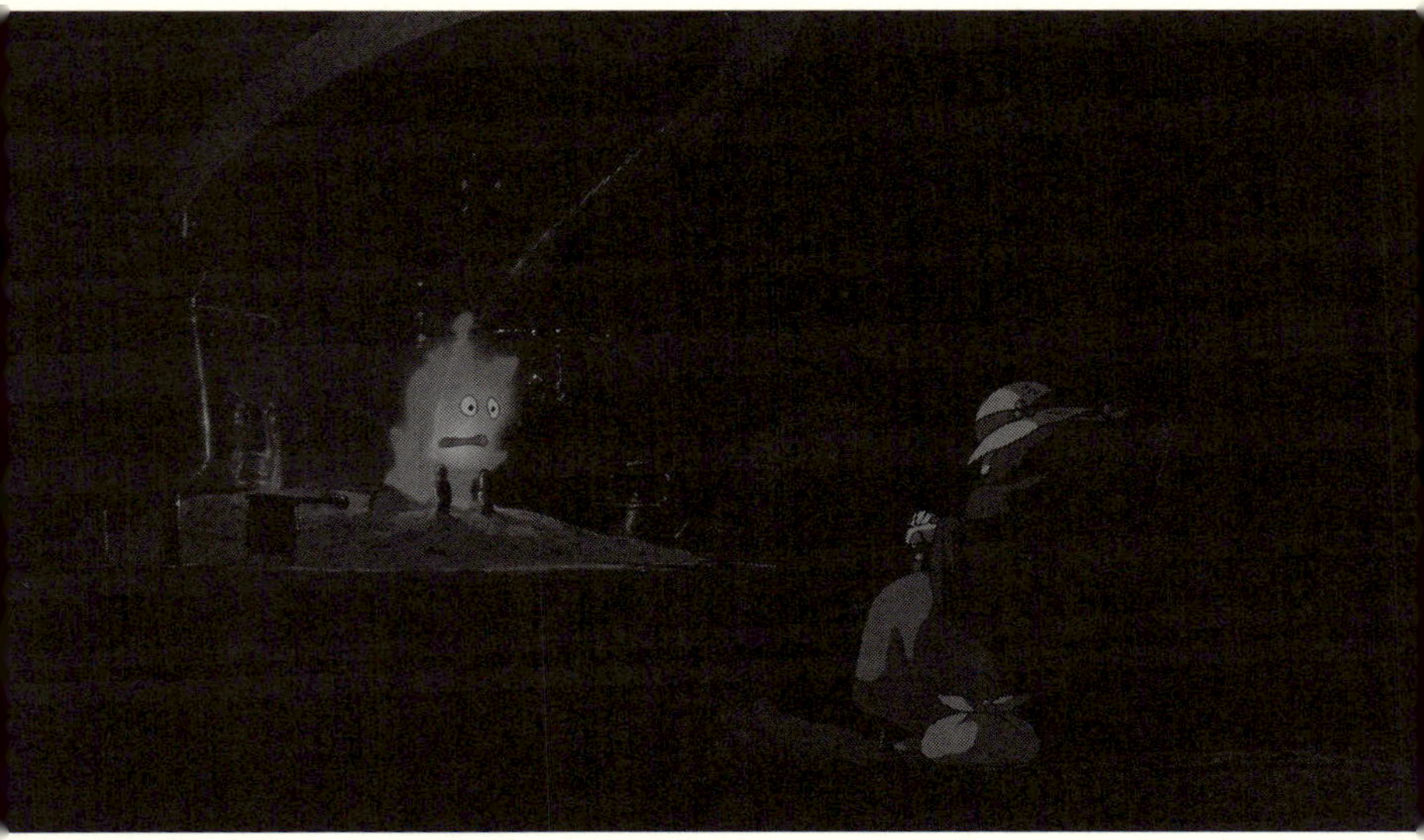

カルシファーの目の前でいびきをかいて眠りこけるソフィー。『ハウルの動く城』より（作品DVDより引用。©2004 Studio Ghibli・NDDMT）。

した他の若いヒロインのそんな姿は、想像することすら不可能だ。映画の結末においてさえ、ソフィーは肉体的な若さを取り戻しても頭は銀髪のままだが、それは変身によって獲得した自立心と思いやりと率直さを維持していることを象徴している。

ところで、ソフィーの老婆への変身が「真の」呪いとは言えないなら、映画に本物の呪いは登場するのだろうか？　実際には、数多くの例を挙げることができる。カルシファーを城の暖炉に閉じ込めたり、隣国の王子をかかしに変身させたりしたのも、伝統的なタイプの魔法と言っていい。だが、現代社会の観点から見てより意味深長な「呪い」は（より漠然とした形をしているとはいえ）、若き魔法使いハウルを束縛している状況そのものにほかならない。宮崎は、映画の出だしでは原作に従い、ハウルを自分勝手で自惚れが強く、女性の心を傷つけるだけで、一見したところ単なる利己的な目的のためにしか魔法を使おうとしない人物として描き出している。それでも最終的には、原作にあるように、ハウルが彼の心臓を持つ火の悪魔カルシファーとの契約に縛られていることが明らかになる。契約は厳密な意味では呪いとは言えないかもしれないが、この魔法によって、思いやりのある大人へと成長する機会を奪われてしまったのである。ハウルの心臓（つまり魂）は、いつまでたっても未熟な子供のままなのだ。

宮崎はそれ以外にも、ハウルにいわば精神的な呪いとも言うべき別の束縛を課している。それは、自分と城の他の住人の周辺にまで拡大しつつある戦火に対して、次第に高まる憤りと嫌悪感である。ハウルの戦争に対する激しい怒りは、最終的に彼を巨大な猛禽のような恐ろしい怪物に変えてしまい、一歩間違えれば、元の姿に戻れなくなるところまで追い込むことになる。

映画版の『ハウル』は、魔法とロマンスに彩られたジョーンズのユニークな原作小説と異なり、軍事兵器によって世界が「火の海」と化すシーンを追加している。このままでは、戦火はソフィーとハウルはおろか、周辺の町々に住む罪のない一般市民まで巻き込んでしまう恐れがある。ソフィーとの関係は、ハウルを道徳意識に目覚めさせ、戦争だけでなく、戦争屋たちに協力する同じ魔法使いたちの行動も許せない気持ちにさせる。彼の想いは、クライマックスシーンの一つでソフィーに告げる言葉に要約されている。「ようやく守らなければならない者が出来たんだ。君だ」

ハウルが周囲で目にする無差別的な残虐行為に正当な怒りをぶつけていることは、必ずしも悪いことではない。彼が翼を持つ怪物的な姿に変身し、他の魔法使いたちと戦うシーンは、当初は新たに獲得した情熱の深さや魂の中に息づく正義感の強さを示唆しているからだ。ところが、頻繁に変身を繰り返した結果、やがて人間としてのアイデンティティが脅かされるようになる。カルシファーもハウルに「あんまり飛ぶと戻れなくなるぜ」と警告している。

変身した姿のハウルと対峙するソフィー。『ハウルの動く城』より（作品DVDより引用。©2004 Studio Ghibli・NDDMT）。

　だが、ハウルは敵に向かって夜ごとに出撃するたびに、自分が何よりも嫌悪している存在――心のない軍事兵器――に近づいていくことになる。この点に関しては、『もののけ姫』のサンと似ている面がある。サンはアシタカと異なり、明白な呪いを受けているわけではない。だが、まだ赤ん坊の頃に両親に見捨てられ、山犬に向かって投げつけられたという意味では、人間界から追放されているわけで、それは呪いに等しい運命と言っていい。サンと同様に、ハウルにも一三世紀の日本で戦乱に背を向けようとした鴨長明を連想させる面がある。ハウルは、城の外に秘密の隠れ家と庭さえ持っており、長明のように、そこで自分の意にそぐわない世界から束の間の休息を取っている。だが、サンとハウルが出家した随筆家と違うところは、自分たちの周囲に残る「善」を守るためなら、最終的には二人とも、武器を取って戦うことさえ辞さないことである。

ハウルを戦士として描き、戦争の描写を増やすことで、宮崎は原作に著しい変更を加えたものの、映画の中の戦争は不思議なほど素っ気なく描かれているという点には留意する必要がある。洗濯物を干したり、朝食を作ったりする家事のシーンが細部に至るまで魅力的に描写されているのとは対照的に、映画は血にまみれた戦争の現実を描かずに、距離を置いた視点を保っている。宮崎は例によって、トレードマークとも言える独創的な飛行機を登場させ、今回は翼の生えた動物か昆虫とさえ思えるような印象的な造形を生み出しているが、そこには人間の気配が異様なまでに欠けている。これは、被災者たちについても同様だ。宮崎は、空爆シーンを多数盛り込み、夜空に広がる炎や燃え盛る民家を画面いっぱいに映し出している。これらの描写は、子供の頃に目撃した宇都宮大空襲や、盟友である高畑の名作『火垂るの墓』で描かれた神戸大空襲を想起させる。だが、『火垂るの墓』と違って、『ハウル』では地上の様子が描かれることは決してない。空爆で生と死の境目をさまよったはずの被災者たちの奮闘を観客が目にすることはなく、おそらくそうした人々がいたであろうことを推測するしかないのである。

そのため、戦争における最も個人的な体験の描写は、ハウルが危険を冒して人間ではない怪物に変身するシーンだけということになる。その姿は、激しい怒りを体現したものだ。だが皮肉なことに、人でなくなったにもかかわらず、戦闘の参加者の中で人間のことを実際に気に掛けているのは、明らかに彼一人だけである。ハウルがカルシファーに言った言葉には、慈悲の気持ちが表れている。怪物に変身して戦っている他の魔法使いたちは「泣くことも忘れ」てしまったと嘆いてみせたのだ。

ハウルが戦闘モードに変身するのは、ソフィーだけでなく、「疑似家族」全員の身を守るためでもある。意外なことに、今や荒地の魔女さえその中には含まれている。最初にソフィーの店に現れ、彼女に呪いをかけた時には妖しい魅力を持つ恐ろしい存在だった荒地の魔女も、王室付きの女魔法使いマダム・サリマンに魔力を奪われ、実年齢の哀れな老婆に戻されてしまったのだ。そのため今は、まるで雨の中に置き去りにされたスポンジケーキのようにふやけて情けない外見をしている。この時、荒地の魔女もハウルのように悪魔と取り引きして、若く美しい外見を保っていたことが明らかになる。宮崎が彼女を老婆に変身させたシーン（このエピソードも原作にはない）は、映像的な演出としてきわめて効果的なだけでなく、ソフィーの賢さと健全な性格を魔女の偏執的な側面と暗に対比させ、魔女が若さと美の追求に費やした努力が結局、不毛に終わることを印象づけている。

ハウルが城とその住人を守る際に示す情熱の激しさは、破壊的な側面もある伝統的な男性性に目覚めつつあることを明確に示している。日本のアニメ映画に詳しいジャーナリストのアンドリュー・オズモンドは、ハウルを『紅の豚』の主人公マルコと比較し、どちらの映画も「高邁で理想主義的であると同時に、救いようもなく子供っぽい面がある男性性の限界を反映しているが、愛情がその欠点を埋め合わせることもある」と分析している[14]。もっとも、ハウルの場合、マルコと違って、恋人が待つ庭園から離れた隠れ家にこもったり、彼女の前で派手な曲芸飛行を演じたりするようなことはない。実際にハウルはソフィーのために城を庭付きの普通の家に作り直し、自分は永遠に人間の姿を取り戻すのである（少なくとも、映画はそう期待させる終わり方をしている）。

前述したように、多くの批評家は『ハウル』の明確な「ハッピーエンド」は不自然で感傷的過ぎると苦言を呈した。また、マダム・サリマンが「このバカげた戦争を終わらせましょう」と宣言するシーンを除いて、戦争が終わった経緯がきちんと説明されていないと批判する声もあった。劇場公開にあわせて、朝日新聞は『ハウルの動く城』について「ソフィーの呪いはいつ解けたのか、城を再建したのは何故か、戦争はどう決着したのかの三点」に関する解釈をまとめた記事を掲載している（『宮崎駿全書』、三〇四頁）[15]。

監督はこれらの疑問に明確に答えておらず、一部の観客からも映画の結末が中途半端だという不満の声が聞かれた。宮崎が映画のエンディングで映し出したのは、ソフィーとハウルが他の仲間たちと一緒に「家族」を作ることで現代社会のアノミー化に抵抗を示しているシーンである。この新たに形成された家族には、高齢者（荒地の魔女）と若年者（ハウルの若い弟子のマルクル）だけでなく、ペット（老犬ヒン）さえ含まれており、言うまでもなく「皆と一緒にいたい」と言って戻ってきた魔法の生き物カルシファーもその一員である。

家族の問題は世界中で深刻化し、多くの議論を引き起こしている。とりわけ、日本社会が固有の問題を抱えていることは間違いないだろう。杉田が指摘しているように、日本型家族の崩壊は一九七〇年代後半から特に顕著となった[16]。日本における離婚率は、他の先進諸国よりはるかに低い水準で推移しているが、世代間関係は次第に悪化し、「ひきこもり」と呼ばれる現象を引き起こした。これは親と同居している若者（大半は男性だが、女性の場合もある）が家族や外部の誰とも交流しなくなる状況を指す。同じ時期には未成年者による暴力事件も急増し、若者によるいじめや暴行の実態を詳細に報じた、きわめて衝撃的な記事や番組がマスコミを賑わした。しかも、多くの場合、家族は子供たちがそうした事件に関わっていたことに、まったく気付いていなかったのである。

宮崎監督が本作で、こうした家族の空洞化や病理化の問題に取り組もうとしていたことは明らかだ。ハウルは典型的な「ひきこもり」からは程遠いが、映画の冒頭で見せる自意識過剰で無責任な態度や孤立しがちな行動は、社会に適応していない若者であることを示唆している。他のキャラクターたちも、当初は家族的な関係を築くことにほとんど関心を示さない。唯一の例外は、ソフィーが映画の冒頭で、妹のレティーをかなりおざなりな態度で訪問する場面くらいである。

宮崎は映画の後半のあるシーンで、家族の絆が持つ力を強調している。ハウルの弟子のマルクルがソフィーに「僕ら、家族?」と聞くと、彼女は「そう、家族よ」と力強く肯定する。マルクルがソフィーのスカートにしがみつく様子からは、必死さと安心感が伝わってくる。また、ソフィーが今や認知症気味の老婆と化した荒地の魔女を城に迎え入れるシーンも、宮崎が追加した演出である。かつての敵に優しく接するソフィーの態度は、人間的成長と思いやりを強く印象づけると同時に、肉体的な弱者や高齢者をどうしたら愛情をもって受け入れられるかという模範例を示している。ソフィー自身に実際に魔法の力があるかどうかはともかく(映画と原作のどちらもそれを示唆している)、ハウルやカルシファーから荒地の魔女に至るまで、人々の最良の部分を見つける能力があることは確かで、それは間違いなく特別な才能と言えるだろう。

映画の終盤で、ソフィーと荒地の魔女は意図せずしてハウルの城を破壊してしまう。ソフィーの場合、ハウルを守るために敵のいない場所に移動しようとして城を崩壊させてしまうのだ。一方、魔女の動機はもっと利己的なもので、カルシファーからハウルの心臓を取ろうとして、結果的にカルシファーが城を維持する力を失ったために、城はバラバラになる。逆説的ではあるが、城が呪いに関わるこの最後のエピソードは、ある種の解放をもたらすことになる。宮崎が『千と千尋』の中で湯屋を崩壊させなかったのは、おそらくそれがスタジオジブリの現状を暗示していると取られたくなかったためだと思われる。それに対して『ハウル』では、新しくてもっと居心地の良い共同体を作るために、あえて城を破壊させている。チェンは、「彼の城の崩壊は「ハウル」自身を規定し続けてきた閉鎖系からの解放という個人的な心的推移の発露」だと主張している(『ユリイカ　特集=宮崎駿とスタジオジブリ』、九一頁)[17]。もはやハウルは、魔法の呪いを盾にして人との関わりを避けていた青年ではなくなり、今後は一人ではなく、新しい家族に支えられて外の世界と向き合おうとする。

映画の最後のシーンには、魔法の力で新しく建て直された城が登場する。だが、今度の城は緑におおわれた空中の城館で、以前と違って誰もが訪ねたくなるような快適な住み家に変身している。『ラピュタ』の城と同様、この城も空を飛べるが、ラピュタの城と異なるのは、それが理想的な社会を目指すユートピア思想ではなく、家族を支えていることである。しかも、ラピュタと違って、地上との絆を完全に断ち切ったわけでもないのだ。

第14章　不思議で貴い宝　『崖の上のポニョ』の無垢な者たちが招く世界の終わり《アポカリプス》

王なる父は五つ尋《ひろ》の
水底深く横たわり……
竜神《わだつみ》の業《わざ》の不思議や
なべて貴き宝となり
——シェイクスピア『あらし』より（福田恆存訳、新潮文庫、一九七一年、一四八頁）

僕は、海面が上昇して東京が水に没……［する］姿を見てみたいのです。
——宮崎駿

二〇一三年四月、私は夫と共に鞆《とも》の浦《うら》の港湾を見下ろす小高い丘の上に立っていた。それは西日本にある絵のように美しい漁村で、宮崎が引退宣言前に監督した最後から二番目の映画『崖の上のポニョ』にインスピレーションを与えた場所である。二〇〇五年に、宮崎は『ハウルの動く城』の作業で疲弊した体を休め、リフレッシュするために、村の高台にある小さな別荘に二カ月ほど滞在した。そして、携帯電話さえ持ち込まずに外界をシャットアウトし、クラシック音楽を聴き、夏目漱石の作品を読むことに一日の大半を費やす生活を続けたのである。『ポニョ』は漱石からも影響を受けている。イギリスの画家ジョン・エヴァレット・ミレーの作品『オフィーリア』は、漱石がロンドンの美術館テート・ブリテンで目にして以来、最も気に入っていた絵画で、シェイクスピアの戯曲『ハムレット』で溺死した女性キャラクターの姿を描いたものだ。この絵は、『ポニョ』に登場する印象的な海中シーンの一つの発想源となる。[1]

『ポニョ』の公開以来、鞆の浦ではちょっとした観光ブームが起きたにもかかわらず、今も昔のままの風情を保っている。私たちの場合、ここは私が勝手に「ミヤザキワールドツアー」と名付けた旅の中間点に当たっていた。旅の目的地には、ほかにも古湯として知られる松山市の道後温泉（道後温泉本館は『千と千尋の神隠し』の湯屋のモデルの一つだったと言われている）が含まれ、最終的には神秘的なまでに美しい屋久島（その奥深い森や鏡のように澄んだ沢は『もののけ姫』の舞台としてアニメ化されている）に向かう予定となっていた。

鞆の浦の港も美しい場所だった。道後温泉と同様、ここにも古くから人が住んでおり、屋久島と同じように自然の力で形作られた美しく湾曲した入り江に穏やかな波が寄せている。私たちが滞在した当日は、よく晴れてそよ風が吹いており、いかにも日本的な春日和だった。海に面した小さな街並みは、日本で「里海」（海と人間社会の中間点にある領域）と呼ばれる地域に典型的な風景である。だが私は港の景色を見渡しながら、ある問題に頭を悩ませていた。それは「宮崎は一体どうやって、この美しくて穏やかな風景から、自然の猛威が荒れ狂う『ポニョ』の黙示録的な世界観を生み出したのだろう？」というものだった。

ある意味で、それは愚問である。本書で示そうとしてきたのは、ミヤザキワールドは変幻自在で何ものの制約も受けず、類まれな世界観を創造しているということだ。もし監督が穏やかな港を見詰めているうちに、実際に巨大な魚の形をした津波、空から落ちそうに見える月、それに「船の墓場」といったイメージを次々に思い付いたのだとすれば（これらはすべて『ポニョ』に登場する）、それこそ彼の最大の強みを裏付けていることになる。つまり、頭の中に浮かび上がったアイデアが何であろうと、本格的なファンタジーに仕立て上げてしまう能力である。

終末のイメージは、『未来少年コナン』の頃からすでにミヤザキワールドに浸透しつつあった。それでも『ポニョ』で描かれる天変地異は、深くて広範囲にわたるトラウマをテーマにしている点で、宮崎の全作品の中でも特に印象的で異彩を放っている。次に何が起こるか予測不能な展開からは、型にはまった物語の制約から解放された一人の芸術家が、あえて過激なシナリオに挑戦している姿が見て取れる。『ハウル』の中心的なテーマは家族（あるいは疑似家族）と愛情だったが、『ポニョ』では同じテーマがさらに強烈かつ誇張された表現を与えられ、二人の五歳児の間の情熱的な「ロマンス」と、数百匹の魚で構成される「家族」（しかも母親は海の女神で、父親はかつて人間だった海の魔法使いである）が物語の中心を占めている。主題や映像表現に見られる過激な要素も、世界が文字通り崩壊しつつあることを暗示している。

混沌とした物語と神秘的なまでに美しい映像を背景に、宮崎の分身のようなキャラクターが複数登場する。その最も明白な例が魔法使いのフジモトで、自らの意思で人間界を去った後は怒りに燃え、「忌まわしい人間の時代」を終わらせたいと望んでいる。ここには監督自身が行なってきた多くの虚無的な発言がそのまま反映されている。一方で、映画のもう一人の主人公である少年の宗介《そうすけ》には、病弱な母親の面倒を見る「良い子」だった幼少期の宮崎の面影が見て取れる。夫が夕食に戻れなかったために落ち込んでふて寝をしている母親の髪を優しくなでてあげるのは彼の役目である。映画のタイトルになっている主人公のポニョにさえ、若き日の監督の姿を彷彿とさせる面がある。一九六〇年代にまだ若いアニメーターだった頃の宮崎は、同僚から「彼は風を切って走っていないと気が済まない」と言われていた。それは、何にでも熱中して正面からぶつかっていき、絶えず動き回っているポニョの姿そのものである。

『ポニョ』において、宮崎は持てる限りの情熱を傾けて、自らの人生や時代と折り合いをつけようとしているように見える。それは、エドワード・サイードなどの批評家が、芸術家の人生の最終段階における熱烈な創作活動を評して言った「晩年のスタイル」という表現にそのまま当てはまりそうだ。評論家のリンダ・ハッチオンとマイケル・ハッチオンによれば、この表現は多義的なだけでなく、矛盾を内包している可能性さえあるという。なぜなら、そこには「平静な心と熟考と諦念」と「極端な怒りと悲観主義と絶望」の両方が含まれているからである。[2]

『ポニョ』には、確かにその両面が見て取れる。手描きにこだわった、この美しいアニメ映画には、憂いのない幼年期の世界に回帰しているようなシーンがある一方で、黙示録的なテーマには人類が地球に対して行なってきた破壊行為への深く揺るぎない激しい怒りが表現されている。同じく「晩年」の作品であるシェイクスピアの戯曲『あらし』（『テンペスト』）と同様に、『ポニョ』にも海が大嵐に見舞われるシーンが登場するが、愛情と赦しと贖罪を祝福するクライマックスを経て、映画の終盤では誰もが穏やかな気持ちで状況を受け入れる。これまでの宮崎作品と異なり、『ポニョ』で描かれる大災厄は戦争やテクノロジーによって（少なくとも直接的には）引き起こされたものではなく、それを招いたのは――またしても『あらし』の場合と同様――魔法と愛情である。しかも世界を破滅させかねない大洪水を引き起こすのは子供、それも半魚人の幼い少女なのだ。ポニョはその過程で、

「忌まわしき人間の時代」を終わらせようとしていた魔法使いの父親の企みを台無しにしてしまう。だが、ポニョに罪が被せられることはなく、結末では父親にさえ贖罪の機会が与えられる。

大災厄は、ほぼ一貫して子供たちの視点――そこには驚嘆、恐怖、悲哀、歓喜といった様々な感情が入り混じっている――から描かれる。『ポニョ』は、ミヤザキワールドで最も頻繁に使われる物語の枠組み――「世界を終末に導く」大災厄（この場合は、巨大な津波）――を最も極端にした例と言っていい。子供たちは忍耐力と勇気と好奇心を発揮することで、何とかそれを乗り越える。

大災害と再生を描いたこの物語は、不気味なまでに予見的なものだった。『ポニョ』の劇場公開から三年後に、巨大な地震とそれに続く津波が日本の東北地方を襲い、岩手、宮城、福島の三県を中心に一万五〇〇〇人以上の死者を出し、さらに数万人が避難生活を強いられたのである。状況をさらに悪化させたのは、大地震と津波の影響によって福島第一原子力発電所で炉心溶融《メルトダウン》が発生したことだ。放出された放射性物質の除染作業が長引き、廃棄物の処分の道筋もいまだに不透明な状態が続いている。日本に大打撃を与え、世界に衝撃をもたらした三重の災害について、宮崎はそのうちの原発事故は「文明のありよう」に対する「警告」だと語っている（『続・風の帰る場所』、一三八頁）[3]。同様に、『ポニョ』も一つの警告と考えていいだろう。結末では「世界の綻びは閉じられ」、ある種のカタルシスがもたらされるが、映画の大半を通じて世界はたがが外れたようになり、自然ばかりか時間でさえねじれて過去が現在に流れ込んでくる。宮崎はまさにとてつもない危険水域に突入した世界を描いているのだ。

『ポニョ』の物語自体はきわめてシンプルである。それは少年と少女が出会い、様々な障害を乗り越えて結ばれるという典型的なロマンスだ。だが宮崎はそこに、幼い子供たちを明確に対象とした映画には通常見られない複数の要素やテーマを追加した。本作の中には、子供の視点から見た世界の終わりだけでなく、老いることの意味、死と死後の世界を暗示させるイメージ、環境問題への意識啓発、そして最後に寛容、愛情、受容の精神に基づく理想郷《ユートピア》の構築に向けた、暗黙の呼び掛けまでが含まれている。

物語の過程で、宮崎は記憶に残るイメージを通じて、海が持つ恐るべき力と神秘性を描き出した。これまでの作品でも自然界や異世界の風景そのものが独特な「キャラクター」として異彩を放ってきた。『もののけ姫』のシシ神、蟲たちに支配される『風の谷のナウシカ』の腐海、それに『魔女の宅急便』の夢のように魅力的なヨーロッパ風の街並みなどもそのうちに含まれるが、『ポニョ』の海にも劣らぬ存在感がある。この作品で、海は様々なキャラクターの生活を形作り、彼らの運命を動かしている。二人の子供たちのロマンスは物語の触媒として機能するが、実際にプロットを動かすのはキャラクターたちの海との触れ合い（しばしば船との接触にもそうした効果がある）である。

この時期に行なわれた渋谷陽一とのインタビューからは、当時、宮崎の脳裏を占めていたのは、「勢いが出て、それがまた衰えていくっていう波から、僕らも無縁じゃない」という考えだったことが見て取れる。自分の年齢とスタジオジブリに対する責任の重さを考えた時、引退して「ひとりでさっさとどっかへ行ってしまいたい」と願わずにはいられなかったのだ。『ハウル』の大ヒットもあって、ジブリの経営は順調だったが、経費は嵩む一方だった。例によって、監督は世代交代の必要性を感じていたが、誰にバトンを渡すべきか確信を持てずにいたようである。アニメ業界にも変化が起きており、デジタル化でコンピューターへの依存度が次第に高まりつつあった。宮崎は、自らとジブリが今後も経営を破綻させないだけのヒット作を生み続けられるかどうか疑問を持ち始めていた。監督は、業界が大きな「波」に洗われていることを指摘し、自分と鈴木を船の船長に例えて、二人は「船のブリッジにいる人間」なのだと説明している（『続・風の帰る場所』、一〇三頁、一〇八頁、一〇四頁)[4]。

映画の冒頭で最初に登場するキャラクターがポニョの父親で魔法使いのフジモトであり、深海で潜水艦のブリッジの前に立っているのは、おそらく偶然ではあるまい。フジモトは多くの魚たちに囲まれ、「生命の水」に関わる何らかの作業をしているように見えるが、その意味は明かされない。彼は長い赤毛のげっそりとした風貌をした人物で、「かつては人間だった」と主張しており、ストライプのジャケットが特徴的なめかしこんだ格好をしている。だが今では人間を忌み嫌っていて、世界をカンブリア紀のような「海の時代」に戻そうと画策している。† フジモトの人類に対する憎しみは、地球の環境汚染への嫌悪感に根差しており、映画の序盤でトロール漁船の網が人間のゴミを大量に引きずっているシーンにも、そのことはよく表れている。

† 〔実際に魚類の化石の多さから「魚の時代」と呼ばれているのは、フジモトが言及するカンブリア紀より後のデボン紀である〕

批評家の杉田俊介は、フジモトが推し進めようとしているのは「エコロジカルな革命」にほかならず、彼は汚染された世界を浄化するためなら手段を選ばないと主張している（『宮崎駿論』、二四六頁)[5]。フジモトが示す軽蔑や怒りは、宮崎自身の性格の暗い部分を体現しているように思えるが、一方で、その強大な魔法の才能は、アニメ映画とアニメ監督の驚異的な表現力を象徴しているようでもある。

元々は人間だったフジモトが海の眷属《けんぞく》として生きようと決意したように、お気に入りの娘のポニョも魚から人間に変身することを望み、彼はそれを阻止しようとして失敗する。フジモトと同じように、ポニョも魔力を持っており、その力は父よりさらに強力で最終的に大きな被害をもたらすことになる。だが、それは邪悪なせいではなく、あまりにも愛情深いためなのである。人間の宗介を愛してしまったポニョが一途で無謀な行動を取った結果、世界は危うく破滅しそうになる。

宗介はフジモトとポニョの後に登場する三人目のキャラクターで、その名前は夏目漱石の小説『門』の主人公から取られている〔『門』の主人公は「宗助」〕。だが、『ポニョ』の宗介と、実年齢よりも老けた暗い中年男である『門』の宗助との間には、どちらも崖の近くに住んでいること以外に何の共通点もない。しっかり者で思慮深く、思いやりもある五歳児の宗介は、宮崎が創造した中で最も魅力的なキャラクターの一人だ。

宗介は、母親のリサ、船長をしている父親の耕一《こういち》と一緒に、海を見下ろす崖の上の一軒家に住んでいる。小さい頃から海と親しんだ生活を送ってきたことは明らかで、おもちゃのボートを海に浮かべて遊ぶのが大好きだ。宗介がポニョを発見するのも、崖の下に降りて海に行こうとしていた矢先のことである。この時の彼女はまだ体は魚で顔は人間という姿をしており、フジモトの元を逃れたまではよかったが、空き瓶にはまって抜け出せなくなっていた。宗介は瓶を割ってポニョを救い出す。新しい友人に夢中になった宗介は、ポニョを三人の高齢の女性たちに紹介する。三人は保育園の隣にあるデイケアサービスセンターの利用者で、リサがセンターで働いているため、宗介のこともよく知っている。そのうち二人は宗介の「金魚」を気に入ってくれるが、もう一人のトキという女性はポニョの姿を見て怯えてしまう。トキは映画の登場人物の中では、海があまり好きではなさそうな数少ないキャラクターの一人で、ポニョを見た時も、「いやだ、人面魚じゃないか」と嫌悪感を示し、「人面魚が浜に上がると津波がくるんだ」と口走る。その予見は見事に的中することになる。

フジモトはポニョを一度は海底にある家に連れ戻すが、すでにポニョは宗介を好きになっていただけでなく、人間の姿に変わる能力を身につけつつあった。フジモトは全力をあげて娘を元の小さくて可愛い魚のような姿に戻し、泡の中に閉じ込めておこうとするが、ポニョの魔力はすでに父親を凌駕

波から波へと駆け抜けていくポニョ。『崖の上のポニョ』より（作品DVDより引用。©2008 Studio Ghibli・NDHDMT）。

しようとしていた。ポニョは再び脱出に成功し、父親の秘密の部屋に侵入すると、そこにある井戸に蓄えられていた「生命の水」に海水を注ぎ込んでしまう。すると、溢れ出した生命の水はポニョの体を包み込み、魔力を高めて人の姿に変え、海面にまで押し上げる。ほとばしるようなエネルギーに満ちた劇的なシーンの中で、ポニョは金色の光と爽快な音楽に伴われて、父親の家から一気に海中を上昇していく。

宗介のところに戻ることしか念頭にないポニョは、強力な魔力で巨大な津波を呼び起こす。そしてワーグナーの楽劇『ワルキューレ』を彷彿とさせる力強い音楽が高鳴る中を、高波の頂上から頂上へと駆け抜けていく。やがてポニョは、嵐の中で波が打ち付ける海岸を無我夢中で家に向かって車を走らせる宗介とリサの姿を認め、二人の後を追う。小さな車が今にも暴風と波に呑み込まれそうになる中で、赤毛の頭と赤い服が波に乗って上下しながらどこまでも後を追い掛けていく。その姿は、まるで興奮した子供のストーカーのようだ。リサが家の玄関の前に車を止めると、最後の巨大な波が家に通じる道の手前にまでポニョを運んでくる。ポニョはびっくりした顔の宗介に向かって走っていく。走り出した時は人間の子供と鳥の中間のような生き物に変化していたが、戸惑う宗介の腕の中に飛び込む寸前に何とか人間の姿を取り戻す。

　このエピソードは宗介の視点から描かれており、恐ろしいと同時に心を躍らせるシーンでもある。巨大な高波はジェットコースターのような映像体験を生み、胸が高鳴るBGMが感動を増幅させる。ポニョの波に乗る能力は現実離れしているが、子供たちはきっと自分にもできたらいいのにと羨むことだろう。だが大人の目からすると、ポニョが一心不乱に追跡している場面は一途過ぎてかなり異様に思える。また、変身の場面にも不気味なところがあって、さすがに宗介と母親のリサも戸惑わざるを得ない。

　ポニョの変身は、魔力が強化されたことを明確に示している。これより前のシーンでは、妹たちの力を借りて、父親が娘を動けなくするために使った魔法を無力化してしまったほどだ。宗介と再会するシーンでも、今や自分の変身能力を積極的にコントロールしているように見え、宗介が受け入れやすいように人間に姿を変えている。一方で、その変身には進化におけるもっと原初的な段階を連想させるところがある。なぜなら、ポニョはまるで人間の進化プロセスを急激に加速させたかのように、魚から鳥のような生き物に、そして最後に人間へと変化していくからだ。暗黙的に進化に言及したこの場面は、映画の後半で地球そのものがデボン紀に先祖返りしてしまう驚くべきシーンの伏線となっている。

　あらゆるものを巻き込んでしまうこの天変地異が起きる前に、宮崎はここでリサと宗介が二一世紀の日本をポニョに紹介する、魅力的な短い幕間劇を挿入している。宮崎の演出は、このエピソードに地味ながら不思議な魅力をもたらしている。それは、ごく日常的な出来事に魔法をかけてしまう監督の特別な能力の為せる業だ。それが可能なのは、『ポニョ』の発想源となった『あらし』やアンデルセンの『人魚姫』と異なり、宮崎が紡ぎ出す超自然的な物語は、観客が慣れ親しんだ現代生活そのものを舞台としているからである。

宮崎は小さな子供たちの視点を通して、ごく普通の家庭生活を描き出す。宗介は、別世界からの訪問者であるポニョに人間のテクノロジー――蛇口から水が出たり、ガスに火がついたりする仕掛け――について誇らしげに説明する。そして、固い即席麵がお湯をかけるだけで奇跡のように柔らかくて美味しいラーメンに変わることに一緒に感動するのだ。宮崎は平凡な日常に特別な意味を与えることで、子供にとって世界はどう見えているのかをこのシーンで描き出している。それは同時に、平凡な日常に潜む奇跡に、もっと敏感になる必要があるという暗黙のメッセージでもある。

そこで突然、画面は宗介の父親である耕一を映し出す。仕事のせいで帰宅できなかったためにリサが癇癪《かんしゃく》を起こすシーンを除けば、それまではいないも同然のキャラクターだった。フジモトと同様に、耕一も海と縁が深い。船長を務める内航貨物船の「小金井丸」は、ポニョの魔力で生じた巨大な津波にさらわれてしまう。自分たちの位置を見失い、混乱した船員たちは、突如として前方に、多くの明かりで照らされた見知らぬ海岸らしきものを認める。もしかするとアメリカまで運ばれてしまったのではないかと考えた彼らは、そちらに向かおうとするが、突然エンジンが止まってしまう。だが、その瞬間に自分たちが目にしているのは陸地とつながった海岸ではなく、無数の船舶が折り重なるようにして乗っている巨大な壁のような津波であることに気付く。ある船員はそれを見て「船の墓場だ」と口にする。不気味な音楽を背景に、映像は「船の墓場」の上空に浮かぶ巨大な月を映し出す。月は波に捕らわれた無数の船を禍々しく見下ろしている。

ところが、この恐ろしい瞬間に、奇跡的な救いの手が差し伸べられる。鮮やかな色彩をした大きな波が小金井丸に向かって押し寄せ、近づくにつれて仰向けになった巨大な美しい女性の姿を取り始める。それが船の下を通過すると、どういうわけかエンジンが再始動する。巨大な女性は海中を進み続け、他の船のエンジンも再始動させているようだった。それからすぐ月に向かって上昇すると、暗い夜空に色鮮やかな垂直の航跡を残していく。その美しい女性は、ポニョの母親で「海なる母」でもあるグランマンマーレで、フジモトに会いに行く途中だったことが後に明らかになる。海中を仰向けに進むイメージは、宮崎がミレーの『オフィーリア』を独自に解釈した結果だが、小金井丸の乗組員たちは彼女にもっと非西洋的な存在を見る。観音様（仏教の観世音菩薩）に救われたと言って感謝の祈りを捧げるのである。

このシーンは忘れられないほど衝撃的で美しいだけでなく、多くの点で興味深いと同時に不安を煽る要素に満ちている。そこで描かれるのは、真の意味で世界の終末を予感させるシナリオである。「船の墓場」には無数の船舶が漂い、不穏な気配を漂わせる月が難破寸前の小金井丸を見下ろしている。さらに、ここでは大人たちの視点を通して世界の終わりが描かれている。宮崎作品として一層異例なのは、この大災厄が人間の主体的な行動ではなく、菩薩の介入を経て自然に解決されることである。

この場面では、宮崎のキャラクターたちがこれまでになく受け身の態度を取り、珍しく伝統的な宗教に頼っている。同時に、父親に公然と反旗を翻すポニョの行動がすでに示唆しているように、家父長的な権威が崩壊していることが明確に示される。ここに至るまでに、ポニョの魔力はすでに父親を凌駕しており、もはやその権威など歯牙にもかけない。宮崎はこれとは別に、フジモトを支えている波のような魔物をポニョの無数の魚の姉妹たちにかじらせ、父親を海に落下させるコミカルなシーンを加えている。つまり、ポニョだけでなく、畏怖の念を起こさせる母親はもちろん、小さな姉妹たちまでが、女性の力こそが映画の最大の原動力となっていることを証明しているのだ。一方、陸地においては、無力な男たちとは対照的に、リサと三人の老女たちが女性の力を見せつけて忘れ難い印象を残す。

『ポニョ』の劇場公開直後に行なわれた渋谷とのインタビューで、宮崎は現代社会で「男を主人公に映画を作る」ことの難しさについて延々と語っており、渋谷も「宮崎さんの作品の中では、男がどんどん弱っていく」し、宗介のように「男の子も、どんどん年代が低くなって」いると指摘している(『続・風の帰る場所』、一一二頁、一一六 - 一一七頁)[6]。現在の日本社会では、若い大人の男性が前の世代と比べてますます弱々しくなっている印象があり、監督の問題意識もそれを反映しているのだ。また、宮崎の懸念には、自分の息子たち(特に長男の吾朗)との難しい関係が反映されていたのかもしれない。吾朗がジブリで監督した映画(二〇〇六年公開の『ゲド戦記』)は、一部の日本の批評家から酷評されている。

監督にとって、自分の体力の衰えが不安要素になっていた可能性もある。同じインタビューでも「手はかじかみね、目は衰えていくんですよ」と語っている。一方、年齢のことを気にする宮崎に対し、渋谷は冗談めかして「鈴木さんは宮崎さんと心中したいんですよ」と指摘し、当面は現役でいて欲しいと語っている(『続・風の帰る場所』、一二八頁、一〇八頁)[7]。こうした不安の存在が暗示する心の闇は、『ポニョ』の大半を通じて水面下に透けて見える。

だが、この種の発言をしながらも、宮崎は完全に希望を失っているわけではない。絶望が深まっているのではないかと渋谷に問われた時も、そんなことはないと否定している。そして、スタジオジブリの近くにスタッフのために建てた保育園の園児たちを見ていると、祝福したい気持ちになるのだと主張する。そんな監督が『ポニョ』で宗介が通う保育園を綿密かつ詳細に描写したり、わざわざデイケアセンターの隣に置いたりしているのは、ある意味では当然かもしれない。宮崎の目からすれば、今やお互いに希望を託せるのは、最も高齢な世代と最も若い世代だけのように思えるからだ。

『ポニョ』においても、救世主の役割を演じるのは明らかに五歳児の宗介である。宗介の愛の力と忍耐力、さらに世界で起きている不思議な出来事を受け入れる柔軟な想像力が、それを可能にするのだ。驚くべき展開を見せる映画の後半では、宗介のおもちゃのポンポン船も重要な役割を演じる。ポニョの魔法で大きくなったポンポン船は、ポニョと宗介を乗せて歴史を遡り、古代デボン紀や二一世紀になる前の日本を想起させる光景に遭遇する。同時にそれは、母親を探す宗介にとって、比喩的な意味で母親の子宮へ回帰する旅でもある。実際に、映画の終盤には母親的な人物が複数登場する。そこには、リサとグランマンマーレだけでなく、宮崎自身の母親がモデルだと思われる気難しい性格の老女トキも含まれる。ポニョでさえ、あるシーンでむずかる赤ん坊をあやすという母性的な面を見せている。

二人がポンポン船に乗って出発するのは、津波が起きた夜の翌朝である。目を覚ました宗介とポニョは、海水が崖の上にある家の玄関口にまで迫っていることを知る。本当の津波があった後の海とはまるで異なり、二人を取り巻く海は透き通った緑色をしており、キラキラ輝く小さな波が穏やかに家に打ち寄せている。さらに不思議なことに、子供たちはすぐに、海が何億年も前のデボン紀に逆行してしまっており、フジモトが望んでいたような「海の時代」が再来したことに気付く。

二人の子供たちは、ポニョの魔法で大きくなり、機械に詳しい宗介のおかげで動き出したポンポン船に乗ると、津波で水浸しになった世界を進んでいく。そこには二人が入り込んだ時代にふさわしい光景が待っていた。子供たちは、水面下を遊泳する何十匹もの巨大な古代魚に遭遇する。だが、これらの魚たちがいるのはデボン紀の海ではない。そこには、民家や道路や電柱や係留されたまま水中で揺れている船舶といった二一世紀文明の残骸が水没しており、古代魚たちはその間を悠然と泳いでいるのだ。それはきわめて美しいと同時に異様な光景でもある。だが、宗介とポニョは、このシーンに純粋な喜びしか感じていない。水面には太陽の光が燦然と輝き、小さなポンポン船がのろのろと進む中で、二人は船の横を泳ぐ奇怪な古代魚たちの名前を楽しげに当てっこしている。

子供たちの目から見た世界の終わりは、人間の姿がまったく見えないにもかかわらず（もしかすると、そのおかげかもしれないが）、喜びに満ち、光に溢れていて、純粋である。この場面に一つだけ影が差しているとすれば、それは宗介の両親が行方不明になっていることだ。リサも前夜、デイケアセンターの老婆たちを救助するために家を飛び出したきり、姿を消したままである。勇敢だが向こう見ずなところがあるリサは、五歳児の宗介を一人置き去りにしても自分で何とかするはずだと考えているらしい。この展開には、子供というのは少々のことではへこたれないという宮崎の強いメッセージが見て取れるが、同時に悲劇的な結末に発展しかねない状況を生み出してもいる。

宗介は冷静な態度で母親を探しに行くことにする。スープの入った魔法瓶とポニョが大好きなハムサンドイッチを持つと、二人で連れ立って救出の旅に出発するのだ。この旅のエピソードは、映画の後半部分の大半を占め、祝祭と歓喜と償いが、破壊と悲嘆と死の暗示とせめぎ合う世界に二人を引き込んでいく。

出発してから間もなく、ポニョと宗介は思いがけず遠くにいる別の舟から声を掛けられる。乗っていたのは夫婦と赤ん坊の三人家族で、なぜか町の外の水上を漂っていたのだ。ところが、夫も妻もこの奇妙な状況に特に困惑した様子には見えない。母親は古風だが綺麗なドレスを着ており、まるで戦前の日本で園遊会に向かう途中のような装いであることも、夫婦の冷静さを際立たせている。宮崎は、このシーンで、日本の近現代史やおそらく自分自身の幼年期の記憶さえ、呼び起こそうとしているように思える。舟上の母親のドレスは、宮崎の母親が若くて美しかった時代に着ていた服装だと言われても何の違和感もないからだ。

ポニョは、赤ん坊が空腹ではないかと考えてスープを与えようとするが、母親はまだ飲めないと言って断る。その代わりに、自分が飲めばおっぱいになって赤ちゃんが飲めるようになると説明する。結局、二人は母親が授乳できるように、持参したスープとサンドイッチ（ハムはポニョが先に食べてしまった）を夫婦にあげることにして、その場を離れる。この異様なまでに明るい陽射しの中で行なわれたやり取りで一つだけ玉に瑕《きず》なのは、ずっとむずかったり泣いたりしていた、ひどく可愛げのない赤ん坊の存在である。ところが意外なことに、ここでポニョが幼さに似合わぬ母性本能を発揮して、大声で泣き出した赤ん坊をなだめてしまう。

そこに軍歌のように勇ましい音楽と漕ぎ手たちの陽気な掛け声と共に、小さな船舶の一団が姿を現す。これらの船は津波を辛うじて逃れた町の住民たちを乗せており、水没していない山頂にあるホテルに避難する途中だった。舟に乗った親子と同様、このシーンからも昔の日本の雰囲気が漂ってくる。

この遭遇に大喜びした宗介は、船の一団を見て「船祭りみたいだ」と言う。「祭り」とは本来、神道で神を祀ることやその儀式を表す言葉だった。日本ではしばしば葬儀や死を連想させる仏教と異なり、神道の儀式は概して陽気で人生を肯定したものと捉えられている。地方の祭祀には舟が使われるものも多く、祭りという言葉はもっと一般的な意味でカーニバルのような雰囲気を指す場合がある。

この祝祭的なシーンは、以前に宗介の父親が目にした「船の墓場」の暗いイメージと著しい対照を成しており、母親の授乳を助けたり、赤ん坊をなだめたりする場面と合わせて、物語が「命と希望」の方向に転じる可能性を示唆している。とはいえ、津波が起きた後の一連のシーンが、全体として不気味な雰囲気に包まれていることも確かである。杉田の単刀直入な表現を借りれば、「水没した世界は、ほとんど死後の世界のようにしか見えない」（『宮崎駿論』、二四八頁）[8]のだ。町の住民があの天変地異を生き延びたこと自体も、ほとんど不可能に思えるし、彼らを取り巻く世界が水没した様子を宮崎があれほど丁寧に映像化していることを考えると、その感は一層強くなる。さらに、舟は神道の祭祀で使われることもあるが、仏教では現世と「あの世」を隔てる三途の川で死者を運ぶ渡し舟としても登場するのだ。

　子供たちが沈んだ町を水面下に見ながら旅を続けるにつれ、二人が乗った舟は推進力を失い始める。宗介は再起動させようとしたが、ポニョが魔力を失って次第に眠気に襲われつつあるためにポンポン船に必要なローソクを大きくできず、舟も次第に縮み始める。結局、映画『アフリカの女王』（ハンフリー・ボガートとキャサリン・ヘプバーンが共演した一九五一年公開の名作）の一場面を子供向けファンタジーに作り直したようなシーンで、宗介は水の中に降りて舟を手で押す羽目になる。最終的に、ポンポン船は元のおもちゃの大きさに戻ってしまうのだが、幸運にも二人はその寸前に陸地に辿り着く。

　舟が縮まったこととポニョが突然眠りに落ちたことは、魔法も舟も最終的には頼りにならないことを示唆している。それは、二人が結局、奇妙な世界に取り残された子供たちに過ぎないことを思い出させ、観客の不安な気持ちを煽る。宮崎は次に、宗介がリサの乗り捨てた車を発見する痛ましいシーンを描くことで、この不安感を一層高めている。宗介は車に駆け寄ると、母親がまだそこにいることを期待するかのように、ドアを開けて中を覗き込む。それから涙を浮かべてリサの名前を呼びながら、取り乱してあちこちを走り回る。ここで映画は初めて死の可能性に言及しているようにも思える。しかもそれは幼い子供が親を亡くすという、最も大きなトラウマとなりかねない出来事である。

　ここで束の間、眠そうな顔をしたポニョが親代わりの役割を果たす。彼女は宗介の手を取ると「リサを探そう」と言う。ところが、今度は古くて暗いトンネルが二人の行く手を遮る。宗介は前にもこのトンネルを通ったことがあると言うが、ポニョは「ここ嫌い」と言って嫌がる様子を見せ、宗介に手を引かれて渋々中に入っていく。子供たちがトンネルのもう一方の出口から現れる頃までには、ポニョはまず鳥のような姿に変身して倒れてしまい、驚いた宗介が海の中に連れて行くと、今度は元の魚の姿に戻る。

このトンネルを歩いて通るエピソードは、『千と千尋』で千尋が両親と一緒に人間界と神々の世界をつなぐトンネルを通過した冒頭の場面を彷彿とさせる。だが、『ポニョ』の場合、トンネルは人間界と魔法の世界の境界を示しているようには思えない。杉田の説を拡大すれば、それはむしろ死の世界に通じる道と考えるべきだろう。トンネルの向こう側では、リサだけでなく、デイケアセンターの老婆たちが施設ごと海底に沈み、半透明の膜でできた巨大なドームの中で楽しそうに過ごしているという事実が、この説を裏付けている。水際に放置されたままになっている車椅子は、老女たちの不在を物悲しく象徴しているように見えるが、女性たちは実際には奇跡的に若返って健康を取り戻しており、ドームで守られた庭で競走をするほど元気いっぱいだ。

これが死の世界であるという説を再度裏付けるかのように、老婆たちの一人は「ここあの世なの？」と問い掛け、別の一人が「竜宮城だと思ってたの？」と声高に答える。これは日本のおとぎ話の「浦島太郎」への言及で、アメリカの小説家ワシントン・アーヴィングの短篇小説「リップ・ヴァン・ウィンクル」の結末を暗くしたような話である。浦島太郎という漁師に助けられた亀が恩返しに竜宮に連れて行く。太郎はそこで楽しく暮らしていたが、ある日、帰郷することを決意する。ところが故郷に戻ってみると三〇〇年が経っており、自身もすぐに白髪の老人と化して死んでしまう（この結末には諸説ある）。

『ポニョ』においても時間は魔法で歪められ、世界は何億年もの時を超えて過去とつながってしまう。デボン紀の海が復活して地球を呑み込み、ポニョも二度にわたって進化と先祖返りを繰り返す。この世界終末のシナリオを逆転させることはほとんど不可能に思える。

小金井丸が難破しそうになった時と同様に、宮崎はここで再び超自然的な力を介入させ、海の女神グランマンマーレがリサの協力を得て再度活躍する。祝賀ムードで終わるクライマックスで、母親たちはある決断をする。二人は、あまり納得していなさそうな顔のフジモトの同意も一応得た上で、宗介にポニョを愛することができるか確認することにする。もし宗介がポニョのどんな姿――魚、半魚人、そして人間――でも受け入れることができるなら、「世界の綻びは閉じられる」はずだというのである。グランマンマーレが宗介に、この条件でもポニョを愛することができるかと尋ねると、彼はそうすることを誓う。次に、グランマンマーレがポニョに対し、人間の少女になれば魔力を失うことになるがそれでも構わないかと尋ねると、彼女は強く同意する。それを聞いた海の女神は「世界の綻びは閉じられました」と宣言する。映画の結末では、魚の形をしたポニョが宗介にキスをして、最後に一度だけ天に向かって跳ね上がると、人間の姿となって彼の所に降りてくる。

『ポニョ』は、実に多くの楽しみを提供してくれる。宮崎の『ハウル』には批判的だった著名な映画評論家のロジャー・イーバートも、『ポニョ』は「詩的で息を呑むような美しい映像で綴られた作品」だと生前に評している。[9] 手描きにこだわったアニメ（宮崎が自ら手掛けた部分も少なくない）の鮮やかな描写力と高い芸術性、それに魅力的で力強いキャラクターたちは世界中の観客を魅了し、ヒロインの活力と行動力を見事に表現した明るいエンディングテーマも大ヒットした。

ファンタジーであるにもかかわらず、『ポニョ』には現実世界が強く反映されており、この映画に道徳的な重みを与えている。実際にいそうなデイケアセンターの高齢者たちに目立った役割を演じさせることで、宮崎は『ハウル』で取り組んだ高齢化に伴う複雑な諸問題の探求を本作でも続けている。映画の終盤で老婆たちが若返りを果たす感動的なシーンは、願望充足のファンタジーとして、日本の膨大な数の高齢者の心にも訴えるものがあったに違いない。

この映画にはまた『千と千尋』と同様、中年の親世代に対する批判が込められている。リサと耕一は、豚のように食事を貪る千尋の物質主義的な両親とは懸け離れているにせよ、『トトロ』や『魔女』の思いやりがあって娘たちを支えてくれる両親からも程遠い。リサの無謀な運転ぶりや、夫が夕食に戻ってこないことを知った時にヤケ酒を煽るシーンなどは、従来の家族向け映画ならもっと違ったやり方で描写しただろう。リサは明らかに宗介を愛しており、自分たちの生活に突然現れたポニョを驚くほど平然と受け入れたことも確かだが、未熟な印象を与えることは否定できない。前述したように、耕一は人当たりのいい人物だが、家を空けることが多く、その描写にも現代の日本社会における男性像——具体的には父親像——に対する批評が含まれていると考えるのが自然だろう。

また本作には、不気味なまでに東日本大震災を予見するような描写が含まれており、それは現実の暗い側面を反映している。『ポニョ』で描かれた高波と暴風のシーンは、東北地方を襲った恐るべき津波とそっくりだが、映像的に美しく演出されている点だけが違っている。ポニョが海底で魔法使いの父親の部屋に侵入し、「生命の水」を海に溢れさせてしまったエピソード——ポニョは金色の色鮮やかな光の奔流と共に爆発するような勢いで海上に飛び出していく——でさえ、異様なまでに原発の爆発事故を先取りしているように思える。

ファンタジーとして描かれた物語が、結果的に現実の震災を予言するものとなったことは、悲劇的な皮肉としか言いようがない。だが、宮崎は災厄に敢然と立ち向かう二人の子供たちを登場させることで、現実世界の人々が自らの恐怖や不安と向き合うための処方箋を提供したとも言えるかもしれない。そこには、まさにトラウマを克服するための模範例が描かれているからだ。『ポニョ』は、自然の秩序が回復された後に、子供たちが人類をより純粋で思いやりのある世界に導いていくというビジョンを提示しており、明るい未来への希望に直結している。「魚のポニョも、半魚人のポニョも、人間のポニョも」愛するという宗介の誓いは、多様性の受容を示唆しており、集団への適応力が高く評価される日本社会に対する強力なメッセージとなっているのだ。[10] それはまた、生き物だけでなく、あらゆる形態の存在がアニミズム的世界のより大きな枠組みの一部として受け入れられている『もののけ姫』の世界観を彷彿とさせる。

　にもかかわらず、本作がもたらす全体的なインパクトを一言で言い表すのは難しい。たとえ映画の最後のシーンが世界終末後の死の世界を舞台としているという杉田の主張に同意できなくても（私自身は同意している）、神による魔法が宇宙的な解決をもたらすという不自然に明るいエンディングには誰もが意表を衝かれたはずだ。このハッピーエンドは、『ハウル』のそれに近いものがあるが、他の多くの宮崎作品に共通する、多義的できわめて示唆に富むエンディングに比べると、普段の彼らしさが欠けているようにも思える。現実世界への言及が少なくないにもかかわらず、結局のところ、本作は過去のどの宮崎作品よりもファンタジー色が濃い。だが、ここで注目に値するのは、ポニョが魔法を捨てて純粋に人間として生きていくことに同意するという唐突な結末が「ファンタジーの終焉」を意味していることである。このエンディングは、魔法を使えるキャラクターが映画の結末でも魔力を完全に保持したままの『魔女』や『ハウル』とは著しい対照を成している。

　もしかすると魔法を見限ろうとしているのは宮崎自身で、人類はすべての辛い現実と正面から向き合う必要があり、もはや魔法の出る幕ではないと示唆しているのかもしれない。このスタンスは、ミヤザキワールドにおける新たな方向性と一致する。それは、次に監督した（現時点での）最終作が歴史に題材を取った『風立ちぬ』であり、ファンタジー色をほぼ排した作品である事実からも明らかだ。リアリズムを重視した『風立ちぬ』は、『ポニョ』とはきわめて対照的な映画である。フジモトやグランマンマーレやポニョの人知を超えた能力や暴風や津波といった自然界の猛威も含めて、『ポニョ』の物語は最後のクライマックスに至るまで、この世のものとは思えない現象に満ちているからだ。『ポニョ』で魔法や超自然的な力が顕著な役割を演じるのは、壮大なフィナーレのためのある種の演劇的な演出と見ることもできる。戯曲『あらし』には、主人公のプロスペローが「雲を頂く高い塔」や「綺羅《きら》びやかな宮殿」は「実体の無い見せ場」に過ぎず、「余興はもう終わった」と嘆いてみせるシーンがある（『あらし』、二〇六頁）。それと同様に、宮崎もまた、自らが創造した魔法の世界を祝福すると同時に破壊してしまうのである。『ポニョ』の後半では、人間の登場人物たちが穏やかで美しい世界で単なる精霊と化し、迫りくる津波のような運命に呑み込まれる様子を描いている。

この後期の作品において、宮崎が空間を移動するだけでなく、時間を超えて自らの幼児期や古代の「魚の時代」にまで遡ってしまったのは、おそらく驚くにあたらない。時間が逆行してしまった世界を描いている点で、本作には、イギリスのSF作家J・G・バラードの『沈んだ世界』（一九六二年刊）と類似点がある。この小説でも大変動で地球が水浸しとなる終末的な世界観が展開されており、三畳紀に戻った地上の大半は海に沈み、怪物じみた魚類や爬虫類に支配されている。生き残った人類は、この悪夢のような世界に圧倒され、呆然としながらも、時折、水没した文明を調査するために探検隊を船で派遣する。バラードは、小説の主人公にこんな自意識過剰な台詞を言わせている。「恐らくこうした沈んだ沼の群は、単にぼくに母の胎内にいたころの溺れた世界を想い起こさせるだけだ」（『沈んだ世界』、峰岸久訳、創元推理文庫、一九六八年、四〇頁）[11]

杉田は、『ポニョ』の終盤で海中に沈んだ登場人物たちを守っているドーム状の膜は、明らかに子宮の隠喩であると指摘している。[12] 実際に、夢のようなシーンが続く映画の後半部分そのものが、子宮か少なくとも心の無意識の部分への回帰を暗示しているように思われる。宮崎の映画は常に幼年期を重視してきたが、『ポニョ』における「幼年期」は人間だけでなく、地球そのものともつながっている。このことは、監督が自らの魂を奥底まで見極め、最終的には真の意味で「不思議で貴い宝」に満ちた世界の姿を描こうとしていることを示唆している。それは崇高で力強く、究極的には不可知な世界である。映画の中に登場する過去のシーンは豊かで強い印象を残す描写が特徴的だが、結末で予見される未来の姿は驚くほど控えめで、人類を率いる役割はまさに幼い子供に課せられている。

第15章 「恐ろしい風」『風立ちぬ』

過ぎ去りし過去は異国である。そこに住む人々は異なる習慣に従っている。
――イギリスの作家L・P・ハートリーの小説『仲介者』より

二〇一三年七月二〇日に『風立ちぬ』が公開されると、宮崎はそれが最終作であると宣言した。渋谷陽一との長時間のインタビューでは、次のように告白している。「地獄のようですよもう！　昨日一生懸命描いた絵コンテが、夜のうちに瓦解して。『ああ、あれ捨てなきゃダメだ……』と」。数多くの傑作を生み出してきた監督が、これほど弱気になるのは滅多にないことだったが、宮崎は年齢を感じ始めていたのだ。視力の衰えや腰痛も訴えていたが、それだけではない。スタジオの若いスタッフたちとの間にも距離を感じ始めていた。宮崎の目からすると、彼らは「ぐうたらにやってるとしか思えない」し、「なんか安定した、ジブリという職場に入ったなと思ってる」ようにしか見えなかった。しかも、誰もが自分の目ではなく、デジタル機器で撮った画像を通じて世界を見ているものだから、まともな絵を描けなくなっているというのだ（『続・風の帰る場所』、一七一頁、一七九頁）[1]。映画のテーマ自体が重くのしかかっていた可能性もある。宮崎が厳密にはファンタジーとは言えない映画を監督として作ったのは、キャリアを通じて初めてのことだ。その背景には、二〇〇八年の金融危機「リーマン・ショック」や二〇一一年の東日本大震災の後では、もはや「ファンタジーは作れない」し、「今作ったら嘘になる」という発言がある（『続・風の帰る場所』、一八二頁）。[2]

その代わりに宮崎が目を向けたのが過去だった。具体的には第二次世界大戦に参戦する直前という日本の歴史で最も物議を醸した時代、そして日本が生み出した最も偉大な戦闘機である零式艦上戦闘機（通称「零戦」）の開発を取り上げることにしたのである。だが、『風立ちぬ』はありきたりの戦争映画とはまるで違っていた。まず戦闘シーンは皆無だし、何より主人公も温厚かつ優秀な航空技術者で、零戦を設計する動機も国に尽くすためではなく、「美しいものを作りたかった」からに過ぎない。彼が目指したのは、当時としては最先端で高性能の航空機を設計することであり、そのためには航空科学と飛行機の設計に人生のすべてを捧げる覚悟だった。

実際に、『風立ちぬ』はミヤザキワールドの本質が伝わる美しい映画で、歴史的な洞察を提供するというよりは、監督自身のロマンチックな憧れや思想的な懸念や基本的価値観のエッセンスを凝縮した作品となっている。明確なファンタジー要素は一切ないが、映画には夢の中のシーンも含めて様々な示唆に富む映像が登場し、軍国主義の台頭や極端な貧富の格差や国際的緊張の高まりに直面した一九三〇年代の日本にとって、ありえたかもしれない別の選択肢を提示している。また、『風立ちぬ』には、宮崎がこよなく愛するヨーロッパの都市景観の魅力的な描写が思う存分盛り込まれている——手作りの飛行機がイタリアの田園風景の上空で急降下や急旋回をしている場面や、ドイツのだだっ広い航空機製造工場で高い窓から冬の陽射しが差し込んでいる印象的な場面など——が、それ以上に目を見張るのが戦前の日本を丁寧に再現した美しい映像である。兄と妹が日暮れ時にボートで川を下っている。えも言われぬほど美しい和服姿の少女が、立ったまま古典的な日本庭園を見詰めている。瓦屋根の建物があり、柳の街路樹が植えられた伝統的な日本の町の上空を飛行機で飛ぶことを夢想する少年がいる。そして、とりわけ強く胸を打つあるシーンでは、日本アルプスのある豪華なリゾートホテルで西洋人と日本人がピアノの周りに集まり、ほろ苦いドイツ語の歌「唯一度だけ」〔有名なドイツ映画『会議は踊る』の挿入歌〕を一緒になって歌っている。

　だが、この映画に登場する最も美しい創造物は、少なくとも宮崎自身と主人公の若き航空技術者、堀越二《ほりこしじ》郎《ろう》の観点からすれば、零戦をおいてほかにないだろう。軽量かつ強力で、驚くほど高い運動性能を持つ零戦は、まさに日本の高い技術力の証であり、その優れた性能と潜在力は国家の誇りの源泉でもあった。映画の中でも入念に描写されているように、当時の日本の航空機製造技術は、欧米の専門家たちからまるで問題にされておらず、多くの西洋人から劣等民族と見られていた日本人が、これほど優れた航空機を生み出せるとは、想像だにされなかったのである。

　宮崎が歴史上の人物である堀越を主人公に選んだのは、一〇代の頃に彼の自伝を読んで、零戦の設計に関する部分に強い興味をかき立てられたためだった。だが、『風立ちぬ』は一九三七年で話が終わるため、零戦が戦闘機として配備される場面は描かれていない。中国侵略の際に零戦が初めて実戦配備されるのは、その数年後のことである。代わりに、宮崎は零戦を開発した優秀な技術者たちの過酷でほとんど超人的な努力にのみ、物語の焦点を当てている。それは零戦が達成した素晴らしい技術的成果、細部まで行き届いた設計、粘り強い仕事ぶり、そして零戦が象徴する希望や夢に対する賛歌にほかならない。

　そう考えると、この物語は明らかに映画に投じられた努力に対する賛歌でもあり、この分野に半世紀以上も関わってきた宮崎がアニメ制作プロセスに抱いている思いの総和であった。二郎とその物語は、宮崎自身の思いを代弁しているのだ。監督の考えによれば、二郎は「ある意味では悲劇の主人

技術チームに設計内容を説明する二郎。『風立ちぬ』より（作品DVDより引用。©2013 Studio Ghibli・NDHDMTK）。

公」だったという。「精いっぱいやったのに挫折してる」と宮崎はその理由を説明する。だが、「美しいものを作りたかった」という二郎の動機は、宮崎自身が生涯を賭けた仕事に取り組んできた姿勢とも合致している。監督は、評論家の渋谷から二郎は宮崎のことだと指摘されると、それを否定した上で「堀越二郎がどういうふうに生きたかっていうのはね、どういう姿勢で自分の仕事に取り組むかってことにあてはめて、理解できますよ」と語っている。それから考えても、映画が描く零戦開発のプロセスに、宮崎の一生の仕事が重ねられていることは歴然としている（『続・風の帰る場所』一六三頁、二二〇頁）[3]。つまり、『風立ちぬ』は、宮崎自身の仕事への超人的な献身ぶりに対する一種の罪滅ぼしであり、その過程で多くの犠牲を強いてきた家族や同僚たちへのある種のほろ苦い謝罪（あるいは釈明）と見ることができる。映画の完成後、宮崎は初号試写で初めて自分の作品を観て泣いたという。

片や、日本国内と海外の一部の観客にとって、零戦を美化しているように見える『風立ちぬ』は、政治的な観点からすると醜悪な映画としか見えなかった。彼らは、日本の戦争責任と零戦が演じた役割をめぐる論争では数々の言い逃れやごまかしが行なわれてきたと考えており、この作品は苦々しい思いを甦らせただけだったのである。一部の批評家による最も辛辣な論評は、監督も映画も二〇世紀における日本の最も暗い過去――その中には、開戦に至るまでの長いプロセスや、最終的には日本本土を焦土にしただけでなく、日本の軍国主義に支配された朝鮮半島や中国や東南アジア諸国を荒廃させた事実が含まれる――から完全に目を背けていると指摘している。批判者たちの視点からすれば、『風立ちぬ』は日本の帝国主義的な侵略戦争によって何百万人もの人々が犠牲となった事実を無視し、代わりに零戦の技術的優位性を強調することで戦争責任を糊塗する罪を犯しているように見えたのだ。確かに、映画で実際に死ぬのは、結核で倒れた二郎の美しい若妻だけ（しかも映画にその直接の描写はない）で、それもロマンチックな悲恋として描かれている。

宮崎は、スタッフや家族からこの映画を作る意義を疑問視されたことを認めており、おそらく自身の中にも葛藤があったと思われる。渋谷とのインタビューで、監督は自分の描いたカット割りを「卑怯のせい」で何度も入れたり削ったりしたと語っている。だが、宮崎が卑怯であるとは到底思えない。監督がこの映画を挑発的な作品にしようと考えていたのは明らかだ。日本人が数十年間にわたってうやむやにしようとしてきた難しい問題をあえて取り上げ、議論を焚きつけようとしたのもそのためだろう。宮崎は日本人の「バカな戦争」を痛烈に非難しながら、我々は「相変わらず同じことを毎日やっていますよ」と渋谷に対して嘆いてみせた。そして、「『それでも、日本人は「戦争」を選んだ』というね、加藤陽子さんが子供たちに講義した本を読んで、ほんとにそう思った」と語っている。これは日本が積極的に戦争に参加できるようにするために、現政権が憲法改正を進めようとしていることを指しているのだろう（『続・風の帰る場所』、一七四頁、二〇八頁）。[4]

映画は挑発に成功する余り、批判の嵐を巻き起こし、当時七二歳の監督が少なくともいまだに国民的関心を呼ぶ存在であることを裏付ける結果となった。一部の批評家は、映画の美しさそのものを問題視した。映画監督の深作健太《ふかさくけんた》は、宮崎は「美しいものを作りたかった」と二郎に言わせることで、「美しいところだけ好きな人に見てもらおう」としたのではないかと疑問を呈している。二郎が美しく設計された軍事兵器を創造しながら、多くの破壊をもたらした責任を回避しているのとまったく同様に、宮崎も戦争の美化と受け取られかねない映画を作った責任を否定しているというのである。この映画が極端なまでに激しい反発を招いたのは、日本の観客が長年にわたり、宮崎がどんな時もリベラルな立場を擁護してくれると期待するようになっていたことにも原因がある。深作は「僕たちは（中略）今この不安な時代を生きている。だからこそ、宮崎さんが作るアニメーションには元気に、声高に現代《いま》を撃ち続けて欲しかった」と書いている（『映画芸術　特集　国民的映画『風立ちぬ』大批判！』所収「風はまだ吹いているか？」、二〇一三年一一月号、一〇頁）。[5]

さらに過激な反応を示したのが、映画プロデューサーの小野沢稔彦《おのざわなるひこ》で、美を誇示する宮崎の姿勢を明確にファシスト的な衝動と同一視している。ある熱のこもったエッセイの中で、宮崎がいかに「歴史や社会的関係性から切断され抽象化された観念」としての「美」をイデオロギーとして利用しているかを検証し、それが零戦のもたらした暴力と死に対する道徳的責任を監督が回避することを可能にしたと指摘したのだ。小野沢の視点からすれば、これはファシズムへの従属にほかならず、「芸術本来の――現実を批判的に視る運動――役割を失」わせることになるという（『映画芸術　特集　国民的映画『風立ちぬ』大批判！』所収「「壊憲」と「戦争」へと向かう時代のイデオロギー装置――

『風立ちぬ』」、二〇一三年一一月号、一三頁）[6]。

小野沢は、『風立ちぬ』における宮崎は、『もののけ姫』のアシタカの言葉として知られている「曇りなき眼で物事を見定める」という原則を放棄してしまったのではないかと示唆しているようにも思える。これはきわめて重大な告発である。前述したように、ミヤザキワールドを成り立たせてきた基本的要素の一つに、監督が映画の中で現実を一貫して多層的に、かつ微妙なニュアンスを込めて描写し続けてきたことがある。これは私が本書で実証しようと努めてきたことでもある。宮崎がファンタジーとSFの手法を駆使し、それを優れたアニメーション技術と組み合わせて現実を描き出していることが、これらの映像表現を一層印象的なものにしているのだ。だが、宮崎が『風立ちぬ』において、まさにファシスト的なプロパガンダ映画としか言いようのない作品を作るために歴史を歪曲し、美しいものを創造することを人類史上最悪の犯罪を隠蔽する口実にしたというのは、理にかなった主張だろうか。

結論から言えば、その答えは否《ノー》である。『風立ちぬ』がファシズムを擁護しているというのがばかげた主張であることは、映画そのものに含まれる社会的・政治的批評を見れば火を見るよりも明らかだ。中でも、二郎の同僚で親友の本庄《ほんじょう》は、仕事や政治に関する冷静で肝の据わった意見を延々と披露している。本庄の視点は、明らかに二郎の夢見がちで近視眼的な姿勢と対比させることを意図したものだ。確かに、この映画が宮崎の全作品の中で特異な位置を占めることは間違いない。単に派手なファンタジー要素が欠如しているためではなく、微妙なニュアンスよりも単刀直入なメッセージ性を重視しているからである。それでも、この映画が多層的で魅力的な要素に溢れていることもまた事実であり、そこには小野沢が認めるよりも複雑で興味深いメッセージが含まれている。

ある意味で、『風立ちぬ』は宮崎のファンタジー作品のユニークな変形版と考えることさえ可能かもしれない。少数の例外的に暗い要素を除けば、この映画は歴史の本来そうであるべきだった姿をファンタジー形式で描いた作品と言える。この世界では、軍事兵器は美しいだけで命を奪う道具にはならず、苦しみも存在するが、それらは人間に生きる意味をもたらす労働や愛情といった様々な喜びによって和らげられている。こうした描写には、宮崎自身の家族の戦争への関与が暗に反映されている。だが、その目的は一般市民がどのような妥協を強いられたかを示すことにあって、軍国主義を擁護するためではない。両大戦間の時代を舞台にしたファンタジー作品『紅の豚』は、人類が悲惨な戦争に突き進む傾向があることを批判する一方で、より前向きな生き方を提示しており、その意味では、『風立ちぬ』も同作と目指すところは同じである。

宮崎が現実の歴史をこの映画の舞台として選んだことには、多くの意味合いが込められている。私的な面から言えば、これは自分の家族にとって重要な過去の出来事と向き合うことを可能にした。例えば、映画の中では恐るべき被害をもたらした一九二三年の関東大震災が見事に再現されている。この大災害は監督の祖父の人生に大きな影響を及ぼした。もっと明白な例としては、父親と伯父が零戦の部品（風防）を組み立てる工場を所有していたという事実があり、それはこの映画が家族の戦争責任を正面から直視していることを示唆している。だが、宮崎は家族を糾弾する必要性を認めない。鈴木が映画公開直前のインタビューで指摘しているように、当時、次第に軍国主義の色合いを濃くしつつあった日本政府に反旗を翻す政治的勇気を持つ人間は（特に養うべき家族がいる場合）、ほとんどいなかったはずである。[7]

本作の歴史的な舞台設定は、宮崎が自らの芸術的才能を駆使して戦前の「失われた」日本を再現することを可能にした。戦前の建築物や光景が丹精を込めて描かれた映像には、二郎の上司の黒川の邸宅である伝統的な日本家屋と庭園、二郎の婚約者とその父親が住むヨーロッパ風の豪邸、贅《ぜい》を凝らして再現された軽井沢の田園風景などが含まれる。それでも、小野沢の主張とは異なり、この映画は貧困や飢えといった問題を完全に無視しているわけではない。あるシーンでは、二郎が腹を空かせた子供たちにお菓子（シベリア）をあげようとして拒否されているし、別の場面では、町で仕事を探すために必死に線路の上を歩いている労働者たちの群れと遭遇する。一方で、関東大震災の発生段階を再現した映像は生々しく恐ろしいが、小野沢が指摘しているように、確かに監督は震災後に起きた悲惨な事件には触れていない。それは、恐慌状態に陥った都会の群衆がスケープゴートを求め、都内に住む多くの朝鮮系日本人を虐殺した事件である。[8]

とはいえ、この映画の中では最も悲惨なシーンでさえ、細部に至るまでどこか懐かしさを覚えさせる（文字通り）金色の光線で満たされている。そのために、過去は現代の日本と異なるただの「異国」ではなく、五感に訴えて深い郷愁の念を抱かせる場所と化すのである。宮崎は、歴史上のこの瞬間を、細心の注意を払って忠実に再現している。きわめて絶妙な舞台設定のもと、驚くほど陰影豊かに当時の情景を映し出し、しかも挿入される音楽（担当は例によって監督お気に入りの作曲家、久石譲である）があまりにも情感に訴えるものであるため、観客はまるで戦前の日本に招き寄せられているかのような気分にさせられる。宮崎は歴史を利用して、いわば究極のファンタジー世界を創造してしまったのだ。

本作のもう一つの特徴的な要素にも、ある種のファンタジー的な演出が施されている。それは宮崎作品としてはきわめて異例な大人の恋愛物語である。実は、作中では二つのロマンスが描かれている。一つは二郎と菜穂子の恋で、二人は危機的な状況下で出会い、恋愛を経て後に結婚する。もう一つは、二郎が航空機に抱く恋愛感情にも似た特別な想いである。映画の中では、二郎が設計チームの同僚たちと共に、零戦の開発に必要な技術を空想したり、発明したり、改良したりする場面が大量に描かれている。

二郎と菜穂子の恋愛物語は、おとぎ話的な要素と深刻なテーマの組み合わせでできていて、例えば、『紅の豚』の陽気なクライマックスで、結局、大人のロマンスがどんちゃん騒ぎの陰に隠れてしまうのとは対照的だ。『風立ちぬ』では、大人の恋愛はより悲劇的な役割を果たすことになる。

二人のロマンスは、古めかしいメロドラマのように運命的で興奮に満ちた展開からスタートする。二郎はまだ幼さの残る菜穂子と東京に向かう汽車の中で初めて出会う。直後に関東大震災が発生し、立ち往生した汽車から恐慌をきたした乗客たちがわらわらと逃げ出し始める。二郎は果敢にも菜穂子と侍女のお絹《きぬ》を助け、骨折したお絹を背負って避難所まで運ぶ。そこで、まだ新品の白いシャツを器代わりに使って、のどを渇かしたお絹に水を飲ませている。映画の序盤には、二郎が体の小さな下級生を守るために、いじめっ子たちと対決するシーンも登場する。『紅の豚』の厭世的な呪われた主人公と異なり、二郎は誠実かつ純粋で思いやりのある人物として描かれている。

サブカルチャー評論家の岡田斗司夫は、二郎の一本調子な性格は「非人間的」だと批判しているが、その思いやりや飾り気のなさは、おとぎ話的なロマンスの主人公にまさにふさわしい。さらに、確認できる限りでは、その性格は実在した堀越二郎ともよく似ているようである（『『風立ちぬ』を語る宮崎駿とスタジオジブリ、その軌跡と未来』、岡田斗司夫 FREEex、光文社新書、二〇一三年、三三頁）[9]。一方、菜穂子も昔ながらのロマンスにふさわしい女性だが、宮崎作品の典型的なヒロインとは性格が著しく異なる。可憐で魅力的かつ献身的な一方で、かなり受け身に感じられる面もあるからだ。悲劇的な運命を背負った彼女は、最後に結核で病死する。実は、菜穂子はある恋愛小説から取られたキャラクターにほかならない。宮崎は好きな作家の一人である堀辰雄の小説『風立ちぬ』に登場するヒロインから着想を得たのである〔菜穂子の名前自体は、堀の別の小説から取られている〕。堀の作品は、恋人同士の若い男女を待ち受ける悲劇を描いた小説で、女性の方は結核に冒されている。一方で、映画で結核に苦しむ菜穂子の姿には宮崎自身の母親が投影されていると思われ、監督は幼少時に体験した母の病状を描写することで、今一度自分の中の喪失感と向き合おうとしたのだろう。

宮崎は、基本的に堀の恋愛小説を歴史的に実在した堀越二郎の生涯に接ぎ木するような形で映画のプロットを構成した。そうすることで観客層を広げるだけでなく、感情的な訴求力を高めることが狙いだったと思われる。そこで描かれる恋愛物語からは、映画の中の真に魅力的なシーンがいくつか生み出されている。メロドラマ的な恋愛物語によくあるように、二人も震災当日に出会ってすぐ離れ離れになり、数年後のある夏の日に偶然、高級高原リゾートの軽井沢にあるホテルで再会を果たす。

絵のように美しい軽井沢は、今も日本のエリート層や在日欧米人に人気が高い。だが、二人と同じホテルに滞在中のカストルプという謎めいたドイツ人は、「ここは魔の山《Der Zauberberg》です」と厳かに宣言する。カストルプという名前は、ドイツの作家トーマス・マンが一九二四年に出版した『魔の山』の主人公と同一である。この小説は、スイスのアルプス山脈にあるサナトリウムで結核療養中の様々な外国人たちが交流する姿を描いている。宮崎は小説から影響を受けたことを認めているが、映画とマンの小説の間には大きな隔たりがある。それでも、どちらの作品も病気と戦争というテーマを中心に展開される点では共通している。映画と小説の双方において、「魔の山」のイメージは、戦争の闇が猛然と世界を覆いつつある世界（マンの小説では第一次世界大戦、宮崎の映画では第二次世界大戦）から隔絶された場所を暗示している。それは、宮崎版カストルプが二郎と菜穂子、それに菜穂子の父親に述べる「この夏、良い夏です」という言葉にもよく表れている。

ここでカストルプが言いたいのは、こんな夏は二度と来ないだろうということである。彼がホテルのピアノを弾きながら、日本人と西洋人の宿泊客たち（その中には二郎と菜穂子の父親も含まれる）

によるドイツ語の歌『唯一度だけ（"Das Gibt's nur Einmal."）』の合唱を率いた時、その予感はさらに強調される。歌の歌詞は、愛と美と人生はどれも大切だが、いつしか消え去るものであると示唆しており、その感情はまさに日本の美的理念の一つ「もののあはれ」に通じるものがある。

現実に、やがて菜穂子が結核に冒されていることを二郎が知り、二人の人生には影が差す。にもかかわらず、二郎は菜穂子と結婚することを誓い、上司の黒川と妻が住む瀟洒な伝統的日本家屋で結婚式を挙げる。それは、いわば日本版「魔の山」と解釈できるようなシーンかもしれない。二郎と菜穂子の将来に不安があることを知りながら、黒川の妻は二人の結婚の決意を心から祝福し、即興の婚礼をお膳立てする。式は優雅に執り行なわれ、四人がそれぞれ式にふさわしい口上を述べようとする場面はユーモアさえ感じさせる。菜穂子は華やかな和服を身にまとって髪に花を挿し、優美で落ち着いた雰囲気を漂わせながら（しかも病身であることをまったく感じさせずに）、二郎の視界に入ってくる。その前には、提灯を手に持った黒川夫人が歩いている。

この魅力的なシーンは、三菱の飛行機工場で働く二郎の姿や、映画が時折垣間見せる未来の惨状を束の間忘れさせてくれる。マンの「魔の山」や軽井沢のホテルのように、黒川の豪邸は時間の外側に存在し、悲しみから遠く離れた場所であるかのように思える。ゆったりとした和服を着て長い髪を下した菜穂子の姿は、日本の伝統的な花嫁というよりはおとぎ話のヒロインに近い。一方で、このシーンにはもっと暗い解釈も成り立つかもしれない。提灯を手に掲げた黒川夫人の姿と菜穂子がまとっている現実感が希薄な雰囲気は、まるで幽霊の登場を思わせる。実際に、日本と中国の幻想的な物語や絵画では、幽霊のような若い女性が提灯を下げた年配の女性の後をついて行くというモチーフは珍しくないし、もしかすると、これは宮崎がアニメ界に入るきっかけとなった、妖怪の登場する映画『白蛇伝』へのオマージュなのかもしれない。

菜穂子の死にも幽霊じみた非現実感がつきまとう。二人が結婚初夜を迎えるシーンは、おそらく宮崎が本当の意味で性的な描写を作品に加えた初めての例だが、それから間もなく菜穂子の病状は悪化する。妻が二郎を安心させるためにひそかに化粧で血色を良く見せようとしていることを、二郎は勝気な妹に言われるまで気付かない。ある日、菜穂子は何も言わずに二郎の前からあっさりと姿を消す。零戦の設計という重要な仕事の邪魔をしたり、夫の重荷になったりしないようにするためだった。結局、菜穂子が死ぬ場面は最後まで描かれることはない。

岡田斗司夫は、菜穂子がそういう決断をしたのは、二郎が本質的に自己中心的なせいだと考える。「二郎が菜穂子を好きな理由はただひとつ、『綺麗だから』です」と岡田は主張する。「彼の目には綺麗なものしか入ってこない、他には関心がないのです。（中略）もし、菜穂子の病気が治っていたとしたら、二人の恋は終わっていたでしょう。二郎の目に映る菜穂子は、老いるとともに美しくなくなってしまうからです」（『『風立ちぬ』を語る』、三六頁、四二頁）[10]。岡田はまた、映画で菜穂子が死ぬ場面が登場しない事実は、この作品の非現実性を裏付けていると主張する。特に実在した堀越の妻が早世せず、夫婦が二人の子供に恵まれたことを考えれば、私もこの点には同意せざるを得ない。映画に登場する現実感のない菜穂子――永遠に若く、永遠に子供を産まず、結核というロマンチックな病に冒されている――という存在は、映画自体の浮世離れした幻想的な性格を浮き彫りにしており、『カリオストロの城』に登場した「消え去る女」のモチーフを想起させる。

二郎は心から菜穂子を愛しているようだが、最大の情熱を傾けているのが飛行機の設計であることに疑問の余地はない。このことは、映画そのものだけでなく、映画の原作となった漫画においても明らかだ。宮崎が二〇〇〇年代初めに月刊模型雑誌『モデルグラフィックス』誌に連載した、映画と同名の漫画『風立ちぬ』では、堀辰雄の小説に基づくロマンスが描かれている点は同じだが、映画よりも淡泊な描写に終始している。一方で、漫画の主な焦点は様々なタイプの軍事技術に置かれている。

後に『風立ちぬ　宮崎駿の妄想カムバック』（大日本絵画、二〇一五年）として単行本化された作品の中では、宮崎が絵を描くことにかけた労力とは著しく対照的に、物語とキャラクターは比較的重視されていない。あくまで中心となるのは、何ページにもわたって微に入り細を穿《うが》って描かれている様々な軍事兵器のイラストで、同作の大半はそれらで埋め尽くされている。この漫画では概して、戦闘シーンなどよりむしろ、軍事技術そのものに重きが置かれており、それぞれのイラストが複雑な芸術作品のように独自の存在感を放っている。

『紅の豚』からも、宮崎の軍事技術への愛情は伝わってくる。主人公は、派手な赤色に塗られた飛行艇を最愛のペットか自分の体の一部でもあるかのように溺愛し、それを軍事兵器という本来の目的から執拗に切り離して考えようとしているように見える。一方、『風立ちぬ』では戦争の存在は忘れられているというよりは、むしろ省略されているかのようである。確かに、悲惨な未来を予感させる場面も一部には登場する。例えば、二郎と同僚の本庄がドイツでユンカースの広大な航空機製造工場を訪問した際、鋼鉄製の巨大な怪物のような飛行機に試乗するシーンがある。その機体は邪悪な猛禽のように不吉な輝きを帯びている。もっと明白な例は、二郎の夢や想像の中に時折登場する陰鬱なイメージである。その中では、日本の軍用機が撃墜されたり、ねじ曲がった残骸が周囲に散乱したりしているのだ。

『紅の豚』のマルコと違って、『風立ちぬ』の二郎は必ずしも零戦を「溺愛」しているわけではないが、完璧な飛行機を設計することだけに全霊を傾けていることは、様々なシーンから伝わってくる。このひたむきな努力は若い頃から一貫しており、大学時代に昼食で食べたサバの骨を見てその形状に感動し、精密に設計された零戦の翼断面に使えないかと考えた時点ですでに始まっていた。深夜に自宅に戻った二郎は、隣で眠る菜穂子の手を握りながらタバコを吸い、空いた方の手で航空機の設計図を一心に描く。零戦が完成に近づくにつれ、宮崎は主人公だけでなく、上司や他のスタッフたちが興奮を高めていく様子を描いている。彼らの視点だけでなく、おそらく監督自身の視点から見ても、この航空機はもはや誇りと達成感をもたらす存在にほかならず、彼らは畏敬の念さえ覚えているのだ。

だが、映画における零戦は、漫画版のそれに比べて、はるかに大きな悲しみを暗黙のうちに体現する存在——邪悪で愚かな目的のために歪められてしまった美しい創造物——として描かれている。映画の結末で、宮崎は二郎の夢の中で想像上の良き相談相手となるカプローニ（イタリアが生んだ先駆的な航空機設計者）に「一機も戻ってきませんでした」と語るシーンを挿入している。驚くべきことに、二郎の言葉は正確だった。大戦初期の数年間において太平洋の空を支配した戦闘機は、最終的にはより高度な性能を備えた敵機に対して劣勢になる。これらの新鋭戦闘機は零戦から制空権を奪い、対日戦争の形勢を一変させた。零戦の歴史はさらに悲劇的な形で幕を閉じることになる。大戦末期になると神風特攻隊の若者たちを乗せて、アメリカ海軍の艦船に突っ込む体当たり攻撃に使われるようになったのだ。

本作には神風特攻隊に関する言及は一切ない。二郎が時折破壊の場面を夢で見たり、「破裂」と口にしたりすることを除けば、映画は結局、悲惨な敗戦と正面から向き合うことなく終幕を迎える。だが皮肉なことに、零戦の初期の成功は敗戦の要因の一つとなった。零戦の活躍などによる緒戦の一連の勝利から日本軍は過剰な自信を持ち始め、それが戦線の拡大と長期化につながったからである。

ミヤザキワールドを構成する一連の映画は、これまで一貫して戦争の愚かさと恐ろしさを表現してきたし、宮崎もインタビューや講演など、あらゆる機会を通じて戦時中の軍部を批判してきた。それを考えると、最後の監督作が戦争とその負の遺産に正面から取り組んでいないことには、とりわけ問題がありそうだ。つまり、以下のような結論は避けられないそうにない。結局、宮崎はいまだに自分の家族の工場が戦争遂行に協力したことや、自分たちが戦時中も比較的裕福な生活を維持していたことへの罪悪感を払拭できずにいるのだろう。しかし、私の見るところ、ここには罪悪感だけではない何かも作用している。宮崎の最も興味深い作品の一部が生まれるきっかけとなった様々な感情の巨大な複合体が、そこに混入しているのだ。

一部の博物館における少数の例外を除いて、実物の零戦はもはや存在しない。そのため、宮崎にとって二郎の航空機は、完璧さを求め、空を飛び、自らの力を試すという夢を過去という「異国」に投影するには、打ってつけの安全なファンタジーを提供したのである。映画自体も、戦争の現実に直面して最高の瞬間が壊れてしまう前に、時間の進行を止めてしまいたいという暗黙の願望を体現している。もはや現存しない軍事技術をテーマに選んだことは、宮崎に安全な距離を保ったまま、自らの個人的かつ国家的な過去と向き合うことを可能にしたのである。

戦争を憎む宮崎は、それに激しく反対する一方で、優れた軍事兵器を称賛する漫画や映画を生み出している。そこには確かに明らかな矛盾が存在するが、プロデューサーの鈴木敏夫が主張するように、私たちもそれを説明しようと試みるよりは、単に受け入れてしまうべきなのかもしれない。鈴木自身の証言によれば、『風立ちぬ』の漫画版を読んだ後で宮崎に映画化するように説得したのは鈴木だったという。プロデューサーの彼がそうした理由は、平和主義者として知られている一方で軍事兵器の絵を描くことを愛する宮崎が、映画の中で自分の中のそうした矛盾をどう解決するか見てみたかったからだという。鈴木によれば、こうした矛盾を抱えているのは決して宮崎一人ではない。プロデューサーが言うには、「実を言うと戦後多くの日本人がそう［感じていた］」のである。だから、『風立ちぬ』を映画化すれば「多くの人にとって次の時代を生きるヒントになるんじゃないかな」と思ったのだという（『風に吹かれて』、二二六頁）[11]。

　実際に、歴史を通じて世界各地で、人類は苦しみと死に直結する技術的進歩を崇めてきた。カプローニが二郎に「君はピラミッドのある世界とピラミッドのない世界とどちらが好きかね？」と尋ねるシーンで、宮崎は人間精神のこの悩ましい側面と正面から折り合いを付けようとしているのだ。カプローニがここで言外に暗示しているのは、ピラミッドの建築という技術的かつ審美的な偉業は、恐るべき人間の苦しみと犠牲がなければ達成されなかったということである。全体として、この映画はどんな犠牲を払おうとピラミッドのある世界を築くべきだと主張しているように思える。これは一部の観客にとって、到底受け入れがたい厄介なメッセージかもしれない。

『風立ちぬ』において、宮崎は過去の映画でも取り組んできた問題に、これまでにない困難なやり方で率直に答えようとしている。その問題とは、テクノロジーとは、それ自体が目的となりうるのか、あるいはそうであるべきかというものだ。『ナウシカ』『ラピュタ』『もののけ姫』といった映画はＳＦかファンタジーであったため、この問題から安全な距離を取ることが可能だった。だが『風立ちぬ』で、宮崎は新しいタイプのファンタジーを生み出した。それは、技術的発展の負の側面が表面化する直前に歴史の進行を止めてしまうことで生まれる物語だ。ところが、本作のファンタジーは実際の歴史に基づいているため、もはや従来のように安全な距離は保てなくなっている。零戦の開発は優れた技術的功績だったが、それが同時に大量の人々を死に追いやったことは、不都合な真実というだけでは済まされない。宮崎は、これについて「現実のほうがもっと早く進んでる」とか「追いつかれちゃった」などと内心の感情を吐露している。それ以上に印象的かつ衝撃的なのは、自分のアニメーション作りに罪悪感を覚えているかのような発言をしていることだ。子供がビデオを一〇〇回観たとかテレビで視聴率が上がったなどというのは「自慢でも誇りでもなんでもなくて、それはただの人生の消費であってね」と、監督は二〇一三年のインタビューで語っている。宮崎はこの時も、自身の映画のファンだという子供たちは、家でアニメばかり観ずに、もっと外に出て実際に何かを体験すべきだという主張を繰り返している（『続・風の帰る場所』、二一六頁、二一〇頁）[12]。

一九六二年にロボットの王女の中から人間の少女を登場させて、その才能で周囲を驚嘆させた生意気な若手アニメーターも、もはや齢七二歳に達していた。ファンタジー世界の創造者として比類なき成功をもたらしたのは、すべての状況を掌握し、支配しているという感覚だったが、今の宮崎は少なくとも往々にしてそれを放棄したように見える。生涯にわたる途方もない努力によって驚くべき成功を収めてきた監督は、二〇一三年の時点で、第二次世界大戦末期に日本人全体が共有していた無力感を痛切に追体験していたようである。宮崎は渋谷にこう語っている。「『風立ちぬ』っていうのはどういう風かというのは、［地震が起きて］原発が爆発したあと、轟々と風が吹いた時に、僕は2階で寝転がってて、木がうわーって揺れてるのを見てて思ったんだけど（中略）さわやかな風が吹いてるんじゃないいんだっていうね。轟々と吹くんです、恐ろしい風が」（『続・風の帰る場所』、二一六 - 一七頁）[13]

それでも、この映画の結末は、少なくとも主人公にとっては悲劇的なものではない。終戦から少し後の未来に設定されたエンディングで、二郎は白いパラソルを差した菜穂子が、風の中をまだ若く美しいままの姿で歩いてくるのを目にする。映画の当初のシナリオでは、菜穂子は「来て」と二郎に語りかけることになっていたが、鈴木の意見で変更されたという。なぜなら「来て」という言葉からは、二郎を死の世界に誘っているようなニュアンスが感じられるからだ。結局、完成された映画では、菜穂子は夫に「生きて」と告げる。これは、『もののけ姫』でアシタカが言う「生きろ」という台詞を彷彿とさせる。しかし、私自身は、菜穂子が二郎に来て欲しいと望んだのは、必ずしも死の世界ではなく、夢と想像力と美と希望に満ちた世界だったという見方をとりたい。つまり、それは宮崎が過去四〇年間にわたって創造し、今後も私たちをずっと魅了し続けるに違いないアニメ映画の世界そのもののことだと。

第16章　結び

もののけは姫を肩に乗せ、山へ帰って行った……。

——宮崎駿が一九八〇年に最初に描いた『もののけ姫』のイメージボードより（スタジオジブリ、一九九三年）

ミヤザキワールドの物語は、見た者がそれぞれ自由に解釈できるような曖昧な終わり方をする場合がある。『ラピュタ』の結末で都市が空高く舞い上がっていく場面や、『もののけ姫』で不透明なままに終わるアシタカとサンの未来、あるいは『風立ちぬ』の曖昧なエンディングもまた、そこに加えてもいいかもしれない。二〇一三年に『風立ちぬ』が劇場公開されてから一カ月半ほど後に、宮崎は長編アニメ制作からの引退を発表した。その後、引退を撤回し、現在は新作『君たちはどう生きるか』の制作に取り組んでいるが、いずれにせよ、二〇一三年九月六日に行なった引退会見の内容は今も注目に値する。宮崎はまず、会見の冒頭で次のように宣言した。「僕は何度も今まで辞めると言って騒ぎを起こしてきた人間なので、当然まただろうと思われているんですけど（と、ここで一呼吸置くと報道陣をじっと見て）今回は本気です」

それから一時間半にわたる質疑応答の中で、マスコミは監督の健康状態や、映画『風立ちぬ』が物議を醸している点について韓国のファンに伝えたいこと、仕事で一番楽しかったことや一番苦労したことなどについて、相次いで質問を投げ掛けた。宮崎は礼儀正しく、率直に答えを返していった。傍らに座っている鈴木が時折、コメントを差し挟む中で、引退を決意した理由についても語った。健康問題のためというより、年齢のせいで作業に次第に多くの時間と労力を要するようになったので、そろそろ長編アニメから手を引きたいと考えたのだというのがその説明だった。また、今後は、きわめて人気の高いジブリ美術館の展示に関わったり、東山道を通ってできれば京都まで歩いて旅してみたいなどという発言もあった。さらに、スタジオジブリのスタッフ（中には同社設立以来三〇年ほど職場を共にしてきた仲間もいた）を「チーム」と呼び、彼らの多大な貢献を称えた。監督の責任と重圧についても言及し、「途方に暮れたり」、「戸惑い」を感じたりすることがあったと語る一方、アニメーションの素晴らしさは「世界の秘密を覗き見ること」にあり、「風や人の動きや色々な表情や眼差し、体の筋肉の動きそのものの中に世界の秘密があると思える仕事」だという美しい表現で賛辞を述べている。また、韓国における『風立ちぬ』への反応に関する質問に対しては、周囲の言葉に惑わされず、自分の目で映画を直接観て判断して欲しいとコメントしている。

宮崎は会見中に、二度にわたって「僕は自由です」と宣言した。だが当然ながら、現実はそれほど単純ではない。五〇年間に及ぶキャリアを通じて、監督は並外れた努力により、おそらく他のどんな作家《オトウール》の追随も許さない一連の傑作を生み出してきた。その結果、世界中でいまだ衰えぬ人気を誇る人物が、まさか国内の徒歩旅行に残りの「自由」な人生を費やすとは到底思えない。実際に、会見でも、「車が運転できる限りは」毎日アトリエに通うつもりだと認めている。また、家族に唯一言及したのは、妻に引退の話をした際、これからも毎日昼食の弁当を作って欲しいと頼んだと述べた時だった。

真の問題は、宮崎が自らの魂を解き放ち、ゆったりした気分で自由な晩年を過ごせるかどうかである。監督は圧倒的な複雑さを内に抱えた人物で、質素な食事を好み（フォアグラよりはラーメン派）、緻密に構成されたファンタジー世界を創造することに生涯を費やしてきた。飛行機をこよなく愛しているが、飛行機に乗るのは苦手で、テクノロジーが及ぼす悪影響について深く憂慮している。子供のことも大好きだが、外で遊ぶよりビデオを観たいと言うと激怒する。日曜には自宅近くの河川を清掃しているが、熱烈な環境保護活動家たちからは距離を置いている。さらに、人生を強く肯定しているが、過去一〇年ほどの間にしばしば死について語るようになっている。

宮崎の日常は、自身の頭の中で起きていることやその類まれな想像力によって規定されているが、本人は同時に周囲の世界に渦巻く闇を痛切に認識している。監督は生涯を通じて、『カリオストロ』のヨーロッパ風のファンタジー世界から、『ポニョ』の現実感が希薄な津波襲来後の領域に至るまで、様々なユートピア的世界を生み出してきた。だが、児童文学研究者のカレン・サンズ＝オコナーが指摘しているように、「ユートピアの探索は通常、幻滅と安息の地《ホーム》という二つの終着点のどちらかにたどり着く」[1]。宮崎が行なってきた発言の多くからは、幻滅が容易に見て取れる。とりわけ直近の一〇年間においては、時に日本に対する希望を失ったように思えることがあった。二〇年に及ぶ経済停滞と地震、津波、原発事故の三重苦に見舞われたこの国が、もはや回復不能なほどのダメージを受けているように見えたからである。過去の作品で繰り返し世界の崩壊を描いてきたことも、悲観的見方をさらに強める結果となった。それは、二〇一一年三月の東日本大震災の後で行なった「歴史が突然顔出した」という発言にも滲み出ている（『続・風の帰る場所』、一八三頁）[2]。

宮崎の日本のアニメーションに対する態度にも幻滅が表面化しており、もはや観る気も失せているようである。年来の隠棲願望を考えれば、無理もない面もあるが、それより気にかかるのは監督が時折ジブリに対して示すようになった失望感である。キャリアの初期には重要な関係を築いていた高畑（二〇一八年逝去）との交流も目に見えて希薄になっていたし、もっと若いスタッフに対しても失望の念を隠そうともしなかった。宮崎は、部下たちが自分とする仕事よりも給料に関心があるようにしか見えないことを嘆き、若いアニメーターたちの才能のなさを非難した。アーシュラ・K・ル＝グウィンのファンタジー小説『ゲド戦記』に基づく映画をジブリで監督した長男・吾朗との屈折した関係は、マスコミに格好のゴシップを提供した。もっとも、引退会見の頃までには、吾朗は新たな監督作『コクリコ坂から』（二〇一一年公開）の成功で汚名を返上したように見える。それより前には、若手監督の米林宏昌《よねばやしひろまさ》も『借りぐらしのアリエッティ』（二〇一〇年公開）でヒットを飛ばしていた。このように比較的成功した例が続いたにもかかわらず、宮崎は最悪の事態を想定した「腹の括り方」をしていると、渋谷は監督とのインタビューで指摘している（『続・風の帰る場所』、一〇八頁）[3]。

だが、宮崎が単なる人間嫌いに過ぎないなら、誰もその映画を見に行こうとは思わないはずである。監督は絶望した態度を見せることもあれば、何かに夢中になることもある。しばらく前のインタビューでも、宮崎は日曜日に妻と散歩に行った時に、川がきれいになって自然の風景が戻っているのを見て「ああけっこういい国だな」と思うようになったと述べている（『続・風の帰る場所』、一一三頁）[4]。作品の中では、「けっこういい国」の日本は今も健在である。『トトロ』で描かれる水田の広がる風景、『千と千尋』の舞台となる湯屋の活気と従業員たちの絆、『ポニョ』で示される希望と再生の精神、それに『風立ちぬ』における夢のように美しい日本庭園などは、どれもその好例と言っていい。

宮崎の映画で描かれている多くの庭園は、サンズ＝オコナーがユートピア願望の一側面を表すと主張している「安息の地」の最も美しい表現と言えるかもしれない。『紅の豚』で花の生い茂る庭園に置かれたジーナのガゼボ（西洋風あずまや）、『もののけ姫』におけるエボシ御前の「秘密の庭」、それに『ハウルの動く城』でハウルが城の外に持っている隠れ家と庭は、どれも平和と孤独と平穏をもたらしてくれる。また、それらには、もしかすると宇都宮大空襲の夜より以前に宮崎が幼年期を過ごした美しい庭園の記憶とさえ重なる部分があるのかもしれない。この「結び」を執筆している時点で、監督は数十年前から構想を練っていた短編アニメ映画を完成させようとしている。それは、生まれたばかりの毛虫が外界に出て行く姿を描いた物語で、これもまた幼年期と自然に敬意を表する作品となっている〔その後、短編アニメ『毛虫のボロ』と題され、二〇一八年三月二一日から三鷹の森ジブリ美術館で館内限定公開されている〕。

宮崎は世界を愛しており、その中で生き続けたいと願っていると同時に世界を激しく非難し、見限りたいという気持ちもあるので、余計に悩みが深くなるのだ。二〇一四年二月に、私がインタビューした際にも、これらの両極端の間を右往左往し続けた。監督は自分のアトリエの隣にあるジブリスタッフ用の保育園で遊ぶ子供たちを見て、顔を輝かせていた。また、正月休みの間にドイツの幻想文学者E・T・A・ホフマンの短篇集を初めて読んで大変面白かったという感想も聞かせてくれた。ところが、次の瞬間には、偉大な実写映画の監督である黒澤明が、全盛期の輝きを失ってからも映画を撮り続けたこと（少なくともそういう声が一部にあったことは確かだ）に言及し、「黒澤の二の舞になりたくない」と言い出したのである。宮崎が黒澤の話を持ち出したのは、明らかに後世の評価を意識し始めていることを示唆している。

だが、宮崎が最も印象的な発言を行なったのは、インタビューの終盤になってからだった。それは、誰かがあなたの肖像画を描くとしたら、どんな風に描かれたいですかと尋ねた時のことである。その絵にはどんな物を含めて欲しいですかと私は聞いてみた。本でしょうか？　それとも何か骨董品でも？　監督は少しの間躊躇していたが、やがてため息をつくと、肩をすくめてこう言った。「何もいりません。暗闇の中へ消えていくところを描いていただくだけで結構です」

宮崎は「いのちは闇の中のまたたく光だ！」という名台詞を残しただけでなく、これまで一貫して世界に鮮やかな色彩と輝きをもたらしてきた。にもかかわらず、宮崎の中に強い隠棲願望があることもまた事実なのである。

宮崎が一九八〇年に描いたイメージボードが、九三年に『もののけ姫』というタイトルの子供向け絵本として出版されている。監督がそれを描いたのは、同名の映画の制作に着手するよりはるか前のことだった。中世の日本を舞台としたその絵本が語るのは、呪いで巨大な山猫に変身してしまった「もののけ」の物語である。元々は人間の少年だったが、獣のように暴れ、獣のような暮らしをしているうちに、本当に獣の姿になってしまったのだ。もののけは気丈な若い姫君を誘拐して妻にしようとするが、姫君は頑なに拒絶する。この物語は明らかにフランスの説話『美女と野獣』にヒントを得ているが、ひねりを利かせた結末が素晴らしい。様々な冒険や魔法を経験した後で、もののけと姫君は山中の隠れ家に戻って、いつまでも幸せに暮らすのである。少年の呪いは解けず、獣の姿のままだ。宮崎が絵本のために描いたイラストの中には、彼がこれまで創造した中で最も魅力的なシーンの一つがある。それは、縞模様のある獣が快適そうに仰向けに寝そべり、リラックスしたポーズで深靴をはいた足を壁に立てかけているというものだ。そのそばには姫君が座っている。

物語は冒険に満ちており、よくできた娯楽作品で、内容にはやや暗い面もある。だが、その全体を貫いているのは、宮崎の全作品で中心的な位置を占める「受容」のテーマである。私は、長いキャリアを終えた監督が、自らが創造した素敵なファンタジー世界の中でのんびりとくつろいでいる姿を想像してみたい。その傍らには、これまで生み出してきた多種多様なキャラクターや生き物たちが寄り添い、末永く元気と安らぎを与え続けるのである。

謝辞

長年にわたる研究と執筆の過程で、私は様々な個人や組織から多くの支援をいただいた。タフツ大学からの教員向け研究助成金のおかげで、同大学人文科学研究センターで一学期を過ごすことが可能になった。滞在期間中は、同センター所長のジョナサン・ウィルソンに代わり、ジョン・ファイラーが客員所長を務めていた。当時の学部長ホセア・ヒラタには、申請を支援していただいたことをとても感謝している。ロックフェラー財団からの研究助成金は、イタリアにある同財団のベラジオ研究センターで貴重な六週間を過ごすことを可能にした。ジェニファー・ロバートソン、ヘレン・ハードエーカー、キャサリン・ラスキーの三氏には、この間の取り組みを支援していただいた。どちらの言論の場においても、広範で多様な聴衆の前で私の考えを披露し、反応を探る機会を得ることができた。現学部長のグレゴリー・カールトンには、本書の執筆に費やした最後の年に私の負担を軽減するため、受け持ちの授業を減らすという配慮をしていただいた。このことには言葉に尽くせないほど感謝している。最終的な文章の改訂の段階で支えてくれた友人のデブ・ワイスゴール、キャサリン・ラスキー、ミーガン・マーシャルにも感謝の気持ちを捧げたい。大学では過去六年間にわたって、宮崎に関するゼミを行なってきた。そこで出会った多くの賢明で素晴らしい学生たちにも特別な賛辞を贈りたい。彼らのおかげで、このゼミは教育者として生涯最高の体験となった。

このほかにも、個人的に感謝の言葉を伝えたい人々が大勢いる。チャオ・チェンは、様々な参考文献を渉猟するに当たって、どこまでも忍耐強く私をサポートしてくれた。エリック・スワンソンとリョウイチ・カトウには、翻訳作業の一部を手伝ってもらった。ジャネット・バーンは、原稿を仕上げる過程で貴重な戦力となってくれたし、ブランソン・ラズロは技術的な問題で力を貸してくれた。スティーヴ・アルパートはスタジオジブリ関連の一部の問題について助言してくれ、武田美樹子《たけだみきこ》には宮崎駿とのインタビューの手配で協力していただいた。言うまでもなく、宮崎氏自身にも私のために時間を割いていただいたことを感謝している。ジョナサン・ナウロッキとローランド・ケルツは、スタジオジブリの元スタッフから話を聞けるように人脈をたどって紹介者を探してくれた。中でも、田《た》中敦子《なかあつこ》、米林宏昌、それに田《た》中栄子《なかえいこ》の三人には、特に感謝の言葉を捧げたい。有光道生《ありみつみちお》は、特に初期の段階で素晴らしい相談相手になってくれただけでなく、重要な日本語の文献を提供してくれた。また、イェール大学出版局の依頼で私の原稿を読んでくれた二人の匿名の方たちは、多くの素晴らしい洞察と助言を提供してくれた。

　イェールで私の編集担当を務めたサラ・ミラーと彼女のアシスタントのアシュ・ラゴには、一貫して支援してくれたことを強く感謝したい。イェールの校閲担当者ダン・ヒートンの指摘からは、多くの刺激を受けた。また、娘のジュリア・ネイピアは、いつもながら有益な感想と意見を寄せてくれた。キャスリン・ヘンマンとローランド・ケルツは一部の章を読んで、何点か有益な修正を提案してくれた。最後になったが、最大の感謝を捧げたいのが、本書の研究と執筆に費やした八年という長きにわたって惜しみない支援と愛情を与えてくれ、常に上機嫌で接してくれた夫のスティーヴ・コイトである。スティーヴと私が出会ったのは、ちょうど本書のためのリサーチを開始した年のことだった。だから、私自身の個人的なミヤザキワールドにとっても、スティーヴはもはや欠かせない存在なのである。

訳者あとがき

本書は、海外における日本アニメ研究の第一人者による「宮崎駿論」決定版とも言うべき一冊である（原書は*Miyazakiworld: A Life in Art*, Yale University Press, 2018）。通読してまず実感するのは、著者スーザン・ネイピアの「ミヤザキワールド」に対する並々ならぬ愛情の深さだ。自身も優れたストーリーテラーであるネイピアの語り口は優しく滑らかで、宮崎の人生や時代背景が創作過程にどのような影響を与えたのかを、難解な専門用語に頼ることなく紐解いていく。ネイピアは、宮崎の作品世界を読み解くために、監督に関する膨大な日本語の（そして日に日にボリュームを増す英語の）文献や資料を渉猟しただけでなく、作品にインスピレーションを与えた自然や場所にも自ら足を運んで観察している。

現在、タフツ大学で修辞学教授を務めるネイピアは、これまで日本文学とファンタジーやアニメに関する多数の論文や著書を発表している。そのうち一冊は『現代日本のアニメ――「ＡＫＩＲＡ」から「千と千尋の神隠し」まで』（中央公論新社、二〇〇二年）と題して邦訳され、翌年には第二七回日本児童文学学会賞特別賞を受賞した。

二〇一九年は、日本アニメにとってまさに闇と光が交錯する一年となった。「闇」はもちろん、七月にアニメ制作会社「京都アニメーション（京アニ）」第一スタジオで起きた凄惨な放火殺人事件である。三〇人以上の犠牲者を出した前代未聞の惨事は、日本だけでなく世界中に衝撃をもたらした。京アニは、スタジオジブリ作品の『魔女の宅急便』や『紅の豚』などの制作に参加したことでも知られている。ネイピアはアニメ研究の権威として、《ニューヨーク・タイムズ》紙をはじめ、多くのメディアからコメントを求められ、自らもCNNのサイトに「京アニの放火事件は、人類と芸術にとって大きな損失だ」と題するコラムを投稿した。その中で、ネイピアはアニメーターを使い捨てにせず、大事に育てる京アニの職場環境の素晴らしさや、女性アニメーターを（特に監督レベルで）重用する意識の高さを称え、日常と神秘的なものが交差する瞬間や、自然と少女たちを繊細に描写する高度な演出力を絶賛している。メディアでの発言からも明らかなように、著者の研究姿勢は鋭いジャーナリズム感覚にも裏打ちされており、それは本書の際立った特徴の一つでもある。

一方で、日本アニメに「光」をもたらした出来事もあった。日本アニメの黎明期にスポットを当てた、NHKの連続テレビ小説『なつぞら』が大きな話題を呼んだこともその一つだろう。宮崎や盟友の高畑勲をモデルにした人物も登場し、アニメ業界に対する一般視聴者の関心を高めただけでなく、『太陽の王子　ホルスの大冒険』や『アルプスの少女ハイジ』といった初期の名作アニメが再注目されるきっかけとなった。ちなみに、本書はこれらの作品も詳しく取り上げ、ドラマの主人公のモデルとなったアニメーターの奥山玲子の証言を引用するなど、当時の状況にかなりのページを割いている。

宮崎の創作活動に関しては、すでに膨大な数の書籍やドキュメンタリーが存在する。中には、きわめて興味深い考察を行なっている評論や、制作現場での宮崎の日常に肉薄することで、ユニークな創造性の秘密に迫った優れた番組も少なくない。だが、ネイピアが本書で試みているのは、大量の断片的な情報を丁寧に拾い上げながら、監督自身の人生と芸術世界《ミヤザキワールド》の関係を明らかにし、「作家」宮崎駿の全体像を掘り起こすことにある。内気だがすでに常人離れした画力の片鱗を見せ、祖父の別荘で自然を満喫していた少年時代、試験勉強よりも漫画を描くことに夢中になった高校時代、児童文学研究会に所属し、プロの漫画家を目指そうとしていた大学時代、そして瞬く間に優れたアニメーターとして頭角を現した東映動画の新人時代などを通じて、宮崎の生い立ちと人生から創作の秘密を解くカギが次々に明かされていく。中でも興味深いのが、ネイピアの言う宮崎の中の「闇」の部分である。

例えば、ネイピアは、宮崎の幼少期の記憶にしばしば言及し、第二次世界大戦中の体験が、いかに監督の深い共感能力や反権力の姿勢を育むことに貢献したかを解き明かしていく。家族が経営していた零戦の部品工場が戦争に加担して利益を上げ、結果的に同世代の子供たちより裕福な暮らしをしていたことや、米軍の空襲から逃れる際に、親が近隣に住む母子を見捨てた（少なくとも幼い宮崎の目にはそう映った）ことへの罪悪感が大きな要因になっているという指摘も、その一例である。そうした経験に根差したテクノロジーに対するアンビバレントな感情は、『ルパン三世 カリオストロの城』においてすでに見て取れるし、『風の谷のナウシカ』や『もののけ姫』では大きなモチーフの一つとなっている。宮崎作品の主人公の多くは、自分の危険を顧みずに、弱い立場にある者に救いの手を差し伸べる。それは、ナウシカやアシタカといった明らかなヒーローだけでなく、河原で下級生をいじめている上級生を投げ飛ばす『風立ちぬ』の二郎にも共通する。ある意味で、宮崎は戦時中にできなかったこと（母子を救うこと）を彼らに代行させているのだとネイピアは分析する。また、軍事兵器を設計する二郎をはじめ、多くの登場人物は、幼い宮崎の目に映った家族のように、道徳的に曖昧な選択を行なっている。彼らの行動が観客にとって説得力を持つのは、どのキャラクターにも宮崎自身の葛藤が反映されているからにほかならない。

ネイピアはまた、監督の幼少期から成長期にかけて母親が結核で長患いしていたことや、宮崎と母親との間の強い絆にも大きな焦点を当てている。『となりのトトロ』や『風立ちぬ』への影響は歴然としているが、ほかの作品で母親（あるいは母親代わり）のキャラクターが重要な役割を演じているのも、そこに理由の一端があるという。ほかにも、宮崎作品における「呪い」の意味（アシタカ、マルコ、ソフィー、千尋の両親やハクなど）をはじめ、多くのテーマにからめて作家と芸術世界の関係が浮き彫りにされていく。言うまでもなく、そこから生まれるのは優れた作品論であり、中でも訳者にとって白眉は、漫画『ナウシカ』の「闇と光」を論じた第一〇章と『もののけ姫』の「他者性」を考察した第一一章だった。

やや手前みそになるが、本書の原書が、ロシア語、アラビア語、中国語、韓国語に翻訳される予定であることも、日本アニメに「光」をもたらす出来事の一つと言えるかもしれない。そこからは、「作家」宮崎駿に対する国際的な関心の高さが窺える。加えて、『ナウシカ』の歌舞伎版が今年一二月に公演される予定であることも、「光」の要素に含めていいだろう。

訳者の私が映画『風の谷のナウシカ』を初めて観たのは、もう三〇年以上も前のことだが、あの時の衝撃は今でも忘れられない。欧米の優れたSFに勝るとも劣らぬ複雑で重厚な世界観と、王蟲の圧倒的な存在感に度肝を抜かれ、ナウシカの凛々しさと「辺境一の剣士」ユパのカッコよさにすっかりしびれてしまった。当時は未完だったコミック版も全巻買い込んで貪るように読み、ダークな世界観に再び衝撃を受けた。それ以来、宮崎の作品は必ず映画館で観るようになった。どの作品にも強く心を揺さぶられ、観た当時の思い出とともに深く記憶に刻印されている。中でも『もののけ姫』は、漫画と映画版の『ナウシカ』に次いで好きな作品で、中世日本に『ナウシカ』の世界観を移植したような舞台設定や、次々に登場する異形のものたちの描写にぞくぞくさせられっぱなしだった（もっとも、宮崎が創造した超自然的なキャラクターのうち、私が一番好きなのは多分、『トトロ』のネコバスだ)。また、現時点で最後の劇場映画である『風立ちぬ』では、まるで地の底で巨大な竜が暴れているような関東大震災の描写のあまりの迫力と不気味さに鳥肌が立ち、身勝手な(そこには監督自身の葛藤が反映されているのだろう)二郎の前から消え去っていく菜穂子の姿に胸が苦しくなった。純粋なファンタジーではないからこそ、あらためて宮崎監督の凄さを思い知らされた作品だった。

以前から常に不思議に思っていたのは、数ある漫画やアニメの中で、なぜ宮崎の作品だけが私をこんな気持ちにさせるのかということだった。その疑問に確たる答えを見出せないまま数十年がたち、宮崎がおそらく最後の劇場アニメとなるであろう作品に着手している今になって、翻訳者として本書に出会うことができたのは、一ファンとして望外の喜びである。読者が私のように感じたことが一度でもあるのなら、本書は間違いなく、その疑問にヒント以上のものを与えてくれるはずだ。

最後に、宮崎に大きな影響を与えた作家の言葉を紹介しておこう。宮崎は、故アーシュラ・K・ル=グウィンの古典的名作『ゲド戦記』を枕元に置き、すぐに読めるようにしていたと自著で書いている。同作の映画化の経緯については本書でも言及されているが、その結果がどうあれ、ル=グウィンと宮崎が芸術家として互いに尊敬し合っていたことに疑問の余地はない。ル=グウィンは、自らのホームページで、宮崎は「黒澤かフェリーニに匹敵する天才だ」と断言していた。そのル=グウィンが、芸術作品の創作過程について記したこんな言葉がある。

他者に到達するために芸術家は自分自身の内部へと向かいます。理性を手がかりにしながら、自分の意志で非合理なものの世界に足を踏み入れるのです。自分自身の内奥にはいりこめばはいりこむほど他者に近づいていくのです。……苦痛に関してなにが一番つらいかと言えば、それはこの苦痛が自分ひとりだけのものだということです。……痛みという最も孤独な経験が共感を生み、愛を生み出すのです。つまり自己と他者とのかけ橋、交流のきずなを。芸術に関しても同じことです。自分自身の内奥に最も深くはいっていく――この苦痛に満ちた旅をなしとげる芸術家こそが、わたしたちの心に最も密接に触れ、最もはっきりと語りかける芸術家なのです（『夜の言葉――ファンタジー・SF論』、アーシュラ・K．ル＝グウィン、山田和子・他訳、岩波現代文庫、二〇〇六年、一三二頁）。

ここで描写されている芸術家は、まさに本書で描かれている宮崎駿の姿そのものである。

本書に引用されている登場人物の台詞や場面の描写は、その都度、DVDや漫画に直接当たって確認し、表現や内容が異なる場合は、すべて作品に合わせて変更したことをお断りしておく。宮崎の全著作を含めて、日本語の参考文献からの引用に関しても同様の手続きを踏んだ。

最後になったが、日本の読者向けに素敵な序文を寄せてくださり、訳者の質問に丁寧に答えていただいたネイピア氏に深い感謝の念を表しておきたい。また、本書を翻訳する機会を与えていただいた早川書房と、煩雑な編集業務と膨大な資料の確保にご尽力いただいた編集部の三村純氏、そしてフリー編集者の矢内裕子氏とフリー校正者の谷内麻恵氏に心から感謝したい。

二〇一九年一〇月

索　引

＊「宮崎駿」「アニメーション（アニメ）」など頻出語は立項していない。

■ま

■や

■ら

■わ

原　注

序章　ミヤザキワールドを探して

1 Margaret Talbot, "The Auteur of Anime", *New Yorker*, January 17, 2005に引用された宮崎のインタビューより。
2『折り返し点 1997〜2008』、宮崎駿、岩波書店、2008年、476頁。
3 Dani Cavallaro, *The Anime Art of Hayao Miyazaki*, Jefferson, NC: McFarland, 2006, p. 16.
4『宮崎駿の時代——1941〜2008』久美薫、鳥影社、2008年、425頁。

5『鈴木敏夫のジブリマジック』、梶山寿子、日経ビジネス人文庫、2009年、210頁。

6『宮崎駿の世界』、「宮崎駿の功罪　あるいは、スタジオジブリという「鉄の党」について」、対談／押井守・上野俊哉、竹書房、2005年、91頁。
7 Ibid., 101頁。
8 押井の「スターリズム」発言に対する反撃として、宮崎は彼がバセットハウンドの愛犬を溺愛していることを批判している。『風の帰る場所——ナウシカから千尋までの軌跡』、宮崎駿、文春ジブリ文庫、2013年、172-173頁。
9 Talbot, "The Auteur of Anime", p. 64。

第1章　壊れた世界

1『容赦なき戦争——太平洋戦争における人種差別』、ジョン・W・ダワー、猿谷要監修、斎藤元一訳、平凡社ライブラリー、2001年、93頁。発言はボナー・フェラーズ准将によるもの。

2『熱風』憲法改正特集「憲法を変えるなどもってのほか」、宮崎駿、2013年7月号、スタジオジブリ、4頁
3 Wm. Roger Louis, *Ends of British Imperialism: The Scramble for Empire, Suez, and Decolonization*, London: Tauris, 2006, p39.
4『半藤一利と宮崎駿の腰ぬけ愛国談義』、文春ジブリ文庫、2013年、52頁。
5 Beongcheon Yu, *Natsume Soseki*, New York: Twayne, 1968. p. 120。
6『熱風』憲法改正特集「60年の平和の大きさ」、高畑勲、2013年7月号、スタジオジブリ、21頁。

7『熱風』憲法改正特集「戦争は怖い」、中川李枝子、2013年7月号、スタジオジブリ、19頁。

8『ユリイカ』2001年8月臨時増刊号「総特集＝宮崎駿『千と千尋の神隠し』の世界」、「自由になれる空間」、青土社、28-29頁。

9『宮崎駿の原点——母と子の物語』、大泉実成、潮出版社、2002年、174頁。
10 Ibid.

11『千と千尋の神隠し』映画パンフレット、2001年。

12 次を参照。Susan Napier, “Panic Sites: The Japanese Imagination of Disaster from *Godzilla to Akira”* In *Contemporary Japan and Popular Culture*, ed. John Treat, 235-262. Honolulu: University of Hawai‘i Press, 1996.

13『ポップ・カルチャー・クリティーク1.　宮崎駿の着地点をさぐる』、「健やかなる妄想」、清水美行、青弓社、1997年、99頁。「私的な世界の終わり《アポカリプス》」とは、映画研究者ピーター・ボスが個人の肉体的崩壊を描写するために作り出した新たな用語である。次を参照。Peter Boss, “Vile Bodies and Bad Medicine.” *Screen* 27 (1986): pp. 14-24. しかし、私自身はこの用語を広義に解釈して、その中に家族や世帯の崩壊も含めている。

14『腰ぬけ愛国談義』、113頁。

15 Ibid., 53頁。

16『宮崎駿の原点』、35頁。

17 Ibid., 24-26頁。

18 Ibid., 27頁。

19 Ibid., 27-28頁。

20 Ibid., 32頁。

21 Ibid., 33頁。

22 David Eng, and David Kazanjian. *Loss: The Politics of Mourning*. Berkeley: University of California Press, 2003. p.2.

第2章　アニメ作家のつくり方

1『出発点 1979〜1996』、宮崎駿、徳間書店、1996年、18版、129-130頁。

2 Ibid., 239頁、188頁。

3 次を参照。『十二世紀のアニメーション――国宝絵巻物に見る映画的・アニメ的なるもの』、高畑勲、徳間書店 、1999年。

4『宮崎駿の原点』、57-58頁。

5 Eleanor Cameron. “McLuhan, Youth, and Literature.” In *Crosscurrents of Criticism: Horn Book Essays, 1968-1977*, ed. Paul Heins, 98-120. Boston: Horn Book, 1997, p. 112.

6『宮崎駿の原点』、57頁。

7『熱風』、4頁。

8 John Nathan. “Introduction.” In Kenzaburo Ōe. *Teach Us to Outgrow Our Madness*, ix - xxv. New York: Grove, 1990, p. xiii。

9『熱風』、4頁。

10 Ibid., 5頁。

11『折り返し点』、198頁。

12『出発点』、75-76頁。

13『宮崎駿の原点』、72頁。
14 Ibid., 68頁。
15 Ibid., 59-60頁。
16 Ibid., 61頁。
17『出発点』、82頁。

18『宮崎駿の原点』、79頁。

19「名作鑑賞『となりのトトロ』」、細江光、『甲南女子大学研究紀要 文学・文化編』42号、2005年、139頁。
20 Ibid., 90-91頁。
21『出発点』、503頁、506頁。

22『出発点』、82頁。『出発点』の英語版 *Starting Point* では、この重要な文章は「両親に抑圧されるな」と訳されているが、日本語の原文は「親に食い殺されるな」である。杉田俊介が指摘しているように、この時の宮崎には中国人作家・魯迅《ろじん》の有名な小説『狂人日記』のことが念頭にあった可能性もある。この小説の主人公である「狂人」は人間の歴史は「人食い」の歴史であると考えており、最後に「人間を食ったことのない子どもはまだいるかしら？／せめて子どもを……（竹内好訳）」と訴える。『宮崎駿論――神々と子どもたちの物語』、杉田俊介、NHKブックス、2014年、10頁。

23『腰ぬけ愛国談義』、52頁。
24 Ibid., 52頁。
25『出発点』、250頁。

26『宮崎駿の原点』、80頁。

27『出発点』、250頁。
28 Ibid., 250頁。
29『宮崎駿の原点』、78頁。

30『出発点』、158頁。
31 Ibid., 505頁。
32『宮崎駿の原点』、38頁。

33『出発点』、80-81頁。
34 Ibid., 81頁。
35 Ibid., 100頁。
36 Ibid., 100頁。
37 Ibid., 101頁。

第3章　絵を動かす歓び

1『キネ旬ムック　フィルムメーカーズ6　宮崎駿』「彼は風を切って走っていないと気が済まないんです」、小田部羊一・奥山玲子、キネマ旬報社、1999年、44-55頁。

2『作画汗まみれ』改訂最新版、大塚康生、文春ジブリ文庫、2013年、152-153頁、144

頁。
3 Ibid.,『作画汗まみれ』、30頁、224頁。
4 Ibid.,『作画汗まみれ』、157頁。
5『フィルムメーカーズ６　宮崎駿』、45頁。

6『作画汗まみれ』、157-158頁。

7『アニメーションの色職人』、柴口育子、保田道世、徳間書店、1997年、62-63頁。

8『フィルムメーカーズ６　宮崎駿』、46頁。
9 Ibid.
10『アニメーションの色職人』、56頁。

11『もののけ姫』のプロットが『太陽の王子　ホルスの大冒険』の影響を受けている可能性は極めて高い。『もののけ姫』のアシタカはホルスよりもはるかに複雑で興味深いキャラクターだが、二人はどちらも追放された身であり、遠方の村に旅をしなければならず、しかも謎めいた若い女性と運命的な出会いをするところまでそっくりである。

12『フィルムメーカーズ６　宮崎駿』、48頁、44頁。
13 ロマンアルバム・エクセレント60『太陽の王子　ホルスの大冒険』、徳間書店、1984年、189頁。
14 Ibid., 182-183頁。『宮崎駿の原点』、121頁。
15『作画汗まみれ』、172頁。ロマンアルバム『太陽の王子　ホルスの大冒険』189頁。『出発点』、241頁。

16『アニメーションの色職人』、61頁。
17 ロマンアルバム『太陽の王子　ホルスの大冒険』、142-143頁。
18『フィルムメーカーズ６　宮崎駿』、49頁。
19 Ibid.
20 A. Cooper-Chen, *Cartoon Culture: Globalization of Japanese Popular Media*. New York: Peter Lang, 2010, p. 30。
21『作画汗まみれ』、246頁。
22 Ibid., 225頁、242頁。
23『映画「風の谷のナウシカ」ガイドブック（復刻版）』、徳間書店、2010年、182頁、188頁。

24『作画汗まみれ』、226頁。
25 Ibid., 224頁。
26『宮崎駿の原点』、128頁。

第４章　上昇と下降　『ルパン三世　カリオストロの城』

1 Svetlana Boym, “Ruinophilia.” In *The Atlas of Transformation*, ed. Zybnek Baladran. Prague: J. R. P. Ringier, 2010.『折り返し点』、461頁。
2『出発点』、98頁。

3『作画汗まみれ』、248頁、『宮崎駿論』、37頁。

4『作画汗まみれ』、241頁、『「風の谷のナウシカ」 ガイドブック』、130頁。

5『作画汗まみれ』、245頁。『宮崎駿全書』、13頁。
6 "John Lasseter Pays Emotional Tribute to Hayao Miyazaki at Tokyo Film Festival," *Hollywood Reporter*, October 24, 2014.『作画汗まみれ』、285頁。
7『宮崎駿全書』、11頁。

8『宮崎駿論』、37頁。

9『ユリイカ臨時増刊号　総特集＝宮崎駿の世界』「少女の心の盗みかた　公女クラリス乙女心盗難事件ノート」、住倉良樹、100頁。
10 Helen McCarthy. *Hayao Miyazaki: Master of Japanese Animation: Films, Themes, Artistry*. Berkeley, CA: Stone Bridge, 1999.　p.65.『宮崎駿全書』、15-16頁。
11『宮崎駿の原点』、125頁。宮崎が語った逸話は、彼が一番好きな作家の１人である夏目漱石の体験を不気味なほど彷彿とさせる。20世紀の変わり目にロンドンで孤独と苦悩に満ちた2年間を過ごした漱石は、ある時、向こうから「背の低い」妙な男がやって来るなと思ったが、よく見るとそれは鏡に映った自分の姿だったという。

12『出発点』、471頁。

13『エンピツ戦記――誰も知らなかったスタジオジブリ』、舘野仁美、中央公論新社、2015年、18頁。

14『出発点』、244頁。

15『「風の谷のナウシカ」 ガイドブック』、5頁、『出発点』、244頁。

16『宮崎駿の原点』、177頁。

17『出発点』、441-442頁。

18『「風の谷のナウシカ」 ガイドブック』、155頁。
19 Ibid., 144頁。
20 Ibid.,「ある仕上げ検査の女性」、135頁。
21 Ibid., 137頁。

第５章　『風の谷のナウシカ』と「女性原理」

1『風の帰る場所』、232頁。

2『宮崎駿全書』、叶精二、フィルムアート社、2006年、47頁。

3『出発点』、523頁。

4『風の帰る場所』、235頁。

5『出発点』、475頁。音楽学と文化社会学に造詣が深い研究者の小泉恭子《こいずみきょうこ》によれば、久石譲が映画『風の谷のナウシカ』で行なった注目すべき貢献は、初期ギリシャ正教の時代に成立したドリア旋法を用いて「古代ヨーロッパのイメージ」を暗示させたことにあるという。Kyoko Koizumi. "An Animated Partnership: Joe Hisaishi's Musical Contributions to Hayao Miyazaki's Animated Films." In *Drawn to Sound:*

Animation Film Music and Sonicity, ed. Rebecca Coyle, 60-74. London: Equinox, 2010. p.63. キリスト教の礼拝とドリア旋法の関連性は、映画でナウシカがユダヤ・キリスト教の救世主を彷彿とさせるキャラクターであることを裏付けている。

6『「風の谷のナウシカ」 ガイドブック』、8頁、12-13頁。

7『出発点』、476頁。

8『アニメジェネレーション――ヤマトからガンダムへのアニメ文化論』、井上静、社会批評社、2004年、217頁。

9『宮崎駿全書』、70頁。

10『出発点』、431頁。

11 Scott Shaw. “Bug Love.” *New York Times*, August 23, 2014.

12 1960年代から70年代にかけての環境問題に関する市民運動の分析については、次を参照。Margaret A. McKean. *Environmental Protest and Citizen Politics in Japan*. Berkeley: University of California Press, 1981.

13『宮崎駿全書』、51-52頁。

14『熱風』、4頁。

15『ユリイカ臨時増刊号　総特集＝宮崎駿の世界』「森の神殺しとその呪い」、小松和彦、49頁。

16『出発点』、137頁。

17 Susan Napier. *Anime from Akira to Howl's Moving Castle: Experiencing Contemporary Japanese Animation*. New York: Palgrave, 2005.（『現代日本のアニメ』）

18 Robert Backus, *The Riverside Counselor's Stories*. Stanford: Stanford University Press, 1985. p.43.

19『フィルムメーカーズ6　宮崎駿』、「讃辞が虚しく響く宮崎駿の胎動がここにある」、田中英司、124頁。

20『出発点』、524頁。

21 Ibid., 501頁。

第6章　大空の孤児たち　『天空の城ラピュタ』

1『宮崎駿の「深み」へ』、村瀬学、平凡社新書、2004年、82頁。

2『風の帰る場所』、260頁。

3 1971年に、宮崎はスティーヴンソンの小説を原作とした『どうぶつ宝島』というアニメ映画の制作にスタッフとして参加している。スティーヴンソンと宮崎の比較に関しては次を参照。Susan Napier. “Where Shall We Adventure? Robert Louis Stevenson Meets Hayao Miyazaki.” In *Effervescent Britannia*, ed. W. Roger Louis. London: Tauris, 2018.

4『宮崎駿全書』、86頁。

5 Ibid., 82-83頁。

6 宣伝キャンペーンの失敗に関しては、鈴木が次の著書で語っている。『ジブリの仲間

たち』、鈴木敏夫、新潮新書、2016年、22頁。
7『出発点』、440頁。
8 Ibid., 479頁。
9 Ibid., 82頁。
10『宮崎駿全書』、83頁
11 Ibid., 107頁。
12 Thomas Lamarre. *The Anime Machine: A Media Theory of Animation*. Minneapolis: University of Minnesota Press, 2009. P.95. Anthony Lioi. "The City Ascends: *Laputa: Castle in the Sky* as Critical Ecotopia." *Image-TexT* 5, no. 2 (2010): http://www.english.ufl.edu/imagetext/archives/v5_2/lioi/.
13『ウォーリー』の監督を務めたのはピクサーのアンドリュー・スタントンだったが、同社のCCO（チーフ・クリエイティブ・オフィサー）を務めていたジョン・ラセターは『ラピュタ』の熱烈なファンである。2016年に日本で行なわれたインタビューで、彼はこの映画の「類まれな魅力」の「とりこになった」と語っている。次を参照。『キネマ旬報』2016年7月上旬号、特集「スタジオジブリの30年」、キネマ旬報社。
14 Lioi. "The City Ascends".
15 Tom Moylan. *Demand the Impossible: Science Fiction and the Utopian Imagination*. New York: Methuen, 1986. P.34.
16 ムスカの失明は、宮崎が『ラピュタ』においていまだに親の問題を引きずっている可能性を示唆している。フロイトがギリシャ悲劇『オイディプス王』に関する論考で主張しているように、精神分析において失明は去勢と結び付けられている。権威ある男性を失明（＝去勢）させることによって、パズー（とシータ）は親が不在の世界で自らの潜在能力を主張するのである。
17 叶は、『ラピュタ』の樹は、フランスの作家アントワーヌ・ド・サン゠テグジュペリの『星の王子さま』（これも宮崎の愛読書のひとつである）に登場する「バオバブの木」のイメージと重なると指摘している。『宮崎駿全書』、100頁。
18 Lioi. "The City Ascends".
19 Ibid.

第７章　魔法の森の傘　『となりのトトロ』に見る国と個人のトラウマ克服への道
1『徹底鑑賞!!　100回『となりのトトロ』を見ても飽きない人のために』、細江光、和泉書院、2014年。
2 Svetlana Boym. *The Future of Nostalgia*. New York: Basic, 2001. p. 69, p.xiv.
3『名作鑑賞「となりのトトロ」』、86頁。
4『出発点』、490頁。
5 Phillip Brophy. *100 Anime*. London: British Film Institute, 2005. p.156. Marilyn Ivy.

Discourses of the Vanishing: Modernity, Phantasm, Japan. Chicago: University of Chicago Press, 1995. p.2.

6 現代日本の言論における「里山」の位置付けに関しては、次を参照。Catherine Knight. “The Discourse of ‘Encultured Nature’ in Japan: The Concept of *Satoyama* and Its Role in 21st-Century Nature Conservation.” *Asian Studies Review* 34, no. 4 (2010): 421-441.『出発点』、531頁。

7 Roger Ebert. *My Neighbor Totoro* movie review. RogerEbert.com, www.rogerebert.com/reviews/great-movie-my-neighbor-totoro-1993.

8 これは、細江の論文とその後に書かれた著書における一貫したテーマだが、それが最も顕著に表れているのが次の論文である。『名作鑑賞「となりのトトロ」』、90-91頁。

9『フィルムメーカーズ6　宮崎駿』、「あらかじめ追放された子供たちのスピリット」、平野勝巳、130頁。

10『名作鑑賞「となりのトトロ」』、139頁。

11 Ibid., 91頁。『鈴木敏夫のジブリマジック』、51頁。

12「『となりのトトロ』と子どものファンタジー」、田中信市、『東京国際大学論叢　人間社会学部編』、東京国際大学、1995年、50頁。

13 Ibid., 50頁。

14『名作鑑賞「となりのトトロ」』、113頁。

15『鈴木敏夫のジブリマジック』、69頁。

16『幻想文学――構造と機能』、ツヴェタン・トドロフ、渡辺明正・三好郁朗共訳、朝日現代叢書、1975年。

17 田中はトトロの潜在的な母性についてさらに考察を深め、その巨大な口や、超自然的な仲間であるネコバスの大きな口と歯、それに子宮のように居心地が良さそうな内部には「両面性」がある可能性（それは多分、子供たちが親に「食い殺される」のではないかという宮崎の懸念と関係している）を指摘している。それ以外にも、田中はモーリス・センダックのファンタジー絵本『かいじゅうたちのいるところ』との興味深い類似点についても言及している。次を参照。「『となりのトトロ』と子どものファンタジー」51-56頁。

18『名作鑑賞「となりのトトロ」』、128頁。

19 Ibid., 133頁。

20 E. Ann Kaplan, and Ban Wang. “Introduction: From Traumatic Paralysis to the Force Field of Modernity.” In *Trauma and Cinema: Cross Cultural Explorations*, ed. E. Ann Kaplan and Ban Wang, 1-22. Hong Kong: Hong Kong University Press, 2004. p.16.

21『宮崎駿を読む』、清水正、鳥影社、2001年、213-242頁。

22 Ibid., 223頁。

23 青井汎《あおいひろし》は、『トトロ』とスペイン内戦を題材とする映画『ミツバチのささやき』との間に類似性があることを指摘している。後者にも2人の姉妹が登場し、厳しい現実とファンタジーが混ざり合う。妹は脱走兵を優しい怪物だと思い込んでかくまっ

てしまうのである。次を参照。『宮崎アニメの暗号』、青井汎、新潮社、2004年。30-33頁。

24『名作鑑賞「となりのトトロ」』、106頁。

第8章　魔女と都市　『魔女の宅急便』における時間、空間、ジェンダー

1『ジブリの仲間たち』、31-32頁。

2 Ibid., 31頁。

3『このアニメ映画はおもしろい！』、川上大典、青弓社、2015年。22頁。

4『宮崎駿論』、141頁。

5 角野は、最終的に散文による小説と映画のような視覚芸術の間には著しい違いがあることを認め、次のように語っている。「アニメーションにおける物語性と、書物における物語性とは、全く違うものだということが分かった。（中略）アニメーションは目の前の動きに、観客も一緒についていく。書物の場合は、頁をめくるごとに、こうなっていくんじゃないかという、読者の予想や期待感によって支えられていく。そういう違いがあるように思った」（『宮崎駿全書』、136頁）

6『出発点』、407頁。

7『宮崎駿の「深み」へ』、126-128頁。

8 男性の批評家の杉田俊介は、少年の頃にキキに「切なく恋したことを今も思い出す」と語っており、それは彼女がまさに「ふつうの女の子」で、ナウシカやクラリスより親しみやすかったからだとその理由を説明している。『宮崎駿論』、141頁。

9『フィルムメーカーズ6　宮崎駿』、「男性原理を夢の領域におさめた少女の旅立ち〜手塚的フェミニズムを越えて」、村上知彦、136頁。

10『宮崎駿論』、140頁。

11『ジブリの仲間たち』、45頁。

12『宮崎駿全書』、148頁。

13 Ibid., 149頁。

14 Foster, Michael Dylan. “Haunting Modernity.” *Asian Ethnology* 71, no. 1 (2012): 3-29. p.4.

15『宮崎駿論』、135頁。

16『宮崎駿全書』、151頁。

第9章　カサブランカに舞い降りる『紅の豚』

1 奥田浩司は、『カサブランカ』と『紅の豚』の関係について詳しく論じており、マルコの造形は、リックから巧みにずらされていると指摘している。また、彼はマルコのアメリカ人の宿敵カーチスの名前は、『カサブランカ』の監督のマイケル・カーチスから取られたのではないかとも推測しているが、この時代に活躍した最も重要な水上機の一部は「カーチス・ライト」社によって開発されたことにも注目すべきだろう。『ジブリの森へ——高畑勲・宮崎駿を読む　増補版』所収「『紅の豚』と

〈非戦〉」奥田浩司、米村みゆき編、森話社、2008年、122-155頁。

2『宮崎駿全書』、157頁。

3『風の帰る場所』、83-84頁。

4『宮崎駿全書』、155頁。

5『風の帰る場所』、84頁。

6『宮崎駿全書』、170頁。

7『時には昔の話を』、宮崎駿、加藤登紀子、徳間書店、1992年、86頁。

8『風の帰る場所』、94頁。

9『ジブリの森へ』、149頁。

10『風の帰る場所』、78-79頁。
11 Ibid., 85頁。
12 Ibid., 86頁。
13 アニメ研究者のパトリック・ドレーゼンも、マルコが戦争から生還した後で豚の顔に変わってしまったことと関連付けて「サバイバーズ・ギルト」の問題に言及している。次を参照。Patrick Drazen. “Sex and the Single Pig: Desire and Flight in Porco Rosso.” In *Mechadamia 2*, ed. Frenchy Lunning, 189-199. Minneapolis: University of Minnesota Press, 2007. p.198。
14『時には昔の話を』、89頁。
15 Ibid.
16 Drazen, “Sex and the Single Pig,” p.198.
17『飛行士たちの話』所収「彼らは歳を取るまい」、ロアルド・ダール、田口俊樹訳、ハヤカワ・ミステリ文庫、2016年、220頁。

18『時には昔の話を』、97頁。

19『風の帰る場所』、81頁。
20 ドレーゼンは、彼の見解によれば『紅の豚』に含まれる明らかな性的要素について、次の著書で論じている。Drazen, “Sex and the Single Pig.”

第10章　救世主《メシア》から巫女《シャーマン》へ　「闇の中のまたたく光」を求める漫画版『風の谷のナウシカ』

1 アニメージュコミックスワイド判『風の谷のナウシカ』第7巻、宮崎駿、徳間書店、1995年、212頁。
2 Joan Halifax. *Shamanic Voices: A Survey of Visionary Narratives*. New York: Penguin, 1979. p.3.
3『風の帰る場所』、199頁。
4 Brophy, *100 Anime*, p.158
5 Halifax, *Shamanic Voices*, p.4。
6『風の谷のナウシカ』第1巻、129-130頁。

7『宮崎駿マンガ論　『風の谷のナウシカ』精読』、小山昌宏、現代書館、2009年、168-

169頁。
8『風の谷のナウシカ』第1巻、134頁。
9 Ibid., 第3巻、34頁。
10 Ibid., 第4巻、91頁。
11 Ibid., 第5巻、65頁。
12 Ibid., 第5巻、86頁。
13 Ibid., 第5巻、142頁、147頁。
14 Halifax, *Shamanic Voices*, p. 21.『風の谷のナウシカ』第6巻、97頁、35頁。
15『風の谷のナウシカ』第6巻、94頁。
16 Andrew Osmond. "Nausicaä and the Fantasy of Hayao Miyazaki." *Foundation: The International Review of Science Fiction* 72 (1998): 57-81. p.72.
17『風の谷のナウシカ』第7巻、107頁。
18 Ibid., 第7巻、119頁。
19 Ibid., 第7巻、201-202頁。
20 Ibid., 第7巻、199頁。
21 Ibid., 第7巻、200-201頁。
22 Ibid., 第7巻、196頁、208頁。
23 Ibid., 第7巻、208頁、216頁。
24 Ibid., 第7巻、223頁。
25『宮崎駿の世界』所収「セクスレス・プリンセス　漫画『風の谷のナウシカ』の性とフラジャリティを巡って」、永山薫、竹書房、2005年、142頁。『宮崎駿マンガ論』、6頁。『コミック・ボックス　完結記念特集 風の谷のナウシカ』所収「浄化されてゆく宮崎世界の闇「ナウシカ」の辿り着いた場所」、五味洋子、ふゅーじょんぷろだくと、1995年、38頁。『宮崎駿論』、304頁。『宮崎駿全書』、47頁。
26 Eriko Ogihara-Schuck. "The Christianizing of Animism in Manga and Anime: American Translations of Hayao Miyazaki's *Nausicaä of the Valley of the Wind*." In *Graven Images: Religion in Comic Books and Graphic Novels*, ed. A. David Lewis and Christine Hoff Kramer, 133-148. New York: Continuum, 2010. p.134.
27『風の帰る場所』、204-5頁、203頁。
28『風の谷のナウシカ』第7巻、198頁。

第11章　他者の顔　『もののけ姫』の横断される境界

1 比較文学研究者のピーター・パイクは、『もののけ姫』における葛藤を「抑圧された者と追放された者の共同体が森の擁護者たちとそれぞれの権利をめぐって衝突する」と要約している。Peter Paik. *From Utopia to Apocalypse: Science Fiction and the Politics of Catastrophe*. Minneapolis: University of Minnesota Press, 2010. p.94
2 Karen Thornber. *Ecoambiguity: Environmental Crises and East Asian Literatures*. Ann Arbor: University of Michigan Press, 2012. カレン・ソーンバーは、本書『エコアンビ

ギュイティー（環境問題における曖昧さ）』の中で、こうした疑問は、東アジアの芸術や文化の世界観に典型的に見られると指摘している。その世界観は自然と調和しているといった東アジアを美化した単純な見方には収まり切らず、人間が自然とどのように関わり合うべきかを問う複雑な概念を提示しているのだと主張する。

3 押井守は、「デジタルに転向したのは、あの人［宮崎］が保田道世さんというおばさんに逆らえない人間だったからなんだよ」と語っている。「いわばジブリの影の実力者」かつ長年の盟友で「強烈なおばさん」である「彼女がデジタルペイントに変えるって宣言したんだよね」（『宮崎駿の世界』、竹書房、89頁）

4『風の帰る場所』、136頁。

5『ジブリの仲間たち』、100頁、105頁。

6『鈴木敏夫のジブリマジック』、49頁。

7『ジブリの仲間たち』、96頁。

8 Janet Maslin. “Film Review: Waging a Mythic Battle to Preserve a Pristine Forest.” *New York Times*, September 27, 1999.『鈴木敏夫のジブリマジック』、218-219頁。

9『もののけ姫』の劇場公開後のインタビューで、宮崎は初期のディズニー映画は「人間の心を描くことについては、実にシンプルであまり楽しめませんでした」と批判的に語っている。そして、むしろフランスで作られた『煙突掃除と羊飼い』（邦題は『やぶにらみの暴君』。のちに『王と鳥』）やソ連で作られた『雪の女王』といったアニメ作品を称賛している（『折り返し点』、112頁）。

10 批評家たちは必ずしも口をそろえて絶賛したわけではない。叶は、日本共産党の機関紙『しんぶん赤旗』に掲載されたアニメーション評論家おかだえみこの解説を引用しているが、そこでおかだは「圧巻の動画技術や演出力」にもかかわらず、「はっきりいってわかりにくい」と苦言を呈している。また、フェミニスト系の論客である斎藤《さいとう》美《み》奈《な》子《こ》は「おやじの妄想を大画面で見るおぞましさ」という表現で酷評している（『宮崎駿全書』、218頁）。さらに、映画評論家の高橋実《たかはしみのる》に至っては、本作は映画として「破綻」し、「失敗」しているとまで明言しているのだ（『ユリイカ1997年8月臨時増刊号　総特集＝宮崎駿の世界』「レオの首のゆくえ　宮崎駿は「神殺し」を完遂したか？」、高橋実、225頁）。

11 数人の学者を交えた『もののけ姫』に関する座談会で、宮崎は次のように語っている。「かわいい少女が一日にしてアトピーでワーッとなったりするのを見ていますと（中略）何でこうなるんだという理不尽さをまず感じますよね。これから、そういうことがますます起こる時代を生きていく少年や少女を主人公にして映画を作らないといけない」（『折り返し点』、126頁）。さらに、同じ座談会で、アシタカについても「差別されている人間として描いたつもりなんです」と主張し、腕の痣は「一種の差別の印」であると認めている（『折り返し点』、134頁）。

12 鈴木は『もののけ姫』というタイトルの方が観客の興味を引くと考えたのである。彼は、映画の特報でタイトルを先に出してしまった逸話とその際の宮崎の苛立った反応についても著書で誇らしげに回想している（『ジブリの仲間たち』、171頁）。

13 Susan Napier. "Confronting Master Narratives: History as Vision in Miyazaki Hayao's Cinema of De-Assurance." *positions: East Asian Cultures Critique* 9, no. 2 (2001): 467-493.

14『宮崎駿全書』、201頁。

15『風の帰る場所』、164頁。

16『宮崎駿全書』、218頁。

17 Ursula Heise. *Sense of Place, Sense of Planet: The Environmental Imagination of the Global*. Oxford: Oxford University Press, 2008. p.304.

18 David Whitley. *The Idea of Nature in Disney Animation*. Farnham, UK: Ashgate, 2013. p.3.

第12章　『千と千尋の神隠し』の私的な世界の終わり《アポカリプス》

1『風の帰る場所』、189-190頁。

2『ユリイカ』、「そして電車は行く」、124頁。

3『折り返し点』、270頁。

4『風の帰る場所』、205頁。

5 Susan Napier, *Anime from Akira to Howl's Moving Castle*, pp.156-157.（『現代日本のアニメ』）、『宮崎駿の着地点を探る』、「健やかなる妄想」、清水美行、93頁。

6『折り返し点』、280頁。

7『ユリイカ』「総特集＝宮崎駿『千と千尋の神隠し』の世界」、25頁。

8 Yoshioka, Shiro. "Heart of Japaneseness: History and Nostalgia in Hayao Miyazaki's *Spirited Away*." In *Japanese Visual Culture*, ed. Mark W. MacWilliams, 256-273. New York: M. E. Sharpe, 2008. p.272.

9『ユリイカ』「総特集＝宮崎駿『千と千尋の神隠し』の世界」、25頁。

10 Ibid.

11 Ibid., 124-127頁。映画のハイブリッド的なイメージに関しては次を参照。Yoshioka, "Heart of Japaneseness" 259-263.

12『風の帰る場所』、187-188頁。

13『千と千尋』における隠喩としての拒食症と過食症に関する、より詳細な論考については、以下の論文を参照。Susan Napier, "An Anorexic in Miyazaki's Land of Cockaigne." In *Devouring Japan*, ed. Nancy Stalker. Oxford: Oxford University Press, forthcoming. Gitte Marian Hansen. "Eating Disorders and Self-Harm in Japanese Culture and Cultural Expressions." *Contemporary Japan* 23 (2011): 49-69.

14 Susan Bordo. *Unbearable Weight: Feminism, Western Culture, and the Body*. Berkeley: University of California Press, 2003. p.139, p.141.

15 Ibid., p.201.

16『風の帰る場所』、186頁。

17『鈴木敏夫のジブリマジック』、246頁。

18『風の帰る場所』、183-184頁。
19 Ibid., 192頁。
20 Ibid., 186頁。
21 清水正は、『千と千尋』の世界には女性的・母性的な面が多く見られるという指摘をしている。例えば、そこには湯屋を取り巻く海や、湯屋自体の子宮を思わせる特徴なども含まれる。この幻想的な世界を造形するに当たって、宮崎がどこまでそれを意図していたかは定かではない。だが、湯婆婆に強制奉公させられているハクから、建物の外には一切出られない釜爺に至るまで、男性キャラクター陣が比較的重要性が低いか弱い立場に置かれていることは注目に値する。中でも最も興味深いのが、男性という設定であると思われるカオナシの存在である。彼は湯屋の中では暴走して大混乱を引き起こすが、一旦そこから誘い出されると、すっかりおとなしくなって存在感も薄くなり、最終的には母性的な銭婆に依存してそのもとにとどまる（『宮崎駿を読む』、93-94頁）。
22『風の帰る場所』、193頁。

第13章　城と呪いと共同体　『ハウルの動く城』

1『鈴木敏夫のジブリマジック』、201頁。

2『宮崎駿全書』、305頁。

3『ジブリの仲間たち』、189-190頁。
4 Ibid., 189頁。
5 Amanda Craig. "Interview with Diana Wynne Jones." *The Times* (London), March 2005.『宮崎駿全書』、278頁。
6『風の帰る場所』、246頁。

7『宮崎駿全書』、278頁、289頁。

8『宮崎駿論』、243頁。

9『宮崎駿全書』、306頁。

10『ユリイカ　特集＝宮崎駿とスタジオジブリ』、「魔法使いは誰だ!?」、小谷真理、青土社、2004年12月号、66頁。また、城に関しては、スヴェトラーナ・ボイムが「現代から離れた」様式、あるいは「冒険の建築」と呼ぶものの典型例と見ることも可能だろう。次を参照。 Svetlana Boym. *Architecture of the Off-Modern*. New York: Temple Hoyne Buell Center for the Study of American Architecture, 2008. Carl Cassegard. *Shock and Naturalization in Contemporary Japanese Literature*. Folkestone, UK: Global Oriental, 2007.

11『ユリイカ　特集＝宮崎駿とスタジオジブリ』、「動く城の系譜学　心的ネットワークのトポスとして」、ドミニク・チェン、88頁、90-91頁。

12『ユリイカ　特集＝宮崎駿とスタジオジブリ』、66頁。
13 Ibid., 68頁。一方、E・アン・カプランはこれとは逆に、年をとること自体が女性にとってアイデンティティの危機をもたらし、トラウマとなりかねないと主張して

いる。次を参照。E. Ann Kaplan. *Trauma Culture: The Politics of Terror and Loss in Media and Literature.* New Brunswick, NJ: Rutgers University Press, 2005. p.46.

14 Andrew Osmond. "Castles in the Sky." *Sight and Sound,* October 2005, old.bfi.org.uk/sightandsound/issue/200510.（現在、リンク切れ）

15『宮崎駿全書』、304頁。

16『宮崎駿論』、234頁。

17『ユリイカ　特集＝宮崎駿とスタジオジブリ』、91頁。

第14章　不思議で貴い宝　『崖の上のポニョ』の無垢な者たちが招く世界の終わり《アポカリプス》

1 漱石は、ロンドンで孤独な生活を送っていた時期にこの絵に魅了されたという。宮崎も、ロンドンでこの絵を見に行った際に購入したポスターを日本に持ち帰って、アトリエの壁に貼っていた。その作品から、ポニョの母親で「海なる母」のグランマンマーレが登場するシーンの着想を得たのである。海中に仰向けになったグランマンマーレは、長い髪をゆっくり流れるままにさせているが、それはミレーの絵に描かれた死にゆくオフィーリアの姿を彷彿とさせる。ミレーの絵も含めて、宮崎が漱石から受けた影響に関しては、次を参照。『芸術新潮』2013年6月号、「イメージの連鎖 漱石から宮崎駿へ」、古田亮、新潮社。

2 Edward Said. *On Late Style: Music and Literature against the Grain*. New York: Vintage, 2007.（『晩年のスタイル』大橋洋一訳、岩波書店、2007年）Linda Hutcheon and Michael Hutcheon. "Late Style(s): The Ageism of the Singular." *Occasion: Interdisciplinary Studies in the Humanities* 4 (2012): 1-11. p.6.

3『続・風の帰る場所――映画監督宮崎駿はいかに始まり、いかに幕を引いたのか』、宮崎駿、ロッキング・オン、2013年、138頁。

4 Ibid., 103頁、108頁、104頁。

5『宮崎駿論』、246頁。

6『続・風の帰る場所』、112頁、116-117頁。

7 Ibid., 128頁、108頁。

8『宮崎駿論』、248頁。

9 Roger Ebert. Ponyo movie review. RogerEbert.com, www.rogerebert.com/reviews/ponyo-2009.

10 宗介がポニョを受け入れる態度は、『人魚姫』の物語と対照的である。アンデルセンの童話とディズニー版の映画『リトル・マーメイド』のどちらにも、人間以外の世界を受容する姿勢はまったく見られない。これらの作品では、人魚が人間に変身するのは明らかに「進歩」であると見なされている。

11『沈んだ世界』、Ｊ・Ｇ・バラード、峰岸久訳、創元推理文庫、1968年、40頁。

12『宮崎駿論』、253頁。

第15章　「恐ろしい風」　『風立ちぬ』

1『続・風の帰る場所』、171頁、179頁。
2 Ibid., 182頁。
3 Ibid., 163頁、220頁。
4 Ibid., 174頁、208頁。
5『映画芸術　特集　国民的映画『風立ちぬ』大批判！』所収「風はまだ吹いているか？」、深作健太、編集プロダクション映芸、2013年11月号、10頁。

6『映画芸術　特集　国民的映画『風立ちぬ』大批判！』所収「「壊憲」と「戦争」へと向かう時代のイデオロギー装置——『風立ちぬ』」、小野沢稔彦、13頁。

7『風に吹かれて』、鈴木敏夫、中央公論新社、2013年、227頁。

8『映画芸術　特集　国民的映画『風立ちぬ』大批判！』、15頁。

9『『風立ちぬ』を語る——宮崎駿とスタジオジブリ、その軌跡と未来』、岡田斗司夫FREEex、光文社新書、2013年、33頁。
10 Ibid., 36頁、42頁。
11『風に吹かれて』、226頁。

12『続・風の帰る場所』、210頁、216頁。
13 Ibid., 217頁。

第16章　結び

1 Sands-O'Connor, Karen. "The Quest for the Perfect Planet: The British Secondary World as Utopia and Dystopia, 1945-1999." In *Utopian and Dystopian Writing for Children and Young Adults*, ed. Carrie Hints and Elaine Ostry, 179-195. New York: Routledge, 2003. p.181.
2『続・風の帰る場所』、183頁。
3 Ibid., 108頁。
4 Ibid., 123頁。

参考文献

＊邦訳があるものは日本語文献を記載した。
（早川書房編集部）

日本語・邦訳文献

青井汎『宮崎アニメの暗号』（新潮社、2004年）

庵野秀明『ユリイカ2001年8月臨時増刊号　総特集＝宮崎駿『千と千尋の神隠し』の世界』所収「そして電車は行く」124-127頁（青土社、2001年）

井上静『アニメジェネレーション――ヤマトからガンダムへのアニメ文化論』（社会批評社、2004年）

大泉実成『宮崎駿の原点――母と子の物語』（潮出版社、2002年）

大塚康生『作画汗まみれ』改訂最新版（文春ジブリ文庫、2013年）

岡田斗司夫 FREEex『『風立ちぬ』を語る　宮崎駿とスタジオジブリ、その軌跡と未来』（光文社新書、2013年）

奥田浩司『ジブリの森へ――高畑勲・宮崎駿を読む　増補版』所収「『紅の豚』と〈非戦〉」米村みゆき編、122-155頁（森話社、2008年）

押井守・上野俊哉『宮崎駿の世界』所収「宮崎駿の功罪　あるいは、スタジオジブリという「鉄の党」について」87-106頁（竹書房、2005年）

小野沢稔彦『映画芸術　特集　国民的映画『風立ちぬ』大批判！』所収「「壊憲」と「戦争」へと向かう時代のイデオロギー装置――『風立ちぬ』」、13-15頁（編集プロダクション映芸、2013年）

梶山寿子『鈴木敏夫のジブリマジック』（日経ビジネス人文庫、2009年）

勝川克志『映画「風の谷のナウシカ」ガイドブック（復刻版）』所収「宮崎駿の1日」（徳間書店、2010年）

角野栄子『魔女の宅急便』（福音館文庫、2002年）

叶精二『宮崎駿全書』（フィルムアート社、2006年）

川上大典『このアニメ映画はおもしろい！』（青弓社、2015年）

切通理作『宮崎駿の「世界」増補決定版』（ちくま文庫、2008年）

久美薫『宮崎駿の時代――1941～2008』（鳥影社、2008年）

アレグザンダー・ケイ『未来少年コナン』（『残された人びと』を改題）内田庶訳（角川文庫、1978年）

小谷真理『ユリイカ2004年12月号　特集＝宮崎駿とスタジオジブリ』所収「魔法使いは誰だ!?」64-70頁（青土社、2004年）

小田部羊一・奥山玲子夫妻『キネ旬ムック　フィルムメーカーズ6　宮崎駿』［責任編集　養老孟司］所収「彼は風を切って走っていないと気が済まないんです」44-54頁（キネマ旬報社、1999年）

小松和彦『ユリイカ1997年8月臨時増刊号　総特集＝宮崎駿の世界』所収「森の神殺しとその呪い　森をめぐる想像力の源泉をさぐる」48-53頁（青土社、1997年）

小山昌宏『宮崎駿マンガ論――『風の谷のナウシカ』精読』（現代書館、2009年）
酒井信『最後の国民作家 宮崎駿』（文春新書、2008年）
柴口育子『アニメーションの色職人』（徳間書店、1997年）
清水正『宮崎駿を読む――母性とカオスのファンタジー』（鳥影社、2001年）
清水美行『ポップ・カルチャー・クリティーク1. 宮崎駿の着地点をさぐる』所収「健やかなる妄想」92-101頁（青弓社、1997年）
杉田俊介『宮崎駿論――神々と子どもたちの物語』（ＮＨＫブックス、2014年）
鈴木敏夫『ジブリの仲間たち』（新潮新書、2016年）
鈴木敏夫『風に吹かれて』（中央公論新社、2013年）
住倉良樹『ユリイカ1997年8月臨時増刊号　総特集＝宮崎駿の世界』所収「少女の心の盗みかた　公女クラリス乙女心盗難事件ノート」96-103頁（青土社、1997年）
高橋実『ユリイカ1997年8月臨時増刊号　総特集＝宮崎駿の世界』所収「レオの首のゆくえ　宮崎駿は「神殺し」を完遂したか？」223-229頁（青土社、1997年）
高畑勲『映画「風の谷のナウシカ」ガイドブック（復刻版）』所収「あふれんばかりのエネルギーと才気」182-190頁（徳間書店、2010年）
高畑勲『十二世紀のアニメーション――国宝絵巻物に見る映画的・アニメ的なるもの』（徳間書店、1999年）
高畑勲『熱風』2013年7月号「憲法改正特集」所収「60年の平和の大きさ」20-26頁（スタジオジブリ、2013年）
舘野仁美『エンピツ戦記――誰も知らなかったスタジオジブリ』（中央公論新社、2015年）
田中信市『東京国際大学論叢　人間社会学部編』所収「『となりのトトロ』と子どものファンタジー」49-58頁（東京国際大学、1995年）
田中英司『フィルムメーカーズ6　宮崎駿』所収「讃辞が虚しく響く宮崎駿の胎動がここにある」122-125頁（キネマ旬報社、1999年）
ロアルド・ダール『飛行士たちの話』所収「彼らは歳を取るまい」田口俊樹訳（ハヤカワ・ミステリ文庫、2016年）
ジョン・ダワー『容赦なき戦争――太平洋戦争における人種差別』、猿谷要監修、斎藤元一訳（平凡社ライブラリー、2001年）
ドミニク・チェン『ユリイカ2004年12月号　特集＝宮崎駿とスタジオジブリ』、「動く城の系譜学　心的ネットワークのトポスとして」84-93頁（青土社、2004年）
中川李枝子『熱風』2013年7月号「憲法改正特集」所収「戦争は怖い」（スタジオジブリ、2013年）
永山薫『宮崎駿の世界　バンブームック　クリエイターズファイル』所収「セクスレス・プリンセス　漫画『風の谷のナウシカ』の性とフラジャリティを巡って」142-150頁（竹書房、2005年）
半藤一利・宮崎駿『半藤一利と宮崎駿の腰ぬけ愛国談義』（文春ジブリ文庫、2013年）

Ｊ・Ｇ・バラード『沈んだ世界』峰岸久訳（創元推理文庫、1968年）
深作健太『映画芸術　特集　国民的映画『風立ちぬ』大批判！』所収「風はまだ吹いているか？」10-12頁（編集プロダクション映芸、2013年）
古田亮『芸術新潮』2013年 6月号所収「イメージの連鎖 漱石から宮崎駿へ」（新潮社、2013年）
平野勝巳『フィルムメーカーズ６　宮崎駿』所収「あらかじめ追放された子供たちのスピリット」130-133頁（キネマ旬報社、1999年）
細江光『徹底鑑賞!! 100回『となりのトトロ』を見ても飽きない人のために』（和泉書院、2014年）
細江光「名作鑑賞『となりのトトロ』――母なる自然とイノセンス」（『甲南女子大学研究紀要 文学・文化編』〔42〕、2005年、85-149頁）
堀辰雄『風立ちぬ/菜穂子』（小学館文庫、2013年）
宮崎駿『「風の谷のナウシカ」ガイドブック』所収「ある仕上げ検査の女性」「「ルパン三世」とのかかわり」「アニメーションと漫画映画」「自分の原点」131-180頁（徳間書店、復刻版、2010年）
宮崎駿『飛行艇時代――映画『紅の豚』原作　増補改訂版』（大日本絵画、2004年）
宮崎駿『ユリイカ2001年8月臨時増刊号「総特集=宮崎駿『千と千尋の神隠し』の世界」』所収「自由になれる空間」24-37頁（青土社、2001年）
宮崎駿『風の帰る場所――ナウシカから千尋までの軌跡』（文春ジブリ文庫、2013年）
宮崎駿『風立ちぬ――宮崎駿の妄想カムバック』（大日本絵画、2015年）
宮崎駿『熱風』2013年7月号「憲法改正特集」所収「憲法を変えるなどもってのほか」21-25頁（スタジオジブリ、2013年）
宮崎駿『「風の谷のナウシカ」ガイドブック』所収「自作を語る」111-130頁（徳間書店、復刻版、2010年）
宮崎駿『アニメージュコミックスワイド版　風の谷のナウシカ』全7巻（徳間書店、1983－1994年）
宮崎駿『折り返し点 1997～2008』（岩波書店、2008年）
宮崎駿『出発点 1979～1996』（徳間書店、1996年）
宮崎駿『続・風の帰る場所――映画監督・宮崎駿はいかに始まり、いかに幕を引いたのか』（ロッキング・オン、2013年）
宮崎駿・加藤登紀子『時には昔の話を』（徳間書店、1992年）
村上知彦『フィルムメーカーズ６　宮崎駿』［責任編集　養老孟司］所収「男性原理を夢の領域におさめた少女の旅立ち――手塚的フェミニズムを越えて」134-137頁（キネマ旬報社、1999年）
村瀬学『宮崎駿の「深み」へ』（平凡社新書、2004年）
ジョン・ラセター『キネマ旬報2016年7月上旬号　特集「スタジオジブリの30年」』（キネマ旬報社、2016年）

参考文献

ロマンアルバム・エクセレント60『太陽の王子　ホルスの大冒険』（徳間書店、1984年）に掲載されている会社側が『ホルス』制作スタッフに提示した手書きの通達のコピー

ロマンアルバム・エクセレント60『太陽の王子　ホルスの大冒険』（徳間書店、1984年）所収の制作スタッフインタビュー

欧文文献

Bruno Bettelheim. *The Uses of Enchantment: The Meaning and Importance of Fairy Tales*. 1976; New York (Vintage, 2010)［『昔話の魔力』（波多野完治・乾侑美子共訳、評論社、1978年）］

Susan Bordo. *Unbearable Weight: Feminism, Western Culture, and the Body*. Berkeley (University of California Press, 2003)

Peter Boss. “Vile Bodies and Bad Medicine.” *Screen* 27 (1986): 14–24.

Svetlana Boym. *Architecture of the Off-Modern*. New York (Temple Hoyne Buell Center for the Study of American Architecture, 2008)

———. *The Future of Nostalgia*. New York (Basic, 2001)

———. “Ruinophilia.” In *The Atlas of Transformation*, ed. Zybnek Baladran. Prague (J. R. P. Ringier, 2010)

Dan Brayton. *Shakespeare’s Ocean: An Ecocritical Exploration*. Charlottesville (University of Virginia Press, 2012)

Phillip Brophy. *100 Anime*. London: British Film Institute, 2005.

Edward Buscombe. “Ideas of Authorship.” In *Theories of Authorship*, ed. John Caughie, 22–34. New York (Routledge, 1981)

David Butler. *Fantasy Cinema: Impossible Worlds on Screen*. London (Wallflower, 2009)

Eleanor Cameron. “McLuhan, Youth, and Literature.” In *Crosscurrents of Criticism: Horn Book Essays, 1968–1977*, ed. Paul Heins, 98–120. Boston (Horn Book, 1997)

Cathy Caruth, “Literature and the Enactment of Memory.” In *Trauma and Visuality in Modernity*, ed. Lisa Saltzman and Eric Rosenberg, 189–221. Hanover, NH (Dartmouth College Press, 2006)

———. *Unclaimed Experience: Trauma, Narrative, and History*. Baltimore (Johns Hopkins University Press, 1996)

Carl Cassegard, *Shock and Naturalization in Contemporary Japanese Literature*. Folkestone, UK (Global Oriental, 2007)

Dani Cavallaro, *The Anime Art of Hayao Miyazaki*. Jefferson, NC (McFarland, 2006)

Raphaël Colson and Gaël Régner. *Hayao Miyazaki: Cartographie d’un Univers*. Lyon (Moutons Électriques, 2010)

A. Cooper-Chen, *Cartoon Culture: Globalization of Japanese Popular Media*. New York (Peter Lang, 2010)

Amanda Craig, "Interview with Diana Wynne Jones." *The Times*, March 2005 (London)
Fabienne Darling-Wolf, "The 'Lost' Miyazaki: How a Swiss Girl Can Be Japanese and Why It Matters." *Communication, Culture and Critique* 9 (2016) 499–516.
Rayna Denison, *Anime: A Critical Introduction*. London (Bloomsbury, 2015)
Patrick Drazen, "Sex and the Single Pig: Desire and Flight in Porco Rosso." In *Mechadamia* 2, ed. Frenchy Lunning, 189–199. Minneapolis (University of Minnesota Press, 2007)
Stephen Duncombe, *Dream: Re-Imagining Progressive Politics in an Age of Fantasy*. New York (New Press, 2006)
Roger Ebert, *My Neighbor Totoro* movie review. RogerEbert.com, www.rogerebert.com/reviews/great-movie-my-neighbor-totoro-1993.
———. *Ponyo* movie review. RogerEbert.com, www.rogerebert.com/reviews/ponyo-2009.
David Eng and David Kazanjian. *Loss: The Politics of Mourning*. Berkeley: University of California Press, 2003.
Michael Dylan Foster, "Haunting Modernity." *Asian Ethnology* 71, no. 1 (2012): 3–29.
———. *Pandemonium and Parade: Japanese Monsters and the Culture of the Yōkai*. Berkeley: University of California Press, 2009.［『日本妖怪考――百鬼夜行から水木しげるまで』（廣田龍平訳、森話社、2017年）］
David Gerstner, and Janet Steiger, eds. *Authorship and Film*. New York (Routledge, 2003)
Joan Halifax, *Shamanic Voices: A Survey of Visionary Narratives*. New York (Penguin, 1979)
Gitte Marian Hansen, "Eating Disorders and Self-Harm in Japanese Culture and Cultural Expressions." *Contemporary Japan* 23 (2011) 49–69.
Helen Hardacre, *Shinto: A History*. Oxford (Oxford University Press, 2017)
David Harvey, *Spaces of Hope*. Berkeley (University of California Press, 2000)
Ursula Heise, *Sense of Place, Sense of Planet: The Environmental Imagination of the Global*. Oxford (Oxford University Press, 2008)
Linda Hutcheon and Michael Hutcheon. "Late Style(s): The Ageism of the Singular." *Occasion: Interdisciplinary Studies in the Humanities* 4 (2012): 1–11.
Marilyn Ivy, *Discourses of the Vanishing: Modernity, Phantasm, Japan*. Chicago (University of Chicago Press, 1995)
Fredric Jameson, *Archaeologies of the Future: The Desire Called Utopia and Other Science Fictions*. London (Verso, 2005)［『未来の考古学 1 (ユートピアという名の欲望)』（秦邦生訳、作品社、2011年）］
E. Ann Kaplan, *Trauma Culture: The Politics of Terror and Loss in Media and Literature*. New Brunswick, NJ (Rutgers University Press, 2005)

E. Ann Kaplan and Ban Wang. "Introduction: From Traumatic Paralysis to the Force Field of Modernity." In *Trauma and Cinema: Cross Cultural Explorations*, ed. E. Ann Kaplan and Ban Wang, 1–22. Hong Kong (Hong Kong University Press, 2004)

Catherine Knight, "The Discourse of 'Encultured Nature' in Japan: The Concept of Satoyama and Its Role in 21st-Century Nature Conservation." *Asian Studies Review* 34, no. 4 (2010): 421–441.

Kyoko Koizumi, "An Animated Partnership: Joe Hisaishi's Musical Contributions to Hayao Miyazaki's Animated Films." In *Drawn to Sound: Animation Film Music and Sonicity*, ed. Rebecca Coyle, 60–74. London (Equinox, 2010)

Thomas Lamarre, *The Anime Machine: A Media Theory of Animation*. Minneapolis (University of Minnesota Press, 2009)［『アニメ・マシーン――グローバル・メディアとしての日本アニメーション』（藤木秀朗監訳、大﨑晴美訳、名古屋大学出版会、2013年）］

Emmanuel Levinas, "Enigma and Phenomenon." In *Basic Philosophical Writings*, ed. Adrian Peperzak, Simon Critchley, and Robert Bernasconi, 65–77. Bloomington (Indiana University Press, 1996)

Ruth Levitas, *The Concept of Utopia*. Bern, Switzerland (Peter Lang, 2010)

Anthony Lioi, "The City Ascends: Laputa: Castle in the Sky as Critical Ecotopia." *ImageTexT* 5, no. 2 (2010): http://www.english.ufl.edu/imagetext/archives/v5_2/lioi/.

Wm. Roger Louis, *Ends of British Imperialism: The Scramble for Empire, Suez, and Decolonization*. London (Tauris, 2006)

Janet Maslin, "Film Review: Waging a Mythic Battle to Preserve a Pristine Forest." *New York Times*, September 27, 1999.

Helen McCarthy, *Hayao Miyazaki: Master of Japanese Animation: Films, Themes, Artistry*. Berkeley, CA (Stone Bridge, 1999)

Margaret A. McKean, *Environmental Protest and Citizen Politics in Japan*. Berkeley (University of California Press, 1981)

Tom Moylan, *Demand the Impossible: Science Fiction and the Utopian Imagination*. New York (Methuen, 1986)

Susan Napier, *Anime from Akira to Howl's Moving Castle: Experiencing Contemporary Japanese Animation*. New York (Palgrave, 2005)［旧版邦訳『現代日本のアニメ―『AKIRA』から『千と千尋の神隠し』まで』（神山京子訳、中公叢書、2002年）］

———. "An Anorexic in Miyazaki's Land of Cockaigne." *In Devouring Japan*, ed. Nancy Stalker. Oxford (Oxford University Press, forthcoming)

———. "Confronting Master Narratives: History as Vision in Miyazaki Hayao's Cinema of De-Assurance." *positions: East Asian Cultures Critique* 9, no. 2 (2001): 467–493.

———. "Matter Out of Place: Carnival, Chaos, and Cultural Recovery in Miyazaki Hayao's *Spirited Away*." *Journal of Japanese Studies*, Summer 2006.

———. “Panic Sites: The Japanese Imagination of Disaster from *Godzilla* to *Akira*.” In *Contemporary Japan and Popular Culture*, ed. John Treat, 235–262. Honolulu (University of Hawai ‘i Press, 1996)

———. “Where Shall We Adventure? Robert Louis Stevenson Meets Hayao Miyazaki.” In *Effervescent Britannia*, ed. W. Roger Louis. London (Tauris, 2018)

John Nathan, “Introduction.” In *Kenzaburō Ōe. Teach Us to Outgrow Our Madness*, ix–xxv. New York (Grove, 1990)

Colin Odell and Michelle Le Blanc. *Studio Ghibli: The Films of Hayao Miyazaki and Isao Takahata*. Croydon, UK (Kamera, 2015)

Eriko Ogihara-Schuck, “The Christianizing of Animism in Manga and Anime: American Translations of Hayao Miyazaki’s Nausicaä of the Valley of the Wind.” In *Graven Images: Religion in Comic Books and Graphic Novels*, ed. A. David Lewis and Christine Hoff Kramer, 133–148. New York (Continuum, 2010)

———. *Miyazaki’s Animism Abroad*. Jefferson, NC (McFarland, 2014)

Rieko Okuhara, “Walking Along with Nature: A Psychological Interpretation of *My Neighbor Totoro*.” *The Looking Glass: New Perspectives on Children’s Literature* 10, no. 2 (2006): http://www.lib.latrobe.edu.au/ojs/index.php/tlg/article/view/104/100.

Masatake Okumiya and Jiro Horikoshi, with Martin Caidin. *Zero*. New York (i books, 2002)

Andrew Osmond, “Castles in the Sky.” *Sight and Sound*, October 2005, old.bfi.org.uk/sightandsound/issue/200510.

———. “Nausicaä and the Fantasy of Hayao Miyazaki.” *Foundation: The International Review of Science Fiction* 72 (1998): 57–81.

Peter Paik, *From Utopia to Apocalypse: Science Fiction and the Politics of Catastrophe*. Minneapolis (University of Minnesota Press, 2010)

David Price. *The Pixar Touch: The Making of a Company*. New York (Knopf, 2008) ［『ピクサー——早すぎた天才たちの大逆転劇』（櫻井祐子訳、早川書房、2015年）］

Gilbert J. Rose, *Trauma and Mastery in Life and Art*. Madison, CT: International Universities Press, 1996.

Edward Said, *On Late Style: Music and Literature against the Grain*. New York (Vintage, 2007) ［『晩年のスタイル』（大橋洋一訳、岩波書店、2007年）］

Karen Sands-O’Connor, “The Quest for the Perfect Planet: The British Secondary World as Utopia and Dystopia, 1945–1999.” In *Utopian and Dystopian Writing for Children and Young Adults*, ed. Carrie Hints and Elaine Ostry, 179–195. New York (Routledge, 2003)

Scott Shaw, “Bug Love.” *New York Times*, August 23, 2014.

Margaret Talbot, “The Auteur of Anime.” *New Yorker*, January 17, 2005, 64–75.

Motoko Tanaka, *Apocalypse in Contemporary Japanese Science Fiction*. New York

(Palgrave, 2014)

Karen Thornber, *Ecoambiguity: Environmental Crises and East Asian Literatures*. Ann Arbor (University of Michigan Press, 2012)

Tzvetan Todorov, *The Fantastic: A Structural Approach to a Literary Genre*. Ithaca, NY (Cornell University Press, 1975)［『幻想文学——構造と機能』（渡辺明正、三好郁朗訳、朝日現代叢書、1975年）］

J. R. R. Tolkien, "On Fairy Stories." In *The Monsters and the Critics*, ed. Christopher Tolkien, 109–161. London (George Allen and Unwin, 1983)

Marina Warner, *Phantasmagoria*. Oxford (Oxford University Press, 2006)

Paul Wells, *Understanding Animation*. London (Routledge, 1998)

David Whitley, *The Idea of Nature in Disney Animation*. Farnham, UK (Ashgate, 2013)

Rosalind Williams, *The Triumph of Human Empire: Verne, Morris, and Stevenson at the End of the World*. Chicago (University of Chicago Press, 2013)

Shiro Yoshioka, "Heart of Japaneseness: History and Nostalgia in Hayao Miyazaki's *Spirited Away*." In *Japanese Visual Culture*, ed. Mark W. MacWilliams, 256–273. New York (M. E. Sharpe, 2008)

Beongcheon Yu, *Natsume Soseki*. New York (Twayne, 1968)

ミヤザキワールド —宮崎駿《みやざきはやお》の闇《やみ》と光《ひかり》—
2019年11月10日　初版印刷
2019年11月15日　初版発行

＊

著　者　スーザン・ネイピア
訳　者　仲《なか》　達《たつ》志《し》
発行者　早　川　　浩

＊

印刷所　中央精版印刷株式会社
製本所　中央精版印刷株式会社

＊

発行所　株式会社　早川書房
東京都千代田区神田多町2−2
電話　03-3252-3111
振替　00160-3-47799
https://www.hayakawa-online.co.jp
定価はカバーに表示してあります
ISBN978-4-15-209892-4　C0074
Printed and bound in Japan
乱丁・落丁本は小社制作部宛お送り下さい。
送料小社負担にてお取りかえいたします。

ピクサー
——早すぎた天才たちの大逆転劇

The Pixar Touch

デイヴィッド・A・プライス
櫻井祐子訳

ハヤカワ文庫NF

お荷物部門はいかにして
世界一のCGアニメスタジオに成長したか

『トイ・ストーリー』をはじめとする驚異のＣＧアニメーションで映画業界の寵児となったピクサーは、いかに苦難の日々を抜けて卓越した創造の場となったのか。アップルを追われたジョブズ、ディズニーをクビになったラセターなど異才・天才たちが織りなす物語

ゼロ年代の想像力

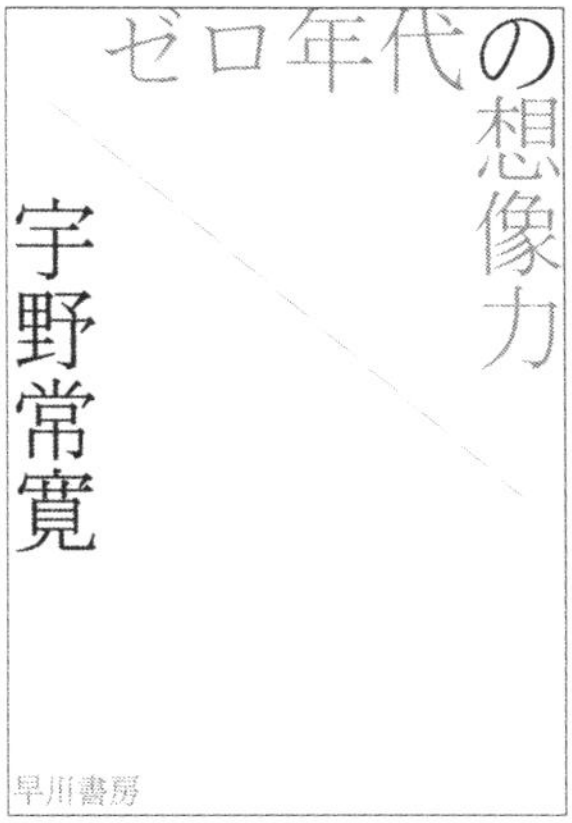

かつて社会を支えた「大きな物語」が失効した今、私たちはどう生きていくべきなのか。ゼロ年代に生まれた想像力は新たな物語を提示しえたのか――。文学、アニメ、ゲームからテレビドラマまでを縦横無尽に論じ、「批評」を再起動させた衝撃のデビュー評論。文庫版追加原稿「ゼロ年代の想像力、その後」を収録。

宇野常寛

ハヤカワ文庫

日本‐喪失と再起の物語

——黒船、敗戦、そして3・11

（上・下）

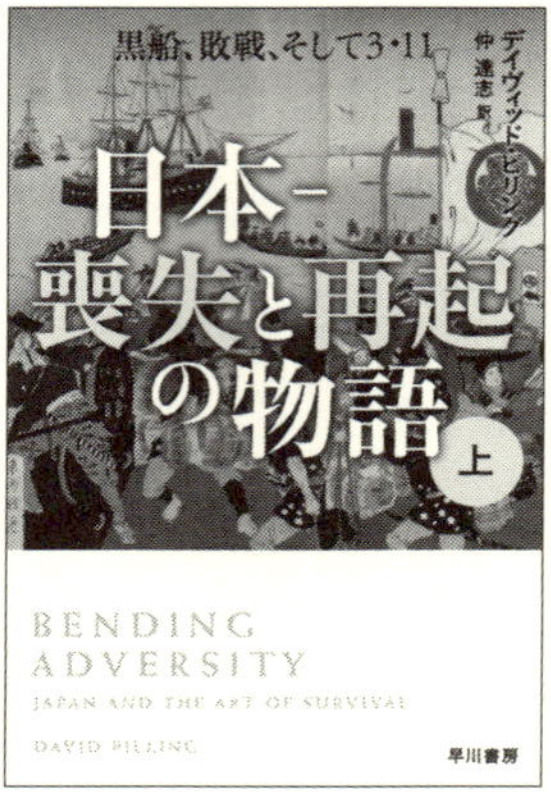

Bending Adversity

デイヴィッド・ピリング

仲 達志訳

ハヤカワ文庫NF

相次ぐ「災いを転じて」、この国は常に力強い回復力を発揮してきた——。《フィナンシャル・タイムズ》の元東京支局長が、東北の被災地住民から村上春樹、安倍晋三まで、膨大な生の声と詳細な数値を基に描く多面的な日本の実像。激動の国際情勢を踏まえた「文庫版あとがき」収録。

黒い迷宮（上・下）

——ルーシー・ブラックマン事件の真実

People Who Eat Darkness

リチャード・ロイド・パリー

濱野大道訳

ハヤカワ文庫NF

二〇〇〇年、六本木で働いていた英国人女性が突然消息を絶った。《ザ・タイムズ》東京支局長が関係者への十年越しの取材をもとに事件の真相に迫る。絶賛を浴びた犯罪ノンフィクションの傑作。著者が事件現場のその後を訪ねる日本語版へのあとがきを収録。　解説／青木理

ハヤカワ・ノンフィクション

セガvs.任天堂（上・下）

――ゲームの未来を変えた覇権戦争

Console Wars

ブレイク・J・ハリス
仲 達志訳
46判並製

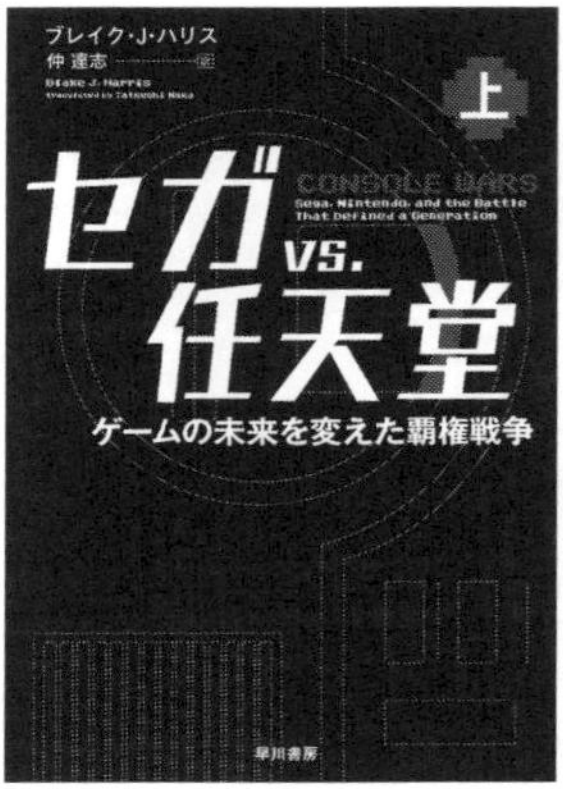

弱小企業セガは、巨人・任天堂をいかにして打ち破ったのか？

弱小企業セガは、巨人・任天堂をいかにして打ち破ったのか？　九〇年代アメリカを主戦場に日米をまたいで繰り広げられ、今日のゲーム黄金期へとつながる企業戦争の内幕に二〇〇人超の取材で迫る。ソニー・ピクチャーズ映画化予定の痛快群像ノンフィクション。